Collection **Études africaines**

dirigée par Denis Pryen et son équipe

Forte de plus de mille titres publiés à ce jour, la collection « Études africaines » fait peau neuve. Elle présentera toujours les essais généraux qui ont fait son succès, mais se déclinera désormais également par séries thématiques : droit, économie, politique, sociologie, etc.

Dernières parutions

NDAW (Colonel Abdoulaye Aziz), *Sécurité pour l'émergence du Sénégal*, 2015.

MATSIEGUI MBOULA (Fortuné), *Les élections politiques au Gabon, De 1990 à 2011*, 2015.

DOUI-WAWAYE (Augustin Jérémie), *L'insécurité en République centrafricaine. Quel rôle pour le droit international ?*, 2015.

TABEZI PENE-MAGU (Bernard-Gustave), *Valoriser l'expérience dans l'enseignement administratif, Manuel de psychologie et des sciences de l'éducation en République du Congo*, 2015.

DOGBEH (Septime), *Marketing et action commerciale*, 2015.

TOUNKARA (Sidy), LOLO (Chadon Adam Chantal) et MAVOUNGOU-PEMBA (Pénélope-Natacha) (dir.), *Les réalités et les défis d'une renaissance africaine*, 2015.

ENGUÉLÉGUÉLÉ (Stéphane), *États, corruption et blanchiment. Sénégal-Cameroun*, 2015.

ZACKA (Jimi), *Fonctions et défis du pasteur dans l'Afrique contemporaine*, 2015.

TOUNKARA (Aly), *Femmes et discriminations au Mali*, 2015.

MFOUTOU (Jean-Alexis), *Ecologie sociale et langue française en Afrique noire*, 2015.

DANGNOSSI (Issaka), *La Cour pénale internationale à l'épreuve de la répression en Afrique. Des préjugés aux réalités*, 2015.

SANGARE (Louis), *Les défis de l'industrialisation des communautés économiques régionales africaines à l'heure de la mondialisation*, 2015.

AMBOULOU (Hygin Didace), *Le droit des marchés financiers dans l'espace OHADA*, 2015.

LAMINE SYLLA (Mamadou), *Pour mieux amarrer l'Afrique noire à l'économie mondialisée*, 2015.

PODA (Baimanai Angelain), *La mise sur le marché et la distribution du médicament en Afrique noire francophone, Réflexions à partir des exemples du Burkina Faso et du Sénégal*, 2015.

MAKALA NZENGU (Patrick), *Le conseil agricole rural de gestion et développement à la base en RDC*, 2015.

PASCAL Lionel, *République CentrAfricaine : Douanes et corruption, causes de la déliquescence du pays*, 2015.

WINTER (Philip), *Une cause sacrée, Le dialogue intercongolais, 2000-2003*, 2015.

L'ODYSSÉE DU CONSTITUTIONNALISME EN AFRIQUE

5-7, rue de l'École-Polytechnique ; 75005 Paris

www.harmattan.fr
diffusion.harmattan@wanadoo.fr
harmattan1@wanadoo.fr

ISBN : 978-2-343-05888-7
EAN : 9782343058887

Jean-Nazaire TAMA

L'odyssée du constitutionnalisme en Afrique

*

Préface d'Alain DEGAGE

L'HARMATTAN

Du même auteur

Droit international et africain des droits de l'Homme, L'Harmattan, 2012.

Les Conventions internationales relatives aux droits de l'Homme dans l'ordre juridique interne du Bénin, publié et commercialisé par l'Atelier National de Reproduction des Thèses (A.N.R.T., Lilles-France, 2011)

DEDICACES :

à TAMA Orou Placide, mon feu père, pour m'avoir éduqué et construit ;

à GOUNOU Kankani Delphine, ma mère, pour m'avoir tout donné ;

à TAMA Audrey Youna, ma regrettée enfant ;

à mes enfants Carole TAMA, Emmanuel TAMA et Dieudonné TAMA ;

à mes sœurs et frères TAMA Marie Joséphine, TAMA Viviane, TAMA Elise Suzanne, TAMA Evariste, TAMA Abraham et TAMA Clarice ;

à Im-Raschina GARBA, Ibn Séïdou GARBA, Fatouma ADOU CHABI, Odile SINATOKO, Albert SINATOKO, Léa WOROU YERIMA, Ismael KORA, Fadhel SALIFOU BIO, Wanna CREVECOEUR;

à mes oncles Orou Mayé SINA, docteur François NANSOUNON, Bana WOROU, Roger BIO YERE et Taïrou GOUNOU KANKANI;

à Chabi Séké KORA, Aboubakar SALIFOU, Adam YALLOU et Aboubakar IMOROU ;

à mon directeur de thèse Alain DEGAGE et à mon co-directeur de thèse Christophe EUZET de l'Université de Perpignan Via Domitia en France ;

au Professeur Maurice AHANHANZO-GLELE de l'Institut des droits de l'Homme de Cotonou ;

au Professeur Théodore HOLO, Président de la Cour constitutionnelle du Bénin ;

au Professeur Noël GBAGUIDI, titulaire de la chaire unesco de l'Université d'Abomey-Calavi ;

au Professeur Nestor SOKPON de l'Université de Parakou ;

au Professeur Nonou-Koffi AHADZI, Président de l'Université de Lomé ;

aux Professeurs Dodzi Komlan KOKOROKO et Adama KPODAR de l'Université de Lomé ;

aux Professeurs, G. Barnabé GBAGO et David Ibrahim SALAMI, respectivement Doyen et Vice-Doyen de la Faculté de droit et de science politique de l'Université d'Abomey-Calavi ;

aux Professeurs Nicaise MEDE et Epiphane SOUHOUENOU, respectivement Directeur et Directeur-adjoint de l'Ecole Nationale d'Aministration et de la Magistrature du Bénin ;

au Professeur Victor TOPANOU de l'Université d'Abomey-Calavi ;

au Professeur Aliourne SALL de l'Université Cheick Anta Diop de Dakar ;

à mon frère, ami et collègue Roch Arsène ADIDO, Vice-Doyen de la Faculté de droit et de science politique de l'Université de Parakou ;

au Doyen de la Faculté de droit et de science politique de l'Université de Parakou, le docteur Omer Fortuné ALAPINI;

à mon grand frère et collègue docteur Albert THOO et à mon collègue David OGOU de l'Université de Parakou ;

à mon frère et ami, docteur Léon DJOSSE de l'Université d'Abomey-Calavi ;

à mon frère et ami, docteur Gilles BADET de la même Université ;

au docteur Joël ADELOUI de l'Université d'Abomey-Calavi et enfin ;

à tous mes collègues des Universités de Parakou et d'Abomey-Calavi.

REMERCIEMENTS :

à monsieur Antonin KANLINSOU pour sa précieuse et incommensurable contribution pour la réalisation de cet ouvrage ;

à Michel BARAGA, Evariste LAFIA, Soulé Issaka OUZEYROU, Armand ADIDO, CHA TOKO Naro N'Gobi, Moctar MOHAMED et Cyprien GANGNON pour leur appui.

PREFACE

Un voyage à travers le temps, ne serait-il que d'un demi-siècle, tel est ce à quoi nous invite l'ouvrage de monsieur Tama. Cette brièveté relative résulte de ce que les Etats africains n'ont eu accès, en général, à l'indépendance que depuis les années soixante et figuré dans le concert des nations que dès lors, période toutefois suffisamment longue pour en permettre l'analyse de l'observateur, et mieux, du chercheur.

« Odyssée » ? Certes, car que d'événements ont, en effet, déséquilibré le continent, traumatisé les peuples et bouleversé les institutions. A juste titre fallait-il suivre l'histoire de ces nouveaux Etats pour comprendre ce que d'aucuns qualifient d'instabilité endémique de l'Afrique avec, d'ailleurs, une généralisation que l'on pourrait, sans doute, nuancer selon les pays. Il est vrai que ces Etats se sont rapidement - trop ?- dotés de constitutions dont le moins que l'on puisse en dire est qu'y prévalait de fait, si ce n'est ouvertement, du moins indirectement, un droit favorable aux gouvernants ayant accédé au pouvoir, mais sans y être tous préparés, sous couvert d'une démocratie se disant populaire et d'un dirigisme présenté nécessaire afin de conduire les pays au développement dans tous les domaines.

Le présidentialisme qui s'ensuivit dériva vers la pensée unique marquée par l'échec de la politique sociale et économique, et donc de ce développement souhaité par les populations, source de coups d'Etat et de guerres civiles multiples. Même la volonté de décentralisation, justement initiée, ne put être concrétisée ; il lui faudra encore attendre une vingtaine d'années pour participer à l'objectif initial du développement, maître mot de l'Afrique.

C'est à cette époque, les années quatre-vingt-dix, la prime folle jeunesse apaisée, que l'on peut songer à évoquer un « constitutionnalisme africain »- existait-il auparavant ?- par une prise de conscience générale de l'évidence d'une remise en ordre des institutions dont dépendent la vie et l'avenir des peuples. Apparaît ainsi une doctrine de l'Etat ayant pour fondement l'importance suprême de nouvelles constitutions fidèles à la séparation des pouvoirs, à l'Etat de droit, à la reconnaissance des droits humains et fondamentaux, les seuls écarts tolérés devant avoir été prévus par la loi et répondre à parfaire la démocratie. L'ouvrage de monsieur Tama nous convie alors à un autre voyage, constitutionnel celui-ci, à travers un exposé comparatif des Constitutions dont il ressort que les rouages mis en place, utilement détaillés au fil des pages, répondent largement aux grands principes- repris par les Préambules- des textes internationaux ou purement africains prônant le respect des droits de l'Homme au sens large. En cela il est possible de parler de constitutionnalisme tant cette doctrine de l'Etat est plus qu'un système intellectuel ; elle se veut désormais mettre en pratique dans les faits et les institutions la supériorité politique et juridique des Constitutions.

Réussite donc de l'Afrique ? Certes, les progrès sont évidents, on ne peut le nier, mais monsieur Tama ne se limite pas à les énoncer par l'analyse comparée et ose regarder la réalité en face : oui, il y a encore des échecs éprouvés par ce constitutionnalisme. Quid, ou effet, du rôle de bénéfique censeur du politique par le juge constitutionnel, de son intégrité, de sa non-inféodation à l'exécutif, de sa résistance donc à un « hyper présidentialisme », de sa défense des droits de l'opposition lors, notamment, des élections, de sa lutte - osons le dire- contre la corruption… ? La liste est longue des questions que l'observateur, selon les pays, peut sans peine se poser. L'auteur en a la qualité, ou n'a-t-il pas avoué dès l'introduction qu'il, et d'autres avec lui, évolue entre « espoir et désespoir » ? Peut-être ce dernier terme est-il exagéré ; ne s'agirait-il pas plutôt de regret d'où renaît plus facilement l'espoir permettant de proposer plusieurs remèdes favorisant la concrétisation d'un « constitutionnalisme de développement ». Bien sûr, on les pourra trouver classiques, qu'il s'agisse de moralisation de la vie publique, de démocratie participative et équitable, de républicanisme militaire, d'institutions spécifiques à créer ou refondre, l'indépendance judiciaire, médiatique…Encore fallait-il insister, et c'est tout à l'honneur de monsieur Tama de l'avoir réalisé, d'avoir su et osé porter un jugement de valeur sur l'Afrique en la matière dont nous ne pouvons, avec et grâce à lui, que l'espérer voir s'avancer plus encore sur le chemin de la démocratie, de la liberté, de l'égalité, du développement, de la paix…, en un mot, de la sérénité.

Alain DEGAGE

Professeur de droit à l'Université

de Perpignan Via Domitia

INTRODUCTION

Le constitutionnalisme, c'est un courant de pensée, une doctrine voire une idéologie qui professe la suprématie absolue de la constitution sur toutes les normes juridiques internes d'un pays qui se réclame de limitation de pouvoirs. Il n'y a pas constitutionnalisme dans un Etat qui ne relève pas de régime constitutionnel. Il ne se réduit pas au fait pour un Etat de disposer des règles de dévolution de pouvoirs à la tête de l'Etat, de la distinction entre le pouvoir et ses agents… bref des règles relatives à la désignation, à l'organisation et au fonctionnement du pouvoir politique.

Il y a constitutionnalisme lorsque selon l'idéologie de la révolution française de 1789, une certaine forme d'organisation et de gestion du pouvoir est requise. C'est celle qui garantit les libertés individuelles en indiquant aux pouvoirs constitués par le pouvoir constituant, des limites de leurs propres actions, de leurs propres manifestations ou expressions. C'est le répondant de la formule de la Déclaration des droits de l'Homme et du citoyen de 1789-1791 : « *Toute société dans laquelle la garantie des droits n'est pas assurée, ni la séparation des pouvoirs déterminée, n'a pas de constitution.*» (art.16) Ici, il s'agit d'une préférence politique, d'une façon de faire la politique, d'une vue ou d'une vision politique, d'une juridicisation du pouvoir, avec au cœur de cette politique ou vision, la protection des libertés, notamment individuelles, moteur de tout développement. C'est cette forme d'organisation politique que la doctrine révolutionnaire dans la terminologie du droit public a appelé le régime constitutionnel, pour désigner selon Georges BURDEAU, une forme de gouvernement où les prérogatives du pouvoir sont limitées[1]. C'est dans ce sens qu'on oppose très souvent la monarchie constitutionnelle à la monarchie absolue.

Le constitutionnalisme suppose donc que pour qu'il y ait garantie des droits des citoyens et des personnes, il faut une hiérarchie des normes dans un pays, laquelle hiérarchie des normes est la mise en place d'un ordre juridique impliquant, le respect par la norme inférieure, de la norme supérieure ; la constitution étant la norme suprême, celle qui constitue la boussole de l'Etat dans la production des normes.

Il suppose également la création d'un organe qui a pour vocation d'assurer le respect de cette supériorité hiérarchique de la constitution[2]. Les cours

---

[1] Voir C.J. FRIEDRICH, La démocratie constitutionnelle, trad. Franç.,1958, pp.25 et suiv.).

[2] Voir Eric OLIVA, Sandrine GIUMMARRA, *Droit constitutionnel*, (collection aide-mémoire), Dalloz, 7e édition, Paris, 2011.

suprêmes dans certains Etats, et surtout les cours constitutionnelles dans la plupart des Etats constituent l'organe principal chargé de veiller à la supériorité des normes constitutionnelles sur les autres normes étatiques par le mécanisme du contrôle de constitutionnalité des actes juridiques.

La notion de constitutionnalisme a évolué à travers le temps. Il signifiait surtout sous la révolution, la supériorité politique de la constitution, puisqu'il est souvent question de constitutionnalisme pour contrer ou limiter l'absolutisme monarchique ou royal par une constitution rigide sans pour autant perdre son caractère juridique qui lui permet d'assurer la supériorité de la constitution sur les autres normes. Le constitutionnalisme est de nos jours, la supériorité non seulement politique de la constitution (qui est concrétisée par l'adhésion de l'ensemble de la communauté nationale à la constitution), mais surtout juridique (marquée par l'annulation des normes contraires à la constitution)[3].

Au lendemain des indépendances survenues vers 1960 pour la plupart des Etats africains, ceux-ci ont embrassé dans leur ensemble le constitutionnalisme sans en avoir les moyens. Ils s'en sont tous dotés ; à travers des constitutions fortement marquées, du moins inspirées de la constitution française de 1958 et du droit public français, tandis que les autres (anglophones, lusophones, hispanophones et ceux colonisés par la Belgique) ont été marqués par le droit et l'influence culturelle de leur colonisateur. Aussi, ont-ils adopté les grands principes du droit constitutionnel occidental classique, à travers les principes de l'Etat de droit, de la représentation démocratique, de la séparation des pouvoirs sous toutes ses formes, de la protection des libertés et des droits de l'Homme, du pluralisme politique... en bref, un constitutionnalisme authentique ou intégral qui va se dévoyer de son chemin naturel sous le fallacieux prétexte des exigences de développement et de l'unité nationale. Tous ces principes seront mis en veilleuse pour des impératifs de l'intérêt supérieur des Etats africains, avec toutes les conséquences qui en découleront.

Ce constitutionnalisme « à l'africaine » sera rattrapé par les impératifs de développement et de libertés, vers les années quatre-vingt-dix faisant passer l'Afrique du constitutionnalisme « à l'africaine », à un constitutionnalisme intégral, c'est-à-dire un constitutionnalisme plénier, sans pour autant résoudre les problèmes de développement qui se posent avec acuité.

Avant les années quatre-vingt-dix, un sérieux et légitime doute quant à l'utilité et l'efficacité du constitutionnalisme africain des années soixante et

---

[3] Eric OLIVA, Sandrine GIUMMARRA, op.cit., p.17.

quatre-vingt marqué par la violation quotidienne des constitutions par le politique africain, les coups d'Etat intempestifs, les assassinats politiques, la violation massive des droits de l'Homme et la guerre civile a donc prévalu. Ce doute se justifie d'autant plus que le constitutionnalisme africain de l'époque considérée s'était caractérisé par sa stérilité dans le fonctionnement effectif des institutions politiques. Certains prétextent que l'inefficacité de ce constitutionnalisme procède des difficultés rencontrées dans le dysfonctionnement des institutions au point qu'ils proclament l'incompatibilité du principe de constitutionnalisme avec l'Afrique[4]. Pour

[4] Le Professeur Jean Du Bois De GAUDUSSON du Centre d'études et de recherches sur les droits africains et sur le développement institutionnel des pays en développement (CERDRADI) de l'Université Montesquieu-Bordeaux IV, parlant des critiques excessives faites au constitutionnalisme africain ,estime qu'il y a de grands risques à travers les études consacrées à ce constitutionnalisme, risques inhérents aux préjugés, incertitudes, erreurs d'appréciation et présupposés idéologiques qui l'emportent sur l'analyse impartiale de ce constitutionnalisme. Le professeur estime que le risque est aussi inhérent au fait qu'une certaine doctrine pense qu'il y aurait une spécificité de la question du constitutionnalisme et de son rôle en Afrique, avec un commencement de réponse laissant transparaître une vision péjorative de la relation du droit et de l'Afrique. Le professeur poursuit son analyse sur l'interprétation et l'analyse tronquées du constitutionnalisme africain basées sur des critères erronés consistant à décréter l'homogénéité des Etats africains en perdant de vue la spécificité culturelle et sociologique de ces Etats et en oubliant qu'ils suivent parfois des trajectoires constitutionnelles différentes.

Sur la question, lire GODINEC (P.-F), « A quoi servent les constitutions africaines ? Réflexions sur le constitutionnalisme africain », R.J.P.I.C., oct- déc 1988, n°4, p.849, Holo (Th.), « Constitution et nouvel ordre politique au Bénin », Revue Béninoise des Sciences juridiques et Administratives, (R.B.S.J.B.), décembre 1989, n°13, pp.1-10. ; GAUDUSSON (J. de), « Défense et illustration du constitutionnalisme en Afrique après quinze ans de pratique du pouvoir » in Le renouveau du droit constitutionnel, Mélanges en l'honneur de Louis Favoreu, Paris, Dalloz, 2007, p. 609 ; FAVOREU (L.), « Droit de la constitution et constitution du droit », R.F.D.C., 1990, n°1, p.72 ; Ripert (G.), *Le déclin du droit, Etude sur la législation contemporaine*, Paris, L.G.D.J., 1949 ; OPPETIT (B.), « L'hypothèse du déclin du droit », Droits, 1987, n°4, pp.9-20 et WASHMANN (P.), « Le kelsénisme est-il en crise ? », Droits, 1987, n°4, pp. 53-64 ; GUEYE (B.), « La démocratie en Afrique : succès et résistances », Pouvoirs, 2009, n°2, p.7 ; Frédéric Joël AIVO, Réflexions sur la crise de normativité de la constitution en Afrique, Revue béninoise des sciences juridiques et administratives, (R.B.S.J.B.), 2011 ; GAUDUSSON (J. de), « Constitutions sans culture constitutionnelle n'est que ruine du constitutionnalisme », in *Démocratie et liberté : tension, dialogue et confrontation*, Mélanges, Slobodan Milacic, Bruxelles, Bruylant, 2008, pp.333-348. Lire aussi l'analyse de James MOUANGUE KOBILA sur « La régression du constitutionnalisme au Cameroun ? » *Recht in Africa*, 2010, pp.33-82 ; HOLO (Th.), Démocratie revitalisée ou démocratie émasculée ? », art. cit., pp31-39 ; Ahadzi (K.), « Les nouvelles tendances du constitutionnalisme africain. Le cas des Etats d'Afrique noire francophone », Afrique juridique et politique, Vol. 1, n°2, 2002, p.38 ; CONAC (G.), « Succès et échecs des transitions démocratiques en Afrique subsaharienne », in *Gouverner,* d'autres, La constitution y a même perdu, pendant cette époque, son caractère sacré. C'est ce que J.AIVO a expliqué en disant que la constitution a perdu de son lustre et de sa majesté sur le continent africain parce qu'elle est devenue une règle de droit banale parmi tant d'autres et que les constitutions africaines sont devenues vulnérables dès lors que le rapport de force s'est inversé entre le droit et le politique, et c'est ce dernier qui l'a emporté sur le premier[5]. Affecté d'une crise d'absence d'effectivité, le droit constitutionnel en Afrique pendant la période visée était considéré, notamment à travers son rôle passif, comme une arme dont le rôle se réduisait selon CONAC à celui de « *figuration dans la vie politique des Etats africains* »[6].La constitution en Afrique vers les années soixante-dix et quatre-vingt a perdu son caractère rigide, devenant du coup ordinaire comme la norme législative voire réglementaire. DICEY corrobore cette analyse en affirmant que les constitutions africaines sont par conséquent devenues souples au point qu'elles n'assurent pas la stabilité, puisque leur révision ne rencontre pas de difficulté, la procédure de révision étant devenue aussi ordinaire que celle des lois ordinaires[7]. Au lieu que la révision de la constitution devienne une exigence du temps, voire une dynamique constitutionnelle[8], de nature à s'adapter aux exigences nouvelles afin d'en faciliter l'application à des pratiques de pouvoir et à des acteurs en mouvements comme l'affirme Djèdjro MELEDJE, elle est devenue l'objet de calculs politiciens[9]. Les régimes politiques de cette époque étaient

---

administrer, juger, Liber amicorum, Mélanges en l'honneur de Jean Walines, Paris, Dalloz, 2002, pp.29-47 ; GUEYE (B.), « La démocratie en Afrique : succès et résistances », art. cit., pp.15-25.

[5] Frédéric Joël Aivo, « La crise de normativité de la constitution en Afrique », R.D.P., 2012, pp 141-180.

[6] Gérard Conac cité par Jean du Bois de Gaudusson dans l'avant-propos de l'ouvrage de Joël Frédéric (A.), « *Le juge constitutionnel et l'Etat de droit en Afrique, l'exemple du modèle béninois* », paru aux éditions l'Harmattan en 2006, p. 222.

[7] Cf DICEY (A.), *Introduction à l'étude du droit constitutionnel*, éd., française, 1902, p. 82. Bryce (J.), *La République américaine*, Tome I, éd. française, Girard et Brière, 1900, p.54 ; ESMEIN (A.), *Eléments de droit constitutionnel*, Paris, librairie de la société du recueil général des lois et des arrêts, 1896, pp. 405 et s. AIVO (J.F.) affirme que le constituant béninois, pour éviter ce traquenard de l'instabilité des institutions politiques par la banalisation de la procédure de révision, a recouru à un procédé particulièrement complexe. Il élève la procédure de modification de la constitution au dessus de celle requise pour l'adoption et la modification des lois ordinaires. « La loi est votée par l'assemblée nationale à la majorité simple », Article 97 de la constitution béninoise du 11 décembre 1990.

[8] Pactet (P.), « Réflexions sur le droit constitutionnel et son enseignement », R.D.P., 2010, n°1, p. 163.

[9] Voir MELEDJE (F. D.), « Les révisions des constitutions dans les Etats africains francophones. Esquisse de bilan », R.D.P., 1992, n°1, pp.111-134 ; Faire, défaire et refaire la constitution en Côte-d'Ivoire : un exemple d'instabilité chronique », in Fombad (Ch.), Murray (Ch.), (editors), Fostering constitutionnalism in Africa, Pretoria University Law Press, 2010,

généralement des régimes dans lesquels, la séparation et l'équilibre des pouvoirs n'étaient pas assurés. Le professeur Théodore HOLO à ce propos, a souvent déploré la toute-puissance de l'Exécutif dans toutes les formes de régime politique où cette situation de prépondérance de pouvoir est possible : « *La prépondérance du Pouvoir exécutif qui caractérise la plupart des régimes politiques contemporains est une menace pour la démocratie dans la mesure où elle a pour effet de concentrer tous les pouvoirs entre les mains du chef de l'Exécutif.*»[10] Le constitutionnalisme des années quatre-vingt-dix a restauré l'espoir après la vague des conférences nationales des forces vives des nations africaines qui ont jalonné tout le continent. Le constitutionnalisme est devenu une réalité en Afrique au moyen de l'appropriation du droit par le politique et les populations africaines et la place prépondérante accordée aux droits de l'Homme dans les nouvelles constitutions africaines, lesquels droits de l'Homme sont devenus même l'ordre public des Etats africains. Des élections sont organisées régulièrement en Afrique, faisant du juge constitutionnel, le juge des élections. Les nouvelles cours constitutionnelles africaines s'illustrent brillamment dans la gestion des crises politiques, à travers leur arbitrage dans les crises politiques et institutionnelles, dans la problématique des droits de l'Homme et des libertés publiques et dans la question électorale[11]... Dans ces Etats africains issus des conférences nationales, les pouvoirs

---

pp. 309-339 ; DONFACK (E.), « La révision des constitutions en Afrique », R.J.P.I.C., 1989, n°1,, pp. 45-71, LOADA (A.), « La limitation du nombre de mandats présidentiels en Afrique francophone », Afrilex, 2003, n°3, pp.139-174 ; Atangana-amougou (J.-L.), « Les révisions constitutionnelles dans le nouveau constitutionnel africain », Politeia, n°7, Printemps 2005, pp.583-622.

[10] Journées de réflexions sur la constitution du 11 décembre 1990 tenues à l'Institut des droits de l'Homme et de promotion de la démocratie : la démocratie au quotidien conjointement avec la chaire Unesco des droits de la Personne et de la Démocratie, les 7 et 8 août 2006.Voir aussi DOSSOU (R.), Du monolithisme à la démocratie pluraliste : un témoignage, in CONAC (G.), *L'Afrique en transition vers le pluralisme politique*, Paris, Economica, 1993, pp.179-197. Voir aussi : ADAMON (A.), *Le renouveau démocratique au Bénin*, Paris, l'harmattan, 1995 ; AKINDES (F.), Les transitions démocratiques à l'épreuve des faits. Réflexions à partir des expériences des pays d'Afrique noire francophone, in *Bilan des conférences nationales et autres processus de transition démocratique*, OIF, Paris, Pedone, 2000 ; NOUDJENOUME (Ph.), *La démocratie au Bénin, Bilan et perspectives*, Paris, l'Harmattan, 1999 ; VITTIN (Th.), Du système Kérékou au renouveau démocratique, in MEDARD (J.-F.), *Etats d'Afrique noire, formation, mécanismes et crises*, Paris, Karthala, 1991.

[11] Sur la question, l'ouvrage de référence reste l'Afrique en transition vers le pluralisme politique, Gérard CONAC, (dir), Paris, Economica, 1993 ; voir aussi la synthèse de Jean Du bois De GAUDUSSON, « Les élections à l'épreuve de l'Afrique », Cahiers du Conseil constitutionnel, n°13/2002,p.139 et s. ; la question vient d'être abordée lors de la conférence internationale « les défis de l'alternance démocratique », Cotonou, 23-25 février 2009, dont les actes sont consultables à l'adresse internet, http://www.idh-bénin.org/conf_communications.html.

constituants, conformément aux désirs de leurs peuples ont opté pour un Etat de droit au sein duquel tout se fait à l'aune du droit, notamment la gestion de la chose publique et politique[12]. Ce nouveau système instauré consacre la primauté du droit sur les institutions de la République, la classe politique et les citoyens. Les constitutions de ces Etats énoncent l'indivisibilité de leur Etat, leur caractère laïc et démocratique. Dans ces Etats, gouvernants et gouvernés sont soumis à la loi, au droit. C'est dire que le système politique instauré par ces nouvelles constitutions n'est rien d'autre que la juridicisation du politique[13] qui est instaurée et consacrée avec, précisément, l'organisation du contrôle de constitutionnalité des lois, l'approfondissement et le renforcement de l'indépendance de la justice[14]. Ainsi dans ce nouvel ordre institué par les nouvelles constitutions des années quatre-vingt-dix, le fonctionnement des institutions étatiques est régulé, les élections organisées à des échéances précises et respectées, la constitutionnalité et la légalité des actes juridiques sont assurées par la cour constitutionnelle et la cour suprême. Les cours constitutionnelles sont de plus en plus sollicitées pour leur expertise en matière constitutionnelle. Elles n'hésitent pas à censurer les décisions des institutions politiques et du politique qui sont contraires à la constitution. Elles n'hésitent pas non plus « *à réformer des opérations électorales, à censurer les lois du parlement ou les actes de l'exécutif pour inconstitutionnalité ou à remettre en cause le mandat d'un chef de l'Etat convaincu de violation de la constitution ; plus significatifs encore, leurs jugements sont effectivement suivis d'effets* »[15]. Dans cet ordre d'idées, les décisions de la cour constitutionnelle ou de la cour suprême qui ne sont pas

---

[12] G. CONAC, « Quelques réflexions sur le nouveau constitutionnalisme africain » in *Francophonie et démocratie*, symposium international sur le bilan des pratiques de la démocratie, des droits et des libertés dans l'espace francophone, Bamako, éd. Bruylant et Pédone, 1er -3 nov. 2000 ; C. KEUTCHA TCAHPNGA, « Droit constitutionnel et conflits politiques en Afrique noire francophone », R.F.D.C. 2005.63.451-492.

[13] Voir Issa Abdourhamane BOUBACAR, Les cours constitutionnelles dans le processus de démocratisation en Afrique : analyse comparative à partir des exemples du Bénin, de la Côte-d'Ivoire et du Niger, thèse Université Montesquieu-Bordeau IV, oct. 2002.

[14] Voir BURDEAU (G.), « La règle de droit et le pouvoir », Archives de Philosophie du droit, n°2, 1937, p.122 ; Capitant (R.), Droits constitutionnels, éd. préparée par (J.-P) Morelou, Paris, éd. du C.N.R.S., 1982 ; CHEVALLIER (J.), *L'Etat de droit*, Paris, Montchrestien, 3e éd., 1999 ; DUGUIT (L.), *traité de droit constitutionnel*, Paris, réédit., C.N.R.S., 1979 ; Montesquieu (Ch.), *De l'esprit des lois*, paris, éd., Gallimard, 1985, p.318 ; GICQUEL (J.), GICQUEL (j.-E), *Droit constitutionnel et institutions politiques*, 23e éd., Paris, Montchrestien, 2009, p.395 ; BOURGI (A.), Casteran (Ch.), *Le printemps de l'Afrique*, Paris Hachette, Pluriel, 1991 ; Braechler (J.), « Des institutions démocratiques pour l'Afrique », R.J.P.I.C., Vol. 46, n°2 avril-juin 1992, pp.163-181 ; KANTE (B.), PIETERMAAT-KROS (M.E.), (dir), vers la renaissance du constitutionnalisme en Afrique, Dakar, Gorée Institut, 1998.

[15] Jean du Bois de GAUDUSSON in avant-propos de « *Le juge constitutionnel et l'Etat de droit en Afrique, l' exemple du modèle béninois* » de Joël Frédéric AIVO.

susceptibles d'appel s'imposent aux trois pouvoirs. Ceux-ci sont limités dans leurs prérogatives par la constitution qui prévoit leur champ « d'activités » et leurs compétences. La souveraineté parlementaire trouve ses limites dans le respect de la constitution. Le chef de l'Exécutif, chef de l'Etat, a également ses pouvoirs limités par la constitution malgré son élection par le peuple. Dans ce contexte politique instauré après les années quatre-vingt-dix, l'état de droit se lit à travers l'indépendance de la justice et la volonté de respecter les normes. Pendant cette période, la séparation des pouvoirs organisée par les nouvelles constitutions africaines n'était pas qu'horizontale, c'est-à-dire qu'elle ne se limitait pas à une simple distribution du Pouvoir politique entre l'Exécutif, le Législatif et le Judiciaire, elle était aussi verticale puisqu'elle se traduisait par une répartition des compétences et des fonctions entre l'Etat et les communautés de base : c'est la décentralisation administrative ou la démocratie à la base pouvant permettre à de nombreux africains écartés des affaires nationales en raison de leur complexité et de la culture technocratique dominante (selon le Professeur HOLO), de pouvoir prendre leur propre destin en main. En bref, le constitutionnalisme était de mise en Afrique ; constitutionnalisme signifiant à la fois, la supériorité politique de la constitution (se manifestant par l'adhésion de l'ensemble de la communauté nationale à la constitution), mais aussi juridique (qui se traduit par l'invalidation des actes contraires à la constitution).

Dans un tel contexte, l'on rencontre des difficultés créées par le jeu politique, le politique africain, les intérêts partisans, les calculs politiciens assurés non seulement par la mouvance présidentielle au pouvoir, mais aussi l'opposition, fatiguée de rester longtemps dans le « *starting block* », attendant de façon désespérée son tour d'aller à la rivière selon les propres termes de l'ancien président Nicéphore Dieudonné SOGLO du Bénin, c'est-à-dire à la magistrature suprême. C'est aussi dans un tel contexte que très souvent, la crise économique ou la crise financière vient plomber une démocratie qui ne nourrit souvent pas son peuple, devenant selon les termes du président béninois YAYI Boni, un poison.

C'est enfin dans un tel contexte que les nouvelles démocraties africaines qui semblaient avoir pris leur envol sont remises en cause par des militaires qui, souvent lassés d'attendre pendant des mois leur solde ou prétextant du laxisme du chef de l'Etat dans l'occupation d'une partie du territoire national par des rebelles, finissent par remettre en cause l'ordre constitutionnel chèrement établi.

Comme si cela ne suffisait pas, le problème s'est aggravé par l'absence de gardien des normes constitutionnelles chèrement bien ficelées mais dont les bons gardiens ne sont plus reconduits, lorsqu'ils ne se mettent pas pendant leur premier mandat à la solde du politique qui était à la base de leur nomination. Mieux, le conventionnalisme constitutionnel[16] a pris le pas sur le constitutionnalisme lui-même, à travers une prolifération des accords politiques signés çà et là dans l'intérêt supérieur de la paix et des peuples déchirés par des conflits ou guerres fratricides[17]. Dans la réalité, les accords politiques semblent prévaloir sur les constitutions[18].Dans un autre registre, le juge constitutionnel devient peu créatif comme l'affirme AIVO parce que dans beaucoup d'Etats africains, celui-ci n'arrive plus à interpréter sa constitution en l'adaptant aux réalités de son époque précipitant ainsi sa révision.

Face à ce constat, le nouveau constitutionnalisme des années d'après conférences nationales navigue à la fois dans la voie du désespoir et celle de l'espérance, faisant penser à un continent aux abois ne sachant à quel saint se vouer. Entre espoir et désespoir, quel avenir pour le continent africain ? Pourquoi le nouveau constitutionnalisme africain connaît-il à nouveau une phase nouvelle de balbutiement comme l'ancien ? Pourquoi le nouveau constitutionnalisme africain chancelle-t-il ? Pourquoi le nouveau constitutionnalisme africain s'embourbe-t-il comme le précédent ? N'a-t-il pas mûri avant que les analystes et les politologues ne lui fassent confiance pour le bonheur de l'Afrique ? Alors quel constitutionnalisme pour l'Afrique ? Pourquoi l'Afrique ne se retrouve-t-elle pas ? Pourquoi est-elle

---

16 Selon la modélisation proposée par Stéphane (B.), « la paix par la constitution en Afrique ? La part du juge constitutionnel », communication au colloque religions, violence politique et paix en Afrique, de l'Académie Alioune Blondin Beye pour la paix, Cotonou, 19,20 et 21 juillet 2004, http://www. La-constitution-en-afrique.org/article-15510033.html.

17 Voir à ce sujet, Du Bois de Gaudusson (J.), « L'accord de Linas-Marcoussis, entre droit et politique », Afrique contemporaine, 2003, n°206, pp. 41-55 ; Kpodar (A.), « Politique et ordre juridique : les problèmes constitutionnels posés par l'accord de Linas-Marcoussis du 23 janvier 2003 », R.R.J.-Droit prospectif, 2005, n°4-II, pp.2503-2526 ; ATANGANA-AMOUGOU (J.-L.), « les accords de paix dans l'ordre juridique interne en Afrique » déjà cité; HOLO (Th.), « Démocratie revitalisée ou démocratie émasculée ? les constitutions du renouveau démocratique dans les Etats de l'espace francophone africain : régime juridique et système politique »,R.B.S.J.A, 2006, n°16, pp.17-18 ; Sindjoun (L.), *Les grandes décisions de la justice constitutionnelle africaine. Droit constitutionnel jurisprudentiel et politiques constitutionnelles au prisme des systèmes politiques africains*, Bruxelles, Bruylant, 2009, p.579 ;

18 Voir sur cette question, pour le Rwanda les accords d'Arusha du 15 août 1993, pour la République Démocratique du Congo, l'Accord global et inclusif de Sun City du 17 décembre 2002, pour la Côte-d'Ivoire, les Accords de Linas Marcoussis du 23 janvier 2003, d'Accra du 07 mars 2003, et de Ouagadougou du 04 mars 2007, pour Madagascar, de la convention du 31 octobre 1991, l'Accord de Maputo du 08 août 2009 et de l'Acte additionnel d'Addis-Abeba du 07 novembre 2009, pour le Togo, de l'Accord cadre de Lomé du 29 juillet 1999 et de l'Accord politique global de Ouagadougou du 20 août 2006. Lire aussi GAUDUSSON (J. de) « L'Afrique face aux conflits », Afrique contemporaine, numéro spécial, oct-déc. 1996, n°180, pp.250-256 ; G.R.I.P. (dir.), Conflits en Afrique : analyse des crises et pistes pour une prévention, Bruxelles, Complexe, 1997.

toujours en proie à des crises graves, de guerres civiles ou de conflits armés ? Pourquoi est-elle le théâtre des coups d'Etat et de rebellions ? Il s'agit de faire le panorama du constitutionnalisme africain des années d'indépendance à nos jours, (à la date du 26 février 2015 par exemple et même au delà) en espérant trouver la voie africaine pour un constitutionnalisme intégral et plénier, si possible adapté au continent africain, pour résoudre les problèmes de développement qui se posent à celui-ci dans son ensemble. Il s'agit en d'autres termes de montrer les raisons du balbutiement du constitutionnalisme non seulement après les indépendances, mais aussi après les années quatre-vingt-dix.

Chapitre I : Le constitutionnalisme dans ses balbutiements en Afrique au lendemain des indépendances

Au lendemain des indépendances, les Etats africains avaient des impératifs socio-économiques et culturels pressants à assouvir. Cette situation a à coup sûr eu des conséquences impressionnantes sur le constitutionnalisme dans lequel devait baigner la vie politico-juridique de l'ensemble des Etats francophones et autres sur le continent. Mieux, malgré leur nouveau statut, les Etats africains n'étaient pas véritablement indépendants. C'est pourquoi un constitutionnalisme en berne au début des indépendances (section I) sur fond d'exigences économiques remarquables pour gagner le pari du développement (section II), et des instruments d'un constitutionnalisme de balbutiement au lendemain des années soixante identifiés (section III), dans un climat de violations massives des droits de l'Homme et d'instabilité des Etats (section IV) caractérisait la période.

Section I : Un constitutionnalisme en berne

Au lendemain des indépendances, les conditions d'un « constitutionnalisme normal » au service des peuples n'étaient pas réunies, pour des raisons qu'il convient d'élucider. C'est pourquoi les constitutions et la justice constitutionnelle des années d'indépendance (Paragraphe I), le droit colonial et le droit coutumier traditionnel (Paragraphe II), une quasi absence du constitutionnalisme au lendemain des indépendances (Paragraphe III) constituent la toile de fond de la présente section.

Paragraphe I : Les constitutions et la justice constitutionnelle des années d'indépendance jusqu'au lendemain des années soixante-dix

Les indépendances africaines étaient nominales pour la plupart des Etats du continent. Elles étaient donc octroyées par la métropole quelque peu contrainte au nom du principe de l'auto-détermination des Peuples, c'est-à-dire, le droit des Peuples à disposer d'eux-mêmes. Toutefois ces nouveaux Etats indépendants n'étaient pas préparés à ce nouveau statut dans tous ses aspects. C'est pourquoi ils héritèrent de leurs anciens maîtres, tous les attributs liés à ce statut, notamment la constitution dans ses composantes, son esprit, sa lettre, sa vocation, sa théorie voire son idéologie. Aussi, cité par MANGU, Pierre François GONIDEC rapporte-t-il qu'en octobre 1961, le Garde des Sceaux tenait arrogamment à l'égard des leaders africains les propos suivants : « *Nous vous avons communiqué et nos concepts, et notre terminologie, et nos habitudes de rédaction, et nos méthodes de construction juridique, et tout cela, il est vraisemblable que vous n'en perdrez pas l'habitude si tôt.* »[19]

Mieux, le Congo belge, aujourd'hui République Démocratique du Congo (R.D.C.), obtint sa constitution, lors de la table ronde de Bruxelles avant même qu'il n'accède à la souveraineté internationale, le 30 juin 1960.

Cette constitution était « congénitalement » belge d'autant plus qu'elle est rédigée par les juristes belges, après avoir été initiée comme un projet de loi par le Gouvernement belge, adoptée par la suite par le parlement belge, promulguée par le Roi des belges et publiée dans le Moniteur belge[20].

Ce fut la même situation au niveau des Etats anglophones qui ont reçu leur constitution de la couronne britannique. Ce fut le cas du Ghana, premier Etat indépendant d'Afrique qui a reçu sa constitution de sa majesté britannique, le 7 mars 1953.

Les Etats francophones n'étaient pas du reste d'autant plus qu'ils ont hérité de la France, non seulement tout le droit constitutionnel français, dans son contenu et dans sa forme, mais aussi le droit public français dans presque sa totalité.

Le Professeur MANGU écrivait d'ailleurs qu'aussi ironique que cela puisse paraître, les constitutions africaines des indépendances étaient des constitutions coloniales, non pas seulement parce qu'elles avaient été adoptées durant la colonisation, mais aussi parce qu'elles se sont inspirées de l'ancienne puissance coloniale[21]. C'est dire qu'à travers ces constitutions héritées, le constitutionnalisme était déjà biaisé en Afrique au départ des indépendances, puisque c'étaient des constitutions dictées, imposées, canalisées, au service du maître, par conséquent un constitutionnalisme sous haute surveillance. Même les constitutions rédigées plus tard par les Africains étaient hautement influencées par la métropole, parce que rédigées sous la férule des assistants techniques ou coopérants européens, ou même

---

[19] GONIDEC P. F. *Institutions publiques africaines et malgaches*... op. cit., 79-80 ; MBATA MANGU *The Road to Constitutionalism and Democracy in Post-Colonial Africa* ...op cit 5.

[20] Lire MBATA MANGU, At the Road to constitutionnalism and Democracy in Post-Colonial Africa : The case of the Democratic Republic of Congo, Thèse doctorale en droit, University of South Africa, Pretoria, 2002, p. 7 ; Idem, Les Régimes pluralistes africains: cas de la République du Sénégal, Mémoire de Licence en droit, Université de Kinshasa, 1987, p.17.

[21] André B. MBATA MANGU, Constitutions, constitutionnalisme et limitation de pouvoirs et des mandats présidentiels en Afrique (communication), Colloque international de Cotonou, en hommage à l'œuvre du Professeur Maurice AHANHANZO-GLELE, Cotonou les 8, 9 et 10 août 2012.

par les intellectuels africains qui n'étaient pas indépendants vis-à-vis non seulement de la métropôle, mais aussi des nouveaux maîtres africains.

Par ailleurs, comme le souligne André HAURIOU, « *constitutionnaliser le pouvoir, c'est le soumettre à des règles précises, et plus particulièrement mettre au point des mécanismes de représentation politique, établir auprès des gouvernements des censeurs qui seront qualifiés pour dialoguer avec ceux-là* »[22]. C'est pourquoi les constitutions se sont donné l'allure d'une constitution de régime de limitation de pouvoirs ou du moins elles étaient des constitutions de régimes de limitation de pouvoirs, puisqu'elles étaient octroyées. Des brides juridiques et institutionnelles y étaient donc prévues pour assurer la séparation des pouvoirs et la protection des droits de l'Homme. Ainsi, l'on pouvait constater, l'existence d'une justice constitutionnelle embryonnaire à cette époque des indépendances jusqu'en quatre-vingt-dix et même après, puisque ces constitutions avaient prévu au sein des Cours suprêmes, titulaires de la fonction juridictionnelle, une chambre constitutionnelle. C'est l'exemple de la constitution du 15 février 1959 du Dahomey (actuel Bénin), première constitution adoptée après la proclamation de la République le 4 décembre 1958 et dont l'article 47 énonce qu' « *il est créé un tribunal d'Etat comprenant (...) une section constitutionnelle* ».

La constitution du 26 novembre 1960 du Dahomey, produit du nouveau statut du Dahomey, c'est-à-dire un Etat indépendant depuis le 1er août 1960 dispose dans son article 57 que « *La Cour suprême comprend (...) la chambre constitutionnelle* ». Il faut dire que toutes les constitutions des Etats africains nouvellement indépendants avaient prévu au sein de leur Cour suprême, une chambre constitutionnelle. Cette situation a perduré après les années deux mille.

Mais le présidentialisme qui avait fait suite à l'indépendance de ces Etats au nom des impératifs de développement, allaient faire de la justice constitutionnelle au niveau de tous ces Etats une justice passive, voire stérile, puisque ces chambres constitutionnelle n'avaient qu'un statut consultatif. C'est la raison pour laquelle ces constitutions étaient constamment violées par l'Exécutif jusqu'au lendemain des années quatre-vingt et prévoyaient d'ailleurs de graves restrictions ou ingérences par l'Etat relativement à l'exercice et à la jouissance par les personnes, de leurs droits et libertés dans beaucoup de circonstances juridiques.

---

[22] André HAURIOU, *Droit constitutionnel et Institutions politiques*, Montchrestien, 1970, 4ème éd., p.73.

Paragraphe II : Le droit colonial et le droit coutumier traditionnel

L'Afrique en général et celle francophone en particulier a hérité du colonisateur un certain nombre de législations. Par exemple, au Bénin comme d'ailleurs dans les autres pays d'Afrique d'expression française, en matière de procédure pénale, l'Etat a hérité du code de procédure pénale français qui est actuellement en application à quelques exceptions près.

De plus, depuis leur accession à la souveraineté nationale, les Etats francophones africains n'ont pu se doter d'un code pénal[23]. Le code pénal colonial, ou code napoléonien ou code pénal de 1810 ou encore « Code BOUVENET » qui n'est en réalité qu'un recueil de textes, est le code en vigueur dans la plupart de ces Etats. Il en est de même pour le code civil.

De plus, les Etats africains francophones « ont hérité » de certaines conventions internationales conclues par la métropole. En effet, par la notification de succession, ces Etats se sont prononcés sur les conventions auxquelles était partie la puissance colonisatrice, et dont l'application de certaines dispositions leur était étendue. Il est nécessaire de rappeler ici qu'avant l'accession à l'indépendance de ces Etats, la responsabilité des relations internationales les concernant incombait à la puissance colonisatrice. Ces Etats sont, de nos jours, parties à beaucoup de conventions par la procédure de succession.

Par ailleurs, les puissances colonisatrices n'avaient pas uniquement des responsabilités politiques vis-à-vis de leurs colonies ; elles avaient aussi des obligations environnementales liées à leurs intérêts dans lesdites colonies. C'est pourquoi des normes juridiques sont établies en métropole dans plusieurs secteurs où les colonisateurs ont des intérêts à sauvegarder et celles de leur application créées sur place dans les territoires. Les domaines réglementés depuis la métropole dans les territoires africains sont très variés : on peut noter le régime domanial, le régime forestier, le régime minier... Ce droit colonial assure donc une protection indirecte et spécifique de l'environnement tenant compte des objectifs coloniaux de la métropole. Ces réglementations coloniales ont continué après les indépendances à régir les mêmes domaines, faute de nouveaux textes et font même partie du droit positif des colonies même après leur accession à la souveraineté internationale. C'est ce qui a permis dans les constitutions des nouveaux Etats africains indépendants de faire une timide référence à l'environnement.

---

[23] J.PRADEL, *Droit pénal général*, Editions Cujas, 16ème édition, 2006, p.90.

Il faut dire que l'Afrique a dans son ensemble, et précisément dans son aspect culturel, une source consubstantielle du droit de l'environnement : les traditions ancestrales entretenues et préservées au fil des âges par la tradition orale. Sur une perspective historique donc, les traditions constituent une source du droit de l'environnement dans ce continent. Chaque société, chaque peuple, chaque culture et chaque civilisation dans la vie traditionnelle africaine a le devoir de protéger la nature et le souci de préserver l'équilibre du milieu son système coutumier, son droit coutumier auquel il est réservé un respect absolu sous peine de sanction. Ce respect est sacré puisque l'homme africain vit en harmonie avec la nature. Cette préoccupation et ce souci se traduisent sur le plan juridique par des prescriptions du droit coutumier réglementant, suivant des régions considérées, la coupe de l'arbre, l'utilisation des cours d'eau communs, la chasse, les feux de brousse, l'affectation et l'utilisation des sols[24]... Bien que refusé et nié par les tenants du droit moderne de l'environnement, ce droit coutumier traditionnel reste encore de nos jours d'une grande utilité dans la protection juridique de l'environnement en zones rurales et même joue parfois le rôle de droit supplétif dans le constitutionnalisme africain de l'époque[25].

Paragraphe III : Une quasi absence du constitutionnalisme au lendemain des indépendances en Afrique

Au lendemain des indépendances, l'Afrique ne connaissait pas le constitutionnalisme, ou du moins celui-ci y était dans sa phase de balbutiements.

En effet, le constitutionnalisme ne se réduit pas à l'existence dans un pays d'une constitution qui régente la vie socio-politique et juridique de ce pays. Le constitutionnalisme est un état d'esprit politique et juridique. Il est un comportement des institutions politiques ou des pouvoirs publics, de leurs animateurs et d'un peuple conformément à une culture et une civilisation données, notamment de droit ou de normes consensuelles devant lesquelles tout le monde se plie, en vue de la protection des droits humains. Il est une valeur humaine, une nécessité humaine, l'expression d'un besoin de développement, un bouquet de droits et de libertés à la fois civil, politique, économique, individuel et collectif dont la mise en œuvre nécessite un cadre juridique et institutionnel requis sur fond de consensus social autour de la constitution. Les droits de l'Homme pour leur exercice et jouissance par les personnes nécessitent le constitutionnalisme. Et pourquoi ne pas d'ailleurs

---

[24] Maurice KAMTO, *Droit de l'environnement en Afrique*, EDICEF/AUPELF, 1996, p.66.
[25] Ibid.p.66.

considérer celui-ci comme aussi un droit de l'Homme ? Le besoin de sécurité juridique ou de sûreté à travers un système politique sur fond d'Etat de droit constitutionnel peut être érigé au rang de droits de l'Homme. C'est pour cette raison que l'on peut affirmer qu'il n'y a pas de constitutionnalisme africain, ni aussi américain, européen ou asiatique. Il est l'expression de l'évolution des Etats vers un mieux-être et la dignité humaine.

Le constitutionnalisme ne se réduit pas non plus à une imitation servile des régimes constitutionnels, en se parant de tous les beaux atours juridiques et institutionnels requis ou en vogue, sans se connecter avec le « climat » ou la « température » des exigences liées à l'ère de cet état juridique et politique. C'est pourquoi, le Professeur MBATA MANGU soutient que les constitutions «*... peuvent proclamer leur suprématie, organiser les institutions, consacrer tous les droits humains, instituer un pouvoir judiciaire formellement indépendant pour dire le droit et des institutions d'appui à la démocratie comme les commissions électorales indépendantes et des organes pour assurer la bonne gouvernance ou contrôler l'action administrative. La réalité est souvent contraire et consacre un constitutionnalisme ou une démocratie de façade ou de cosmetiques* »[26]. Ce qui a amené MANGU à faire allusion au schéma de ce que OKOTH OGENDO a considéré comme étant celui de « constitutions sans constitutionnalisme », un paradoxe africain[27].

Le prétendu constitutionnalisme africain au lendemain des indépendances (et même au lendemain des années soixante-dix) était au service des dictatures. En cela, le système juridico-politique aux relents démocratiques installé aux lendemains des indépendances est une pseudo-démocratie, un constitutionnalisme dévoyé de sa vocation originelle, un constitutionnalisme du clair-sombre.

De plus, on a assisté à la naissance d'Etats socialistes dès les indépendances à l'image de la Guinée d'Hamed Sékou TOURE avec son refus d'être sous la coupe de la France colonisatrice du Général De GAULLE en 1958 et plus tard après mille neuf cent soixante-dix jusqu'en mille neuf cent quatre-vingt-dix, à l'image des Etats comme le Bénin de Mathieu KEREKOU, le Congo

---

[26] André B. MBATA MANGU, Constitutions, constitutionnalisme et limitation de pouvoirs et des mandats présidentiels en Afrique (communication), Colloque international de Cotonou, en hommage à l'œuvre du Professeur Maurice AHANHANZO-GLELE, Cotonou les 8, 9 et 10 août 2012.

[27] OKOTH-OGENDO HWO "Constitutions without constitutionalism: Reflections on an African Paradox", in SHIVJI, pp 3-25.

de Dénis SASSOU NGUESSO, l'Ethiopie de Menguistu HAILE MARIAM, le Burkina-Faso de Thomas SANKARA, l'Algérie de Wari BOUMEDIENNE, l'Angola d'Agostino NETO, le Mozambique de SAMORA Machèle... Tous ces Etats se réclamaient aussi de la démocratie, mais celle populaire, qui met non pas l'Homme au cœur du développement mais plutôt, la communauté. C'est dire que la première génération des droits de l'Homme, c'est-à-dire, les droits civils et politiques, n'occupaient pas une place prépondérante dans ces genres d'Etats. Ils y étaient presque violés ; ce qui vient en contradiction avec l'un des éléments constitutifs du constitutionnalisme ; le respect des droits de l'Homme par les pouvoirs publics et aussi par les hommes, dans leurs relations interpersonnelles. Dans ce système, il n'y a pas d'Etat de droit, puisque le droit est au service de l'Etat, celui-ci y est presque supérieur au droit. Dans ces genres d'Etat, il y avait pratiquement la confusion des pouvoirs au profit, soit de l'Exécutif à travers un homme fort ou un comité politique central ou encore un parti unique, comme c'était le cas en Afrique, soit au profit d'un autre pouvoir, notamment le législatif comme le soviet suprême en Union soviétique.

Ce constat est corroboré par les coups d'Etat, pendant la période appelée « *le second cycle constitutionnel* » (qui concerne également la période sus-décrite), c'est-à-dire la période qui pourrait aller des années soixante-dix jusqu'à l'orée de quatre-vingt-dix voire au delà ; période pendant laquelle, les coups d'Etat militaires étaient en vogue (tout comme avant soixant-dix). On en dénombrait de deux sortes. La première catéguorie de coup d'Etat comme l'affirme d'ailleurs KPODAR est relative aux actions des forces armées qui s'inscrivent dans le sens de l'avènement de la démocratie. La deuxième catéguorie en revanche selon le même auteur faisait état de coups d'Etat diaboliques dont l'objectif est de remplacer un gouvernement civil, légitime, par un gouvernement militaire[28]. Une période constitutionnelle chaotique avait donc caractérisé cette période au point d'amener déjà en 1987 Maurice KAMTO à observer à propos du constitutionnalisme africain que « *L'Afrique est le continent des incertitudes et des espoirs perpétuellement déçus* »[29]. Il n'y avait donc pas eu de constitutionnalisme au lendemain des indépendances, jusqu'au début des années quatre-vingt-dix, mais plutôt l'édification des bases du constitutionnalisme qui deviendra une réalité plusieurs décénnies après. Les Etats africains avec les parures aux couleurs démocratiques étaient en place avec pour bien sûr une Constitution digne d'un régime de limitation de pouvoirs.

[28] Lire à ce sujet, Adama KPODAR, « Bilan sur un démi-siècle de constitutionnalisme en Afrique noire francophone »...

[29] Maurice KAMTO, *Pouvoir et droit en Afrique noire, Essai sur les fondements du constitutionnalisme dans les Etats d'Afrique noire francophone*, Paris, LGDJ, 1987, p.491.

Toutefois, selon ROSENFELD, cité par MANGU, toutes les constitutions ne se conforment pas aux exigences du constitutionnalisme[30].

Mieux selon ANDREWS, cité par MANGU, certaines constitutions ne se conforment au constitutionnalisme qu'en apparence[31]. C'est pourquoi, une certaine doctrine à travers HARBESON et OLUKOSHI soutient que l'on devrait faire une distinction entre constitution et constitutionnalisme et entre constitutionnalisme et le processus de production constitutionnelle[32].

Section II : Les exigences socio-économiques de l'époque

L'Afrique au lendemain des indépendances était un continent en quête de développement. Il fallait donc relever le défi. Ainsi, les impératifs de développement avaient-ils la primauté sur des considérations « déontologiques » et idéologiques propres à un système politique et économique. A ce titre l'état des lieux concernant le continent (paragrapheI), le développementalisme en vogue à cette époque (paragraphe II) pourraient expliquer cet état de fait.

Paragraphe I : L'état des lieux.

En 1960, l'Afrique était un continent qui était confronté aux problèmes de développement. Sans entrer dans le débat de l'utilité ou de l'inutilité de la colonisation, il faut remarquer que l'administration coloniale avait déjà jeté les bases du développement dans les Etats qui étaient sous le joug des colonisateurs portugais, espagnols, allemands, anglais et français. L'école a vu le jour sur le continent, les premiers dispensaires furent créés, les routes qui permettaient aux colonisateurs de pouvoir convoyer vers les ports les produits industriels étaient construites. Le chemin de fer est devenu l'outil précieux du colon européen pour l'économie européenne. Les pays africains étaient sur le plan économique, vitaux pour l'Europe et plus tard sur le plan politique et même militaire.

Au lendemain de la colonisation, les problèmes à résoudre pour asseoir les bases d'un développement durable sont énormes. Il fallait préserver les acquis positifs de la colonisation, c'est-à-dire continuer l'œuvre basique de développement du colonisateur, à travers la poursuite de création d'écoles

---

30 ROSENFELD M. " Modern constitutionalism as Inter play Between identity and diversity"in ROSENFELD, op.cit.p.3.

31 ANDREWS W.G. Constitutions and constitutionalism, 3rd Ed., Princeton, New-Jersey ; D. Van Nostrand Company, 1968, p. 13.

32 Lire HARBESON J.W. « Rethinking Dramatic Transitions : Lessons from Eastern and Southern Africa ».

sur l'ensemble du territoire national des Etats, la construction des dispensaires et des hôpitaux, la construction des routes pour le désenclavement des régions entières, l'adduction d'eau et l'électricité.

Par ailleurs, le taux de mortalité était excessivement élevé dans ces Etats, de même que le taux d'analphabétisme, hypothéquant le développement et l'avenir de ces Etats. Mieux les Etats étaient fragilisés par une quasi-absence de la nation qui était artificielle dans presque tous les Etats africains. Les Etats africains étaient presque tous multiethniques et par conséquent théâtres de conflits ethniques, de génocides, de crimes contre l'humanité et de crimes de guerre.

Les structures sociales et sociologiques font doublon avec les structures étatiques, compliquant la résolution des problèmes sociaux et sociologiques, faisant même du système juridique de ces Etats un système dualiste. Une fracture juridique et sociale naît ainsi du droit moderne régissant une catégorie de citoyens, ceux lettrés, et le droit traditionnel régissant l'autre peuple, mais le plus majoritaire, appelé le pays profond.

Les avatars de la colonisation ne sont pas en reste, donnant une image providentielle à l'Etat, annihilant dans le subconscient des Africains la gestion des cités par les populations elles-mêmes, attendant tout de l'Etat. Du coup, l'esprit d'entreprise, l'initiative privée ont déserté le forum en Afrique, faisant de l'Etat l'institution à tout faire, celle omniprésente, omnisciente par la même occasion, puissante voire superpuissante, se croyant légitimement tout permis.

L'Afrique devait gérer un tissu économique embryonnaire et très fragile, marqué par un secteur primaire faible, dominé par des outils rudimentaires de production, donc une agriculture non mécanisée. Le secteur secondaire brille par une absence notable d'industries, et le secteur tertiaire peu développé. La question de l'environnement a commencé à être préoccupante à travers la déforestation due aux cultures de rente imposées par le colonisateur au bénéfice de ses industries et de son économie. Bref, tout était à faire au lendemain des indépendances dans les Etats africains.

Paragraphe II : **Le développementalisme en vogue**

Selon le Professeur AHADZI Nonou Koffi, le développementalisme se présente comme un courant de pensée qui établit un lien de cause à effet, entre le niveau de développement économique et social et l'accès à la démocratie libérale et qui soutient que, dans la phase d'accumulation du capital, il faut un pouvoir fort pour impulser le développement.

Comme on pouvait s'en douter, les Etats africains ont estimé qu'il fallait opter pour la démocratie libérale qui est une démocratie intégrale faisant appel, à la fois à la démocratie politique et celle économique. La démocratie politique, basée sur le pouvoir par le peuple et pour le peuple, impulsée par l'émancipation politique des Etats africains au lendemain de la deuxième guerre mondiale, était adoptée par les Etats africains. Cette démocratie politique pratiquée par les acteurs politiques à travers le gouvernement en place et les partis d'opposition sera assortie dans certains pays africains de la démocratie à la base, notamment la décentralisation administrative qui est un transfert partiel du pouvoir, du pouvoir central en direction des collectivités locales pour un développement durable de celles-ci.

La démocratie libérale est ici de nature économique basée sur la libre entreprise, l'initiative privée et le profit. Ici l'Etat est moins prégnant dans les activités économiques, c'est-à-dire moins gendarme, son rôle consistant à établir les bases d'une vie économique libre sans entraves venant de lui, et surtout à garantir la liberté, la sécurité et un cadre d'exercice d'activités économiques viables. Dans ce secteur, il peut même se comporter comme une entreprise privée de temps en temps, allant même en concurrence avec les privés. Dans un tel contexte, il peut coopérer avec les privés sous l'empire de ses lois qui ont pour vocation d'encadrer et de sécuriser la mise en œuvre des activités économiques.

Pour atteindre les résultats du développement, ces Etats optent pour un dirigisme économique malheureusement, s'accaparant tous les moyens de contrôle économique, se mettant en amont et parfois en aval de l'environnement économique, annihilant ainsi ou sapant les bases de développement préalablement fixées.

Par cette politique économique de dirigisme, l'Etat est roi, puissant car inspirant tout ce qui est du ressort économique, tuant ainsi la libre entreprise, l'initiative privée, en mettant sur pied une lourde machine administrative d'obédience économique qui le plus souvent débouche sur un personnel administratif nombreux qui baigne finalement dans des réseaux de corruption.

Dans le souci d'accumuler le capital nécessaire pouvant leur permettre de décoller économiquement en vue de résoudre les nombreux problèmes économiques auxquels ils se trouvaient confrontés de façon durable, les Etats africains ont connu cet état de fait ou système économique pendant les premières heures de l'indépendance. C'est cette volonté d'accéder à un niveau optimal de développement économique et social qui pousse certains Etats au départ avec pour système politique d'adoption la démocratie libérale, comme le Dahomey, le Congo, la Guinée, l'Ethiopie… à se muer en une démocratie populaire considérée comme étant le système le mieux adapté pour atteindre un développement économique et social adéquat. Le dirigisme quel qu'il soit débouche sur des aménagements juridiques et politiques pour atteindre le développement économique et social.

Section III : Les instruments d'un constitutionnalisme de balbutiement au lendemain des années soixante

Le constitutionnalisme de tâtonnement pratiqué en Afrique au début des indépendances s'est presque doté à quelques différences près, des traditionnelles institutions requises dans un constitutionnalisme normal. Aussi, la séparation, le pluralisme et l'équilibre du pouvoir (Paragraphe I), la laïcité et l'indivisibilité de l'Etat (Paragraphe II), le présidentialisme (Paragraphe III), une presse au service du Pouvoir (Paragraphe IV) en constituent-ils les grandes lignes.

Paragraphe I : La séparation, le pluralisme et l'équilibre du pouvoir

Au lendemain des indépendances, les Etats nouvellement indépendants ont répudié le monolithisme politique au profit du pluralisme politique. Très tôt, ces Etats ont compris que l'expression du suffrage ne peut se faire qu'à travers les partis politiques qui pourraient symboliser non seulement la diversité des opinions et des intérêts de la nation, mais aussi la liberté de choix et d'adhésion aux différents courants d'idées exprimant la philosophie politique, sociologique, économique et culturelle d'une nation. Très tôt, l'importance des partis politiques s'est fait sentir. Et comme le dit si éloquemment Daniel-Louis SELLER, « *tout démocrate devrait vouer une grande reconnaissance aux partis politiques. En effet et jusqu'à ce jour, aucune démocratie n'a jamais pu fonctionner sans partis et les quelques tentatives pour le faire virèrent toutes au cauchemar. De même lorsque, par le passé, des démocraties moururent sous les coups de militaires expéditifs ou de révolutionnaires épris d'absolu, l'une des premières décisions de ces derniers fut d'abolir le pluralisme des partis. En revanche, dès qu'un pouvoir totalitaire autoritaire ou absolutiste vacille sur ses assises, on assiste toujours à une efflorescence de partis politiques dont certains n'osent pas encore dire leur nom…* »[33]. Il est question en d'autres termes pendant cette période du multipartisme pratiquement intégral dans ces pays à travers les partis politiques, d'un moyen, d'un cadre juridique et politique du débat politique et de la confrontation des opinions politique, économique, sociale et culturelle des formations politiques, c'est-à-dire des projets de sociétés. Il

---

[33] Daniel Louis SELLER, *Les partis politiques*, 2e édition, Paris, Armand Colin, 2000, p. 23.

s'en est suivi, à cette époque, une prolifération des partis politiques, une vitalité et une richesse des opinions et des idées politiques.

Les nouvelles constitutions des Etats africains ont encadré l'expression des partis sur le terrain politique en séparant les partis de l'Etat ceci, pour assurer l'expression du jeu politique en pleine égalité des partis politiques. Selon le professeur Théodore HOLO, « *le parti politique s'entend d'une organisation de citoyens fondée sur un projet de société et dont l'objectif essentiel est la conquête et l'exercice du pouvoir. Tout parti politique démocratique s'emploie à réaliser cet objectif par les urnes dans le respect de la souveraineté du peuple. Aussi, le but premier de tout parti politique est-il la conquête ou la participation à l'exercice du pouvoir.* »[34] Pour Daniel-Louis SELLER, on peut définir les partis politiques comme « *des organisations durables, disposant d'une assise à la fois nationale et locale, dont le but est de conquérir et d'exercer le pouvoir politique en recherchant le soutien populaire* »[35] ou encore des « *organisations visant à mobiliser des individus dans une action collective menée contre d'autres, pareillement mobilisés, afin d'accéder, seuls ou en coalition, à l'exercice des fonctions de gouvernement. Cette action collective et cette prétention à conduire la marche des affaires publiques sont justifiées par une conception particulière de l'intérêt général* »[36]. Pour atteindre ces objectifs, les partis politiques à l'époque se devaient d'être bien structurés pour être de véritables institutions politiques. Ce paramètre important a manqué à la plupart des partis politiques de l'époque au point qu'ils étaient considérés par une certaine doctrine comme des clubs électoraux qui se réveillent pendant les périodes de conquête du pouvoir pour s'assoupir aussitôt après la tenue des élections. Les critères qui font des partis politiques de véritables institutions politiques n'étaient pas remplis par ceux-ci :

« - *Une organisation durable dont l'espérance de vie politique soit supérieure à celle de ses dirigeants ou de ses fondateurs.*

- *Une organisation locale bien établie et apparemment durable entretenant des rapports réguliers et variés avec l'échelon national.*
- *La volonté durable des responsables nationaux et locaux de l'organisation d'accéder au pouvoir et de l'exercer seuls ou avec d'autres et non pas – simplement- d'influencer le pouvoir.*

---

[34] Théodore HOLO, La constitution, garante de l'alternance démocratique, Actes de la conférence internationale « Les défis de l'alternance démocratique en Afrique » tenue à Cotonou, du 23 au 25 février 2009.
[35] Daniel-Louis SELLER, op.cit., p.23.
[36] Daniel-Louis SELLER, op.cit., p.24.

- *Le souci de rechercher un soutien populaire à travers les élections ou de toute autre manière.* »[37]

Mieux, les partis politiques de l'époque n'avaient pas une assise nationale, puisqu'ils étaient des partis essentiellement ethniques. L'ethnie du leader du parti déterminait l'adhésion des militants au parti. Les ethnies qui se sentaient les plus proches sociologiquement et selon la région se retrouvaient dans le même parti politique. Par exemple au Dahomey, le parti de l'ancien Président Hubert KOUTOUKOU MAGA était de la région septentrionale du Dahomey, parti qui se fédérait autour de l'ethnie majoritaire de la région, notamment les Bariba. Le Parti UDD de l'ancien Président AHOMADEGBE Justin était dominé par les fon, celui de SOUROU MIGAN Apithy, autour de l'ethnie Goun, celui de l'ancien Président ZINSOU, autour également de l'ethnie Fon et assimilés. Mieux encore, ces partis politiques se confondaient avec la personnalité de leur leader, au point que leur nature de parti de masse était quelque peu écornée. C'étaient des partis qui disparaissaient en même temps que leurs fondateurs.

Par ailleurs, les principes du constitutionnalisme étaient adoptés par les Etats africains après les années « soixante » avec surtout à la clé, la séparation des pouvoirs prônés par LOCKE et MONTESQUIEU. Ainsi comme l'affirme le professeur HOLO, « *pour éviter le monopole, la concentration voire la confiscation du pouvoir par un seul individu, un seul clan ou un seul parti politique, la doctrine prescrit sa distribution par la théorie de la séparation horizontale des pouvoirs entre trois organes différents à savoir, un organe attributaire de la fonction exécutive, un organe chargé de la fonction législative et un organe investi de la fonction juridictionnelle. Cette séparation suppose l'équilibre des trois pouvoirs qui sont théoriquement égaux, indépendants, même si dans l'intérêt collectif, ils sont condamnés à collaborer en vue d'éviter la paralysie de l'Etat, garant de la liberté, de la sécurité des citoyens et de la prospérité collective …* »[38].

Mais pour des raisons de cohésion nationale et d'accaparement du pouvoir par un seul clan et surtout un seul homme, l'équilibre du pouvoir prendra un coup.

---

[37] Cf. Joseph La Palombara et Myem Weiner. The origin and development of politicals parties. Princetion 1966 Ps 5-7.

[38] HOLO (T.), op.cit., p.73.

Paragraphe II : La laïcité et l'indivisibilité de l'Etat

La laïcité a été énoncée dans toutes les constitutions des Etats africains au lendemain des indépendances. Tout d'abord, d'après Ferdinand BUISSON, la laïcité, c'est le processus de sécularisation de l'Etat[39]. Cette sécularisation a été enclenchée par ces Etats afin de pouvoir être neutres par rapport aux différents pouvoirs temporels, et surtout pour avoir des coudées franches qui puissent leur permettre d'être au « dessus de la mêlée ». Dans ces Etats, l'Etat reconnaissait tous les pouvoirs temporels de sorte que les différentes religions qui avaient une assise territoriale étaient libres de s'exprimer. Aussi, formellement, les libertés de conscience, d'opinion, de culte et de religion étaient-elles garanties par leur constitution. L'Etat a pour premier palier à franchir ou premier préalable à poser, pour s'établir et s'affirmer, d'accorder la même considération et la même importance à tout ce qui procède du spirituel et du cultuel. Il se place à égale distance entre le non politique, c'est-à-dire le spirituel et les autres. C'est pourquoi d'ailleurs, Ferdinand BUISSON parlant d'un tel préalable dans la formation d'un Etat moderne estime que « *la laïcité est d'abord le résultat systématisé d'un processus de sécularisation de l'Etat* ». C'est ce que corrobore J. AIVO, lorsqu'il affirme que ce préalable signifie « *une sécularisation qui suppose non pas une conduite abstentionniste de l'Etat, encore moins sa neutralité, mais plutôt l'égale considération et l'égal traitement par les pouvoirs publics pour l'ensemble des cultes religieux sans discrimination des uns au profit des autres et sans hégémonie cautionnée de certains sur la vie politique, économique et sociale* »[40]. En d'autres termes, l'Etat dans sa neutralité vis-à-vis des pouvoirs temporels doit en cas d'actes positifs à l'égard d'une entité temporelle donnée, observer ou faire le même traitement aux autres lorsque l'occasion se présentera. Mieux, l'Etat évitera de s'ingérer dans les affaires de ces entités temporelles sauf situation extrême interpellant son rôle en tant qu'arbitre ou en tant que garant de la sécurité, de la salubrité, de l'ordre public et des bonnes mœurs.

Le processus de sécularisation de l'Etat est de longue haleine ; c'est pourquoi il se poursuit en permanence par les Etats africains, pour éviter des drames que certains Etats africains (comme le Bénin) ont connus pour des raisons idéologiques. Le respect de ce principe a été une réalité au niveau de nombre d'Etats au sud du Sahara au point qu'on note non seulement une cohabitation pacifique des religions dans les Etats au sud du Sahara (en

---

39 Ferdinand BUISSON, Dictionnaire de Pédagogie et d'Instruction Primaire, Hachette, Paris, 1911.

40 AIVO Frédéric Joël, *Le juge constitutionnel et l'état de droit en Afrique, l'exemple du modèle béninois*, l'Harmattan, Paris, 2006, p. 52.

dehors de quelques Etats comme le Nigéria), mais surtout des relations discriminatoires de l'Etat vis-à-vis de certaines confessions religieuses.

Par ailleurs, le principe de l'indivisibilité de l'Etat comme celui de sa laïcité, a été inscrit en lettre d'or dans les nouvelles constitutions des Etats africains après les indépendances. Ceux-ci ont été créés de toute pièce par l'Occident après la conférence de Berlin, au point que le risque d'implosion de ces Etats est permanent. Etats multiethniques, les Etats africains sont, de ce point de vue, sujets à des risques de sécession. C'est pourquoi ce principe est considéré par les Etats comme sacro-saint car il présuppose tous les autres principes constitutionnels dans un Etat homogène du point de vue linguistique et racial, à plus forte raison dans un Etat multiethnique ou multiracial : l'Etat doit exister dans son entièreté physique et humaine avant de prétendre s'affirmer non seulement sur le plan interne, mais aussi sur la scène internationale. C'est pourquoi, parlant du principe concernant le Bénin, un Etat multiethnique, J. AIVO écrit : « *Ainsi, dans tous les esprits, la proclamation solennelle de l'unité et de l'indivisibilité de l'Etat dont la protection a été une préoccupation constante du constituant de 1990, est conçue comme le meilleur antidote à la menace de la désintégration de la nation qui, il faut le rappeler, est une composition hétéroclite de plusieurs groupes ethniques* »[41]. Le principe de l'indivisibilité est si cher à ces Etats qu'ils n'ont pas transigé avec les velléités sécessionnistes de certaines populations qui ont été réprimées dans le sang. Des Etats comme le Nigéria, le Sénégal, le Mali, le Niger… ont fait face à des mouvements sécessionnistes depuis les indépendances, dont certains ont connu un dénouement heureux à l'image du Nigéria, tandis que les autres attendent des mesures hardies pour leur résolution.

Paragraphe III : Le présidentialisme

Les Etats africains pour gagner le pari du développement ont opté pour un régime présidentialiste qui est un régime de déséquilibre du pouvoir en faveur non seulement de l'exécutif mais surtout au détriment du législatif et du judiciaire. Ici il est question de la toute- puissance de l'exécutif qui va même jusqu'à mettre sous sa coupe toutes les institutions de la République. Pour surmonter les divisions ethniques et consolider l'unité nationale encore fragile au lendemain des indépendances, des sacrifices étaient imposés au peuple sur fond de renforcement de l'exécutif nanti de tous les privilèges et de toutes les prérogatives au profit de son principal titulaire qui reste le chef de l'Etat. Celui-ci avait l'initiative législative, il avait le droit de dissolution

[41] Frédéric Joël AIVO, op.cit., p. 53.

du parlement, il fixait l'ordre du jour de l'Assemblée nationale et avait même le privilège, voire le pouvoir d'arrêter et d'exécuter le budget de l'Etat par décret. Par exemple, les membres du parlement ne peuvent pas être réélus sans l'aval du chef de l'Etat, chef du gouvernement, chef du parti unique, décideur de la désignation de tous les candidats à une fonction élective, pour des raisons d'efficacité de son action politique. Le président de la République a une influence notable au sein du parlement dont il est le leader incontestable et charismatique (de la majorité). Le professeur TOPANOU corrobore l'idée en affirmant que « *les juges et les députés ainsi que l'immense majorité du personnel politique, médiatique et des organisations de la société civile dépendent financièrement du président de la République et plus exactement de l'Etat pour leur survie, soit parce qu'ils sont des fonctionnaires soit parce qu'ils sont des privés qui font la quasi-totalité de leurs affaires avec l'Etat* ».Toute cette super puissance de l'exécutif s'exprimait sur fond de monolithisme politique, notamment sur l'existence d'un parti unique, difficilement séparable de l'Etat. Comme l'affirme le professeur Victor TOPANOU, dans ces régimes, « *le président était tout* ». Pour DE VILLIERS, ces genres de régimes sont ceux « *qui se sont inspirés du système des Etats-Unis mais qui n'ont pas respecté ce qui en fait le mérite essentiel à savoir le partage équilibré des pouvoirs et qui ont laissé le chef de l'Etat accaparer toute l'influence politique* ».

Selon GUINCHARD, il s'agit de la « *contrefaçon du régime présidentiel consistant dans l'hégémonie du président et l'abaissement corrélatif du parlement qui a pour effet de rompre l'équilibre du pouvoir* », et selon le Professeur TOPANOU, « *le régime présidentialiste consacre la primauté juridique et politique du président* » et repose selon le professeur GNAMOU-PETETON sur « *une hégémonie présidentielle et sur une séparation apparente des pouvoirs* ».

Maurice DUVERGER renforce les idées sus évoquées en disant à propos de ce présidentialisme qu'ont adopté surtout les Etats négro-africains qu'il est question d'une « *inégalité des forces politiques en présence d'une prépondérance écrasante du président qui paralyse pratiquement les parlementaires* ». Dans le même registre, LAVROFF (D.) soutient que c'est pour garantir la suprématie de l'exécutif que le schéma traditionnel du régime présidentiel a été de fond en comble métamorphosé en donnant au chef les moyens d'agir sur l'assemblée. Pour lui, le régime de type présidentialiste est « *un régime présidentiel original au sein duquel la présence de l'exécutif est renforcée* ».

Parlant de ce régime politique qui a caractérisé les Etats négro-africains au lendemain des indépendances, le professeur Augustin LOADA parle même de l'hyper-présidentialisme d'autant plus que selon celui-ci «*par leurs pouvoirs formels, en particulier par leur pouvoir de nomination, par les réseaux informels entretenus par leurs hommes de confiance, nos présidents contrôlent ou veulent tout contrôler, en mettant aux postes clés des différentes positions du pouvoir des « hommes acquis », selon l'expression utilisée par un ancien ministre du Burkina, permettant ainsi de contrôler directement ou indirectement les autres pouvoirs constitutionnels, tout en préservant les apparences de non-immiscion. Ainsi, sans instructions formelles, le travail parlementaire, celui de la justice, en passant par celui de la commission électorale, du secteur privé et de la société civile se trouvent assujettis à la volonté du pouvoir en place* ».

Paragraphe IV : Une presse au service du Pouvoir

La presse après les indépendances était presque uniquement d'obédience étatique. Elle était considérée comme étant un outil de développement des Etats africains qui étaient tous sous-développés à l'époque : par conséquent, elle ne pouvait pas être libre. La presse permettait d'obtenir la cohésion du peuple autour d'une cause donnée. Dans les Etats d'obédience marxiste, c'est autour de la cause de l'unité de la paysannerie et des travailleurs qui constituaient le peuple, c'est-à-dire les prolétaires, face à la bourgeoisie et à l'impérialisme international que l'unité du pays était faite. En revanche dans les Etats africains d'obédience capitaliste ou occidentale, c'est autour des idéaux de lutte contre la pauvreté et le sous-développement que cette cohésion était faite. Ainsi, selon Jerôme Carlos, prenait naissance, un «*journalisme de développement*» qui dictait à l'information un rôle d'éducation, d'explication et de justification des choix politiques des dirigeants[42]. Mieux JOHN Lent corrobore Carlos en affirmant que « *Dans cette période initiale de construction étatique, la stabilité et l'unité sont indispensables : la critique doit être minimisée et la foi de la population dans les institutions et les règlements instaurés par le gouvernement doit être encouragée. Il faut que les médias coopèrent en insistant sur les nouvelles positives, porteuses de développement, en ignorant les caractéristiques sociétales ou oppositionnistes négatives et en soutenant les*

[42] Jerôme CARLOS, « Presse en développement et démocratie », in Journées de réflexion sur la Constitution du 11 décembre 1990 (Les Actes), Cotonou, les 7 et 8 août 2006, p.164. Jerôme CARLOS est Professeur de lettres, Journaliste, Directeur de la Radio privée CAPP FM à Cotonou en République du Bénin.

idéologies et les projets gouvernementaux »[43]. De plus, parlant du rôle de la presse au lendemain des indépendances le gouvernement malien déclarait en 1963 que « *La liberté d'information est un principe reconnu et réaffirmé par la loi malienne. Mais la nécessité de maintenir la loi et l'ordre et de protéger la moralité publique a amené les autorités à réguler l'exercice de cette liberté, tout en respectant son principe, de manière à n'autoriser que la diffusion d'informations objectives, vraies et contribuant à l'avancée sûre et rapide de la nation vers le développement politique, économique, culturel et social qui constitue un pré-réquis indispensable pour atteindre l'indépendance véritable et la jouissance réelle par tous des droits et libertés de l'homme universellement reconnus* »[44]. La propagande du régime en place était de mise dans cette presse dans son ensemble, et surtout radiophonique, puisque presque tous les Etats africains n'avaient pas de télévision à l'époque. Elle permettait aux dictatures en place de s'enraciner et de « s'épanouir ». Que ce soit dans les Etats marxistes ou les Etats d'obédience capitaliste, le culte de la personnalité au profit du président de la République était la fonction principale de ces radios. Mieux, l'embrigadement des esprits, c'est-à-dire du peuple, relevait de leur domaine de prédilection. En d'autres termes, le « *viol des foules par la propagande politique* »[45] était la chose la mieux admise sous ces cieux-là. Cette triste situation faite à la presse au lendemain des indépendances confirme d'ailleurs en 1977, les déclarations du Président SENGHOR au sujet de cette presse, lorsqu'il déclarait qu' « *Il n'existe pas, dans notre vie politique un quatrième pouvoir qui serait le « pouvoir journalistique » et qui ferait régner sa loi, pour ne pas dire sa terreur, par le chantage à la délation et à la calomnie* » »[46].

Par ailleurs, la presse écrite était aussi monolithique, puisque rares sont les pays africains où il y avait une presse écrite privée pouvant amener un « autre son de cloche » de l'actualité africaine en général, et de celle du pays où elle est établie en particulier. La presse privée est étouffée, voire interdite

---

[43] Lent JOHN, " A Third World New Deal ? Part one: The Guiding Light", in Index on Censorship. Vol.3, n°5, septembre-octobre 1977.p.19.

[44] Jerôme CARLOS, « Presse en développement et démocratie », op.cit., p.164.

[45] Ce livre de Serge TCHAKHATINE publié pour la première fois en 1939 cherche à comprendre les mécanismes auxquels obéissent les foules, les masses et, plus généralement, la formation de la volonté politique et l'action politique. L'auteur analyse les raisons du succès de Hitler et celles de l'échec de la démocratie. Mais il traite aussi de la propagande soviétique, de l'affrontement idéologique de la guerre froide, du pacifisme, bref, des formes générales de la propagande, de sa réussite ou de son échec, ainsi que des moyens d'y résister (Le résumé de l'ouvrage de Serge TCHAHATINE a été fait par Pius N. NJAWE dans une communication qu'il a présentée lors du colloque internationale tenue à Cotonou, du 23 au 25 février 2009, sur « Les défis de l'alternance démocratique en Afrique », p.135.).

[46] Jerôme CARLOS, « Presse en développement et démocratie », op.cit., p.165.

dans les pays africains à la suite des indépendances. Le motif, il fallait une cohésion autour de l'action gouvernementale, sur fond d'unité nationale. C'est pourquoi, dans ces pays là, les journalistes de la presse indépendante faisaient partie des premiers prisonniers d'opinion de ces jeunes dictatures établies parfois avec la complicité de la métropole.

En conséquence, la presse qui devrait jouer le rôle de quatrième pouvoir en étant un canal par lequel, les acteurs politiques de tous les bords, les groupes de pressions et autres pouvaient discuter et échanger sur les grandes questions politiques et de développement, n'était pas au « rendez-vous ». L'Afrique était le théâtre d'une presse politisée, baillonnée. Une presse, complice des périodes sombres du constitutionnalisme des années soixante.

Section IV : Les droits de l'Homme en question et l'instabilité des Etats

L'Afrique a été au lendemain des indépendances le théâtre de massives violations de droits humains (Paragraphe I), des coups d'Etat militaires et des guerres civiles (Paragraphe II).

Paragraphe I : La violation massive des droits de l'Homme

Au lendemain des indépendances africaines, l'instauration du pluralisme politique avait auguré d'un bel avenir pour les droits de l'Homme. Cela a permis l'expression des opinions surtout sur le plan politique. Les projets de société étaient remarquables à travers les partis politiques, sans oublier le syndicalisme naissant avec une société civile embryonnaire qui symbolisaient véritablement le pluralisme des idées sous toutes ses formes. Mais les impératifs de développement à travers l'instauration du parti unique ont mis en veilleuse les droits de l'Homme, au point où ceux-ci étaient piétinés par les Etats de toutes les obédiences idéologiques. Les Etats africains se sont comportés après les indépendances comme les révolutionnaires de 1789 en interdisant les groupements professionnels et en condamnant les corporations. Sur le plan politique, la pensée unique était de mise, et c'était celle du parti unique ou de l'homme fort du régime qui prévalait. La presse avait perdu sa liberté, d'autant plus qu'elle était embrigadée par le pouvoir. Le culte de la personnalité avait trouvé son meilleur terreau à travers la presse d'Etat, celle qui était au service du pouvoir. Ainsi, la liberté d'opinion, la liberté de communiquer les pensées, et même la liberté de religion étaient étouffées. Dans presque tous ces Etats, les prisonniers politiques ou prisonniers d'opinion étaient très nombreux. Les opposants aux régimes en place finissaient presque leur vie en prison, sauf ceux qui étaient libérés à la suite du renversement du régime en place. Les disparitions d'opposants étaient monnaie courante. Chaque pays africain avait son camp ou lieu de détention d'opposants politiques à l'instar du camp Boiro en Guinée, de Ségbana ou du Petit palais au Bénin. La torture était la technique principale qui permettait aux geôliers du régime d'arracher ou d'extorquer des aveux des prisonniers politiques. Les libertés individuelles étaient donc massivement violées, au détriment des règles ou principes de l'égalité des peines, de la présomption d'innocence et de la non-rétroactivité des lois.

En bref les hommes forts des Etats africains estimaient que l'homme africain n'était pas libre, qu'il obtiendrait une réelle liberté à la suite de la transformation, c'est-à-dire du développement de ces Etats. Ils estimaient que pour atteindre cette transformation, l'Etat doit traduire et imposer les intérêts de la nation qui doivent être assouvis dans l'ordre et la discipline. Dans ces conditions, les dirigeants de l'époque disaient avec force à la manière des marxistes, qu'il ne doit être fait aucune distinction entre les libertés individuelles, civiles ou politiques et les droits sociaux, économiques et culturels. Les droits de l'Homme doivent se mettre donc au service du régime en place ou de l'Etat, et non le régime ou l'Etat au service des droits de l'Homme. C'est dire que les Africains, pendant cette époque, n'avaient que le droit au développement, mais dont la mise en œuvre ne peut se faire que par des devoirs à leur charge.

En d'autres termes, l'Etat devait s'affirmer pour atteindre donc au lendemain des indépendances les objectifs de développement qu'il s'était assignés. Ce qui faisait de ces Etats, presque totalitaires, car on assistait à la disparition des droits de l'Homme, y compris les droits les plus fondamentaux. Cela pourrait expliquer le temps que l'Afrique a mis à pouvoir se doter d'une charte de droits de l'Homme, alors que presque toutes les régions du monde, à l'exception de l'Asie en disposaient. Presque toutes ces nouvelles dictatures au nom du développement ont enfoui la vie de leur société (vies religieuse et économique) comme l'affirme une certaine doctrine, dans un monisme du pouvoir (à travers l'exécutif) et du développement. Elles n'ont reconnu aucun espace de liberté à leur peuple, en affirmant la prééminence des intérêts de l'Etat, c'est-à-dire en imprimant leurs actions de développement au nom de l'intérêt supérieur de la nation.

Paragraphe II : Les coups d'Etat militaires et les guerres civiles au lendemain des indépendances

Les coups d'Etat ont connu leurs meilleures expressions depuis 1960 dans les Etats de l'Amérique latine et en Afrique. Ils ont été nourris par la mauvaise gestion des Etats par les civils à leur tête, la corruption à leur sommet, le tribalisme, le népotisme…

En effet, au Dahomey, le tribalisme avait atteint une proportion, au point que certains peuples ne supportaient pas de voir des cadres de certaines régions à la tête de l'Etat. Le premier président du Dahomey, Hubert MAGA, originaire du nord du pays, région réputée dans le manque criant de cadres et surtout énormément sous-développée, en avait été victime, alors qu'il essayait de placer sur orbite son pays. En termes de réalisations, il est classé par les analystes, les politistes et par l'ensemble des Béninois en tête de peloton des chefs d'Etat qui ont eu les meilleures performances économiques et sociales au Bénin.

De plus, les régions fon du centre et du sud-Dahomey s'opposaient à la région goun du Sud-est du même pays. Cette situation d'opposition entre ces deux régions méridionales les plus peuplées du Dahomey à l'époque profitait à la région septentrionale du Dahomey la moins peuplée qui est parvenue ainsi à placer pour une seconde fois Hubert MAGA à la tête du Dahomey.

Une gestion rigoureuse et drastique du pays était à la base des mouvements de travailleurs qui ont eu raison du Président Emile Derlin ZINSOU au Dahomey en 1969. Les nombreux conflits politiciens entre civils ont à chaque fois qu'ils avaient cours donné l'occasion aux militaires de prendre le pouvoir, avec comme corollaires logiques la suspension de la constitution et des institutions républicaines. En moins de dix ans, le Bénin a connu une dizaine de constitutions, due aux coups d'Etat militaires. Ce qui a valu au Dahomey, le surnom de « *l'enfant malade d'Afrique* ». Des pays comme le Togo, la Haute-Volta, le Nigéria, le Niger, le Congo, le Tchad... ont été secoués par des coups d'Etat militaires qui en réalité n'ont pas permis à ces Etats de se développer.

Cette situation d'opposions entre différentes régions des Etats africains, généralement entre le nord qui a tardivement connu le colonisateur européen, donc moins développé et moins pourvu de cadres originaires de cette partie du pays et le sud, porte de pénétration européenne en Afrique, avait énormément contribué à l'instabilité de ces Etats, et à leur sous-développement. Ces deux régions généralement s'opposaient sur le plan sociologique, puisque ce sont des régions qui étaient culturellement opposées : le Sud était généralement d'obédience chrétienne et le Nord musulman. Ce sont des régions qui ne partageaient pas les mêmes langues ou dialectes, même animistes de par leurs zones rurales, elles ne partageaient pas le même animisme. C'étaient également des peuples qui ne se connaissaient pas ; du fait de leur statut de paysan, les migrations et mouvements de peuples, d'un sens vers l'autre et vice-versa étaient quasiment nuls. L'absence de véritables nations qui caractérisait les nouveaux Etats indépendants trouvait véritablement son expression.

Ailleurs sur le continent, les coups d'Etat étaient le fait d'une armée où l'équilibre ethnique n'était pas une réalité. Au lieu que l'armée soit une représentation en miniature de la diversité ethnique du pays, les régions moins nanties de cadres faisaient main basse sur celle-ci. Ceci peut s'expliquer par le manque d'engouements de la part de ces régions pour l'armée réputée comme étant le lieu par excellence de la violence et des corvées. Cette situation a longtemps prévalu au Togo, au Niger, au Nigéria et dans beaucoup d'autres pays africains après les indépendances.

L'armée était de temps en temps aussi instrumentalisée par le colonisateur qui souffrait de voir écarter du pouvoir par les élections un potentiel valet. Cette situation que le continent a connue avait aussi perturbé la bonne marche des institutions constitutionnelles des Etats africains. C'est ce qui avait d'ailleurs inspiré de la part du colonisateur français la mise en place de plusieurs bases militaires françaises sur le continent. La France a établi depuis les indépendances jusqu'à nos jours des bases miltaires sur le continent pour y préserver ses intérêts. Ces bases sont disséminées sur le continent, notamment à Djibouti, au Sénégal, au Tchad, en Centrafrique et en Côte-d'Ivoire. L'Afrique a donc vécu depuis des décennies sous haute surveillance militaire.

Par ailleurs, elle a été le théâtre des conflits civils qui ont énormément retardé son développement. C'est le cas de la Guerre du Biafra au Nigéria qui a fait aux lendemains des indépendances un million de victimes entre 1967 et 1970. C'est également le cas des guerres civiles libérienne et sierra léonaise qui étaient des conflits armés qui opposaient au lendemain des années quatre-vingt et même au début des années quatre-vingt-dix, les Libériens et Sierra-léonais d'origine américaine, c'est-à-dire les esclaves noirs débarqués dans ces deux Etats et les autochtones. Au Libéria, Charles TAYLOR et Prince JONSHON symbolisaient les esclaves affranchis, scolarisés, donc instruits, tandis que Samuel DOE représentait les indigènes, c'est-à-dire les autochtones. Ceux-ci ne supportaient pas d'être considérés comme des citoyens de seconde zone par les « envahisseurs » qui se considéraient plus Libériens ou Sierra-léonais que les autres, c'est-à-dire les indigènes ou autochtones, plus propriétaires du pays qu'eux. Ce conflit civil était considéré par certains analystes ou politistes comme un conflit politique, puisqu'il a pour enjeu le contrôle politique du pays, et pour d'autres comme un conflit culturel ou de civilisation parce que opposant un monde et sa façon de gouverner avec des racines ancestrales et africaines contre un autre monde transplanté dans ces pays, symbolisant la culture anglosaxonne. L'ancien maître d'esclave, c'est-à-dire les Etats-Unis d'ailleurs avaient armé les rebellions dans ces deux Etats. De plus, les indigènes ne supportaient pas une fracture sociale grave de leur pays, fracture symbolisée par un développement déséquilibré du pays, l'Hinterland habité par les autochtones étant presque abandonné et soustrait des politiques du développement de l'Etat alors que c'est pourtant cette partie du pays qui abrite l'essentiel des ressources minières et énergétiques du pays.

Par ailleurs, les guerres fraticides en Afrique australe n'étaient pas du reste pendant les années soixante-dix et quatre-vingt. Il s'agissait en Angola de la guerre civile entre le MPLA (Mouvement pour la Libération de l'Angola) de Agostino NETO d'abord et d'Edouardo DOS SANTOS après la mort du premier et l'UNITA de Jonas SAVIMBI. Ce conflit armé qui a pour objectif le contrôle du pays a été également considéré comme non seulement un conflit politique, mais surtout culturel ou de civilisation entre deux mondes diamétralement opposés : le monde portugais représenté par DOS SANTOS, fils d'anciens esclaves portugais et les mulâtres angolais (produits du métissage entre Portugais et esclaves libérés), contre les indigènes ou autochtones du pays symbolisés par Jonas SAVIMBI. Ceux-ci sont considérés par les premiers comme des citoyens de seconde zone, parce que vivant dans une partie du territoire angolais qui contient plus de quatre-vingt pour cent des ressources minières et énergétiques du pays, mais oubliée dans la construction et le développement du pays et dans le partage des ressources de ce grand pays. Il faut préciser que le taux d'analphabétisme était énorme du côté des indigènes, tandis qu'il est moins criant chez les Angolais d'origine portugaise. Ce conflit a fait plusieurs milliers de morts.

Le Mozambique a été également déchiré par une guerre entre le Frélimo et la Rénamo, deux forces politiques qui se sont affrontées pendant des années, faisant des milliers de morts. Cette guerre est aussi non seulement politique mais aussi de civilisations comme celles évoquées plus haut avec pour toile de fond pour les Mozambicains, la libération du joug raciste et colonial portugais. La lutte anti-apartheid menée par Nelson MANDELA, Oliver TAMBO, W. SIZULU, Steve BIKO et autres contre le régime raciste sud africain de Peter BOTA, celle dirigée par Sam NJOMA en Namibie contre un autre régime raciste et celle dirigée aussi en Rhodésie par Robert MUGABE et Joshua NKOMO contre le régime raciste de Rhodésie (actuel Zimbabwé) ne sont pas à occulter. Ce conflit contre l'Apartheid a été un mouvement d'ensemble dans les pays de l'Afrique australe contre des régimes racistes auteurs de beaucoup de génocides et de crimes contre l'humanité. Tous ces conflits armés, soit de libération nationale, soit du contrôle du pouvoir, ont eu pour résultantes logiques, des millions de morts, des millions de déplacés et surtout l'exacerbation du sous-développement en Afrique.

Chapitre II : La distribution verticale du pouvoir au lendemain des indépendances

Les constitutions des Etats africains pour la plupart avaient prévu une distribution verticale du pouvoir pour instaurer la démocratie à la base en vue d'atteindre les objectifs de développement qu'ils s'étaient fixés. La décencentration administrative héritée de la colonisation (section I), les procédés théoriques de la tutelle du pouvoir central (section II) constituent les principales articulations de cette distribution verticale du pouvoir.

Section I : La décencentration administrative héritée de la colonisation

A l'indépendance des Etats africains, les impératifs de développement ont conduit à une distribution verticale du pouvoir, d'autant plus qu'après quelque temps de gestion déconcentrée de ces Etats, un constat était manifeste : l'Etat était considéré par les Africains, comme la providence qui « pouvait et devait tout faire »pour eux. A ce titre, les gouvernements africains s'échinaient à développer leur pays, par leurs autorités et agents subordonnés qui concevaient des plans de développement sans tenir compte des réalités et des spécificités des régions de leurs pays. Les résultats de ce mode de développement n'étaient pas reluisants : bilan catastrophique dû aux détournements de deniers publics, incivisme des populations, plans de développement déphasé...

Pour sortir de cette situation, la décentralisation administrative a été pensée et imposée par le colonisateur dans la plupart de ces Etats. Celle-ci est le transfert d'importants pouvoirs détenus par les autorités étatiques, entre les mains des collectivités locales. Cette technique d'administration de la cité est d'une importance capitale car elle procède de la nécessité de faire asseoir une démocratie à la base, gage d'un réel développement.

Elle est par contre d'une gravité extrême en ce sens que le pouvoir est délicat dans son exercice, et peut être à l'origine de douloureux dérapages. C'est pourquoi, dans le but de réussir la mise en œuvre de cette nouvelle technique administrative de gestion des collectivités locales et sauvegarder les intérêts de l'Etat, de la collectivité décentralisée et des administrés, l'Etat central crée des institutions d'ailleurs elles-mêmes héritées du droit public colonial (Paragraphe I) et applique la théorie de décentralisation imposée par le colonisateur même si celle-ci n'est pas entièrement suivie par les Etats (Paragraphe II).

Paragraphe I : Les institutions

Le pouvoir central administratif est constitué par le président et les ministres. Ce pouvoir doit agir sur toute l'étendue des territoires des Etats africains concernés et sur tous leurs services.
La centralisation part du principe que tout émane d'un centre unique et d'une personne publique unique, l'Etat étant un. La centralisation administrative peut se définir alors comme le procédé qui place dans les mains du pouvoir central la direction de toutes les affaires administratives. L'administration du pays est alors dirigée en totalité de la capitale par le gouvernement.

Il faut signaler que cette centralisation est généralement le fait des Etats autoritaires et peut revêtir deux formes :

- une forme directe : lorsque les ordres viennent immédiatement du gouvernement ou du pouvoir central ;
- une forme indirecte lorsque ce sont des agents du pouvoir central se trouvant sur place qui transmettent des ordres au nom du gouvernement en qualité de délégués de celui-ci.

Dans un régime de centralisation, il peut y avoir des circonscriptions administratives, par exemple, des départements et des communes, mais ces circonscriptions ne disposent pas de la personnalité morale c'est-à-dire qu'elles ne sont pas des personnes morales publiques.

C'est dire que la centralisation héritée de la colonisation par les Etats africains ne reconnaît aux collectivités aucune vie juridique propre. L'Etat assure seul sur l'ensemble du territoire national avec ses agents, son budget, la satisfaction des besoins d'intérêt général. Ces circonscriptions administratives sont donc strictement dépendantes du pouvoir central dont elles se bornent à exécuter les instructions.

Par la centralisation, le pouvoir central ou l'administration centrale de l'Etat se subordonne soit des administrations locales telles que les départements, soit les administrations techniques tels que le trésor, l'impôt.

Les procédés par lesquels se réalise la centralisation sont la concentration de la puissance publique qui est une, c'est-à-dire la concentration des choix des agents et la concentration du pouvoir de décisions et de la compétence technique.

Mais le pouvoir central dont le représentant est le président de la République, pour agir sur l'ensemble du territoire et sur l'ensemble des services publics, a besoin des intermédiaires comme au niveau de la forme indirecte de la centralisation : le centre ne peut à lui seul tout faire et tout voir. Il lui faut déléguer ces pouvoirs. Il faut nécessairement répartir ses attributions à certains organes intérieurs et étroitement dépendants de lui : c'est la déconcentration. C'est donc « *au sein même de l'administration d'Etat que certaines compétences sont attribuées à des agents locaux de l'Etat, dans le cadre de la déconcentration* »[47]. Selon une image classique, il y a déconcentration lorsque « c'est le même marteau qui frappe, mais dont on a raccourci le manche ».

La déconcentration est un correctif nécessaire de la centralisation dont elle n'est qu'une variante. Elle consiste à remettre à des agents locaux du pouvoir central certaines des attributions de celui-ci. Ainsi, les agents locaux du pouvoir central (par exemple les préfets), au lieu d'être de simples agents d'exécution, (comme dans le cas d'une centralisation intégrale) se voient reconnaître une certaine initiative, notamment le pouvoir de prendre certaines décisions sans avoir à en référer au pouvoir central.

Certes, la déconcentration atténue les rigueurs de la centralisation. Mais les agents locaux n'en sont pas moins soumis à l'autorité centrale par ce qu'on appelle « le pouvoir hiérarchique ». Ce pouvoir confère au supérieur des prérogatives sur la personne et sur les actes de ses subordonnés.

Compte tenu de tout ce qui précède, nous pouvons affirmer que la déconcentration héritée de la puissance coloniale se situait dans le cadre de la centralisation et n'en est qu'un corollaire nécessaire.

Par ailleurs, il faut éviter de « diaboliser » sur tous les plans, la centralisation et la déconcentration.

La centralisation permet par exemple de faire triompher sur tout le territoire la volonté nationale malgré les résistances locales. Elle permet l'unité de la nation malgré les particularismes provinciaux. Par ce moyen, la puissance de l'Etat est plus facilement restaurée en même temps que l'égalité des citoyens est sauvegardée. Mieux la centralisation est plus économique parce qu'elle permet la suppression des doubles emplois inhérents à des administrations locales juxtaposées. Elle concentre des moyens puissants que la décentralisation fragmente. Elle confie les tâches administratives à des agents spécialisés et non amateurs que sont des élus locaux. Mais elle conduit à l'encombrement des administrations centrales que nous appelons

---

[47] Martine LOMBARD, *Droit administratif*, 3e édition, Dalloz, 1999, p.86.

vulgairement la lourdeur administrative qui, très tôt, prenait de l'ampleur dans les différentes administrations africaines.

La déconcentration, quant à elle, vient corriger les insuffisances de la centralisation. Toutefois, elle est insuffisante comme technique de participation au développement de la localité ou des collectivités. Qu'en est-il de la décentralisation ?

Paragraphe II : Une théorie de décentralisation imposée par le colonisateur et non entièrement suivie

Pendant que la centralisation débouche sur la déconcentration qui permet le transfert à un agent local de l'Etat d'un pouvoir de décision exercé jusque-là par le chef suprême, la décentralisation administrative permet quant à elle de remettre les pouvoirs de décisions à des organes autres que de simples agents du pouvoir central non soumis au devoir d'obéissance hiérarchique (comme dans le cas précédent) qui sont souvent élus par les citoyens intéressés, appelés collectivité locale personnalisée. Ces organes élus agissent au nom et pour le compte de cette collectivité personnalisée, qu'il s'agisse d'une collectivité locale (décentralisation géographique) ou d'un établissement public (décentralisation par service). La décentralisation suppose donc l'existence de personnes publiques indépendantes de l'Etat ou, en tout cas, autres que l'Etat.

Ici, la loi accorde à des organes élus par une collectivité précise un pouvoir de décision sur tout ou partie des affaires locales.

Par conséquent, la décentralisation suppose la réunion des conditions suivantes :

- l'existence des intérêts spécifiques locaux distincts des intérêts nationaux : les affaires locales. Les besoins locaux, par exemple l'alimentation en eau, en électricité, en transport urbain constituent, à côté des besoins communs et nationaux, des affaires locales. Mais il n'appartient pas à la collectivité locale de déterminer elle-même librement la liste des affaires locales. C'est l'Etat qui est seul compétent en la matière. Le domaine des affaires locales est déterminé par la loi. C'est le principe de la spécialité des collectivités locales. La notion des affaires locales conduit à celle de la personnalité morale :
- l'octroi à la collectivité locale de la personnalité juridique avec autonomie financière lui permettant de gérer ses propres affaires : la collectivité décentralisée possède en effet un patrimoine propre, des

biens matériels, des fonctionnaires, une gestion financière exprimée dans un budget. Elle est un sujet de droit et d'obligation. Elle peut plaider en justice ;

- enfin la décentralisation se fait suivant deux formes : la première repose sur une base géographique et la seconde sur celle technique. Ici principalement, les autorités doivent être élues. Elles sont des autorités locales, c'est-à-dire des représentants de la localité et non des représentants du pouvoir central. Pour être locale, l'autorité doit être choisie dans ce milieu, être constituée et investie par des habitants des collectivités locales. L'élection par les habitants de la localité constitue en démocratie le procédé de réalisation de la décentralisation administrative. Une autorité est décentralisée lorsqu'elle est élue (maire, conseillers locaux), centralisée lorsqu'elle est nommée par le pouvoir central (préfet, directeur d'un service extérieur).

Il faut dire que la décentralisation se fait à l'aune de la loi, ce qui veut dire que tout se fait à la lumière de la loi, rien en dehors de la loi. Ce qui suppose l'existence d'un cadre juridique qui n'est rien d'autre que l'Etat de droit. Donc, sans Etat de droit, pas de véritable décentralisation administrative. L'Etat de droit il faut le rappeler, est un système politique basé sur la séparation des pouvoirs (l'Exécutif, le Législatif et le Judiciaire) d'une part, et d'autre part, la primauté de la loi sur les institutions de l'Etat, la classe politique et les citoyens. Il est donc la négation de l'arbitraire où tout pourrait se faire en dehors du cadre légal, il est également la négation de l'Etat de police. Toutefois, au lendemain des indépendances, l'Etat de droit n'était pas instauré par nombre d'Etats au Sud du Sahara.Ce qui veut dire qu'il n'y avait pas eu de décentralisation véritable pendant cette période, sinon quelques tentatives dans certains pays comme le Dahomey qui avaient échoué.

Section II : Les procédés théoriques de la tutelle du pouvoir central

Une analyse théorique de la notion nous permettra de cerner la question dans toutes ses dimensions et surtout les enjeux qu'elle pose. Aussi, le contenu de la tutelle et ses bornes (ParagrapheI), les procédés théoriques de contrôle par le pouvoir central (Paragraphe II), puis les autres rapports théoriques entre le pouvoir communal et le pouvoir central (Paragraphe III) en constituent-ils la toile de fond.

Paragraphe I : Le contenu de la tutelle et ses bornes

L'autonomie accordée aux collectivités locales constitue l'une des caractéristiques d'un système décentralisé. Mais force est de constater que celle-ci n'est pas synonyme d'indépendance.

En effet, l'autorité décentralisée est soumise à un certain contrôle exercé sur elle par le pouvoir central grâce aux représentants locaux de ce dernier. Ce contrôle appelé tutelle administrative se définit comme « *l'ensemble des pouvoirs de contrôle accordé par la loi à une autorité supérieure sur des agents des collectivités décentralisées (personnes territoriales et personnes spécialisées) et sur leurs actes dans un but de protection de l'intérêt général* ». Ce contrôle de tutelle est appelé improprement « tutelle administrative » parce qu'on feint de croire que les personnes administratives décentralisées sont mineures et que leurs actes sont soumis au contrôle d'une personne administrative majeure qui serait l'Etat. Ce pouvoir central doit faire un effort considérable pour que le contrôle exercé sur les agents et les organes décentralisés ne soit pas très étroit. Le contraire risquerait de vider la décentralisation, expression de l'autonomie, de son contenu : il faut que le groupe local s'administre lui-même.

De plus, le contrôle exercé par le pouvoir central se situe dans les limites fixées par la loi. C'est pourquoi, on dit souvent, qu'il n'y a pas de tutelle sans texte. C'est un contrôle conditionné qui ne donne pas la possibilité de donner des ordres. Elle respecte donc la faculté d'initiative de l'autorité sous contrôle.

A la différence de la compétence hiérarchique dans un système administratif déconcentré, la tutelle ne s'exerce pas sur tous les attributs de l'agent décentralisé. Elle ne s'étend pas à l'ensemble de ses activités car il n'y a pas ici à proprement parler de schéma d'un supérieur par rapport à son subordonné comme dans le dernier système (déconcentré). Le contrôle de tutelle n'est qu'un pouvoir d'approuver ou d'empêcher, parce qu'il s'exerce relativement à une initiative de l'autorité sous contrôle par l'autorité de contrôle qui ne peut pas prendre sa place sauf situation exceptionnelle. La tutelle administrative se distingue du contrôle hiérarchique du système centralisé et déconcentré sur les points suivants :

- elle porte sur les organes ou les actes d'une personne morale ;
- elle n'existe que si un texte l'établit ;
- elle ne comporte pas le pouvoir de donner des directives ;

- elle implique pour les organismes qui y sont soumis la possibilité d'un contrôle contentieux par le moyen du recours pour excès de pouvoir. Le contrôle de tutelle est donc privé du pouvoir d'instruction.

Paragraphe II : Les procédés théoriques de contrôle par le pouvoir central

Les procédés de contrôle sont essentiellement au nombre de deux :

a- La tutelle sur les autorités élues :

Il y a d'abord la nomination. Mais ce procédé n'a pas cours dans le cas de la décentralisation administrative. Il est plutôt et surtout utilisé dans le cadre de la décentralisation par service.

Le contrôle s'exerce par exemple sur les assemblées locales (dissolution des conseils par décret), sur les membres des assemblées locales (démission d'office des conseillers), sur les autorités individuelles des personnes morales (suspension ou révocation du maire).

b- La tutelle sur les actes :

Dans le cadre de la décentralisation administrative, nous assistons à l'absence du pouvoir d'instruction. Mais les moyens de contrôle suivants sont utilisés :

- l'autorité de tutelle (le préfet) peut déférer au juge administratif les actes illégaux de l'autorité inférieure décentralisée (le maire ou le conseil municipal par exemple). C'est d'ailleurs la considération qui a conduit à poser comme principe que le contrôle de tutelle repose exclusivement sur une appréciation de la légalité, de la régularisation juridique de l'acte ou du comportement de l'autorité inférieure ;
- elle peut annuler, suspendre, substituer ou réformer les actes des agents locaux décentralisés. Lorsque le conseil municipal délibère illégalement, l'autorité de tutelle, par arrêté motivé, constate la nullité des actes et prend toutes mesures utiles pour rétablir la légalité ;
- elle dispose du pouvoir de substitution d'office. C'est la mesure la plus énergique qui permet à l'autorité de tutelle, le préfet, d'agir en lieu et place de l'autorité inférieure décentralisée (le maire par exemple). Ce pouvoir s'exerce après mise en demeure restée sans suite. Par exemple, en cas de négligence de la part du conseil municipal, l'autorité supérieure a le droit de se substituer à lui, ou pour maintenir l'ordre public ou encore si le maire refuse de mandater une somme pour payer

une dette exigible de la commune. En particulier, le préfet pourrait inscrire d'office les dépenses obligatoires ou même établir le budget. Il faut signaler donc que comme les autres autorités exécutives, le maire a le pouvoir de prendre des décisions de portée individuelle ou réglementaire selon qu'elles intéressent un particulier ou un nombre indéterminé de ceux-ci. Ainsi, s'il agit en tant que représentant de l'Etat, l'autorité centrale représentée par le préfet a sur lui un pouvoir hiérarchique (c'est-à-dire le pouvoir du supérieur sur le subordonné) qui lui permettra d'annuler ou de réformer la décision du maire ou de lui donner l'ordre de la prendre ou dans certains cas de se substituer à lui pour la prendre à sa place.

Si le maire a agi comme représentant de la commune, le contrôle est plus limité : c'est un contrôle de tutelle. Dans ce cas, il peut y avoir annulation par le préfet des actes illégaux du maire, c'est-à-dire pour méconnaissance de la loi. En revanche, le préfet peut déférer devant le juge administratif les actes du maire pour excès de pouvoir. Mais dans la réalité, ce système administratif n'était pas en vigueur au niveau des Etats africains qui avaient besoin d'un pouvoir fort, d'une cohésion nationale au lieu de permettre le développement des particularismes régionaux à l'intérieur d'un Etat unitaire déjà mal en point.

Paragraphe III : Les autres rapports théoriques entre le pouvoir communal et le pouvoir central

Dans les législations des Etats africains après les indépendances, les rapports entre les communes et l'Etat sont multidimensionnels :

- le rapport entre les collectivités locales et le pouvoir central, deux pouvoirs distincts, offre le schéma de deux forces inégales, la force étatique et les collectivités locales. La force étatique s'impose aux collectivités locales en jouant le rôle de gendarme ; elle contrôle et sanctionne à la fois. Ce rapport de pouvoirs se concrétise par l'assistance et les conseils de l'Etat à l'endroit de la commune ;
- le conseil communal est l'assemblée élue chargée de gérer les affaires de la commune. Par ses délibérations, il règle toutes les affaires de la commune. Il prend souvent deux catégories de décisions : les unes constituent des délibérations dites réglementaires (décisions exécutoires après leur naissance), les autres, des délibérations sujettes à approbation. L'autorité de tutelle doit approuver certains actes de personnes administratives qui ne deviennent applicables qu'après cette approbation explicite ou à défaut après un délai déterminé ; autrement dit par approbation implicite ;

- les conseillers municipaux se doivent non seulement de respecter le principe de la légalité dans les actes qu'ils posent, mais surtout d'afficher des comportements exemplaires dans l'exercice de leur fonction, dans la gestion des affaires communales. C'est pourquoi les législations africaines prévoient, dans leur ensemble, des sanctions contre les conseillers malhonnêtes ;
- l'assemblée communale peut être dissoute dans certaines circonstances, notamment en cas de remise en cause de l'ordre républicain, d'atteinte grave à l'unité et à la cohésion nationales et à l'intégrité territoriale, de non fonctionnement du conseil communal pendant un temps donné ...(le délai varie selon les législations africaines). Mais cette dissolution ne peut être prononcée que par décret pris en conseil des ministres ;
- agissant au nom de la commune, les autorités communales ont des compétences en matière d'aides ou d'incitations à des activités privées. Mais ces compétences sont souvent limitées par la loi étatique. Par exemple, il existe pour la commune des services facultatifs et aussi ceux obligatoires que le conseil municipal est obligé d'organiser. Mieux, certaines interventions sont refusées à l'initiative municipale lorsqu'il est question d'activités qui n'ont pas un caractère municipal, soit parce que la loi les a déjà érigées en services publics de l'Etat ou du département.

Enfin, les interventions en matière économique et sociale sont faites dans le strict respect du droit.

Par ailleurs les conseils de l'Etat à l'endroit des communes consistent à donner des avis, des directives et surtout des orientations à caractère juridique (respect et application des textes, la prise des actes, méthodes d'élaboration des textes, conclusion des contrats) ; aider, soutenir et éclairer les maires dans l'élaboration et la conception techniques de leur budget (règles et principes budgétaires, maîtrise des règles régissant les finances locales) ; sensibiliser les élus locaux sur les rapports devant exister entre l'Etat et la commune ; les informer de leurs droits et devoirs ; aider et faciliter les organes locaux dans l'accomplissement et la mise en œuvre de leurs missions.
Quant à l'assistance aux communes, elle consiste à aider et à appuyer les communes dans la promotion du développement local.

L'assistance de l'Etat peut être relative aux subventions, à des détachements de personnel de l'Etat dans les communes.

Il peut également faire des dons en nature et en espèces, des apports en équipements et appuyer les initiatives de développement comme les micro-projets communaux.

Ces réformes ont été tentées par presque tous les Etats africains à la suite de leur indépendance pour des impératifs de développement. Mais, l'Afrique devrait à cette époque se consolider à travers un pouvoir fort, concentré et non dispersé. C'est pourquoi les premières expériences de décentralisation administrative avaient échoué ; mais ce qui est resté, c'est la théorie de la décentralisation qui ne connaîtra véritablement un début de mise en œuvre concrète et pratique qu'au lendemain des conférences des forces vives des nations africaines en 1990.

Chapitre III : L'administration décentralisée au lendemain des années quatre-vingt-dix

Le continent africain a compris que pour gagner le pari du développement, il lui faut opter pour une démocratie intégrale, c'est-à-dire celle qui allie la distribution horizontale du pouvoir avec celle verticale du même pouvoir. C'est la raison pour laquelle la décentralisation administrative est devenue au lendemain des années quatre-vingt-dix, un patrimoine partagé sur le continent (Section I), sur fond d'une tutelle caractérisée par un contrôle effectif des intérêts de l'Etat (Section II).

Section I : Un patrimoine partagé sur le continent

La décentralisation administrative est le système d'administration des collectivités locales le plus partagé dans le monde francophone africain au lendemain des années quatre-vingt-dix. Elle est considérée désormais comme un « passage obligé » pour tous les Etats francophones qui aspirent au développement, parce que la centralisation administrative ne peut pas à elle seule résoudre tous les problèmes de développement dans un pays. A ce titre, les conditions précises de réalisation de la décentralisation (Paragraphe I), l'organisation territoriale en Afrique après quatre-vingt-dix (Paragraphe II), permettront d'appréhender la question.

Paragraphe I : Des conditions précises de réalisation de la décentralisation

La décentralisation administrative de balbutiement des années d'après les indépendances a pris beaucoup de « galons », parce que peaufinée et mûrie pour accompagner la démocratie politique au sommet de l'Etat. Les Etats africains se la sont appropriée pour connaître un développement endogène. Cette démocratie à la base a pris ancrage sur des textes juridiques concrets.

Le concept de décentralisation évoque l'idée d'une collectivité locale qui se trouve incluse dans une autre collectivité plus vaste s'administrant elle-même, c'est-à-dire gérant elle-même ses propres affaires. C'est cette situation d'auto gestion de la collectivité que certains peuples ont appelé hors de l'espace francophone « *selfgovernment* » ou « *selbstverwaltung* ». Faire d'un département, d'une commune, d'une région, d'une université ou d'un hôpital, des entités administratives décentralisées, c'est les organiser de telle sorte qu'ils soient non seulement capables de s'auto-administrer, mais aussi de se sentir liés à l'Etat.

Ainsi pour qu'il y ait décentralisation, un certain nombre de paramètres a été respecté dans les Etats francophones.

L'octroi à la collectivité locale de la ***personnalité juridique*** avec ***autonomie financière*** lui permet de gérer ses propres affaires distinctes de celles de l'Etat. Par exemple l'article 3 de la loi organique du 6 juin 1996 du Gabon relative à la décentralisation définit la collectivité locale comme une personne morale de droit public distincte de l'Etat, dotée de la personnalité juridique et de l'autonomie financière. L'article premier de la loi n°96-06 du Sénégal, portant code des collectivités locales affirme, dans le même sens, que la région, la commune et la communauté rurale sont dotées de la personnalité morale et de l'autonomie financière. La loi du 26 décembre 2003 portant régime financier, fiscal et domanial en Côte-d'Ivoire consacre, implicitement, la personnalité juridique et l'autonomie financière des collectivités locales... Ainsi les besoins locaux, par exemple l'alimentation en eau, en électricité, en transport urbain, constituent-ils, à côté des besoins communs, nationaux, des affaires locales. Mais il n'appartient pas à la collectivité locale de déterminer elle-même librement la liste des ***affaires locales***. C'est l'Etat qui est seul compétent en la matière, ce que les Etats africains ont prouvé à travers les législations relatives à la décentralisation dont ils se sont dotés après les années quatre-vingt-dix. Le domaine des affaires locales est déterminé par la loi. C'est le principe de la spécialité des collectivités locales. Il faut toutefois douter de l'efficacité de la main-mise de l'Etat sur les questions de décentralisation administrative ; lorsque l'on sait que l'Etat n'est plus le seul acteur du développement, il ne saurait être le seul penseur ou concepteur de tout ce qui a trait à la décentralisation administrative. Le rôle d'un certain nombre d'organismes nationaux et internationaux impliqués aussi dans la conception des politiques de décentralisation est ici important à saluer.

La collectivité décentralisée possède donc un patrimoine propre, des biens matériels, des fonctionnaires, une gestion financière exprimée dans un budget. Elle est un ***sujet de droit et d'obligation***. Elle peut plaider en justice. En d'autres termes comme l'affirme René Chapus, « *il est essentiel que l'existence d'une personne morale concrétise l'existence d'affaires séparées de celles de l'Etat; et plus précisément, lorsque cette personne morale est une collectivité territoriale (ou un établissement public qui y ressemble), son existence traduira la reconnaissance de liens particuliers de solidarité sociale, par-delà ceux qui constituent la solidarité nationale* »[48]. A l'inverse de Chapus, l'on peut aussi affirmer que la notion des ***affaires locales*** conduit à celle de la ***personnalité morale***. La personnalité juridique ou morale et les affaires locales se déterminent mutuellement. Les autorités locales ont pour obligations d'assurer le règlement des affaires propres des collectivités dont

[48] René CHAPUS, op.cit., p.404.

elles ont la charge au mieux de leurs intérêts et dans le respect scrupuleux du principe de la légalité. Mais il faut tout de même dire qu'il n'existe pas en réalité une notion d'affaires locales, d'affaires communales, d'affaires départementales ou régionales qu'on pourrait scientifiquement distinguer les unes des autres à partir de critères objectifs liés à chaque catégorie de collectivité. C'est par le canal de la loi que les affaires locales, départementales, régionales et étatiques sont déterminées. C'est pourquoi d'ailleurs une certaine doctrine affirme que «*la réalité est que la différence entre les affaires dont le règlement est remis aux autorités locales et celles qui appartiennent à l'Etat résulte essentiellement, non d'une certaine nature des choses ou de données préétablies, mais des dispositions énumératives et contingentes adoptées par le législateur* ».[49] C'est dire que la notion d'affaires locales n'a guère de signification juridique, même dans les nouveaux textes juridiques dont se sont dotés les Etats africains au lendemain des années quatre-vingt-dix.

Il faut ajouter que la décentralisation ne peut être effective que si les autorités décentralisées disposent de moyens financiers et techniques suffisants pouvant leur permettre d'exercer selon leurs propres vues, les pouvoirs dont elles sont investies. Les Etats africains l'ont compris à travers le corpus juridique de la décentralisation qui a permis d'autonomiser sur le plan financier un tant soit peu les collectivités locales. En d'autres termes, une commune qui vit essentiellement des subventions de l'Etat et des moyens techniques de celui-ci n'est pas libre, c'est-à-dire décentralisée[50]. A titre d'exemple, l'article 248 de la loi portant code des collectivités locales au Sénégal et l'article 79 de la loi du 26 décembre 2003 portant régime financier, fiscal et domanial des collectivités territoriales en Côte-d'Ivoire, citent parmi les ressources des collectivités locales les recettes fiscales. L'article 152 de la loi organique n°15/96 sur la décentralisation au Gabon dispose que « *les ressources des collectivités locales comprennent les impôts locaux et les quote-parts de l'impôt sur les bénéfices industriels et commerciaux, l'impôt sur le revenu des personnes physiques, l'impôt sur le*

[49] René CHAPUS, op.cit., p.295. A propos de la notion d'affaires locales, voir :C. Autexier, L'ancrage constitutionnel des collectivités de la République, RDP, 1981, p.581 (v.p.607 et s.) ; J. Chapuisat, La notion locale, Th. Paris, 1972 ; Les affaires communales, AJ 1976, p.470 ; J.-M. Pontier, *L'Etat et les collectivités locales. La répartition des compétences*, L.G.D.J., 1978 ; Semper Manet, Sur une clause générale de compétence, R.D.P., 1984, p.1443 ; d'affaires J.-M. Peyrical, Réflexions autour de la sphère des compétences particulières des communes, D 1998, Chron., p.341 ; J. Moreau, L' « intérêt régional direct » dans la jurisprudence administrative et la pratique gouvernementale officielle de 1972 à 1982, Mélanges Péquignot (1984), p.505.

[50] Voir les textes juridiques sur la décentralisation des Etats africains précités.

revenu des valeurs mobilières ; l'impôt sur le bénéfice des professions libérales et la TVA »

Par ailleurs, la décentralisation s'est faite au lendemain des années quatre-vingt-dix suivant deux formes : la première repose sur une base ***géographique*** et la seconde sur celle ***technique.*** Au niveau de cette dernière, principalement, les autorités doivent être élues. Elles sont des autorités locales, des représentants de la localité et non des représentants du pouvoir central[51]. Pour être locale, l'autorité doit être choisie dans son milieu, être constituée par des habitants des collectivités locales[52]. Pour reprendre les termes de Chapus, « *L'esprit de la décentralisation va dans le sens de la plus grande indépendance personnelle possible de ces autorités* »[53]. L'élection des autorités locales par les populations locales leur garantit une indépendance manifeste vis-à-vis de l'Etat. L'élection des conseils communaux et généraux participe ainsi au renforcement de la décentralisation. Ainsi, les Etats d'Afrique d'expression française ont-ils assuré quelque peu l'indépendance des autorités locales, en instituant l'organisation périodique des élections locales et régionales. C'est ce que confirment ici quelques exemples : la loi organique n°15/96 du 6 juin 1996 du Gabon relative à la décentralisation en son article 28 énonce que « *le conseil municipal est constitué de membres élus dont le nombre et la répartition sont fixés par décret* ». La loi n°96-06 du 22 mars 1996 du Sénégal, portant code des collectivités locales, le vérifie à travers son article

---

[51] Des définitions ont été proposées à ce sujet : « La reconnaissance par l'Etat et d'autres personnes publiques, habilitées à intervenir dans certains domaines avec un pouvoir de décision et disposant dans cette action d'une certaine autonomie » (Jacques Bourdon, Jean-Marie Pontier et Claude Ricci, Droit des collectivités territoriales, 2e édition mise à jour, Paris, P.U.F., 1998, p.15) ; « la reconnaissance à côté de l'Etat, de personnes publiques chargées de compétences administratives. Ces personnes disposent d'une relative autonomie pour décider ou pour gérer, mais agissent sous la surveillance de l'Etat » Michel Verpeaux, Droit des collectivités territoriales, Paris, P.U.F., 2005, p.XIX ; « le transfert d'attributions de l'Etat à des institutions (territoriales ou non) juridiquement distinctes de lui et bénéficiant, sous la surveillance de l'Etat, d'une certaine autonomie de gestion », René CHAPUS, Droit administratif général, 15e édition, Paris, Montchrestien, 2001, tome1, p.403.

[52] Voir les textes précédents.

[53] René CHAPUS, op.cit., p.404. sur la question, voir : C. Eisenmann, *Centralisation et décentralisation. Esquisse d'une théorie générale*, L.G.D.J., 1948 ; Sur cette notion, lire en particulier, André de LAUBADERE, Yves GAUDEMET, et Jean-Claude VENEZIA, D.A.,I, p.90 (n°126) ; Léon DUGUIT, *Traité de droit constitutionnel*, Ed.de Boccard, Paris, 1923, 2e éd.(t. II, p.50). Consulter aussi du même auteur, Les transformations du droit public, Armand Colin, Paris, 1913 (p.33) ; J. Bénoit, Théorie juridique de la décentralisation administrative en France, Th. Paris 2, 1990 ; M. Hauriou V° Décentralisation, Répert. Béquet, t.9, 1891 ; S. Flogaïtis, *La notion de décentralisation en France, en Allemagne et en Italie*, L.G.D.J., 1979 ; L. Touvet, J. Ferstenbert, C. Cornet, *Les grands arrêts du droit de la décentralisation*, Dalloz, 1999, p.99.

6 qui dispose que « *le conseil de chaque collectivité élit en son sein un organe exécutif dont la composition est fixée par le présent code* ». De même, la loi n°7-2003 du 6 février 2003 du Congo, portant organisation et fonctionnement des collectivités locales en son article 33 le prouve en disposant que « *le conseil municipal est constitué de membres élus dont le nombre et la répartition sont fixés par décret* ». La loi organique n°003/Pr/2000 du 16 février 2000 du Tchad, portant régime électoral des collectivités territoriales décentralisées le corrobore. Mieux, au niveau des institutions spécialisées, notamment les établissements techniques, les autorités dirigeantes élues ont plus de chance de gérer leur institution avec autonomie que celles nommées. De plus, l'élection des autorités communales les prémunit contre le risque de révocation arbitraire que pourrait courir très facilement une autorité nommée par le pouvoir central. C'est pourquoi la tutelle est aménagée dans ce sens. Et même si les autorités des établissements publics sont nommées, elles doivent l'être pour un mandat de durée déterminée. C'est le cas du Bénin où le mandat des conseillers communaux est de cinq ans[54]. L'élection des autorités communales par les habitants de la localité constitue en démocratie le procédé de réalisation de la décentralisation administrative. Une autorité est décentralisée lorsqu'elle est élue (maire, conseillers locaux), centralisée lorsqu'elle est nommée par le pouvoir central (préfet, directeur d'un service extérieur). Il faut souligner que la réalité des Etats africains dément cette indépendance des autorités locales de par leur mode de désignation par le canal des élections, d'autant plus que les gouvernements africains ont une emprise sur les autorités locales par le truchement des regroupements politiques des partis à travers la mouvance ou la majorité présidentielle. En Afrique et même en dehors du continent, les élus locaux qui sont du bord politique du chef de l'Etat ne sont généralement pas indépendants. Il est donc difficile de tracer une ligne de démarcation entre l'administration, la politique et le politique.

En revanche, l'autre forme de décentralisation constatée et pratiquée en Afrique francophone est technique, et ce, lorsqu'elle s'applique aux établissements techniques. Cette deuxième forme de décentralisation est encore appelée décentralisation fonctionnelle ou décentralisation par service.

Paragraphe II : L'organisation territoriale en Afrique après quatre-vingt-dix

En matière de décentralisation administrative, des niveaux de décentralisation sont admissibles en tenant compte du niveau de

[54] La loi n°98-034 du 15 janvier 1999 portant règles générales pour les élections en République du Bénin.

développement des Etats concernés ou de leurs réalités sociologiques. Généralement on a constaté deux à trois niveaux de décentralisation territoriale : la commune (le cas le plus fréquent en Afrique francophone), le département (cas relativement fréquent dans l'espace francophone africain) et la région (cas moins fréquent dans le même espace), sauf au Sénégal selon l'article 5 de la loi n°96-06 du 22 mars 1996 portant code des collectivités locales, en Côte-d'Ivoire selon la loi n°95-608 portant modification de la loi de 1980 de l'organisation municipale, à Madagascar... On peut donc constater une décentralisation administrative basée sur les régions. Ce modèle d'organisation du territoire proviendrait souvent de la grande étendue des Etats qui font l'objet de décentralisation administrative. Cette grande étendue spatiale des Etats nécessite et occasionne d'ailleurs la création de pôles économiques de développement.Quelques Etats ont donc basé la décentralisation administrative sur la région. C'est le cas du Mali et du Cameroun.

Des Etats maintiennent le niveau de décentralisation soit au niveau des cercles, objets de regroupement au Mali, soit au niveau des communautés urbaines, comme au Cameroun, où ce niveau de décentralisation est le produit d'un regroupement des grandes agglomérations par une loi de 1987.

Comme nous l'avons signalé plus haut, le département est un autre niveau de décentralisation dans l'espace francophone à la différence d'autres pays où il est une circonscription administrative. En France par exemple, il est un niveau de décentralisation, c'est-à-dire une collectivité locale, mais dans l'exemple français le préfet est un véritable chef de l'administration publique départementale, jouissant de tous les attributs du pouvoir et disposant de ressources énormes lui permettant d'accomplir son devoir de préfet.

Généralement les communes n'étant pas sur le plan spatial très vastes sont enclines à se regrouper suivant le principe de l'intercommunalité pour faire un développement endogène de leurs communes.

Dans l'ensemble des Etats francophones africains, les unités administratives de base, que sont les villages, quartiers et fractions, les arrondissements… ne sont pas dotées de personnalité juridique et de l'autonomie financière. Toutefois elles contribuent énormément à l'animation de la vie communale.

Par ailleurs, en Afrique, généralement deux critères ont gouverné le découpage territorial : c'est les facteurs « espace » et « densité de la population ». Généralement et surtout au départ des indépendances, le facteur « espace » a énormément prévalu : rapprocher l'administration des administrés. Ce facteur a été au cœur des découpages de l'ensemble des Etats francophones au point qu'il a été l'une des causes de l'émiettement à outrance desdits Etats. Par exemple, le Mali compte 703 communes, 49 cercles, 8 régions et le district de Bamako. Le Cameroun compte quant à lui, 10 régions, 339 communes dont 2 communautés urbaines (Yaoundé-Douala), 9 communes à région spéciale, 11 communes urbaines d'arrondissement et 11 communautaires. Enfin, le Bénin compte 77 communes dont trois à statut particulier : Cotonou, Porto-Novo et Parakou. Avec l'accroissement vertigineux de la population des Etats africains, le critère « densité de la population » est utilisé comme outil ou donnée de découpage territorial. Ce critère est d'ailleurs cumulé avec celui spatial de nos jours dans les Etats francophones pour réaliser le découpage territorial.

Section II : Un contrôle marqué des intérêts de l'Etat

La décentralisation administrative en Afrique a été mise en œuvre conformément à la théorie attachée à cette technique administrative. C'est pourquoi sa réalité s'est concrétisée à travers une bonne et rigoureuse tutelle (Paragraphe I) sous-tendue par un fondement juridique précis (Paragraphe II).

Paragraphe I : Une tutelle effective

Elle est organisée par le droit positif de chaque Etat. Au Mali, par exemple, la tutelle s'exerce au niveau des cercles, de la commune et des régions tandis qu'au Cameroun, elle se fait au niveau de la commune et des régions. Au Cameroun, la tutelle de l'Etat est celle du contrôle a priori. A ce sujet, l'Etat dispose d'un pouvoir de sanction, d'approbation, d'annulation et de révocation, tout comme le Bénin et le Mali. A chaque niveau respectif pour ces Etats, il y a un représentant de l'Etat en charge de la défense des intérêts de l'Etat et du contrôle de la légalité des actes pris par les organes dont ils ont la tutelle. Au Bénin, c'est le préfet qui est l'autorité de tutelle, au Mali, c'est le ministre en charge de l'Administration territoriale qui assure la tutelle des régions et au Cameroun, le ministre chargé de l'Administration territoriale et sous son contrôle, le préfet pour les communes et le gouverneur pour les régions.
Les délais de saisine de la juridiction administrattive et les modalités de contrôle des actes varient d'un pays à un autre. Au Cameroun, les actes pris par les collectivités territoriales décentralisées sont transmis au représentant de l'Etat auprès de la coollectivité concernée. Ce représentant a l'obligation après réception des actes d'en délivrer aussitôt un accusé de réception. Ces actes sont exécutoires de plein droit, quinze jours après la délivrance de l'accusé de réception et après leur publication ou notification aux intéressés. Mieux, ce délai de quinze jours peut faire l'objet d'une réduction par le

délégué ou le représentant de l'Etat qui peut, dans ce même délai, demander une seconde lecture de l'acte incriminé à compter de la date de réception. La demande revêt naturellement et conformément aux textes en vigueur au Cameroun un caractère suspensif aussi bien pour l'exécution de l'acte que pour les délais courriers en cas de procédure contentieuse. De plus, le représentant de l'Etat au Cameroun défère à la juridiction administrative compétente les décisions des collectivités territoriales ou actes qu'il estime violer le principe de la légalité dans un délai maximum de deux mois à compter de leur date de réception. La juridiction saisie a l'obligation de rendre sa décision dans un délai maximum d'un mois (cf les lois sur la décentralisation au Cameroun en notes de bas de page). En cas de voie de fait qui entache la décision des collectivités, le représentant de l'Etat peut les annuler comme au Bénin et au Mali et même dans l'ensemble des Etats francophones d'Afrique, quitte à ce que les autorités communales puissent saisir la juridiction administrative compétente. La République du Mali a prévu des cas de sursis à exécution à la différence du Bénin (cf les textes sur la décentralisation administrative au Mali et au Bénin en notes de bas de page).

En République du Bénin, le contrôle de la légalité qui s'exerce a priori et a posteriori est assuré par le préfet. Les délais d'approbation des actes devant faire l'objet de contrôle a priori (par exemple le budget communal et ses modifications en cours d'exercice) varient de quinze jours à deux mois. Par contre les délibérations qui ne font pas l'objet d'approbation sont exécutoires quinze jours après leur transmission à l'autorité de tutelle.

L'article 334 de la loi n°96-06 du 22 mars 1996 du Sénégal, portant code des collectivités locales s'inscrit dans la mouvance du Bénin, du Cameroun et du Mali, cet Etat en énonçant que « *les actes pris par les collectivités locales sont transmis au représentant de l'Etat auprès de la région, de la commune ou de la communauté rurale, lequel en délivre aussitôt accusé de réception* ». La loi n°95-608 de Côte-d'Ivoire, portant modification de la loi de 1980 de l'organisation municipale affirme que « *la tutelle de l'Etat passe par le contrôle administratif a priori* ». Cette loi cite les trente objets sur lesquels les délibérations du conseil municipal ne sont exécutoires qu'après approbation de l'autorité administrative de tutelle. La loi organique n° 15/96 du 6 juin 1996 du Gabon, relative à la décentralisation énonce que « *la tutelle est le contrôle exercé par une autorité administrative sur une collectivité secondaire* »[55]. L'autonomie accordée aux collectivités locales constitue l'une des caractéristiques d'un système décentralisé. Mais force est

[55] Voir aussi sur la question, la loi organique n°002/PR/2000 du 16 février 2000 du Tchad, portant statuts des collectivités territoriales décentralisées et la loi n°8-2003 portant loi organique relative à l'exercice de la tutelle sur les collectivités locales.

de constater qu'elle n'est pas synonyme d'indépendance. Partant de ce qui précède, nous pouvons affirmer que le contrôle de tutelle s'est réduit pendant la période visée aux trois points suivants dans les Etats de l'espace francophone :

- qu'il y ait attribution expresse de ce pouvoir par un texte voté, promulgué et publié ;
- qu'il porte sur les seules personnes publiques et non privées ;
- qu'il se concilie avec la liberté des collectivités décentralisées.

Dans le cadre de la décentralisation administrative, nous assistons, comme nous l'avons déjà évoqué, à l'absence du pouvoir d'instruction qui viderait la décentralisation de son contenu. Mais les moyens de contrôle suivants sont utilisés par les Etats africains :

- l'autorité de tutelle (le préfet) a déféré de temps en temps au juge administratif les actes illégaux de l'autorité inférieure décentralisée (le maire ou le conseil municipal par exemple) ;
- elle a annulé, suspendu, substitué ou réformé les actes des agents locaux décentralisés. En effet en matière de suspension, l'article 14 de la loi n°8-2003 du 6 février 2003 du Congo, portant loi organique relative à l'exercice de la tutelle sur les collectivités locales énonce que « *le conseil peut être suspendu par décret en conseil des ministres sur rapport du ministre en charge de l'administration du territoire et de la décentralisation, après avis du sénat...* ». De même, l'article 48 de la loi n°2004/019 du 22 juillet 2004 du Cameroun, fixant les règles applicables aux régions, précise que « *le conseil régional peut être suspendu par décret du président de la République sur proposition du ministre chargé des collectivités territoriales, en cas : d'accomplissement d'actes contraires à la constitution ...* ». Lorsque le conseil municipal délibère illégalement, l'autorité de tutelle, par arrêté motivé, constate la nullité des actes et prend toutes mesures utiles pour rétablir la légalité ;
- elle a disposé du pouvoir de substitution d'office. C'est la mesure la plus énergique qui a permis à l'autorité de tutelle, le préfet d'agir en lieu et place de l'autorité inférieure décentralisée (le maire par exemple). Ce pouvoir s'est exercé après mise en demeure restée sans suite. Par exemple, l'article 19 de la loi n°8-2003 du 6 février 2003 du Congo portant loi organique relative à l'exercice de la tutelle sur les collectivités locales énonce que « *lorsqu'un organe ou une autorité locale néglige, s'abstient ou refuse d'accomplir un acte pour lequel les lois et règlements lui donnent compétence, le préfet exerce en la matière le pouvoir de substitution après mise en demeure sans*

résultat »[56]. En cas de négligence de la part du conseil municipal, l'autorité supérieure a eu donc le droit de se substituer à lui, ou pour maintenir l'ordre public ou encore si le maire refuse de mandater une somme pour payer une dette exigible de la commune. En particulier, le préfet pourrait inscrire d'office les dépenses obligatoires ainsi qu'établir le budget. Le contrôle de tutelle s'est exercé donc par plusieurs voies : d'approbation, d'autorisation, d'annulation et de substitution.

Le pouvoir d'approbation a concerné en Afrique les décisions des autorités décentralisées, dont le caractère exécutoire rétroagit à la date de leur édiction[57]. L'approbation peut être tacite lorsqu'un délai déterminé s'est écoulé sans qu'un refus d'approbation ne soit prononcé. Dans le cas contraire, l'approbation est expresse, c'est-à-dire qu'elle est explicitement accordée.

Le pouvoir d'autorisation a concerné les mesures préconisées, envisagées par les autorités des collectivités décentralisées et qu'elles ne peuvent décider que si elles ont préalablement obtenu un « quitus », c'est-à-dire une autorisation nécessaire et surtout explicite.

Le pouvoir d'annulation a été relatif aux décisions des autorités décentralisées que l'autorité de tutelle fait disparaître rétroactivement en les suspendant même en cas d'urgence.

Plus étonnant et surtout plus fort a été le fait que l'autorité de tutelle sans l'appui d'un texte a pu déférer au juge administratif une décision de l'autorité décentralisée qu'elle estime illégale[58].

Il faut signaler tout de même que l'autorité contrôlée a eu aussi des moyens de recours contre l'autorité qui l'a contrôlé. C'est notamment l'action en recours pour excès de pouvoir déjà évoqué.

Les rapports entre l'Etat et la commune n'ont pas été uniquement des rapports de contrôle de légalité, c'étaient non seulement ceux d'assistance et de conseils de la part de l'Etat en direction des communes, mais aussi de contrôle des élections et des nominations par l'Etat. En effet, si l'autonomie est accordée aux collectivités locales d'élire les membres de leurs organes de direction, ou de les nommer parfois, elles ne sauraient néanmoins renouveler leur classe politique selon des règles qu'elles se seraient données elles-

---

[56] Sur la question, voir aussi, les textes sur la décentralisation du Sénégal, du Gabon, de la Côte-d'Ivoire, du Tchad... déjà cités.

[57] Sur l'effet rétroactif de l'approbation, voir CE Sect.17 juin 1960, Contessoto, p.406, Rev adm.1960, p.497, note G. Liet-Veaux ; 23 juillet 1974, Comm.de Cayeux-sur-Mer, p.435.

[58] Sur la question du pouvoir d'annulation, voir, CE 24 nov 1911, Comm. De Saint-Blancard, S. 1912.3.1, note M. Hauriou ; Ass. 2 fév 1951, Préfet de la Marne, p.60 ; 26 nov 1975, Préfet du Pas-de-Calais, p.595 ;29 mai 1981, Ame Canarroc, p.243. Sur la question, voir les textes juridiques sur la décentralisation du Sénégal, de la Côte-d'Ivoire et du Gabon déjà évoqués.

mêmes. Il faut donc un code électoral institué par l'Etat central ; ce que la plupart des Etats africains ont accompli.
Par ailleurs, l'Etat dans ses rapports avec les autorités communales a le droit et le devoir de les révoquer dans certaines circonstances. Ainsi, les conseillers communaux se doivent-ils non seulement de respecter le principe de légalité dans les actes qu'ils posent, mais surtout d'afficher des comportements exemplaires.
L'équipe communale pouvait être dissoute dans certaines circonstances, notamment en cas de remise en cause de l'ordre républicain, d'atteinte grave à l'unité et à la cohésion nationales et à l'intégrité territoriale. Le non fonctionnement du conseil communal pendant une certaine durée et d'autres raisons prévues par la loi ont provoqué des dissolutions au Bénin. Par ailleurs, l'article 15 de la loi n°8-2003 du 6 février 2003 du Congo portant loi organique relative à l'exercice de la tutelle sur les collectivités locales énonce que « *le conseil peut être dissout par décret en conseil des ministres sur rapport du ministre en charge de l'administration du territoire et de la décentralisation après avis du sénat, lorsqu'il est : (...) en situation de rébellion vis-à-vis du pouvoir central...* »[59]. Quels sont les fondements juridiques de la décentralisation administrative en Afrique ?

Paragraphe II : Des fondements juridiques renforcés et renouvelés

Il n'y a pas de décentralisation sans texte[60]. La décentralisation est fondée sur un certain nombre de textes dont le respect scrupuleux par les autorités décentralisées constitue le rôle principal de l'autorité de tutelle. C'est pourquoi on dit très souvent que la tutelle ne se présumant pas, l'autorité de tutelle ne peut prendre à l'égard des autorités décentralisées que les seules mesures qu'un texte exprès l'autorise à prendre.
En d'autres termes, l'autorité de tutelle ne peut détenir que les pouvoirs dont elle est nantie ou investie par la loi. C'est pourquoi Chapus affirme que la décentralisation territoriale est placée sous la sauvegarde de la loi. A titre d'illustration, l'article 72 de la constitution française de la 5e République énonce que les collectivités territoriales « *s'administrent librement...dans les conditions prévues par la loi* ». Il en est de même en Côte-d'Ivoire, au Sénégal, au Gabon, au Congo, au Tchad, à Madagascar...[61] La constitution du Cameroun énonce en son article 55 que « *(...) les collectivités territoriales décentralisées sont des personnes morales de droit public. Elles jouissent de l'autonomie administrative et financière pour la gestion des*

[59] Voir aussi sur la question, les autres textes cités.
[60] Voir les textes juridiques sur la décentralisation administrative déjà cités du Sénégal, du Gabon, de la Côte-d'Ivoire, du Congo, du Tchad.
[61] Voir les textes juridiques cités de ces Etats dans le présent ouvrage.

intérêts régionaux et locaux. Elles s'administrent librement par des conseils élus et dans les conditions fixéees par la loi (...) ».[62] Les articles 150 et 151 de la constitution béninoise du 11 décembre 1990 abondent dans le même sens en énonçant respectivement que « *les collectivités territoriales de la République du Bénin sont créées par la loi* » et que « *ces collectivités s'administrent librement par des conseils élus et dans les conditions prévues par la loi* »[63]. La constitution malienne nous conforte dans la même logique de liberté d'administration des communes. Ainsi, son article 97 énonce-t-il que « *les collectivités territoriales sont créées et administrées dans les conditions définies par la loi* ». L'article 98 de la même constitution confirme en stipulant que « *les collectivités s'administrent librement par des conseils élus et dans les conditions fixées par la loi* ». Cela sous-entend que c'est le législateur africain qui a dicté à l'autorité de tutelle qui émane du pouvoir réglementaire les modalités selon lesquelles le contrôle de tutelle peut être exercé aussi bien aux collectivités territoriales mais aussi aux établissements publics locaux.

Ce fondement juridique confère à la décentralisation administrative après les années quatre-vingt-dix, une valeur pratique appréciable.

En effet, du point de vue politique, la décentralisation administrative est une institution libérale. Sa vocation est de promouvoir, de protéger et de garantir l'exercice et la jouissance des libertés locales. André DE LAUBADERE soutient qu'à côté d'autres formes de libéralisme, elle est un élément du libéralisme dans la structure même de l'administration[64] ; pour Yves GAUDEMET seulement sur le plan gouvernemental dans l'élection des

---

[62] A propos du Cameroun, voir la loi n°2004/017 du 22 juillet 2004 d'orientation de la décentralisation ; loi n°2004/018 du 22 juillet 2004 fixant les règles applicables aux communes ; loi n°2004/019 du 22 juillet 2004 fixant les règles applicables aux régions ; loi n° 74-23 du 23 décembre 1974 instituant deux types de communes : les communes urbaines et les communes rurales ; décret n°74/490 du 17 mai 1974 portant sur l'institution des commissions pour le règlement des litiges des limites des circonscriptions administratives et des unités de commandement traditionnel ; décret n°77-85 du 22 mars 1977 fixant les modalités de fonctionnement et de gestion du fonds spécial d'équipement et d'intervention intercommunale (F.E.I.C.O.M.) ; décret n°78-484 du 9 novembre 1978 fixant les attributions des chefs de circonscriptions administratives et des organisations et personnes chargés de les assister dans l'exercice de leurs fonctions.

[63] Sur le Bénin, voir les textes suivants : la constitution béninoise du 11 décembre 1990 ; la loi n° 97-028 du 15 janvier 1999 portant organisation de l'administration territoriale du Bénin ; la loi n° 97-029 du 15 janvier 1999 portant organisation des communes en République du Bénin ; la loi n°98-005 du 15 janvier portant 1999 portant organisation des communes à statut particulier ; la loi n°98-007 du 15 janvier 1999 portant régime financier des communes en République du Bénin et la loi n°98-034 du 15 janvier 1999 portant règles générales pour les élections en République du Bénin.

[64] André DE LAUBADERE, *traité élémentaire de droit administratif*, 2e éd., Paris 1957, p.76.

gouvernants du pays, mais aussi sur le plan administratif dans l'élection des autorités locales[65].

Du point de vue administratif, il est intéressant que les dirigeants d'une collectivité soient choisis dans cette communauté, par les membres de la communauté et aient pour vocation de résoudre, dans un esprit de liberté et d'autonomie, les affaires locales dont ils maîtrisent tous les contours. C'est ce qu'André de LAUBADERE soutient en affirmant « *qu'en réalité, l'intérêt administratif de la décentralisation territoriale est que, s'agissant d'affaires locales, de besoins locaux, il est bon que les agents chargés de cette gestion connaissent bien les conditions locales, aient intérêt à prendre en mains et défendre les intérêts locaux et qu'ils détiennent la confiance de leurs administrés* »[66]. Si ces conditions décrites par André DE LAUBADERE sont garanties, il y a effectivement décentralisation administrative.

Ce système administratif participe d'une politique propre et occupe une position juridique précise.

A la différence de la déconcentration administrative et même de la décentralisation technique, la décentralisation territoriale n'est pas qu'une simple méthode ou technique d'administration. Elle est aussi une dimension politique de l'administration des collectivités.

En effet, lorsqu'on érige des communes, des départements et des régions en une collectivité locale, il se crée des espaces locaux de démocratie à la base, constituant ainsi un pont entre la démocratie à la base qui est certes incomplète parce qu'administrative et locale et la démocratie politique étatique. Comme l'affirme CHAPUS, il y a un lien naturel qui unit ces deux démocraties. C'est d'ailleurs ce que pense HAURIOU lorsqu'il affirme que « *Les raisons....de la décentralisation (territoriale) ne sont point d'ordre administratif, mais bien d'ordre constitutionnel. S'il ne s'agissait que du point de vue administratif, la centralisation (autrement dit, la déconcentration) assurerait au pays une administration plus habile, plus impartiale, plus intègre et plus économe que la décentralisation. Mais les pays modernes n'ont pas besoin seulement d'une bonne administration, ils ont besoin aussi de liberté politique* »[67].

HAURIOU revient sur ce que TOCQUEVILLE avait exprimé pour corroborer la même idée : « *C'est... dans la commune que réside la force des peuples libres. Les institutions communales sont à la liberté ce que les écoles primaires, sont à la science ; elles la mettent à la portée du peuple ; elles lui en font goûter l'usage paisible et l'habituent à s'en servir. Sans institutions*

---

[65] André DE LAUBADERE, *Traité élémentaire de droit administratif*, 2e éd., Paris, Librairie générale de droit et de jurisprudence, R. Pichon et R. Durand-Auzias, 1957.

[66] André DE LAUBADERE, op.cit., p.76.

[67] HOURIOU (A.) *Précis de droit administratif*, 12 e éd., p.86.

communales, une nation peut se donner un gouvernement libre, mais elle n'a pas l'esprit de la liberté »[68]. En raison du fait que la décentralisation est un tremplin pour la démocratie à la base, facilitant ainsi la démocratie au sommet de l'Etat, elle mérite d'être instituée malgré quelques inconvénients qu'elle présente par rapport à la déconcentration : elle coûte beaucoup plus cher, elle complique beaucoup plus l'organisation administrative[69].

La décentralisation technique peut s'appliquer à un certain nombre d'institutions telles que par exemple de type corporatif. Dans ce cas, elle a pour but de permettre à un ensemble de personnes désignées ou élues par leurs pairs d'assurer la gestion des affaires correspondant à la spécificité de l'institution. L'exemple des universités et des chambres professionnelles est ici indiqué.

Lorsque la décentralisation technique s'applique à des institutions dites de type fondatif, elle est dans ce cas une technique d'administration. C'est ce que René CHAPUS exprime clairement en disant que « *les pouvoirs publics ont estimé qu'il était utile et nécessaire de placer certains services dans une situation d'autonomie de gestion. Ils en ont fait des institutions décentralisées* »[70]. La décentralisation technique est donc considérée comme une technique de gestion administrative que certains n'hésitent pas à qualifier de déconcentration camouflée.

---

[68]Alexis de TOCQUEVILLE, *De la démocratie en Amérique*, 1835, 1ere partie, chap.5, (1).

[69] Sur la relation décentralisation- démocratie, voir C. Houteer, *Révolution et décentralisation*, L.P.A. 27 janvier et 3 février 1989 ; S. Regourd, De la décentralisation dans ses rapports avec la démocratie. Genèse d'une problématique, R.D.P., 1990, p. 961.

[70] René CHAPUS, op.cit., p.407.

Chapitre IV : Un nouveau constitutionnalisme en Afrique

L'Afrique, pour réussir sa renaissance constitutionnelle s'est tracée une ligne de conduite juridico-politique avec pour boussole, un certain nombre de valeurs, sans lesquelles ce nouveau système constitutionnel établi serait vidé de son contenu. Ainsi, le renouveau constitutionnel africain (Section I), l'ordre public du nouveau « constitutionnalisme africain » (Section II) et (Section III) en constituent la charpente.

Section I : Le renouveau constitutionnel africain

Au lendemain des années quatre-vingt-dix, l'on peut constater que l'Afrique vit la naissance d'un nouveau constitutionnalisme qui s'affirme de plus en plus à travers le raffermissement dans son système constitutionnel, des différents piliers du constitutionnalisme tel que pratiqué dans les grandes Démocraties. Un constitutionnalisme en provenance du tréfonds des peuples africains (Paragraphe I), puis un constitutionnalisme au service de l'Homme (Paragraphe II) sont le tournant décisif de ce constitutionalisme de renouveau sur le continent.

Paragraphe I : Un constitutionnalisme en provenance du tréfonds des peuples africains

Le constitutionnalisme né au lendemain des années quatre-vingt-dix est un constitutionnalisme plénier, parce que d'abord suscité par les peuples et leurs représentants à travers les conférences nationales des forces vives de ces pays. C'est pourquoi les constitutions dont se sont dotées ces nations étaient des constitutions sorties du tréfonds de leurs peuples. Ce sont donc des textes qui bénéficient d'une légitimité populaire.

Ces constitutions dans leur ensemble engendraient une nouvelle société politique, un nouveau contrat social dont les caractéristiques répondaient aux éléments constitutifs du constitutionnalisme moderne, du moins du constitutionnalisme tout court : « *NOUS, PEUPLE BENINOIS, Réaffirmons notre opposition fondamentale à tout régime politique fondé sur l'arbitraire, la dictature, l'injustice, la corruption... Affirmons solennellement notre détermination par la présente constitution de créer un Etat de droit et de démocratie pluraliste, dans lequel les droits fondamentaux de l'Homme, les libertés publiques, la dignité de la personne humaine et la justice sont garantis, protégés et promus comme la condition nécessaire au développement véritable et harmonieux de chaque béninois...Réaffirmons notre attachement aux principes de la démocratie et des droits de l'Homme tels qu'ils ont été définis par la Charte des Nations-Unies de 1945 et la*

Déclaration Universelle des Droits de l'Homme de 1948, à la Charte Africaine des Droits de l'Homme et des Peuples adoptée en 1981par l'Organisation de l'Unité Africaine... » (Préambule de la Constitution béninoise du 11 décembre 1990).

Le Peuple du Niger qui a connu aussi une Conférence nationale a eu les mêmes *desiderata* que le Peuple frère béninois : « *NOUS, PEUPLE NIGERIEN SOUVERAIN... proclamons notre attachement aux principes de la démocratie pluraliste et aux droits humains tels que définis par la Déclaration Universelle des Droits de l'Homme de 1948, le Pacte International relatif aux Droits Civils et Politiques de 1966, le Pacte International relatif aux Droits Economiques Sociaux et Culturels de 1966 et la Charte Africaine des Droits de l'Homme et des Peuples de 1981...* ».

La République de Côte-d'Ivoire s'inscrit dans le même idéal constitutionnel à travers le préambule de la Constitution du 23 juillet 2000: « *Le Peuple de Côte-d'Ivoire, conscient de sa liberté et de son identité nationale, de sa responsabilité devant l'histoire et l'humanité ; conscient de sa diversité ethnique, culturelle et religieuse, et désireux de bâtir une nation solidaire et prospère (...) profondément attaché à la légalité constitutionnelle et aux institutions démocratiques, à la dignité de la personne humaine (...) Proclame son adhésion aux droits et libertés tels que définis dans la Déclaration Universelle des Droits de l'Homme de 1948 et dans la Charte africaine des Droits de l'Homme et des Peuples de 1981 (...)* ».

Presque toutes les constitutions des années quatre-vingt-dix ont énoncé dès leur préambule un tel projet de société, que leur Etat ait organisé ou non des conférences nationales souveraines ou que les acteurs politiques aient honoré ou pas par la suite le contenu desdites constitutions. Ce projet de société, c'est l'expression de l'engagement de ces peuples dans la voie du constitutionnalisme, pour leur mieux-être et non dans le processus de production constitutionnelle. Ce projet de société comporte les éléments constitutifs du constitutionnalisme à savoir :

1- La limitation des pouvoirs du gouvernement et de l'ensemble des pouvoirs publics par le droit au profit de l'individu. C'est ce que confirment MCILWAIN et SCHOCHET en affirmant que le constitutionnalisme consiste en une limitation légale des pouvoirs du gouvernement. Il est l'antithèse du gouvernement arbitraire et s'oppose au gouvernement despotique, le gouvernement du vouloir au lieu du gouvernement par le droit[71].
2- L'Etat de droit est instauré, puisque les institutions constitutionnelles et démocratiques engendrent une société où tout doit se faire à

[71] MCILWAIN et SCHOCHET, cités par le Professeur MANGU dans sa communication.

l'aune du droit, et sous l'empire de la constitution. Donc l'Etat est ici limité par les règles de droit et des institutions fortes et non selon l'humeur d'un homme fort.

3- Des droits humains sont reconnus par l'Etat à travers sa constitution et doivent être protégés, respectés et réalisés par celui-ci. Un cadre juridique et institutionnel d'une telle société humaine est prévu par ces constitutions.

Au lendemain des années quatre-vingt-dix, on peut affirmer que le constitutionnalisme a véritablement pris son envol à un rythme différent selon les Etats sous les tropiques, en Afrique au Sud du Sahara. Cependant l'on reconnaît dans la même sous- région, l'existence de pseudo-démocraties. La preuve, des constitutions dignes des Etats démocratiques étaient déjà contournées en Afrique après mille neuf cent quatre-vingt-dix pour atteindre des objectifs politiciens qui ne pouvaient pas normalement être atteints selon la lettre et l'esprit de ces constitutions. Ainsi comme le soutient KPODAR (A.), la constitution substantielle est détournée de ses objectifs et de l'idée de droit qui la traverse au moyen des révisions constitutionnelles politiciennes. Il en est ainsi selon l'auteur, lorsqu'on modifie l'esprit du texte fondamental par la révision constitutionnelle tout en respectant la forme régulière prévue par le texte lui-même[72]. Voilà autant de tricheries observées au lendemain de la naissance des constitutions de troisième vague qui ont amené une certaine doctrine représentée parThéodore HOLO[73], André CABANIS et Michel LOUIS MARTIN[74]à exprimer son pessimisme par rapport au renouveau constitutionnel des années quatre-vingt-dix, en estimant à juste titre que cette belle architecture des années mille neuf cent quatre-vingt-dix n'était que de la poudre aux yeux.

En d'autres termes, le constitutionnalisme existe bel et bien en Afrique, au lendemain des Conférences Nationales souveraines ; il appartient aux Africains d'en entretenir la flamme pour qu'il ne s'éteigne pas. Pour ce faire, il faut un état d'esprit de la part des peuples africains et des acteurs politiques et administratifs conforme à un tel état constitutionnel. Le constitutionnalisme, ce n'est pas seulement avoir une constitution qui

---

[72] Adama KPODAR, « Bilan sur un démi-siècle de constitutionnalisme en Afrique noire francophone »...

[73] Théodore HOLO, « Démocratie revitalisée ou démocratie émasculée ? Les constitutions du renouveau démocratique dans les Etats de l'espace francophone africain : régimes juridiques et systèmes politiques », préc.pp.17-41.

[74] André CABANIS et Michel LOUIS MARTIN, « La pérénnisation du chef de l'Etat ; l'enjeu actuel pour les constitutions d'Afrique francophone », in *Démocratie et liberté : tension, dialogue, confrontation*, Mélanges en l'honneur de Slobodan MILACIC, préc.pp.349-380.

proclame sa suprématie dans l'ordre juridique interne de l'Etat, en organisant les institutions et en accordant une place de choix aux droits de l'Homme et aux libertés publiques, et mieux en assurant la séparation des pouvoirs, instituant des institutions d'appui à la démocratie, à la bonne gouvernance ; c'est à la fois un certain comportement à afficher, un idéal à atteindre, un état politique et juridique à conquérir dont les acteurs et les bâtisseurs ne sont personnes d'autres que les pouvoirs publics et les pouvoirs privés, c'est-à-dire les Hommes ou la Société civile.

Paragraphe II : Un constitutionnalisme africain ou le constitutionnalisme en Afrique ?

Nous avons dit plus haut que la notion de constitutionnalisme a évolué à travers le temps. Il signifiait, surtout sous la révolution, la supériorité politique de la constitution, puisqu'il est souvent question de constitutionnalisme pour contrer ou limiter l'absolutisme monarchique ou royal par une constitution rigide ; ce qui présuppose qu'elle bénéficie d'une légitimité populaire, à l'image des constitutions issues des conférences nationales souveraines des années quatre-vingt-dix (conférences qui s'étaient donné pour vocation de balayer les dictatures africaines) sans pour autant perdre son caractère juridique lui permettant d'assurer la supériorité de la constitution sur les autres normes. Le constitutionnalisme est de nos jours, la supériorité non seulement politique de la constitution (qui est concrétisée par l'adhésion de l'ensemble de la communauté nationale à la constitution), mais surtout juridique (marquée par l'annulation des normes contraires à la constitution)[75] ; une constitution qui instaure un Etat de droit et protège les droits de l'Homme. Comme on peut le constater, le constitutionnalisme est un système de sûreté qui consiste à la mise en place d'un arsenal juridique et institutionnel, pour l'institution d'une société de droit pour non seulement régir les relations des pouvoirs publics entre eux, mais surtout protéger les personnes contre l'Etat, et les individus dans leurs relations interpersonnelles, le tout sous-tendu par le consentement du peuple par rapport à la loi fondamentale. Il est donc le moyen par excellence d'établir une société de justice, de liberté, d'égalité et de non-discrimination. C'est donc un droit à la sûreté exprimé par les peuples, un droit naturel, un droit individuel pour chaque personne mais collectif pour tout un peuple qui pourrait aspirer à la paix. Cette forme de droit à la sécurité juridique qu'est le constitutionnalisme dans une société démocratique ne saurait avoir une quelconque coloration raciale, ni régionale. Le constitutionnalisme, lorsqu'il a cours en Afrique, ne protège pas que les Africains, il protège aussi ceux

[75] Eric Oliva, Sandrine Giummarra, op.cit., p.17.

qui vivent sous la juridiction de l'Etat où il a cours. Si l'on parle de constitutionnalisme africain, c'est pour situer sur le globe terrestre un endroit, un lieu, au sujet de la marche politico-juridique d'un peuple ou des peuples à travers un système qu'on appelle constitutionnalisme. Il n'y a donc pas de constitutionnalisme africain, mais plutôt de constitutionnalisme en Afrique. Dans le présent ouvrage, l'expresssion « *nouveau constitutionnalisme africain* » ou « *constitutionnalisme africain* » signifie, à notre sens non pas un constitutionnalisme aux couleurs africaines, c'est-à-dire un constitutionnalisme très particulier parce que s'appliquant aux Africains, mais le constitutionnalisme avec pour terre d'application l'Afrique. Il n'y a donc pas un constitutionnalisme à part pour l'homme africain et un constitutionnalisme pour les autres personnes, tout comme il n'y a pas un droit de l'Homme africain, mais plutôt un droit de l'Homme.

Section II : L'ordre public du nouveau constitutionnalisme africain

Les premières valeurs constitutionnelles faisant office de l'ordre public des Etats africains en matière de constitutionnalisme se trouvent être le triptyque constitutionnel de démocratie, d'Etat de droit et des droits de l'Homme (Paragraphe I). La décentralisation administrative (Paragraphe II) n'en constitue pas moins une.

Paragraphe I : La démocratie, l'Etat de droit et les droits de l'Homme

Traditionnellement on définit la démocratie comme le gouvernement du peuple, par le peuple et pour le peuple ; l'étymologie du terme rappelant demos, peuple ; *kratos*, pouvoir. Il suit donc que la démocratie repose de par sa nature intrinsèque sur le principe selon lequel le pouvoir est la propriété du peuple et est exercé par celui-ci. Le pouvoir personnel étant la source des dérives que l'humanité a connues, les Etats africains dans leur ensemble ont fait les leurs les options fondamentales des Nations Unies à travers leurs peuples qui ont décidé de préserver les générations futures du fléau de la guerre qui, deux fois en l'espace d'une vie humaine a infligé à l'humanité d'indicibles souffrances. C'est pourquoi ils décident de proclamer à nouveau leur foi dans les droits fondamentaux de l'Homme, dans la dignité et la valeur de la personne humaine, dans l'égalité de droits des hommes et des femmes, ainsi que des nations, grandes et petites. De ce qui précède, on peut déduire des valeurs liées à la démocratie, fondement d'un réel développement, surtout un développement durable puisque décidé de commun accord par le peuple tout entier pour lui-même et pour les générations futures, avec les moyens humains, institutionnels, matériels et économiques à mettre en œuvre pour sa réalisation. Ces valeurs sont la démocratie représentative dans toutes ses variantes et dans sa version adaptée à notre temps avec pour conséquences logiques un titulaire de la souveraineté défini et reconnu, le droit de suffrage à travers le suffrage de plus en plus universel, l'élection, l'Etat de droit, la séparation des pouvoirs et les droits de l'Homme ; le tout dicté sous la houlette d'une constitution, expression surtout de la limitation de l'Etat et des droits et libertés reconnus aux personnes. Au lendemain des années quatre-vingt-dix, l'Afrique a connu la naissance de régimes de limitation de pouvoirs ou régimes constitutionnels. Ceci se ressent à travers les nouvelles constitutions des Etats francophones d'Afrique, notamment à travers leur préambule qui accorde une place de choix aux droits de l'Homme et à la démocratie : le peuple burkinabé dans le préambule de la constitution du 11 juin 1991 souscrit « *à la Déclaration universelle des droits de l'Homme de 1948 et aux instruments internationaux traitant des problèmes économiques, politiques, sociaux, culturels* ». Dans le préambule de la constitution malienne du 27 février 1992 il est écrit, en particulier, « *Le peuple souverain du Mali (...) proclame sa détermination à défendre les droits de la femme et de l'enfant* » « *souscrit à la Déclaration des droits de l'Homme du 10 décembre 1948 et à la Charte africaine des droits de l'Homme et des Peuples du 27 juin 1981* ». La constitution ivoirienne du 1er août 2000 s'inscrit aussi dans cette dynamique, dans la mesure où son préambule proclame aussi « *l'adhésion du peuple ivoirien aux droits et aux libertés tels que définis dans la Déclaration des Droits de l'Homme et des Peuples du 27 juin 1981* ». C'est aussi l'exemple de la constitution du Sénégal du 7 janvier 2001 dont le préambule affirme l'adhésion du peuple souverain du Sénégal « *à la Déclaration des Droits de l'homme et du citoyen de 1789 et aux instruments adoptés par l'Organisation de l'Unité Africaine, notamment la Déclaration universelle des droits de l'Homme du 10 décembre 1948, la convention sur l'élimination de toutes les formes de discrimination à l'égard des femmes du 18 décembre 1979, la convention relative aux droits de l'enfant du 20 novembre 1989 et la Charte africaine des droits de l'Homme et des Peuples du 27 juin 1981* »[76]. C'est l'exemple de la constitution togolaise de la 4e République dont le préambule énonce que « ... *convaincu qu'un tel Etat ne peut être fondé que sur le pluralisme politique, les principes de la Démocratie et de la protection des droits de l'Homme tels que définis par la Charte des Nations Unies de 1945, la Déclaration Universelle des droits de l'Homme de 1948 et les Pactes internationaux de 1966, la Charte Africaine des Droits de l'Homme et des Peuples adoptée en 1981 par l'Organisation de l'Unité africaine* ». C'est aussi l'exemple de la constitution nigérienne de

[76] Théodore HOLO, Les droits et devoirs de la personne dans le constitutionnalisme africain, in Revue béninoise des sciences juridiques et administratives, pp7-24, p.10

la 7e République dont le préambule affirme : « ...*Proclamons notre attachement aux principes de la démocratie pluraliste et aux droits humains tels que définis par la Déclaration Universelle des droits de l'Homme de 1948, le pacte international relatif aux droits civils et politiques de 1966, le Pacte international relatif aux droits économiques, sociaux et culturels de 1966 et la Charte africaine des droits de l'Homme et des Peuples de 1981...* ». C'est enfin l'exemple de la constitution béninoise du 11 décembre 1990 qui réaffirme dans son préambule son «*attachement aux principes de la démocratie et des droits de l'Homme tels qu'ils ont été définis par la Charte des Nations Unies de 1945 et la Déclaration universelle des droits de l'Homme de 1948, à la Charte africaine des droits de l'Homme et des Peuples, adoptée en 1981 par l'Organisation de l'Unité Africaine, ratifiée par le Bénin le 20 janvier 1986 et dont les dispositions font partie intégrante de la présente constitution et du droit béninois et ont une valeur supérieure à la loi interne* ». Le but recherché par les nouvelles constitutions africaines est un système d'état de droit. En effet, l'état c'est une situation donnée. L'état de droit, ce sera alors une situation fondée en droit. Et le droit, c'est la règle du jeu qui est posée à l'avance. On se refère à cette règle pour constater si telle ou telle situation, tel ou tel acte est légal ou pas. Cette règle du jeu est valable pour tous les membres de la société et permet d'avoir des relations qui se déroulent dans les meilleures conditions ; cette règle n'est pas imposée par le plus fort. Elle est légitime, lorsqu'elle a été discutée, votée par l'ensemble des individus ou leurs représentants (les députés). Elle délimite le champ d'exercice des activités politiques. Chaque décision politique doit être conforme au droit. L'arbitrage est assuré par le peuple qui a la possibilité de sanctionner tel ou tel comportement par son vote. L'état de droit permet ainsi par ailleurs, de canaliser la violence politique. Il a pour élément constitutif, la séparation des pouvoirs, la primauté du droit et le respect des droits de l'Homme. C'est donc un système politico-juridique qui a pour vocation :

- d'assurer la protection de la personne humaine et son plein épanouissement ;

- des pouvoirs publics qui doivent fonder leur force et leur action sur la légitimité qui leur confère la démocratie libérale et pluraliste ;

- la hiérarchie des normes caractérisée par la suprématie de la constitution et garantie par des juridictions indépendantes ;

- des mécanismes de contrôle de la légalité et de constitutionnalité de la loi ainsi que l'administration qui a pour vocation d'être une administration de mission transparente et au service du peuple ;

- le contrôle de l'action gouvernementale par l'Assemblée nationale et même la société civile.

Un lien se dessine ainsi entre droits de l'Homme, Etat de droit et démocratie. La démocratie présuppose la liberté accordée aux peuples et aux personnes qui les constituent ; il ne saurait avoir démocratie sans le respect des droits de l'Homme, d'autant plus que la démocratie sous- tend des valeurs qui sont inséparables des droits de la personne humaine.

L'Etat de droit et la démocratie constituent à la fois le cadre juridique et la boussole pour la protection et la défense des droits de l'Homme et des libertés individuelles. Il y a une interdépendance, une liaison entre l'Etat de droit, la démocratie et les droits de l'Homme. Ils forment un tout. A ce titre, il n'y a pas de démocratie sans le respect des droits de l'Homme et des libertés fondamentales. Il n'y a pas non plus un Etat de droit qui ne soumette pas lui-même et n'ordonne pas sa propre législation au corpus du droit international en général et du droit international des droits de l'Homme en particulier.
Toute démocratie crée les conditions de l'exercice et de jouissance des droits de l'Homme par le canal de la liberté d'expression, le pluralisme des idées et des pensées, le respect de la différence, la liberté de réunion et d'association…, toutes choses qui ne sont pas admissibles sous une ère non démocratique. Ces trois valeurs que sont la démocratie, les droits de l'Homme et l'Etat de droit constituent aujourd'hui les piliers du nouveau constitutionnalisme africain.

Paragraphe II : La décentralisation administrative

L'héritage de l'administration coloniale française a connu depuis quelques temps ses limites au point que les Etats d'Afrique ont compris que des réformes administratives étaient nécessaires, réformes déjà entreprises par ceux-ci et qui se sont succédé depuis des décennies. L'une des réformes les plus importantes entreprises par les Etats africains, au lendemain des années quatre-vingt-dix, concerne la décentralisation administrative. Plus qu'une simple réorganisation de l'administration, cette politique de décentralisation répond à deux choix politiques fondamentaux : le choix de l'approfondissement et de la consolidation du processus démocratique tel qu'il s'est affirmé à l'intérieur de beaucoup d'Etats dont le Bénin, le Mali, le Cameroun, la Côte-d'Ivoire, le Sénégal, le Congo, le Togo, le Tchad… et le choix d'une approche de développement qui sera désormais impulsé depuis la base par les acteurs locaux selon une approche spatialisée et intégrée et non plus seulement imposée d'en haut selon des logiques essentielles et sectorielles. Ainsi, les collectivités locales nanties de la personnalité juridique et de l'autonomie financière, de par leur participation dans la prise de décisions pour leurs communes et leur apport au processus de développement, contribueraient ainsi à l'enracinement de la démocratie et à un réel épanouissement des populations. La décentralisation administrative est ainsi devenue par les constitutions africaines, une des composantes essentielles de la démocratie qui désormais se décompose en deux volets : l'un politique d'autant plus qu'il est une démocratie pratiquée au sommet de l'Etat par une classe politique d'un certain niveau d'instruction requis, l'autre réel parce qu'étant une démocratie pratiquée à la base ; ce qui donne une démocratie intégrale, plénière, source d'un véritable développement impulsé à la fois de la base et du sommet de l'Etat. Tout constitutionnalisme qui se veut réel doit désormais intégrer dans ses éléments constitutifs la décentralisation administrative, sinon l'on aurait affaire à un constitutionnalisme sans fondement ou sous bassement.

Section III : Autres composantes de l'ordre public du nouveau constitutionnalisme

L'environnement est aujourd'hui considéré comme l'alpha et l'oméga du développement de l'Afrique (Paragraphe I). C'est pourquoi, une lutte acharnée a été engagée par les Etats de ce continent contre le déboisement et l'avancée du désert dans une démocratisation du pouvoir sur fond de bonne gouvernance (Paragraphe II), de l'opposition (Paragraphe III), d'une société civile jouant le rôle de groupe de pression (Paragraphe IV), du pluralisme politique et de l'alternance démocratique (Paragraphe V) mais aussi, du libéralisme empreint d'intégration sous-régionale (Paragraphe VII)

Paragraphe I : L'environnement, une donnée constitutionnelle contemporaine incontournable

Les constitutions africaines jusqu'aux années 1980 n'avaient nullement consacré la moindre place à l'environnement. A l'exception de la constitution ghanéenne et gambienne, toutes les constitutions africaines ont oublié la protection et la gestion de l'environnement. La constitution ghanéenne de 1979 disposait d'une déclaration sur une politique nationale de l'environnement. Celle de la Gambie de 1979 accordait des pouvoirs implicites à l'Etat, notamment le gouvernement pour garantir une gestion rationnelle des ressources de l'environnement.

En revanche, les constitutions des années 1990 ont accordé une place à l'environnement sous l'influence de la CNUED (Commission des Nations

Unies pour l'environnement) et du sommet de Rio. Ces constitutions accordent à l'environnement une attention soit à travers leur préambule, soit à travers leurs dispositifs, soit par le canal du préambule et du dispositif. Ainsi, la constitution du Burkina Faso du 11 juin 1991 reconnaît le droit à un environnement sain pour tous les Burkinabé (préambule et art.29) et met à la charge de tous la protection, la défense et la promotion de l'environnement (art.29). La constitution du Niger du 26 décembre 1992 non seulement proclame le droit à l'environnement et confie à l'Etat la charge de veiller à la protection de l'environnement, mais insiste tout particulièrement sur le problème des déchets toxiques polluants (art.28).

La constitution béninoise du 11 décembre 1990 n'est pas du reste sur la question de l'environnement. Son article 27 énonce que « *toute personne a droit à un environnement sain, satisfaisant et durable et a le devoir de le défendre. L'Etat veille à la protection de l'environnement* » ; l'article 28 de cette constitution proscrit certaines pratiques nocives à l'environnement : « *Le stockage, la manipulation et l'évacuation des déchets toxiques ou polluants provenant des usines et autres unités industrielles ou artisanales installées sur le territoire national sont réglementés par la loi* » ; art. 29 « *Le transit, l'importation, le stockage, l'enfouissement, le déversement sur le territoire national des déchets toxiques ou polluants étrangers et tout accord y relatif constituent un crime contre la Nation. Les sanctions applicables sont définies par la loi* ».

La constitution de la République du Cameroun du 2 juin 1972 révisée le 18 janvier 1996 énonce dans son préambule que « ... *toute personne a droit à l'environnement sain. La protection de l'environnement est un devoir pour tous. L'Etat veille à sa défense et à la promotion de l'environnement...* ».

Par ailleurs, le Bénin, le Niger et le Burkina-Faso dans la mise en œuvre des normes conventionnelles relatives à la protection de l'environnement ont adopté un certain nombre d'instruments juridiques.

C'est le cas du Bénin avec la loi n°93-009 du 2 juillet 1993 portant régime des forêts en République du Bénin et du décret n°96-271 du 2 juillet 1996 portant modalités d'application de la loi n°93-009 du 2 juillet 1993. Cette loi concerne les domaines suivants : la procédure de classement et de déclassement des forêts, des droits d'usage (des droits d'usage dans le domaine protégé et des droits d'usage dans le domaine classé), des espèces protégées. Elle concerne également l'aménagement et l'exploitation du domaine forestier de l'Etat, les incendies et feux de brousse, la divagation des animaux domestiques dans les forêts classées et autres réserves de l'Etat.

Elle concerne enfin, le domaine forestier des particuliers et des coopératives et la recherche de la constatation et de la répression des infractions.

Le Bénin dans le cadre du respect de ses obligations internationales dans le domaine de la protection de l'environnement a adopté la loi n°98-030 du 12 février 1999 portant loi-cadre sur l'environnement en République du Bénin. Cette loi comporte les dispositions générales sur la question de l'environnement, la création de la Commission Nationale du Développement Durable, de l'Agence Béninoise pour l'Environnement. Elle traite également de la protection et de la mise en valeur des milieux récepteurs et naturels, du sol et du sous-sol, des eaux continentales, des eaux maritimes et de leurs ressources, de l'air. Elle traite aussi de la protection et de la mise en valeur du milieu naturel et de l'environnement humain (de la faune et de la flore, des établissements humains), de la pollution et des nuisances (des déchets), des substances chimiques nocives ou dangereuses, du bruit).

Elle traite aussi de l'étude d'impact, de l'audit environnemental, de l'audience publique sur l'environnement, des plans d'urgences et des mesures d'incitation et des sanctions…

Dans le même domaine, le Niger a adopté les textes juridiques suivants :

La loi n°62-28 du 4 août 1962 fixant régime des chasses ; la loi n°66-033 du 24 mai 1966 relative aux établissements dangereux, insalubres ou incommodes ; le décret n°64-122 du 17 juin 1964 portant interdiction de commercialiser et d'exporter les produits de la chasse des animaux sauvages ; le décret n°72/88 du 20 juillet 1972 portant interdiction de la chasse au Niger ; le décret n°74-237 du 6 septembre 1974 réglementant la circulation des produits de chasse.

Par ailleurs, au Niger la protection contre les feux de brousse et les incendies est effective. Ainsi, dans ce pays, les feux de brousse sont-ils interdits dans les zones forestières, de même qu'il est interdit de porter ou d'allumer le feu en dehors des habitations et des campements, à l'intérieur et jusqu'à une distance de 50 mètres des forêts classées[77].

Les collectivités locales et les particuliers sont associés à la protection de l'environnement au Niger. C'est pourquoi en vue de promouvoir le reboisement dans l'intérêt public, la législation nigérienne prévoit la possibilité pour l'administration d'accorder, en dotation révocable, aux

[77] KAMTO Maurice, *Droit de l'environnement en Afrique*, EDICEF/AUPELF, Paris, 1996, p.197.

collectivités et aux établissements publics ainsi qu'aux particuliers, des dépendances domaniales nues ou couvertes de boisements dégradés, à charge pour eux de les reboiser. Selon cette législation, les bénéficiaires exploitent librement ces terrains sous réserve des restrictions visant la protection des terrains pentus et celles inscrites dans l'acte de dotation. Des subventions en nature ou en espèces peuvent même être accordées aux collectivités et aux particuliers impliqués dans ces travaux de reboisement[78].

Le Burkina-Faso dans la même mouvance a adopté la loi n°002/94 du 19 janvier 1994 portant code de l'environnement ; l'ordonnance n° 68-59 PRES. AGRI. EL. EF du 31 décembre 1968 sur la conservation de la faune et l'exercice de la chasse en Haute-Volta, amendée par la loi n°18/73/An du 29 novembre 1973 et l'ordonnance n°74/064 PRES du 27 septembre 1974 ; le décret n°68-314/PRES.AGRT. EL. EF du 31 décembre 1968 portant application de l'ordonnance précédente.

Le Burkina-Faso a aussi adopté l'ordonnance n°77-041/PRES.M/TE du 11 novembre 1977 portant redéfinition et modification des permis, licences, latitudes d'abattage et redevances en matière de chasse ; Raabo (ordonnance) n°0020/CNR/PRES/MET/MATS du 26 novembre 1985 portant organisation des chasseurs au Burkina-Faso.

Il a enfin adopté Zatu (loi) n°85-006/CNR/PRES portant ouverture de la chasse au Burkina-Faso ; Raabo (ordonnance) n°0021/CNR/PRES/MET/MRF portant réglementation de l'exercice de la chasse ; l'ordonnance n°81-0009/PRES/CMRPN/ET du 9 mai 1981 portant organisation et réglementation de la pêche en Haute-Volta et le décret n°82/0214/PRES/CMRDN/ET du 2 juin 1982 portant application de l'ordonnance précédente.

Paragraphe II : La bonne gouvernance

Lorsqu'un dirigeant confond le patrimoine public avec celui privé, un problème de responsabilité se pose alors. Tout dirigeant dans l'exercice du pouvoir en Afrique, c'est-à-dire dans la gestion des affaires publiques, doit avoir pour boussole un certain état d'âme particulièrement marqué par un sentiment de « conscience professionnelle politique » ou responsabilité politique et celle de patriotisme. Ce n'est que ce sentiment qui permettra d'exercer le pouvoir dans un climat sociopolitique moral et juridique appelé bonne gouvernance. Celle-ci peut être définie comme étant une optimisation dans la gestion des affaires publiques, laquelle gestion est surtout marquée

[78] KAMTO Maurice, op.cit. p. 192.

par la reddition des comptes. La bonne gouvernance qu'une certaine doctrine appelle l'imputabilité requiert que les autorités rendent des comptes après coup pour tout acte qu'elles posent afin que des sanctions appropriées leur soient administrées en cas de faute commise, c'est-à-dire en cas de mauvaise conduite, laxisme, incurie notoire, corruption... voire échec. La bonne gouvernance suppose donc un climat de transparence dans lequel doit être baignée toute gestion des affaires publiques, afin que le citoyen puisse savoir quelle conduite tenir en cas de malversation financière commise par une autorité politique. C'est dire que dans une telle situation, le citoyen peut faire jouer le principe d'imputabilité pour engager la responsabilité du responsable fautif. La responsabilité pénale des politiciens, devant aboutir à une imputabilité des actes de celui-ci ou à son accusation pénale, historiquement s'est transformée en une responsabilité politique, c'est-à-dire une obligation de ceux-ci de démissionner avant d'être accusés. Tout compte fait, même sans faute en politique, la responsabilité peut être engagée en cas de rupture de confiance. C'est pourquoi en cas d'acte blâmable ou répréhensible dans un service administratif par des agents de celui-ci, le premier responsable de ce service administratif fera l'objet d'imputation de l'acte de son agent, pour n'avoir pas su empêcher l'acte répréhensible. Le professeur Augustin LOADA abonde dans le même sens en donnant les dimensions et le contenu de la bonne gouvernance lorsqu'il affirme que « *l'un des critères essentiels de la gouvernance démocratique est en effet l'obligation de rendre compte ou le principe d'imputabilité. L'imputabilité politique s'exerce sur les orientations générales, les politiques et les objectifs. L'imputabilité administrative, elle, vise l'efficacité et l'efficience dans le secteur public. Elle a pour effet de préciser les orientations, les résultats désirés et de définir les moyens pour les atteindre* »[79]. Les bases de la bonne gouvernance sont jetées par la Déclaration des droits de l'Homme et du citoyen du 26 août 1789 en son article 15 : « *la société a le droit de demander compte à tout agent public de son administration* ». Les nouvelles constitutions des Etats africains des années quatre-vingt-dix ont pris ancrage sur les valeurs de bonne gouvernance, d'imputabilité et de reddition de compte de la Déclaration des droits de l'Homme et des citoyens, lorsque par exemple la constitution béninoise du 11 décembre 1990 énonce dans son préambule que « , *Nous peuple béninois, - Réaffirmons notre opposition fondamentale à tout régime politique fondé sur l'arbitraire, la dictature, l'injustice, la corruption, la concussion, le régionalisme, le népotisme, la confiscation du pouvoir et le pouvoir personnel...* », puis en son article 37 :

[79] Augustin LOADA, Bonne gouvernance : reddition des comptes et responsabilité, Actes de la conférence internationale « Les défis de l'alternance démocratique en Afrique », Cotonou, 23 au 25 février 2009, p. 171.

« *Les biens publics sont sacrés et inviolables. Tout citoyen béninois doit les respecter scrupuleusement et les protéger. Tout acte de sabotage, de vandalisme, de corruption, de détournement, de dilapidation ou d'enrichissement illicite est réprimé dans les conditions prévues par la loi.*» La constitution de la 4e République du Togo l'énonce également en son article 46 : « *Les biens publics sont inviolables. Toute personne ou tout agent public doit les respecter scrupuleusement et les protéger. Tout acte de sabotage, de vandalisme, de détournement de biens publics, de corruption, de dilapidation est réprimé dans les conditions prévues par la loi.*» C'est aussi l'exemple de la constitution nigérienne de la 7e République qui dispose dans son préambule que : « ... *Réaffirmons notre opposition absolue à tout régime politique fondé sur la dictature, l'arbitraire, l'impunité, l'injustice, la corruption, la concussion, le régionalisme, l'ethnocentrisme, le népotisme, le pouvoir personnel et le culte de la personnalité...* »; et à son article 41 que « *les biens publics sont sacrés et inviolables. Toute personne doit les respecter scrupuleusement et les protéger. Tout acte de sabotage, de vandalisme, de corruption, de détournement, de dilapidation, de blanchiment d'argent ou d'enrichissement illicite est réprimé par la loi* ».C'est la raison pour laquelle les Etats africains ont souscrit à la charte africaine de la démocratie, des élections et de la gouvernance, adoptée par la huitième session ordinaire de la conférence de l'Union africaine tenue le 30 janvier 2007 à Addis Abeba. L'UEMOA exige de ses Etats membres l'érection des chambres des comptes des cours suprêmes de la zone monétaire, en des cours des comptes. Des institutions constitutionnelles ont été mises sur pied dans les Etats africains afin d'assurer la mise en œuvre effective de la bonne gouvernance. La bonne gouvernance souffre d'un manque d'effectivité. Les Hautes cours africaines brillent presque toutes par l'oisiveté de leurs juges. Par exemple, la Haute Cour de justice du Bénin, après plus de dix ans d'existence, n'a encore jugé personne. En dehors de quelques timides réactions de certains cours et tribunaux africains qui tentent de juger les fossoyeurs des économies nationales, il n'y a souvent pas de procès significatifs dans ce sens en Afrique. Ces dernières années, quelques affaires ont secoué certains Etats africains tels que le Sénégal à travers l'affaire Karim WADE, Abdoulaye BALDE et quelques dignitaires du régime de l'ancien Président WADE Abdoulaye, au Cameroun, au Nigéria... Toutefois, sur cette question en Afrique, l'espoir est permis d'autant plus que la reddition des comptes sur ce continent est non seulement une exigence constitutionnelle, politique et désormais du droit international et régional, mais surtout sociale.

Paragraphe III : L'opposition

« *Pendant les années de plomb de la dictature, les opposants qualifiés d'adversaires de la Nation n'avaient souvent le choix qu'entre la valise qui symbolise l'exil et le cercueil symbole de leur élimination physique. L'idée d'opposition était inadmissible pour les partisans du monolithisme qui n'admettaient aucune possibilité de critique des Gouvernants. Le président de la Zambie, Kenneth Kaunda, affirmait en son temps que l'opposition est étrangère à la tradition africaine, tandis que le maréchal Président du Zaïre, Mobutu Sessé Seko, prétend qu'historiquement il n'existe aucun village zaïrois avec deux chefs dont l'un serait de l'opposition.* »[80] Ainsi s'exclamait le Professeur Théodore HOLO, dans une communication introductive à la conférence internationale, intitulée « *Les défis de l'Alternance démocratique en Afrique* » tenue à Cotonou du 23 au 25 février 2009. La démocratie n'est pas le monolithisme politique, ni la pensée unique d'un maître à penser. Aussi, tous les Etats de l'espace francophone et même en dehors de cet espace, se sont-ils employés à réserver un statut à l'opposition naissante au lendemain des années quatre-vingt-dix. Celle-ci est désormais considérée non pas comme une adversaire politique, mais en réalité une interlocutrice et une contradictrice politique, nécessaire au pouvoir en place, à la gestion politique, sociale, économique et culturelle d'une nation.

Selon Pascal JAN, l'opposition est la position reconnue d'un groupe au sein d'un régime politique en compétition pour l'accession légale au pouvoir et pour son exercice pacifique[81]. Pour Madeleine GRAWITZ et Jean LECA, l'opposition constitue une conception abstraite qui échoit au gré des situations électorales ou des alliances politiques à un parti ou à un autre sans prédestination ni exclusion[82]. Pour Carlos-Miguel PIMENTEL, l'opposition est la minorité qui, ne participant pas au pouvoir, entend en contester l'exercice[83]. En revanche, Giovanni SARTORI définit l'opposition comme l'ensemble des forces partisanes qui ont pour vocation de prendre le pouvoir,

---

[80] Actes de la Conférence internationale, « Les défis de l'alternance démocratique en Afrique »,Cotonou, 23 au 25 février 2009, p.27.

[81] Pascal JAN, cité par Théodore HOLO, in Actes de la Conférence internationale, « Les défis de l'alternance démocratique en Afrique », p.29.

[82] Madeleine GRAWITZ et Jean LECA cités par Théodore HOLO, in Actes de la Conférence internationale, « *Les défis de l'alternance démocratique en Afrique* », p.29.

[83] Carlos-Miguel PIMENTEL cité par Théodore HOLO, in Actes de la Conférence internationale, « *Les défis de l'alternance démocratique en Afrique* », p.29.

d'alimenter une critique des gouvernants actuels et de définir une alternative programmatique[84].

Des textes juridiques ont été adoptés à cet effet par les Etats. Certains textes donnant un statut à l'opposition sont constitutionnels, d'autres d'obédience législative ; ceci dépend de l'importance qu'accordent ces Etats à l'opposition et à son rôle.

Pour les Etats qui ont choisi la voie constitutionnelle et même législative pour réserver un statut à l'opposition, un idéal d'alternance et d'opposition constructive est visé avec une force énorme : le titre V de la constitution du Sénégal, notamment l'article 58 alinéa 1er dispose : « *La constitution garantit aux partis politiques qui s'opposent à la politique du Gouvernement le droit de s'opposer.* » L'article 8 alinéa 1 de la constitution de la République démocratique du Congo dispose : « *L'opposition politique est reconnue en République démocratique du Congo. Les droits liés à son existence, à ses activités et à sa lutte pour la conquête démocratique du pouvoir sont sacrés. Ils ne peuvent subir de limites que celles imposées à tous les partis et activités politiques par la présente constitution (...)* ». L'ensemble des Etats d'expression française, ont reconnu un statut à l'opposition, notamment le Bénin[85], le Burkina-Faso[86], la Mauritanie[87], le Mali[88], le Tchad[89], le Niger[90]...En revanche, la majorité des Etats francophones ont adopté des textes purement législatifs pour institutionnaliser l'opposition dans ces Etats[91]. Tous ces textes, qu'ils soient d'obédience constitutionnelle ou législative, reconnaissent des droits et des devoirs à l'opposition dans l'optique de leur donner des coudées franches pour réussir leur mission.

L'opposition dans nombre d'Etats francophones avant les années quatre-vingt-dix et même après n'avait pas de statut propre, et surtout stable. C'est

[84] Giovanni SARTORI cité par Thèodore HOLO, in Actes de la Conférence internationale, « *Les défis de l'alternance démocratique en Afrique* », p.29.

[85] Loi n°2001-36 du 14 octobre 2002 portant statut de l'opposition au Bénin.

[86] La loi n°009-2009 du 14 avril 2009 portant statut de l'opposition politique au Burkina-Faso abroge la loi n°007-2000 du 25 avril 2000.

[87] L'ordonnance n°2007/024 du 09 avril portant statut de l'opposition démocratique en Mauritanie. Un amendement du statut de l'opposition en Mauritanie est en cours.

[88] Loi n°00-047 du 13 juillet 2000 portant statut des partis de l'opposition en République du Mali.

[89] Loi n°020/PR/2009 du 15 septembre 2010 portant statut de l'opposition politique au Tchad.

[90] Ordonnance n°2010-85 du 16 décembre 2010 portant statut de l'opposition au Niger.

[91] Delphine Edith EMMANUEL, L'institutionnalisation de l'opposition dans les Etats d'Afrique francophone, in Nouvelles Annales Africaines, Revue de la Faculté des sciences juridiques et politiques, Université Cheikh ANTA DIOP de Dakar, p.79.

la dictature de la mouvance présidentielle ou majorité politique qui règne en la matière, surtout dans les pseudos-démocraties d'Afrique. Le statut de l'opposition y est tributaire du bon vouloir de la majorité politique. C'est d'ailleurs le point de vue de Delphine Edith EMMANUEL, lorsque parlant du statut de l'opposition au Burkina-Faso, elle estime que « *le statut de l'opposition peut être considéré comme étant virtuel car, pour l'essentiel, les droits consentis à l'opposition ne consistent en réalité qu'en une série de possibilités soumises au pouvoir discrétionnaire de la majorité* ». Toutefois, l'opposition a des droits dans ce pays. Nous n'en avons pour preuves que les articles 9 et 12 du statut de l'opposition. L'article 9 de la loi n°009-2009/AN du 14 avril 2009 portant statut de l'opposition politique, énonce que « *Les partis membres de l'opposition bénéficient, au même titre que ceux de la majorité, du financement public dans le cadre de leur mission d'animation politique* ». Mieux, l'article 12 de la même loi dispose : « *L'accès à la presse d'Etat est reconnu aux partis politiques de l'opposition dans les mêmes conditions que les partis de la majorité telles que prévues par la loi.*[92] »

Au Bénin, des droits sont reconnus à l'opposition, notamment à travers l'article 5 de la loi n°2001-36 du 14 octobre 2002 portant statut de l'opposition qui énonce que « *Outre les libertés reconnues à tout citoyen, l'Etat garantit à l'opposition les libertés publiques dans le respect des règles constitutionnelles* ». L'article 13 de la même loi dispose : « *Les partis politiques de l'opposition bénéficient de l'aide de l'Etat au financement des partis politiques conformément à la charte des partis.* » L'article 20 de cette loi dispose : « *Les activités des partis de l'opposition, à l'occasion des réunions publiques d'information et des opérations électorales, sont régies par les textes en vigueur et notamment la charte des partis politiques.*[93] » Enfin, l'article 14 de la même loi dispose : « *L'élection des deux vices-présidents, des deux questeurs et des deux secrétaires parlementaires a lieu, en s'efforçant autant que possible de reproduire au sein du bureau la configuration politique de l'institution parlementaire.* »

Les articles 9, 10 et 13 de la loi portant statut de l'opposition au Niger accordent des droits à l'opposition : « *l'accès aux médias, les considérations protocolaires, les activités politiques des partis de l'opposition sont menés dans le respect de la « réglementation » ou des « textes en vigueur »* »[94]. Il

---

[92] Delphine Edith EMMANUEL, L'institutionnalisation de l'opposition dans les Etats d'Afrique francophone, op.cit., p.79.

[93] Delphine Edith EMMANUEL, L'institutionnalisation de l'opposition dans les Etats d'Afrique francophone, op.cit., p.79.

[94] Delphine Edith EMMANUEL, L'institutionnalisation de l'opposition dans les Etats d'Afrique francophone, op.cit., p.79.

en est de même en République démocratique du Congo où l'opposition dispose d'un statut pour ses activités politiques à travers l'alinéa 2 de l'article 6 de la loi organique n°07/008 du 04 décembre 2007 portant statut de l'opposition politique : « *L'opposition politique exerce librement ses activités dans le respect de la constitution, des lois et règlements de la République.* »[95]

Outre les droits cités au bénéfice des partis de l'opposition, ceux-ci bénéficient de quelques garanties parlementaires : une représentation proportionnelle dans le bureau et les commissions permanentes des assemblées délibérantes, l'inscription des points à l'ordre du jour des assemblées délibérantes, le droit à l'information et à la consultation, le droit à la protection...

En revanche, les partis d'opposition ont des devoirs que d'ailleurs la plupart des partis de la majorité ont en partage : le dialogue et la concertation, le respect de la constitution, des lois et des règlements de la République, le refus de la violence sous toutes ses formes, du régionalisme, l'ethnocentrisme, le fanatisme, le racisme...Les Etats africains dans leur ensemble sont en train de construire le cadre juridique et institutionnel des activités des partis politiques, afin que la démocratie soit véritablement plénière sous leur juridiction, et source d'un développement durable.

Paragraphe IV : La société civile (les groupes de pression)

« *Au soir du 1er tour de l'élection présidentielle française en 2002, deux visages inattendus crevèrent les écrans de la télévision :* ***Jacques CHIRAC et Guy Le PEN****. Il était 20H. La stupeur fut énorme :* ***on attendait JOSPIN, d'où sortait Le PEN ?*** *Presque instantanément, les rues de Paris étaient progressivement envahies de jeunes gens, de jeunes filles, des élèves, des étudiants, puis des gens de diverses catégories sociales...Le lendemain et les jours suivants, toutes les villes de France étaient dans la rue, des personnes d'un certain âge, des personnes de toutes les professions libérales, comme aspirées par le mouvement spontané qui naquit une nuit de dimanche électoral à Paris...Aucun mot d'ordre de personne et de nulle part... Aucune organisation d'aucune sorte ne pouvait revendiquer la paternité de ce mouvement spontané d'une Société qui dit NON à l'arrivée dans l'anti-chambre de l'Elysée à Monsieur Le PEN... L'opinion publique, forme achevée de la Société civile, a parlé : il ne reste aux politiques qu'à suivre, c'est ce qu'ils feront... et concluront au 2ème tour avec l'élection écrasante*

[95] Delphine Edith EMMANUEL, L'institutionnalisation de l'opposition dans les Etats d'Afrique francophone, op.cit., p.80.

d'un ***CHIRAC médusé et écrasé par le poids du message et de l'événement*** **»**[96]**.** De ce qui précède, nul doute, nulle hésitation pour nommer l'auteur de cet acte historique de mouvement populaire spontané : c'est la société civile.

Concept polysémique, la société civile est une notion juridique et sociologique aux contours difficiles à appréhender. C'est pourquoi l'on a constaté des approches plus ou moins identiques de son contenu, sa vocation, ses fondements et ses bornes et limites en fonction des contextes, des idéologies, des visions du monde, du niveau de développement politique et économique, du système politique et économique des Etats. Mais de plus en plus, les violons s'accordent quant à son existence, ses buts, ses attributions, ses fondements et autres.

En effet, le concept de société civile est apparu pour la première fois avec le grand penseur Aristote dans Le Stagirite : c'est la communauté souveraine entre toutes et qui inclut toutes les autres plus précisément « *comminitas civilis* » ou société civile[97].

Hegel, plus précis et plus conforme à notre époque sur la question, corrobore le concept dans La Philosophie du droit parue en 1821 où il expose les bornes des concepts de famille, de société civile et de l'Etat. Il établit ainsi une ligne de démarcation entre ces trois concepts : le fondement de la société civile est constitué « *des personnes privées qui ont pour but leur intérêt propre* »[98].Monsieur Alionne TINE soutient d'ailleurs, que c'est avec HEGEL qu'on observe pour la première fois la séparation entre société civile et Etat, nature et culture et d'autres comme André LAJOIE (Gouvernance et société civile, DH HAYNE, 1999) : « *Le premier prend le relais des naturalistes et voit la société civile comme naturellement orientée par les règles qui émergent de la sphère économique telle que conçue par HUME et plus tard par RICARDO et SMITH et que le capitalisme naissant désignera comme à l'abri de l'action étatique, limité à ce qui est strictement politique (...) dans ce contexte, l'expression ne connote donc pas seulement le terrain social résiduaire de celui qui occupe de fait l'Etat, mais une opposition beaucoup plus fondamentale et normative qui fonde son caractère*

---

[96] Adrien AHANHANZO-GLELE, La société civile au Bénin, in Journées de réflexion sur la Constitution du 11 décembre 1990 (Les ACTES), Cotonou, les 7 et 8 août 2006, p.155.

[97] Alionne TINE, Société civile et alternance démocratique, in Actes de la Conférence Internationale « Les défis de l'alternance démocratique en Afrique », Cotonou, 23 au 25 février 2009,p.81.

[98] Alionne TINE, Société civile et alternance démocratique, op.cit., p.82.
Alionne TINE est à l'époque de la présente conférence internationale, le Président de la Rencontre Africaine pour la Défense des Droits de l'Homme (RADDHO/Sénégal).

idéologique : « la société civile serait de par la nature même des choses, le territoire clos que ne doit pas franchir l'Etat. Dans cette polarisation classique, c'est la société civile qui a la primauté sur l'Etat qui lui est asservi.» »[99]TINE confirme le contenu du concept en faisant recours à la définition de la société civile par la London School of Economics : *« La société civile fait référence à l'ensemble des institutions, organisations et mode de pensée, situés entre l'Etat, le monde des affaires et la famille. Spécifiquement, elle inclut les organisations caritatives, volontaires de toutes sortes, les institutions philanthropiques sociales ou politiques, les autres formes de participation et d'engagements sociaux et toutes les valeurs et particularités culturelles associées à celles-ci.* »

En d'autres termes, la société civile est essentiellement constituée des autorités coutumières et religieuses, des organisations de défense des droits de l'Homme, des syndicats, des organisations de femmes, de jeunes, d'ouvriers… Cette société civile semble généralement avoir pour terrain d'élection les régions qui ont une tradition de démocratie. C'est pourquoi l' on dit très souvent que l'expression ou le concept de « société civile » est lié à la mise en place d'un ordre social et politique démocratique ou libéral. L'exemple relativement récent des remous qui ont secoué l'Europe de l'Est et l'Afrique semble très éloquent car le vent de la démocratie qui a soufflé dans ces régions du monde émane justement d'une certaine organisation d'une catégorie de citoyens qui sont hors du système politique et dont une bonne frange est constituée de jeunes.

Mieux, l'expression « société civile » a été employée au cours de l'histoire dans une acception par opposition à l'anarchie, à la barbarie et surtout au pouvoir totalitaire et dictatorial. Mieux encore, l'hypertrophie du pouvoir central, l'érosion ou la destruction totale des centres de contre-pouvoir constituent le terreau de l'émergence de la société civile.

Par ailleurs, la société civile fait penser au sens civique qui implique la présence et l'autorité d'une conscience morale, véritable moteur de toute nation.

Cette conscience morale fait obligation à l'individu de respecter ses obligations contractuelles ou autres sans le renfort d'un rituel solennel, ni des charges dues aux membres du groupe social. Ce concept, les Etats africains, notamment au sud du Sahara l'ont compris de par leur utilité à travers l'avènement de la démocratie et de l'Etat de droit après les années quatre-vingt-dix.

---

[99] Alionne TINE, Société civile et alternance démocratique, op.cit., p.82.

En effet l'état de police que connurent les Etats africains au lendemain des indépendances a fait l'objet d'un coup d'arrêt grâce aux organisations de la société civile qui ont dénoncé les violations massives des droits de l'Homme dans ces Etats, le monolithisme politique, le manque de démocratie et de liberté d'expression, d'opinion, de pensée et de presse, vecteur de tout développement. C'est pourquoi, malgré la réticence et la crainte des nouveaux gouvernements issus des conférences nationales aux lendemains des années quatre-vingt-dix, quelques constitutions leur ont implicitement trouvé une place de choix dans l'ordre juridique interne qu'elles généraient. C'est le cas de la constitution de la septième République du Niger, laquelle en son article 9 énonce que « *dans le cadre de la liberté d'association reconnue et garantie par la présente constitution, les partis politiques, groupements de partis politiques, syndicats, organisations non gouvernementales et autres associations ou groupements d'associations se forment et exercent leurs activités librement, dans le respect des lois et règlements en vigueur...* ». L'article 23 de la constitution béninoise du 11 décembre 1990 dispose : « *Toute personne a droit à la liberté de pensée, de conscience, de religion, de culte, d'opinion et d'expression dans le respect de l'ordre public établi par la loi et les règlements. L'exercice du culte et l'expression des croyances s'effectuent dans le respect de la laïcité de l'Etat.*

Les institutions, les communautés religieuses ou philosophiques ont le droit de se développer sans entraves. Elles ne sont pas soumises à la tutelle de l'Etat. Elles règlent et administrent leurs affaires d'une manière autonome. » L'article 25 de la constitution togolaise de la quatrième République énonce aussi que « *Toute personne a droit à la liberté de pensée, de conscience, de religion, de culte, d'opinion et d'expression. L'exercice de ces droits et libertés se fait dans le respect des libertés d'autrui, de l'ordre public et des normes établies par la loi et les règlements.*

L'organisation et la pratique des croyances religieuses s'exercent librement dans le respect de la loi. Il en est de même des ordres philosophiques.

L'exercice du culte et l'expression des croyances se font dans le respect de la laïcité de l'Etat... ».

La constitution de la République du Gabon du 26 mars 1991 dans son titre préliminaire, notamment son article premier énonce en son point 13 que « *le droit de former des associations , des partis ou formations politiques, des syndicats, des sociétés, des établissements d'intérêt social ainsi que des communautés religieuses, est garanti à tous dans les conditions fixées par la loi ; les communautés religieuses règlent et administrent leurs affaires d'une manière indépendante, sous réserve de respecter les principes de la souveraineté nationale, l'ordre public et de préserver l'intégrité morale et mentale de l'individu...* ».

Un dernier exemple parmi tant d'autres nous permet de citer l'article 7 de la constitution du Burkina-Faso du 11 juin 1991 révisée le 27 janvier 1997 qui dispose que « *la liberté de croyance, de non croyance, d'opinion religieuse, philosophique, d'exercice de culte, la liberté de réunion, la pratique de la coutume, ainsi que la liberté de cortège et de manifestation sont garanties par la présente constitution, sous réserve du respect de la loi, de l'ordre public, des bonnes mœurs et de la personne humaine* ».

La société civile a joué avant l'avènement du nouveau constitutionnalisme des années quatre-vingt-dix dans les pays où elle existait et même après, le rôle de promotion et de défense des droits de l'Homme en dénonçant les violations de ces droits perpétrés par les pouvoirs publics, le détournement des deniers publics par les fonctionnaires et les opérateurs économiques véreux, la dictature des régimes politiques totalitaires établis suite à des coups d'Etat militaires ou avec la complicité des puissances colonisatrices. Elle a joué le rôle de *lobby* envers les régimes en place pour améliorer le respect des libertés publiques et des droits de l'Homme par les régimes de l'époque là où elles existaient et les imposer en aidant au renversement des régimes autoritaires dans certains pays comme le Bénin, le Congo, le Mali, Madagascar... En bref, elle a joué et joue actuellement le rôle de veilleur non seulement pour la protection et le respect des droits de l'Homme par les Etats africains, mais aussi pour le respect de la constitution et de l'Etat de droit par les pouvoirs publics desdits Etats et les acteurs politiques. En témoigne le constat fait par la Rencontre Africaine pour la Défense des Droits de l'Homme (RADDHO/Sénégal) à travers son Président, monsieur Alionne TINE qui affirme qu'aujourd'hui dans la plupart des pays africains on constate :

« - *La manifestation de tendances lourdes portant sur le retour des régimes autoritaires avec l'instrumentalisation politique du droit, notamment de la constitution avec comme objectifs de faire sauter les verrous de la limitation et la durée du mandat présidentiel (avec comme non-dit le retour à la présidence à vie) ;*

- *La remise en question des résultats des élections par des présidents sortants qui usent de manœuvres, de violences, de menaces pour inverser les résultats afin de confisquer le pouvoir. La solution pour le gagnant c'est de lui offrir le poste de Premier Ministre comme lot de consolation. Ce qui ôte toute signification au sens même du terme de compétition électorale : le Kenya et le Zimbabwe.*

- *En Afrique de l'Ouest à l'exception du Ghana, du Cap Vert et du Niger, toutes les élections qui se sont déroulées depuis 2002 ont fait l'objet de contestations suscitant des crises et des tensions politiques très violentes comme au Nigéria ou des conflits armés comme en Côte-d'Ivoire en 2002.*
- *Le retour des coups d'Etat militaires et la remise en question de l'ordre institutionnel comme en Mauritanie et en Guinée Conakry et de nouvelles formes de coups d'Etats comme celui de la Guinée Bissau avec l'assassinat du Président et du chef d'Etat Major des armées.*
- *Le développement d'un hyper-présidentialisme qui glisse progressivement vers une monarchisation du pouvoir, l'émergence de pouvoirs absolus qui contrôlent et assujettissent tous les autres pouvoirs (notamment le Parlement et la Justice) et pire la construction d'un mécanisme de transmission biologique du pouvoir, la mise en place de véritables dynasties. Bref, la volonté politique de mettre un terme à l'alternance acquise après des résistances et des luttes d'une rare âpreté.* »

La société civile joue aussi le rôle d'éducation des citoyens aux droits humains et à la démocratie en Afrique au lendemain des années quatre-vingt-dix. C'est l'exemple de l'Institut des Droits de l'Homme et de la Promotion de la Démocratie : la démocratie au Quotidien (IDHPD-DQ). Premier institut des droits de l'Homme au Bénin créé au lendemain de l'avènement de la démocratie, celui-ci s'est donné pour vocation la promotion des droits de l'Homme et de la démocratie au Bénin, par l'organisation régulière des séminaires de formation, des colloques nationaux, sous régionaux et internationaux. Cet organisme de développement et de formation fait périodiquement des publications dans l'optique de populariser les instruments internationaux relatifs aux droits de l'Homme et la constitution béninoise du 11 décembre 1990. Il éduque les Béninois et les étrangers aux droits humains par la vulgarisation du contenu des instruments internationaux et régionaux relatifs aux droits de l'Homme par le canal des médias. Il a organisé beaucoup de séminaires de formation dont quelques-uns sont intitulés : « *Le Bénin et les Conventions internationales relatives aux droits de l'Homme* », tenu à Cotonou du 2 au 3 mai 2002 ; « *Les défis de l'alternance démocratique en Afrique* »,tenu à Cotonou, 23 au 25 février 2009… Le premier séminaire a eu pour objectif d'évaluer le chemin parcouru par le Bénin en matière des droits de l'Homme et de démocratie depuis l'adoption de sa constitution en 1990, jusqu'en mai 2002. C'est pourquoi, son Président, le Professeur Maurice AHANHANZO-GLELE « *estimant qu'il convient de balayer d'abord devant sa porte et soucieux de l'effectivité, sur le terrain, des Conventions internationales relatives aux droits de l'Homme, a voulu faire le bilan, à partir d'études de terrain, de la pratique qui a été faite ou se fait, des principes et règles proclamés et garantis par la Constitution et les traités internationaux en matière des droits humains* »[100].

Le second, c'est-à-dire la conférence de Cotonou sur « *Les défis de l'alternance démocratique en Afrique* » a eu pour objectifs de :

« - *offrir un espace de dialogue afin d'identifier et d'analyser les motifs et les formes de la résistance à l'alternance démocratique et les problèmes auxquels ils sont liés ;*

- *Tenter d'élaborer une série de recommandations pour remédier à ces formes de résistance : méthodes à utiliser pour anticiper les crises post-électorales ; formes et modalités d'assistance à apporter aux Etats en situation de crise post-électorale... ;*
- *Définir les modalités pour assurer une éducation/apprentissage portant sur les droits de l'Homme et la démocratie en vue de développer chez tous une culture de la démocratie ;*
- *Définir les modalités d'un mécanisme de suivi de la mise en œuvre des conclusions et/ou recommandations de la conférence.* »[101]

Il faut souligner que la société civile reste aujourd'hui, l'un des moteurs de la démocratie en Afrique, surtout au lendemain des années quatre-vingt-dix, au point que l'on peut dire sans risque de se tromper qu'elle « *...apparaît comme le cinquième pouvoir dans une République où les quatre autres pouvoirs institués et reconnus comme tel, ont montré leurs limites dans leur corruptibilité et dans leurs défaillances, et se sont révélés inopérants dans le long processus d'organisation, de régulation et du bon fonctionnement des structures et institutions de l'Etat...* »[102]. Elle fait aujourd'hui partie de l'ordre public du nouveau constitutionnalisme africain.

Paragraphe V : Le pluralisme politique et l'alternance démocratique

« *Ce qui est recherché dans cette conception de la société politique, c'est la plénitude et non l'équilibre, l'unanimité et non l'antagonisme, la continuité*

---

[100] Actes du Séminaire, « Le Bénin et les Conventions internationales relatives aux droits de l'Homme », IDHPD-DQ, Cotonou, 2002, p.2.

[101] Actes de la Conférence Internationale « Les défis de l'alternance démocratique en Afrique », Cotonou, 23 au 25 février 2009, p.4.

[102] Adrien AHANHANZO-GLELE, La société civile au Bénin, op.cit., p. 157.

et non l'alternance » ; a écrit le Professeur Gérard CONAC parlant de l'époque africaine des constitutions de la deuxième génération.

En effet les Etats africains dans leur majorité ont connu le monolithisme politique et une absence chronique d'alternance à la tête de l'Etat. Ce monolithisme politique rime avec la pensée unique politique voire extrapolitique, au point que des courants politiques, économiques et sociaux de pensée différents de ceux officiels sont considérés comme une subversion. C'est la raison pour laquelle l'Afrique avec l'Amérique latine détenait le plus grand nombre de prisonniers politiques ou d'opinions considérés sous des cieux marxistes comme des réactionnaires ou des anarco-gauchistes à mettre hors d'état de nuire. Donc l'Afrique « regorgeait » de cadres dont le fruit de réflexions est passé au peigne fin. Les réflexions s'éloignant de la ligne politique officielle ou de l'homme fort du régime sont considérées d'une part comme relevant de l'hérésie politique de nature à saper les bases du développement établies par le régime en place, et d'autre part comme des actes ayant pour vocation de mettre à mal la sûreté de l'Etat. Les conséquences d'une telle myopie politique ne sont rien d'autres que des politiques de développement très souvent en déphasage avec la réalité économique et sociale du pays, donc inappropriées, un développement biaisé du pays. C'est de la discussion et de la pluralité de vues que s'offrent à un pays plusieurs alternatives de plan et de politique de développement. Les constituants africains des années quatre-vingt-dix l'ayant compris ont mis le cap sur la diversité politique, la variété politique, le pluralisme politique, plutôt que la pensée unique du maître à penser. C'est la raison pour laquelle le constituant béninois des années quatre-vingt-dix dans le préambule de la constitution du 11 décembre 1990 précise : « *NOUS, PEUPLE BENINOIS ...affirmons solennellement notre détermination par la présente constitution de créer un Etat de droit et de démocratie pluraliste, dans lequel les droits fondamentaux de l'Homme, les libertés publiques, la dignité de la personne humaine et la justice sont garantis, protégés et promus comme la condition nécessaire au développement véritable et harmonieux de chaque béninois tant dans sa dimension temporelle, culturelle que spirituelle...* ». Le constituant gabonais de la constitution du 26 mars 1991 affirme dans son préambule que « *Le peuple gabonais, conscient de sa responsabilité devant l'histoire, animé de la volonté d'assurer son indépendance et son unité nationale, d'organiser la vie commune d'après les principes de la souveraineté nationale, de la démocratie pluraliste, de la justice sociale et de la légalité républicaine (2) ; affirme solennellement son attachement aux droits de l'homme et aux libertés publiques fondamentales tels qu'ils résultent de la Déclaration des droits de l'homme et du citoyen de 1789...* ». La constitution du Burkina-

Faso du 11 juin 1991 révisée le 27 janvier 1997 souligne dans son préambule : «*Nous, peuple souverain du Burkina-Faso ...Engagé à préserver ces acquis et animé de la volonté d'édifier un Etat de droit garantissant l'exercice des droits collectifs et individuels, la liberté, la dignité, la sûreté, le bien-être, le développement, l'égalité et la justice comme valeurs fondamentales d'une société pluraliste de progrès et débarrassée de tout préjugé ...* ».

Par ailleurs le pouvoir use. Et lorsqu'il use, son titulaire devient improductif, stérile, non fécond, pauvre d'imaginations, d'esprit et dangereux. C'est pourquoi l'usure du pouvoir doit être remédiée en permettant régulièrement à la tête de l'Etat, et même des instances infra-étatiques, le renouvellement de la classe politique par l'organisation périodique des élections. L'alternance démocratique rime aussi avec la limitation des mandats d'autant plus que la présidence à vie débouche à coup sûr sur des convulsions ou crises sociales graves, voire sur des guerres civiles. Ce n'est qu'à ce prix que les Etats peuvent se donner des chances réelles de développement. Aristote écrivait d'ailleurs à ce propos que « *la démocratie, c'est la faculté pour tout citoyen d'être tour à tour gouverné et gouvernant* ». C'est ce que les Etats africains au début des années quatre-vingt-dix ont compris en faisant de l'alternance politique l'une des composantes de leur ordre public. Ainsi, l'article 42 de la constitution béninoise du 11 décembre 1990 énonce que « *Le président de la République est élu au suffrage universel direct pour un mandat de cinq ans, renouvelable une seule fois. En aucun cas, nul ne peut exercer plus de deux mandats présidentiels* ». L'article 47 de la constitution nigérienne de la 7e République dispose : « *Le président de la République est élu au suffrage universel, libre, direct, égal et secret pour un mandat de cinq (5) ans, renouvelable une (1) seule fois. En aucun cas, nul ne peut exercer plus de deux (2) mandats présidentiels ou proroger le mandat pour quelque motif que ce soit ...* ». La constitution gabonaise du 26 mars 1991 à travers son article 9 et la constitution ivoirienne du 23 juillet 2000, aux termes de l'article 35 corroborent l'idée: « *Le président de la République est élu pour cinq ans, au suffrage universel direct. Il est rééligible une fois...* » ; « *Le Président de la République est élu pour cinq ans au suffrage universel direct. Il n'est rééligible qu'une fois...* ».

Paragraphe VI : Le libéralisme economique sur fond d'intégration économique régionale

Au lendemain des années quatre-vingt-dix, la démocratie que les peuples africains ont choisie, basée sur le libéralisme politique s'est donnée pour base économique, le libéralisme économique. Le libéralisme économique qui est en vogue après les conférences nationales africaines, n'est plus un libéralisme assisté voire dirigé. C'est plutôt une démocratie fondée sur non seulement un libéralisme politique intégral, mais aussi sur un libéralisme économique intégral. En d'autres termes, l'économie du marché, basé sur une initiative privée, et le règne du profit est de mise. L'Etat s'abstient de se mettre en amont et en aval des activités économiques, et lorsqu'il s'ingère dans le secteur économique, il se comporte comme un particulier. Il peut même se trouver en compétition avec le privé dans le même secteur économique. Il joue le rôle de garant des activités économiques et de leur mise en œuvre sous sa juridiction.

Dans cette nouvelle politique économique cohabitent deux mondes, le secteur public et le secteur privé. Mieux, les Etats africains ont ouvert leur marché aux investisseurs étrangers. Ce libéralisme exprime véritablement l'indépendance politique des Etats africains qui ne sont plus obligés de coopérer économiquement uniquement avec les Etats de la même aire idéologique qu'eux, de sorte que le marché africain est désormais ouvert à toutes les puissances, notamment celles du monde capitaliste et aussi celles du monde communiste ou des puissances de l'Est telles que la Russie, la Chine, la Corée du Nord. Les nouvelles puissances économiques telles que l'Afrique du Sud, l'inde, le Brésil compétissent sur le marché africain avec les grandes puissances occidentales.

Le marché africain est le théâtre aussi de la coopération Sud-Sud. Des pays comme l'Iran, le Maroc, l'Egypte, la Turquie .... investissent en Afrique pour ainsi contribuer au développement des Etats africains.

Par ailleurs, le libéralisme économique se fait sur fond d'intégration sous-régional. Des communautés d'intégration économique ont été créées. Il s'agit par exemple de la Communauté Economiquue Des Etats de L'Afrique de l'Ouest (C.E.D.E.A.O.) créée le 28 mai 1975, à la suite du Conseil de l'Entente du 29 mai 1959 qui regroupait la Côte-d'Ivoire, la Haute-Volta, le Niger, le Dahomey et le Togo, de l'Union Monétaire Ouest Africaine (U.E.M.O.A.) du 12 mai 1962, de la Communauté Economique de l'Afrique de l'Ouest (C.E.A.O.) et de l'Union Economique et Monétaire Ouest-Africaine (UEMOA). Cette importante organisation économique supranationale a pour ambition de créer un cadre large et solide de coopération économique entre les Etats de cet espace économique. L'originalité de cette organisation est qu'elle regroupe non seulement les Etats francophones, mais aussi des Etats anglophone et lusophone. Cette communauté est un grand marché fort de plus de 120 millions d'habitants.

Ce grand espace économique est caractérisé par la libre circulation des personnes et des biens ressortissant des Etats membres. La Communauté Economique Des Etats de l'Afrique de l'Ouest (C.E.D.E.A.O.) compte dix-neuf Etats.

On peut aussi parler de la Communauté des Etats de l'Afrique Centrale (C.E.M.A.C.), à l'image de la C.E.D.E.A.O. qui a pour objet de créer un cadre économique de coopération entre les Etats membres avec pour soubassement, l'Union Douanière et Economique de l'Afrique Centrale (U.D.E.A.C.) créée par le traité de Brazzaville du 9 décembre 1964 regroupant les quatre Etats de l'ancienne Afrique Equatoriale Française (A.E.F.) (Gabon, Tchad, République centrafricaine, Congo Brazzaville,), la République du Cameroun, et la Guinée équatoriale. Cette union douanière vise la coordination des programmes d'industrialisation, l'harmonisation des plans de développement, et des codes d'investissement et est à la base de création de la banque de l'Afrique centrale.

L'Afrique de l'Est et l'Afrique australe n'étaient pas du reste. L'Afrique orientale a connu aussi la Communauté d'Afrique orientale par un traité de coopération réunissant la Tanzanie, l'Ouganda et le Kénya, qui instituent par la même occasion un marché commun pour la zone.

La Communauté Economique des pays des Grands Lacs a été aussi instituée par l'Accord de Giseniy signé le 20 septembre 1976 entre le Zaïre, le Rwanda et le Burundi. Plus tard, une zone d'échanges préférentiels pour l'Afrique orientale et australe a été créée par le traité de Lusaka le 21 décembre 1981 qui regroupe quinze Etats. Le 17 août 1992 a été signé à Windhock un traité remplaçant cette organisation par la Communauté pour le développement de l'Afrique australe (S.A.D.C.C.)[103].

---

[103] Claude-Albert COLLIARD, Louis DUBOUIS, *Institutions internationales*, Dalloz, 10 ème édition, Paris, 1995, p.342.

Chapitre V : Les moyens du nouveau constitutionnalisme africain

Le nouveau constitutionnalisme africain pour se positionner et être utile aux Etats s'est donné pour arme de gestion du pouvoir, la reconnaissance de droits et libertés aux personnes vivant sous la juridiction desdits Etats ; lesquels droits et libertés feront l'objet par les pouvoirs publics et privés de respect et de promotion. Ainsi, les moyens juridiques clés du nouveau constitutionnalisme (Section I), les droits de l'Homme de statuts différents dans les traités internationaux et les constitutions africaines de troisième vague (section II) constituent le contenu substantiel de ce chapitre.

Section I : Les moyens juridiques clés du nouveau constitutionnalisme

Les moyens juridiques du nouveau constitutionnalisme des années quatre-vingt-dix se réduisent à la constitution qui accorde une place de choix aux droits de l'Homme et aux libertés publiques (Paragraphe I), à l'intégration des droits et libertés dans l'ordre juridique interne des Etats (Paragraphe II), à quelques institutions juridictionnelles majeures, dont les Cours constitutionnelles ou Conseils constitutionnels (Paragraphe III), puis la désobéissance civile comme moyen de rétablissement de l'ordre constitutionnel interrompu (Paragraphe IV).

Paragraphe I : Les Constitutions des années quatre-vingt-dix

Le Professeur Maurice AHANHANZO-GLELE, dans une allocution d'ouverture d'un colloque déclare : « *le terme de constitution est utilisé pour désigner la Loi Suprême de l'Etat, la Loi qui fonde, structure et organise l'Etat* », que de ce fait, « *la Constitution s'analyse de nos jours comme la charte des droits de l'Homme et des libertés publiques ; elle est le fondement du système politique et du régime juridique du pouvoir d'un pays* », l'orateur poursuit :« *La Constitution est la Loi fondamentale, le statut organique de l'Etat, c'est le contrat, le pacte social et juridique librement consenti et conclu entre les habitants (...) d'une part, entre les gouvernants (ceux qui sont appelés à gouverner, à exercer le pouvoir) et d'autre part les gouvernés, la très grande majorité du peuple* ». Il poursuit : « *La constitution prévoit la participation des citoyens au choix des gouvernants* (…) », Il ajoute enfin : « *La Constitution se présente comme un acte, un texte harmonieux qui lie les principes fondamentaux, et les institutions et définit les compétences et les rapports entre ces différents éléments* »[104]. Les

[104] Allocution d'ouverture du colloque international sur« Les défis de l'alternance démocratique en Afrique », par le Professeur AHANHANZO-GLELE, Actes du colloque, Cotonou, 23 au 25 février 2009, p.14.

constitutions africaines du nouveau constitutionnalisme des années quatre-vingt-dix ou constitutions de troisième vague selon le Professeur André CABANIS, ont pris le moulage de la définition du Professeur GLELE. C'est pourquoi, comme toute constitution ordinaire, elles ont organisé sous leur juridiction, l'exercice du pouvoir. Pour y parvenir, ces constitutions ont d'abord déterminé le statut des gouvernants avant de clarifier la nature et le but des actions politiques que doivent assurer les acteurs politiques détenteurs d'un quelconque pouvoir. Ces constitutions ont donc déterminé les personnalités devant détenir un quelconque pouvoir pour l'Etat avant de préciser la doctrine ou l'idéologie dont procèdent ou participent l'Etat et ses institutions. Les constitutions des années quatre-vingt-dix ont été fidèles à une certaine doctrine qui affirme que « *l'objet de la constitution est donc double : d'une part, elle désigne les personnalités ou collèges auxquels il appartiendra de décider pour l'Etat et elle fixe leur compétence et les modalités de son exercice ; d'autre part, elle indique quelle doctrine d'organisation sociale et politique représentent les gouvernants et, par là, elle identifie l'idée de droit qui sera l'idée d'œuvre de l'institution étatique* »[105]. Certaines constitutions déterminent d'abord l'idéologie dont procède l'Etat avant de déterminer les personnalités devant animer l'Etat et leurs attributions et pouvoirs. C'est d'ailleurs l'exemple de la plupart des Etats africains francophones des années quatre-vingt-dix. L'exemple de la constitution togolaise de la quatrième République peut édifier à ce propos : « *TITRE I : DE L'ETAT ET DE LA SOUVERAINETE Article premier : La République togolaise est un Etat de droit, laïc, démocratique et social. Elle est une et indivisible ; art.2- La République togolaise assure l'égalité devant la loi de tous les citoyens sans distinction d'origine, de race, de sexe, de condition sociale ou de religion. Elle respecte toutes les opinions politiques, philosophiques ainsi que toutes les croyances religieuses. Son principe est le gouvernement du peuple par le peuple et pour le peuple. Sa devise est : « Travail-Liberté-Patrie » ; art.4-La souveraineté appartient au peuple. Il l'exerce par ses représentants et par voie de référendum. Aucune section du peuple, aucun corps de l'Etat ni aucun individu ne peut s'en attribuer l'exercice. L'initiative du référendum appartient, concurremment, au peuple et au Président de la République....* ».

La constitution nigérienne de la septième République est dans la même logique : « *TITRE PREMIER : DE L'ETAT ET DE LA SOUVERAINETE ; article premier : L'Etat du Niger est une République indépendante et souveraine. Toute atteinte à la forme républicaine de l'Etat et aux*

---

[105] Georges BURDEAU, *Droit constitutionnel et Institutions politiques*, dix-huitième édition, LGDJ, Paris, 1977, p.69.

institutions démocratiques est un crime de haute trahison puni comme tel par la loi...

La devise de la République est « ***Fraternité, Travail, Progrès*** *» ; article 3 : La République du Niger est un Etat unitaire. Elle est une et indivisible, démocratique et sociale. Ses principes fondamentaux sont :*

- *le gouvernement du Peuple par le Peuple et pour le Peuple ;*
- *la séparation de l'Etat et de la religion ;*
- *la justice sociale ;*
- *la solidarité nationale.*

Article 4 : la souveraineté nationale appartient au Peuple.

Aucune fraction du Peuple, aucune communauté, aucune corporation, aucun parti ou association politique, aucune organisation syndicale ni aucun individu ne peut s'en attribuer l'exercice... ».

Enfin, un troisième exemple portant sur le Bénin pourrait nous en convaincre : « *TITRE PREMIER : DE L'ETAT ET DE LA SOUVERAINETE ; article premier : L'Etat du Bénin est une République indépendante et souveraine... ;*

Article 2 : La République du Bénin est une et indivisible, laïque et démocratique.

Son principe est : Le Gouvernement du Peuple, par le Peuple et pour le Peuple ;

Article 3 : La souveraineté nationale appartient au Peuple. Aucune fraction du Peuple, aucune communauté, aucune corporation, aucun parti ou association politique, aucune organisation syndicale ni aucun individu ne peut s'en attribuer l'exercice.

La souveraineté s'exerce conformément à la présente constitution qui est la loi suprême de l'Etat.

Toute loi, tout texte réglementaire et tout acte administratif contraires à ces dispositions sont nuls et non avenus. En conséquence, tout citoyen a le droit de se pourvoir devant la Cour constitutionnelle contre les lois, textes et actes présumés inconstitutionnels ;

Article 4 : Le Peuple exerce sa souveraineté par ses représentants élus et par voie de référendum. Les conditions de recours au référendum sont déterminées par la présente Constitution et par une loi organique. La Cour constitutionnelle veille à la régularité du référendum et en proclame les résultats. »

L'évocation des fonctions et des personnalités ou autorités devant les exercer est précisée par les nouvelles constitutions des années quatre-vingt-dix. Il s'agit ici de préciser le fondement constitutionnel des prérogatives des titulaires des différents pouvoirs de l'Etat, d'instituer leur autorité et la compétence de leur dépositaire. Dans ces nouvelles constitutions d'Afrique, il est question d'évoquer les institutions de la République, leurs missions et compétences, le rôle ou les fonctions de leurs animateurs, leurs rapports avec les autres pouvoirs ou institutions de la Républiques...Des titres traditionnels comme : du pouvoir exécutif, du pouvoir législatif, des rapports entre l'Assemblée et le Gouvernement, de la Cour constitutionnelle, du pouvoir judiciaire, de la cour suprême ,de la Haute cour de justice, de la Cour des comptes... sont monnaie courante dans ces constitutions.

Pour réussir une bonne démocratie et un bon constitutionnalisme, les Etats africains des années quatre-vingt-dix se sont dotés de nouveaux pouvoirs ou administrations indépendantes de l'exécutif, ceci pour renforcer l'efficacité des traditionnels pouvoirs sus évoqués : il s'agit du Conseil Economique et Social ((CES),art. 139 et svts de la const. du Bénin ; art. 154 et svts de la const. du Niger ; art.132 et svts de la constitution du Togo...) qui donne son avis sur les projets de loi, d'ordonnance ou de décret, ainsi que sur les propositions de loi qui lui sont soumis. Il donne également son avis sur les projets de loi de programme à caractère économique.

Il s'agit aussi de la Haute Autorité de l'Audio-visuel et de la Communication (HAAC) qui a pour mission de garantir et d'assurer la liberté et la protection de la presse, ainsi que de tous les moyens de communication de masse dans le respect de la loi. C'est une institution qui veille au respect de la déontologie en matière d'information et à l'accès équitable des partis politiques, des associations et des citoyens aux moyens officiels d'information et de communication (art. 142 et svt de la constitution du Bénin ; art.156 et svts de la constitution du Niger ; art.130 et svts de la constitution du Togo). Comme on peut le constater, les constitutions des années quatre-vingt-dix n'ont pas dérogé à la tradition dans la structure interne et l'objet de la constitution. Elles ont confirmé les attributions des constitutions, notamment des régimes de limitations de pouvoirs. C'est ce que d'ailleurs BURDEAU corrobore lorsqu'il affirme : « *En bref, la constitution est pour les gouvernants à la fois le fondement de leurs prérogatives et la loi de leur fonction.*

a) *Elle établit en premier lieu leur légitimité. Celle-ci tient au fait que l'individu ou le groupe qui commandent accomplissent leur tâche en vertu du titre qu'ils tiennent de la constitution. Leurs décisions ne peuvent légitimement prétendre à s'imposer que parce que, décisions de l'organe, elles valent comme décisions de l'Etat.*
b) *De là il ressort que la constitution institue également l'autorité des gouvernants. Ils n'existent que par elle et leur puissance ne peut se manifester que dans la mesure où elle en a prévu et réglementé l'exercice.*
c) *La constitution détermine enfin la compétence des gouvernants ; elle délimite les fonctions qu'ils sont appelés à remplir, c'est-à-dire qu'elle définit les cas dans lesquels, certaines volontés subjectives devront être détachées de leur auteur pour être imputées à l'Etat. Cette délimitation peut s'inspirer de considérations très diverses et c'est matière d'art politique que de répartir les questions que soulève la direction de la vie nationale entre des organes distincts...* »[106].

Les nouvelles constitutions ont par ailleurs consacré un titre aux droits de l'Homme et aux libertés publiques. En effet, les constitutions africaines des années quatre-vingt-dix ont, à l'instar de la constitution béninoise du 11 décembre 1990, affirmé leur attachement aux principes de la démocratie et des droits de l'Homme tels qu'ils ont été définis par la Charte des Nations-Unies de 1945 et la Déclaration Universelle des Droits de l'Homme de 1948, à la Charte Africaine des Droits de l'Homme et des Peuples adoptée en 1981 par l'Organisation de l'Unité Africaine, et dont les dispositions font partie intégrante de leur droit national et ont une valeur supérieure à leur loi interne. Généralement, c'est le titre I et le titre II de la constitution qui sont consacrés aux droits de l'Homme et aux libertés publiques dans ces nouvelles constitutions. En guise d'exemples, le Burkina-Faso, la Côte-d'Ivoire, le Mali...ont consacré leur premier titre aux droits de l'Homme et aux libertés publiques.

En revanche, le Bénin, le Gabon, le Sénégal, le Togo... ont consacré leur titre II aux droits de l'Homme et aux libertés publiques dans leur constitution. Comme l'affirme le Professeur HOLO, les Etats qui consacrent leur premier titre aux droits de l'Homme adhèrent à la primauté de l'humanité sur la souveraineté en ce sens que les droits humains sont antérieurs et extérieurs à l'Etat, donc transcendantaux, tandis que ceux qui ont réservé leur deuxième titre aux droits de l'Homme, adhèrent au

[106] Georges BURDEAU, *Droit constitutionnel et Institutions politiques*, op.cit., p.70.

positivisme juridique, à savoir seul l'Etat souverain peut être promoteur et protecteurs des libertés fondamentales[107]. Mieux, les préambules de ces nouvelles constitutions en faisant référence aux conventions internationales et régionales prennent ancrage dans le droit international, pour exprimer comme l'affirme le Professeur BOLLE, la foi dans les valeurs du constitutionnalisme transnational d'aujourd'hui[108]. Mieux encore, les conventions internationales relatives aux droits de l'Homme et celles régionales relatives aux mêmes droits ont été constitutionnalisées[109] dans les nouvelles constitutions africaines des années quatre-vingt-dix dans un régime politique de démocratie libérale que le préambule de ces constitutions ont pris le soin de préciser tout en prenant ancrage sur la Charte des Nations-Unies. Le Professeur BOLLE en arrive à affirmer que « *cette modalité renforcée de constitutionnalisation des droits de l'Homme s'analyse dans une certaine mesure comme une garantie apportée à la communauté « internationale »* ». A ce titre on peut lire dans la constitution béninoise du 11 décembre 1990 : « *Nous, Peuple Béninois, réaffirmons notre opposition fondamentale à tout régime politique fondé sur l'arbitraire(...) Affirmons solennellement notre détermination par la présente constitution de créer un Etat de droit et de démocratie pluraliste... Réaffirmons notre attachement aux principes de la démocratie et des droits de l'Homme tels qu'ils ont été définis par la Charte des Nations-Unies de 1945 et la Déclaration universelle des droits de l'Homme de 1948, à la Charte africaine des droits de l'Homme et des Peuples(...)* » ; « *Nous, Peuple du Niger, la Charte internationale et africaine des droits de l'Homme est déclarée partie intégrante de la constitution* ». Pour couronner l'adhésion des Etats africains aux questions des droits de l'Homme, ces nouvelles constitutions ont sacralisé la personne humaine : la constitution béninoise a mieux trouvé la formule à travers son article 8 : « *La personne humaine est sacrée et inviolable. L'Etat a l'obligation absolue de la respecter et de la protéger.* » Le Professeur BOLLE estime que l'anthropocentrisme des nouvelles constitutions africaines est réel sur cette question de la sacralité de la personne humaine.

---

[107] Théodore HOLO, Les droits et devoirs de la personne dans le constitutionnalisme africain, in Revue Béninoise des Sciences Juridiques et Administratives, pp5-24.

[108] Stéphane BOLLE, La Constitution GLELE en Afrique : Modèle ou Contre-Modèle ? Colloque international de Cotonou, les 8, 9 et 10 août 2012.

[109] « Les droits et les devoirs proclamés et garantis par la Charte africaine des droits de l'Homme et des Peuples adoptée en 1981 par l'Organisation de l'Unité Africaine et ratifiée par le Bénin le 20 janvier 1986 font partie intégrante de la présente constitution et du droit béninois. »

Il faut retenir que les nouvelles constitutions africaines des années quatre-vingt-dix ont quelques relents idéologiques, parce que taillées dans des moules du monde occidental, et ceci pour mériter l'assistance économique et financière de l'Occident et des ses institutions financières internationales que sont la Banque Mondiale et le Fonds Monétaire International (FMI). Pour accéder au concert des Nations, il faut désormais faire partie du cercle des régimes de limitation de pouvoirs, c'est-à-dire les régimes constitutionnels. Il faut désormais être le répondant de l'article 16 de la Déclaration des droits de l'Homme et du citoyen de 1789-1791 qui énonce que « *Toute société dans laquelle la garantie des droits n'est pas assurée, ni la séparation des pouvoirs déterminée, n'a pas de constitution* ». Mieux, force est de constater que dans ces constitutions africaines des années quatre-vingt-dix comme d'ailleurs toutes les constitutions du monde occidental, les dispositions relatives à la philosophie du régime sont plus nombreuses que celles des autres matières constitutionnelles.

Par ailleurs, les nouvelles constitutions africaines insistent dans leur préambule sur « l'Etat de droit »[110], en vue de tourner la page de la monocratie, source de l'arbitraire et de la violation des droits de l'Homme. Comme le soutient le Professeur CONAC, ce sont des exactions et des errements dont la population avait souffert que le constituant a voulu condamner[111]. Et pour le marquer fort le constituant a voulu exprimer le ras-le-bol du peuple qui veut tourner la page d'un douloureux passé à travers l'expression suivante que l'on retrouve dans nombre de préambule du constitutionnalisme de la troisième vague[112] : « Nous, Peuple… »[113]. Il faut dire qu'on trouve des formules similaires à celle-ci (qui est d'origine béninoise) dans le préambule de la constitution de la septième République du

[110] «Nous, Peuple togolais … décidé à bâtir un Etat de droit dans lequel les droits fondamentaux de l'Homme, les libertés publiques et la dignité de la personne humaine doivent être garantis et protégés… » (Préambule de la Constitution togolaise de la quatrième République) ; « Nous, Peuple Nigérien souverain… Résolu à bâtir un Etat de droit garatissant, d'une part, l'exercice des droits collectifs et individuels, la liberté, la justice, la dignité, l'égalité, la sûreté et le bien-être comme valeurs fondamentales de notre société… » (Préambule de la constitution nigérienne de la septième République) ; « Nous, Peuple béninois… Affirmons solennellement notre détermination par la présente constitution de créer un Etat de droit et de démocratie pluraliste… » (Préambule de la constitution béninoise du 11 décembre 1990).

[111] Gérard CONAC, *L'Afrique en transition vers le pluralisme politique*, Paris, Economica, 1991, p.37.

[112] André CABANIS, Michel Louis MARTIN, *Le constitutionnalisme de la troisième vague en Afrique francophone*, Louvain-la-Neuve, Académia, Bruylant, PUR, 2010.

[113] « Nous, le Peuple », cette formule a été utilisée par le Bénin dans le préambule de la constitution du 11 décembre 1990, formule reprise de la constitution américaine de 1787.

Niger de 2010, celui de la quatrième République du Togo du 27 septembre 1992, celui du Tchad de 1996…

De plus, les constitutions du constitutionnalisme de la troisième vague ont presque toutes mis le cap sur la moralisation de la vie publique pour éviter que la démocratie africaine ne devienne pour les peuples africains un cauchemar, car une démocratie qui ne nourrit pas son peuple est un poison: « *Les biens publics sont sacrés et inviolables. Tout citoyen béninois doit les respecter scrupuleusement et les protéger. Tout acte de sabotage, de vandalisme, de corruption, de détournement, de dilapidation ou d'enrichissement illicite est réprimé dans les conditions prévues par la loi.* » (Article 37 de la constitution béninoise du 11 décembre 1990). Des Etats africains ont emboîté le pas au Bénin à ce sujet. Il s'agit par exemple du Burundi à travers l'article 69 de sa constitution du 18 mars 2005 qui a repris pratiquement l'article 37 de la Constitution béninoise. Les articles 51, 78 et 79 de la constitution nigérienne de la septième République avoisinent l'article 37 de la constitution béninoise, c'est-à-dire dans la logique de la moralisation de la vie publique. Mieux, les nouvelles constitutions africaines des années quatre-vingt-dix mettent à la charge des gouvernants, surtout les chefs d'Etat de prêter serment : article 53 de la Constitution du Bénin, article 50 de la constitution du Niger, article 64 de la constitution du Togo, article 44 de la constitution du Burkina-Faso du 27 janvier 1997, article 11 (a)1 de la constitution de la République gabonaise du 26 mars 1991(1)… Dans la même logique le patriotisme et un bon esprit civique sont exigés des africains pour gagner le pari de la bonne gouvernance. Le Bénin donne l'exemple : « *Tout citoyen béninois, civil ou militaire, a le devoir sacré de respecter, en toutes circonstances, la constitution et l'ordre constitutionnel établi, ainsi que les lois et règlements de la République.* » (Article 34 de la constitution béninoise du 11 décembre 1990). Le Mali avec l'article 24 de la constitution de 1992, le Gabon avec l'article 62 de la Constitution de 2006, le Congo avec l'article 50 de la constitution de 2002, le Rwanda avec l'article 48 de la constitution de 2003, le Tchad avec l'article 49 de la constitution de 1996, le Togo avec l'article 42 de la constitution de 1992… sont dans la même mouvance que l'article 34 de la constitution béninoise du 11 décembre 1990. Enfin toutes les nouvelles constitutions africaines sont écologiques pour être en phase avec les questions brûlantes de leur temps.

Paragraphe II : L'intégration des droits et libertés dans l'ordre juridique interne des Etats

Pour intégrer les droits et libertés véhiculés par les traités des droits humains, diverses modalités sont prévues par le droit international : il y a la voie du dualisme et celle du monisme.

Le dualisme exprime une dualité absolue entre l'ordre juridique international et l'ordre juridique interne. Chaque ordre constitue ici un ensemble autonome, c'est-à-dire sans lien possible avec l'autre. Les deux ordres sont donc faits pour former une cloison étanche, l'un envers l'autre. Ainsi, l'ordre international est établi pour lier les Etats entre eux par des droits et obligations réciproques, tandis que l'ordre interne reste en place avec son propre système juridique qui constitue son domaine réservé, sa « chasse-gardée ». Le dualisme exprime donc un droit international de la coexistence entre égales souverainetés ; une autolimitation de l'Etat qui ne consent à se soumettre au droit que dans la seule limite de sa libre acceptation et surtout de ses intérêts.[114] Dans un tel système, c'est-à-dire le système dualiste, le traité ou la norme internationale n'est applicable à l'intérieur d'un Etat donné qu'après une sorte de réception en droit interne : « *Elle est reçue, naturalisée, transformée en règle interne et appliquée en tant que telle. La réception change et la nature et son destinataire. En revanche le droit interne fait référence au droit international, par le système de renvoi et d'emprunt. La norme est alors nationalisée et appliquée en tant que norme interne.* »[115] . La théorie dualiste assure donc l'existence et le maintien de deux ordres où l'intégration des textes du droit international dans le droit interne requiert ou nécessite un acte spécial, dénommé acte d'incorporation. L'effet de l'acte d'incorporation diffère selon que l'Etat opte pour l'adoption ou pour la transformation des textes internationaux. Lorsqu'il s'agit de l'incorporation par adoption, le texte est repris sans changement ou presqu'avec de légères modifications.

Mais lorsqu'il s'agit de l'incorporation par transformation, le texte fait l'objet de modifications précisément au niveau de ses destinataires (le particulier dans le traité de base et le législateur dans le traité transformé).[116]Les pays anglophones africains sont proches de ce système.

---

[114] Helen Keller, « Rechtsvergleichende aspekte zur Monismus-Dualismus-Diskussion », RSDIE 1999, pp225-249, p.228.

[115] *La hiérarchie des droits*, Abdelkhaleq Berramdane, *Droits internes et droits européen et international*, l'Harmattan, Paris 2002, p.18.

[116] Jeanine de Vries Reilingh, *L'application des Pactes des Nations Unies relatifs aux droits de l'Homme de 1966, par les Cours constitutionnelles ou par les Cours suprêmes en Suisse,*

En revanche, la doctrine moniste affirme que droit international et droit interne forment un système juridique unique qui se présente sous la forme d'une pyramide de normes, chaque norme tirant sa validité de la norme supérieure à laquelle elle est subordonnée. Deux possibilités de système juridique se dégagent alors ici. Ou bien le droit international dérive du droit interne (Monisme avec primauté du droit interne), ou bien le droit interne dérive du droit international (Monisme avec primauté du droit international). Dans cette seconde hypothèse, toute norme internationale obligatoire, automatiquement l'est en droit interne, et les normes internes qui lui sont contraires sont nulles, les juges internes étant directement investis par le droit international de la mission de faire prévaloir la première sur la seconde. De plus, dans cette seconde hypothèse, c'est-à-dire le monisme avec suprématie du droit international sur le droit interne, il est question de célébrer la primauté du droit international sur le droit interne, dans le but surtout d'assurer une bonne protection des droits humains dans l'ordre juridique interne des Etats. Mieux, la quasi-totalité des nouvelles constitutions africaines francophones qui datent des années quatre-vingt-dix dont la constitution béninoise du 11 décembre 1990, proclame de façon expresse le principe de la supériorité des normes des traités par rapport aux normes internes. Le principe de cette supériorité ou prééminence des traités sur les normes internes est formulé dans les termes identiques ou voisins de l'énoncé de l'article 55 de la constitution française de 1958 qui se lit : « *Les traités ou accords régulièrement ratifiés ou approuvés ont dès leur publication une autorité supérieure à celle des lois, sous réserve, pour chaque accord ou traité, de son application par l'autre partie.* »[117]

Par ailleurs, la constitutionnalisation des droits de l'Homme par le biais des préambules des constitutions constitue une voie de préservation et de protection des droits de l'Homme, malgré la controverse que la portée juridique des préambules avait suscitée. Il faut rappeler que les préambules constituent le siège de l'expression des valeurs sur lesquelles doit s'appuyer tout Etat pour réussir un constitutionnalisme de développement durable. Désormais considérés comme ayant une portée juridique les préambules

---

en Allemagne et au Canada, présentation des systèmes et comparaison, 1998 by Helbing and Lichtenhahn, Bâle-Genève-Munich, p.120.

[117] Narcisse MOUELLE KOMBI, Les dispositions relatives aux conventions internationales dans les nouvelles constitutions des Etats francophones d'Afrique, Revue juridique et politique, Paris, p.25.

Sur la question de la supériorité des normes des traités par rapport aux normes internes, on peut noter les exemples de constitutions suivantes : Bénin : art.147 ; Burkina-Faso : art.151 ; Cameroun : art.45 ; Congo : art.176 ; Côte-d'Ivoire : art.56 ; Djibouti : art.37 al.2 ; Guinée :art.79 ; RCA : art.69 ; Niger : art.121 ; Tchad :art.222 ; Togo : art.140.

constituent le socle de toute constitution sur lequel s'appuie le dispositif des constitutions. Les préambules jouent désormais un rôle moteur dans l'intégration des droits et libertés dans les constitutions, notamment leur dispositif. Ils constituent désormais le soubassement de ce qu'on appelle le bloc de constitutionnalité. Le bloc de constitutionnalité a été utilisé par les Etats, même s'il est diversement exploité. Cette technique du bloc de constitutionnalité consiste « *soit à un renvoi pur et simple de la constitution à des instruments juridiques internationaux de protection des droits de l'Homme, soit en une référence auxdits instruments juridiques suivie d'une énonciation des droits fondamentaux dans la constitution, c'est-à-dire, selon le cas, dans le préambule ou dans le dispositif du texte constitutionnel. Dans les deux cas, l'ensemble des dispositions visées relatives aux droits de l'Homme forme un tout constitutionnel que la doctrine française a appelé le « bloc de constitutionnalité »* »[118].

Les Etats utilisent différemment cette technique. Certains font une référence aux textes internationaux des droits de l'Homme, suivie de l'énonciation des droits, le tout contenu dans le préambule de la constitution. C'est l'exemple de la constitution camerounaise du 2 juin1972 révisée le 18 janvier 1996 qui énumère tous les droits de l'Homme qu'elle reconnait aux personnes se trouvant sous la juridiction de l'Etat camerounais dans son préambule. Ici, le risque est de minorer la valeur juridique de ces droits contenus dans le préambule bien qu'aujourd'hui, il soit reconnu la valeur juridique des préambules.

D'autres font la méthode de la constitutionnalisation ouverte des droits de l'Homme qui consiste en un renvoi constitutionnel à des textes internationaux relatifs aux droits de l'Homme, avec pour inconvénient ou risque possible de rencontrer au niveau de l'administration pour leur mise en œuvre, des agents de l'administration ignorant le contenu, le statut juridique et les mécanismes de mise en œuvre des textes internationaux, c'est-à-dire les traités de droits de l'Homme. C'est l'exemple de la constitution de la République de Côte-d'Ivoire du 23 juillet 2000 qui a fait référence dans son préambule à la légalité constitutionnelle et aux institutions démocratiques, à la dignité de la personne humaine, aux valeurs culturelles et spirituelles, avant de proclamer son adhésion aux droits et libertés tels que définis dans la Déclaration universelle des droits de l'Homme de 1948 et dans la Charte africaine des droits de l'Homme et des Peuples de 1981.

[118] Jean-François FLAUSS, Elisabeth LAMBERT-ABDELGAWAD (dir), « *L'application nationale de la charte africaine des droits de l'Homme et des Peuples* », Bruylant, Bruxelles, 2004, p.35.

D'autres encore ont préféré la technique qui consiste en une référence aux instruments internationaux relatifs aux droits de l'Homme (dans le préambule), couplée d'une énonciation des droits fondamentaux dans le dispositif du texte constitutionnel : c'est l'option de la plupart des Etats francophones. Ici, le préambule sert de socle à la protection des droits de l'Homme dans la loi fondamentale, le dispositif constitutionnel ne servant qu'à présenter le panorama des droits visés et protégés par la constitution. C'est ce constat qu'a fait le professeur Théodore HOLO lorsqu'il affirme que certaines constitutions d'Afrique noire francophone réservent une place de choix dans le préambule aux droits de la personne avant d'en citer quelques-unes : le peuple burkinabé dans le préambule de la constitution du 11 juin 1991 souscrit « *à la Déclaration universelle des droits de l'Homme de 1948 et aux instruments internationaux traitant des problèmes économiques, politiques, sociaux, culturels* ». Dans le préambule de la constitution malienne du 27 février 1992 il est écrit, en particulier, « *Le peuple souverain du Mali (...) proclame sa détermination à défendre les droits de la femme et de l'enfant* » « *souscrit à la Déclaration des droits de l'Homme du 10 décembre 1948 et à la Charte africaine des droits de l'Homme et des Peuples du 27 juin 1981* ». Le professeur HOLO soutient que la constitution ivoirienne du 1er août 2000 s'inscrit aussi dans cette dynamique, dans la mesure où son préambule proclame « *l'adhésion du peuple ivoirien aux droits et aux libertés tels que définis dans la Déclaration des Droits de l'Homme et des Peuples du 27 juin 1981* ». C'est l'exemple de la constitution du Sénégal du 7 janvier 2001 dont le préambule affirme l'adhésion du peuple souverain du Sénégal « *à la Déclaration des Droits de l'homme et du citoyen de 1789 et aux instruments adoptés par l'Organisation de l'unité Africaine, notamment la Déclaration universelle des droits de l'Homme du 10 décembre 1948, la convention sur l'élimination de toutes les formes de discrimination à l'égard des femmes du 18 décembre 1979, la convention relative aux droits de l'enfant du 20 novembre 1989 et la Charte africaine des droits de l'Homme et des Peuples du 27 juin 1981* »[119]. C'est l'exemple de la constitution togolaise de la 4e République dont le préambule énonce : « *Nous, Peuple Togolais, nous plaçant sous la protection de Dieu (...) convaincu qu'un tel Etat ne peut être fondé que sur le pluralisme politique, les principes de la Démocratie et de la protection des droits de l'Homme tels que définis par la Charte des Nations Unies de 1945, la déclaration Universelle des droits de l'Homme de 1948 et les pactes internationaux de 1966, la Charte Africaine des Droits de l'Homme et des Peuples adoptée en 1981 par l'Organisation de l'Unité africaine (...)*

[119] Théodore HOLO, Les droits et devoirs de la personne dans le constitutionnalisme africain, in Revue béninoise des sciences juridiques et administratives, pp7-24, p.10

approuvons et adoptons, solennellement, la présente Constitution comme Loi Fondamentale de l'Etat dont le présent préambule fait partie intégrante ». C'est aussi l'exemple de la constitution nigérienne de la 7e République dont le préambule affirme : « *NOUS PEUPLE NIGERIEN SOUVERAIN (...)Proclamons notre attachement aux principes de la démocratie pluraliste et aux droits humains tels que définis par la Déclaration Universelle des droits de l'Homme de 1948, le pacte international relatif aux droits civils et politiques de 1966, le Pacte international relatif aux droits économiques, sociaux et culturels de 1966 et la Charte africaine des droits de l'Homme et des Peuples de 1981...* ». C'est enfin, l'exemple de la constitution béninoise du 11 décembre 1990 qui réaffirme dans son préambule, son «*attachement aux principes de la démocratie et des droits de l'Homme tels qu'ils ont été définis par la Charte des Nations Unies de 1945 et la Déclaration universelle des droits de l'Homme de 1948, à la Charte africaine des droits de l'Homme et des Peuples, adoptée en 1981 par l'Organisation de l'Unité Africaine, ratifiée par le Bénin le 20 janvier 1986 et dont les dispositions font partie intégrante de la présente constitution et du droit béninois et ont une valeur supérieure à la loi interne* ».

Enfin, il importe de relayer une observation du Professeur HOLO concernant l'introduction des normes internationales relatives aux droits de l'Homme dans l'ordre juridique interne des Etats. C'est le fait de la réservation de tout un titre dans les nouvelles constitutions africaines aux droits et devoirs de la personne. Cet état de fait témoigne de l'importance que les Etats africains accordent aux droits de l'Homme dans leur ordre juridique interne. C'est pourquoi on dit aujourd'hui que les droits de l'Homme font partie de l'ordre public des Etats africains. Ainsi, selon le Professeur HOLO, « *c'est bien souvent le titre premier et parfois le titre second qui traitent spécifiquement des droits et devoirs de la personne humaine. Dans les constitutions du Burkina-Faso, de la Côte-d'Ivoire et du Mali, les droits et devoirs de la personne sont traités dans le titre premier, tandis qu'au Bénin, au Gabon, au Sénégal et au Togo, ils ne sont abordés qu'au second titre, le premier titre traitant généralement de l'Etat et de la souveraineté* »[120]. Le professeur observe de cette hiérarchisation que « *le premier groupe d'Etats, c'est-à-dire celui dont les constitutions consacrent le titre premier aux libertés fondamentales, adhère à la primauté de l'humanité sur la souveraineté, en ce sens que les droits humains sont antérieurs et extérieurs à l'Etat, tandis que le deuxième groupe d'Etats, en privilégiant la souveraineté de l'Etat,*

[120] Théodore HOLO, Les droits et devoirs de la personne dans le constitutionnalisme africain, in Revue béninoise des sciences juridiques et administratives, pp7-24, p.11

adhère au positivisme juridique, à savoir que seul l'Etat souverain peut être promoteur et protecteur des libertés fondamentales »[121].

Paragraphe III : Les Cours et Conseils constitutionnels du constitutionnalisme de troisième vague

Au lendemain des Conférences nationales des forces vives des nations africaines des années quatre-vingt-dix, une véritable justice constitutionnelle a vu le jour. Cette justice avait pour vocation d'être l'un des piliers, sinon le plus important des piliers du système politique qui était instauré à la faveur de ces conférences nationales. Ce fut le cas du Gabon qui lors de sa Conférence nationale de mars-avril 1990 a préconisé de déchoir la chambre constitutionnelle de la Cour suprême de ses attibutions d'institution juridictionnelle constitutionnelle, parce que jugée très inefficace, ce au profit d'une véritable Cour constitutionnelle.

Ce fut aussi le cas du Rwanda qui à la faveur non seulement de la constitution du 10 juin 1991 mais aussi de la signature des accords de paix d'Arusha du 4 août 1993 s'est doté d'une Cour coonstitutionnelle. Il en est de même pour Djibouti qui par la constitution du 4 septembre 1992, à travers ses articles 75 à 82 s'est doté d'un Conseil constitutionnel.

L'on peut prolonger la liste avec le Mali où la constitution du 12 janvier 1992, promulguée le 25 février 1992 a permis de créer à la place de l'ancienne section constitutionnelle de la Cour suprême, une Cour constitutionnelle. Comme d'ailleurs les cours et conseils constitutionnels déjà évoqués, la cour constitutionnelle du Mali est juge de constitutionnalité des lois, garantit les droits fondamentaux de la personne humaine et les libertés publiques et est l'organe régulateur du fonctionnemennt des institutions, de leurs relations entre elles et de leurs activités.

De plus, par la loi constitutionnelle du 30 mai 1992, le Sénégal a consacré son conseil constitutionnel. Celui-ci par les dispositions de la constitution sénagalaise, connaît de la constitutionnalité des lois et des engagements interrnationaux, des conflits de compétence entre l'exécutif et le législatif, des conflits de compétence entre le Conseil d'Etat et la Cour de cassation, ainsi que les exceptions d'inconstitutionnalité soulevées devant le Conseil d'Etat ou la Cour de cassation.

---

[121] Théodore HOLO, Les droits et devoirs de la personne dans le constitutionnalisme africain, op.cit., p 12.

L'article 88 de la Constitution ivoirienne du 23 juillet 2000, fait du conseil constitutionnel, juge de la constitutionnalité des lois. Celui-ci est l'organe régulateur du fonctionnement des pouvoirs publics.

La Mauritanie est dans la même mouvance de création de cour ou de conseil constitutionnel, lorsqu'elle s'est dotée d'un Conseil constitutionnel par sa Constitution du 20 juillet 1991. Cette loi fondamentale dit que « *les décisions du Conseil constitutionnel sont revêtues de l'autorité de la chose jugée* ». Ce fut également le cas du Togo qui a créé une Cour constitutionnelle par l'entremise de la Constitution du 14 octobre 1992, dont les modalités d'organisation et de fonctionnement procèdent de la loi organique n°97-01 du 8 janvier 1997. Ce fut aussi le cas du Bénin qui servira de boussole dans le présent paragraphe relativement à la justice constitutionelle des années quatre-vingt-dix…

Ces Cours et conseils constitutionnels des années quatre-vingt-dix dans leur immense majorité ont un boulet aux pieds, procédant de l'environnement sociologique qui les consacre. Ce boulet se manifeste par des brides politiques et psychologiques qui sont faites à ces institutions juridictionnelles pour les limiter dans leur propension à s'émanciper du politique et devenir maîtresses du jeu politico-constitutionnel. Le mode de recrutement de leurs membres en constitue une des brides par exemple. En d'autres termes, les nouveaux constituants africains, influencés sans doute par le politique et la sociologie des milieux politiques africains n'ont pas voulu donner des coudées franches à ces institutions constitutionnelles et juridictionnelles pour éviter au cœur d'un système politique et juridique un gouvernement des juges. En Afrique, on ne contredit pas le chef. Il a aussi manqué aux animateurs de ces institutions juridictionnelles de contrôle de constitutionnalité des textes, de protection des droits de l'Homme et de contrôle de la dévolution du pouvoir, c'est-à-dire aux juges, de l'audace dans l'exercice de leur métier, du moins de leurs fonctions. Seule la Cour constitutionnelle du Bénin et, à quelques exceptions près, celles du Niger, du Mali, du Sénégal, de la Guinée et autres, ont pu s'émanciper et prendre leur destin en mains pour jouer véritablement le rôle d'arbitre du jeu politique au milieu des pouvoirs publics.

C'est l'une des raisons pour lesquelles, la Cour constitutionnelle du Bénin est considérée par une certaine doctrine comme étant une hyper cour constitutionnelle. Elle en fait peut-être trop, mais l'on peut comprendre les coudées franches que cette cour s'est données pendant plus de deux décennies de fonctionnement par les motivations du pouvoir constituant béninois dans le préambule de la constitution béninoise du 11 décembre

1990, motivations que le juge constitutionnel béninois doit rendre réelles à travers ses décisions : « *Nous, Peuple Béninois... affirmons solennellement notre détermination par la présente constitution de créer un Etat de droit et de démocratie pluraliste, dans lequel les droits fondamentaux de l'Homme, les libertés publiques, la dignité de la personne humaine et la justice sont garantis, protégés et promus comme la condition nécessaire au développement véritable et harmonieux de chaque Béninois tant dans sa dimension temporelle, culturelle que spirituelle ;...* ».

En effet, pour atteindre ces objectifs qui lui sont dévolus par le constituant béninois, la Cour constitutionnelle du Bénin a eu des pouvoirs larges : les articles 114, 117, 120, 121, 122, 123 et 124 de la constitution béninoise du 11 décembre 1990 (à consulter en annexes) déterminent les attributions de cette importante juridiction constitutionnelle qu'on peut résumer en quatre points : le contrôle de constitutionnalité des textes juridiques, le contrôle de la régularité des élections, la régulation du fonctionnement et des rapports des institutions et la protection des droits fondamentaux.

Une étude comparative entre la cour constitutionnelle béninoise et les autres permettront d'avoir le cœur net sur les cours et conseils constitutionnels des années quatre-vingt-dix et de relever les analogies et les dissemblances :

- la Cour constitutionnelle du Bénin semble être la seule juridiction constitutionnelle africaine à institutionnaliser le droit individuel de contester la constitutionnalité des lois par voie d'action et d'exception en le combinant avec celui de se plaindre de violations des droits de la personne humaine et des libertés publiques[122] . Le Professeur BOLLE conclut que si les systèmes constitutionnels de la région (sous- entendu africaine) sont aussi généreux que celui de la France, la quasi-totalité écartent l'action populaire, du fait de sa radicalité, du « *danger trop considérable d'actions téméraires, et le risque d'un insupportable encombrement des rôles* »[123]. Il corrobore en justifiant la crainte des autorités étatiques à instituer le recours populaire par le risque que l'ouverture maximale de la saisine puisse limiter inconsidérément l'autorité des dirigeants ou soit de nature à « *freiner l'action des autres institutions, notamment l'action du gouvernement pour faire face aux*

[122] Stéphane BOLLE, La Constitution GLELE en Afrique : Modèle ou Contre-Modèle ? Colloque international de Cotonou, les 8, 9 et 10 août 2012.
[123] Hans KELSEN, « La garantie juridictionnelle de la constitution (la justice constitutionnelle) », RDP, 1928, p.245.

urgents défis du développement »[124]. C'est la raison pour laquelle les autres Etats africains, pour n'avoir pas institué la saisine directe de leur cour ou conseil constitutionnel, ont confié la protection des libertés au juge ordinaire. C'est par exemple le cas du Tchad dont la constitution, notamment celle du 14 avril 1996 énonce en son article 148 que le pouvoir judiciaire, exercé par la Cour suprême, les Cours d'Appel, les Tribunaux et les Justices de paix, est le gardien des libertés définies par la constitution. Il en est de même au Mali et au Sénégal dont la constitution des deux pays confie la protection des droits de l'Homme et des libertés publiques au juge judiciaire.

Par ailleurs ce mécanisme de contrôle par l'action directe des citoyens trouve son siège à l'article 122 de la constitution béninoise du 11 décembre 1990 qui énonce que tout citoyen peut saisir directement la Cour constitutionnelle sur la constitutionnalité des textes juridiques adoptés au Bénin, notamment des lois ou d'une plainte en violation des droits de la personne humaine et des libertés publiques. Il trouve également son siège à l'article 3 de la même constitution : « *(...) Toute loi, tout texte réglementaire et tout acte administratif contraires à ces dispositions sont nuls et non avenus. En conséquence, tout citoyen a le droit de se pourvoir devant la Cour Constitutionnelle contre les lois, textes et actes présumés inconstitutionnels* ». Trois autres Etats africains sont proches du Bénin parce qu'ayant presque adopté le même mécanisme de contrôle de constitutionnalité et de protection des droits de l'Homme. Il s'agit du Burundi, du Congo et du Gabon. L'article 85 de la Constitution gabonaise du 26 mars 1991 énonce que les lois non organiques et les actes non réglémentaires peuvent être déférés à la Cour constitutionnelle, par entre autres, tout citoyen ou toute personne lésée par l'acte querellé.

- La Cour constitutionnelle du Bénin semble être l'une des rares cours qui se prononcent d'office sur la constitutionnalité des lois et de tout texte réglementaire censés porter atteinte aux droits fondamentaux de la personne humaine et aux libertés publiques. Elle statue plus généralement sur les violations des droits de la personne humaine et sa décision doit intervenir dans un délai de huit jours[125]. La saisine d'office permet à cette cour d'aller au-delà de toutes les irrecevabilités

[124] Voir sur la question, Maurice GLELE-AHANHANZO, « La République du Dahomey », Encyclopédie politique et constitutionnelle, série Afrique, Paris, I.I.A.P., 1969, p.30.

[125] Institut des Droits de l'Homme et de Promotion de la Démocratie, la Démocratie au Quotidien, Les droits de l'Homme en question, ouvrage publié à l'occasion de la célébration du cinquantenaire de la Déclaration Universelle des Droits de l'Homme, avec le concours financier du PNUD à Cotonou en 1998, p.52.

pour connaître par exemple de toutes les questions relatives aux droits de l'Homme, qu'elles aient été soulevées ou non, qu'elles soient apparues dans la requête ou en cours d'instruction.

De ce qui précède, l'on peut affirmer que la justice constitutionnelle est en marche au lendemain des années quatre-vingt-dix en Afrique. Il faut lui donner du temps pour s'affermir et s'affirmer.

Paragraphe IV : La désobéissance civile comme moyen de rétablissement de l'ordre constitutionnel interrompu

Chaque être humain a droit à la sûreté dans un système juridique qui doit garantir un régime de liberté, d'égalité, de dignité et de justice. Ce système juridique passe par la garantie de l'accomplissement par l'Etat des obligations négatives et positives qui sont à sa charge au regard du droit supérieur, dans une bonne organisation des pouvoirs publics. C'est la sécurité juridique ou sûreté qui est le droit pour toute personne que l'Etat s'organise de telle sorte que soit réduit considérablement le danger de violation du droit et surtout des droits de l'Homme. La réduction considérable du danger de la violation du droit passe nécessairement par la mise en place d'un Etat de droit respectueux des grands principes juridiques protégés par le droit supérieur, c'est-à-dire les déclarations de droits que le législateur extraordinaire ou constituant et le législateur ordinaire sont tenus de respecter. Ce cadre juridique devant procurer aux personnes la sûreté dans leur vie sociale et juridique est d'une part un régime de séparation des pouvoirs et, d'autre part, la suprématie de la loi sur les institutions politiques et les acteurs politiques et administratifs. L'un des moyens de préservation d'un tel cadre parmi tant d'autres n'est rien d'autre que la désobéissance civile. Elle est donc un moyen démocratique de lutte que l'on peut considérer comme un mal nécessaire dans un système démocratique. Elle peut être considérée comme une institution « informelle » et parfois « illégale » de lutte dans une démocratie, un moyen « informel » et « illégal » de consolidation de la démocratie et de l'Etat de droit, en somme, d'un système constitutionnel. C'est d'ailleurs, en ce sens que Habermas donne le bien fondé ou les raisons profondes de la naissance de la désobéissance civile lorsqu'il affirme que « *la justification de la désobéissance civile s'appuie sur une compréhension dynamique de la constitution comme un projet inachevé* »[126]. Projet inachevé, car l'Etat de

[126] J. HABERMAS, *Droit et Démocratie*, cité par François OST dans son cours inaugural de philosophie des droits de l'Homme, aux Facultés Universitaires Saint-Louis (FUSL), à Bruxelles en 2002.

droit démocratique restera toujours une construction « *fragile, délicate et surtout faillible et sujette à révision* ».

Le but de la désobéissance civile est de convaincre aussi l'opinion publique qu'une loi ou une politique particulièrement sont illégitimes et qu'une demande de changement est justifiée. Les acteurs collectifs impliqués dans la désobéissance civile invoquent les principes utopiques des démocraties constitutionnelles, en appelant aux idées des droits fondamentaux ou de la légitimité démocratique.

Léon Duguit justifie la désobéissance civile dans la lutte contre l'oppression. Pour lui, il y a oppression lorsque l'Etat législateur fait une loi qu'en vertu du droit il ne peut faire. Il y a oppression lorsque l'Etat législateur ne fait pas des lois qu'il est juridiquement obligé de faire...Les rédacteurs des déclarations de droit ont pensé à la désobéissance civile à travers la résistance à l'oppression, puisqu'à l'article 2 de la Déclaration des droits de 1789, on lit dans l'énumération des droits naturels et imprescriptibles de l'Homme, la résistance à l'oppression. L'article 34 de la déclaration girondine énonce qu' « *il y a oppression contre chaque membre lorsque le corps social est opprimé* ». L'article 32 de la même déclaration dispose qu' « *Il y a oppression lorsqu'une loi viole les droits naturels civils et politiques qu'elle doit garantir. Il y a oppression lorsque la loi est violée par les fonctionnaires publics dans son application à des faits individuels. Il y a oppression lorsque des actes arbitraires violent les droits des citoyens contre l'expression de la loi. Dans tout gouvernement libre, le mode de résistance à ces différents actes d'oppression doit être réglé par la constitution* ».

La désobéissance civile permet de renverser les régimes tyranniques, puisque ceux-ci sont contraires au droit et surtout aux principes des droits humains. C'est d'ailleurs la raison pour laquelle les théologiens catholiques et même chrétiens recommandent dans leur majorité l'usage de la désobéissance civile pour renverser le tyran. Certains parmi eux recommandent le tyrannicide. D'autres par contre craignent que l'utilisation de la désobéissance civile pour résoudre un problème n'aggrave le mal qu'elle est censée combattre. C'est pourquoi ceux-ci recommandent son usage en cas de « *remedium ultimum* ».

J. Rawls estime d'ailleurs que « *La désobéissance civile peut être définie comme un acte public non violent, décidé en conscience, mais politique, contraire à la loi et accompli le plus souvent pour amener un changement dans la loi ou bien dans la politique du gouvernement. En agissant ainsi, on s'adresse au sens de la justice de la majorité de la communauté et on déclare que, selon une opinion mûrement réfléchie, les principes de coopération sociale entre des êtres libres et égaux ne sont pas actuellement*

respectés »[127]. Ainsi, la désobéissance civile se fait elle au vu et au su de tout le monde, elle est donc un acte public. Elle est en quelque sorte une violation de la loi mais elle prône les valeurs de l'Etat de droit, de la démocratie et des droits de l'Homme. Elle peut se traduire comme une résistance à l'oppression de façon passive, défensive et parfois agressive.
Toutefois, elle a été constitutionnalisée par les nouvelles constitutions africaines des années quatre-vingt-dix, parce que le renouveau démocratique que vivent, au lendemain des années quatre-vingt-dix, les Etats africains provient de la désobéissance civile exercée par les travailleurs, les ouvriers, les étudiants et l'ensemble de la société civile africaine. L'article 66 de la constitution béninoise du 11 décembre 1990 énonce : « *En cas de coup d'Etat, de putsch, d'agression par des mercenaires ou de coup de force quelconque, tout membre d'un organe constitutionnel a le droit et le devoir de faire appel à tous les moyens pour rétablir la légitimité constitutionnelle, y compris le recours aux accords de coopération militaire ou de défense existants. Dans ces circonstances, pour tout Béninois, désobeir et s'organiser pour faire échec à l'autorité illégitime constituent le plus sacré des droits et le plus impératif des devoirs.* » C'est également le cas des articles 45 et 150 de la Constitution togolaise de la quatrième République qui disposent respectivement que « *Tout citoyen a le devoir de combattre toute personne ou groupe de personnes qui tenterait de changer par la force l'ordre démocratique établi par la présente constitution* » et qu'« *En cas de coup d'Etat, ou de coup de force quelconque, tout membre du gouvernement ou de l'Assemblée nationale a le droit et le devoir de faire appel à tous les moyens pour rétablir la légitimité constitutionnelle, y compris le recours aux accords de coopération militaire ou de défense existants.*

Dans ces circonstances, pour tout Togolais, désobéir et s'organiser pour faire échec à l'autorité illégitime constituent le plus sacré des droits et le plus impératif des devoirs.

Tout renversement du régime constitutionnel est considéré comme un crime imprescriptible contre la Nation et sanctionné conformément aux lois de la République ».

Enfin, l'article 39 de la Constitution nigérienne de la septième République abonde dans le même sens : « *Tout citoyen nigérien, civil ou militaire, a l'obligation absolue de respecter, en toutes circonstances, la Constitution et*

[127] J. RAWLS, *Théorie de la justice*, trad. Par C. Audard, Paris, Seuil, 1987, p.405.

l'ordre juridique de la République, sous peine des sanctions prévues par la loi. »

Par ailleurs certaines constitutions vont plus loin en déterminant les moyens de mise en œuvre de la désobéissance civile en cas de nécessité. C'est le cas de l'article 66 de la Constitution béninoise du 11 décembre 1990 qui cite les acteurs et moyens de l'exercice de la désobéissance civile en cas de coup de force de l'armée. Il s'agit parmi les acteurs, « *de tout membre d'un organe constitutionnel* » ou « *tout béninois* ». Parmi les moyens proposés par la constitution, il s'agit de « *tous les moyens pour rétablir la légitimité constitutionnelle, y compris le recours aux accords de coopération militaire ou de défense existants*». C'est également celui de l'article 150 précité de la constitution togolaise de la quatrième République. Les Etats africains avaient été le théâtre de mouvements de désobéissance civile. C'était le cas des béninois dans les années quatre-vingt- neuf et quatre-vingt-dix pour renverser le régime militaro-marxiste de Mathieu KEREKOU, de Madagascar face au régime de RASTIRAKA, des togolais face au régime dictatorial de Gnassingbé EYADEMA, des Nigérians face au régime de Sanni ABACHA, des Mauritaniens dans les années deux mille, des malgaches à travers les partisans de Ange RAZUEL et ceux de Marc RAVALOMANAN...De plus en plus, on assiste en Afrique à une légalisation de la désobéissance civile qui sort de l'informel, de l'illégalité pour le formel, la légalité voire la constitutionnalité ou même le droit supérieur.

Section II : Les droits de l'Homme de statuts différents dans les traités internationaux et les constitutions africaines

Il y a dans les constitutions des années quatre-vingt-dix deux catégories de droits de l'Homme : les droits fondamentaux relativisés (Paragraphe I) et les droits fondamentaux absolus (Paragraphe II).

Paragraphe I : Les droits fondamentaux relativisés dans les nouvelles constitutions africaines

Tous les droits relativisés par le droit international le sont dans les nouvelles lois fondamentales des Etats d'Afrique des années quatre-vingt-dix ; lesquelles lois fondamentales prévoient des mécanismes de restrictions de la part de l'Etat de certains de ces droits fondamentaux.

Par exemple, le droit à la liberté de pensée, de conscience et de religion (art.18 du pacte civil et politique, prévu à l'article 23 de la constitution béninoise du 11 décembre 1990, à l'article 30 de la constitution de la 7e République du Niger, à l'article 25 de la constitution togolaise de la 4^{e}

République…), le droit à la liberté d'expression, d'opinion (art.19 du pacte ; art.24 de la constitution béninoise du 11 décembre 1990, article 30 de la constitution du Niger, article 25 de la constitution du Togo…), le droit de réunion pacifique (art. 21 du pacte, art.25 de la constitution du 11 décembre 1990, article 32 de la constitution du Niger, article 30 de la constitution du Togo…), le droit de constituer des syndicats, de s'associer librement (art.22 du pacte, art.25 de la constitution du 11 décembre 1990, articles 32 et 34 de la constitution du Niger, article 39 de la constitution du Togo…) sont intégrés du point de vue de leur contenu et de leur substance dans les lois fondamentales avec le même régime juridique ou le même statut juridique.

Les textes des traités relatifs aux droits de l'Homme énoncent, à travers des termes semblables généralement au paragraphe II de la plupart des dispositions ou articles qui formulent ces droits, une clause générale donnant « quitus » aux Etats parties de restreindre l'exercice des droits proclamés : « *l'exercice du droit concerné affirme la clause, peut faire l'objet des seules restrictions prévues par la loi et qui sont nécessaires dans une société démocratique à la protection de la sécurité publique, de l'ordre, de la santé ou de la morale publique, ou à la protection des droits et libertés d'autrui* »[128].

Certains textes comme la Charte africaine des droits de l'Homme et des Peuples sont plus vagues et contiennent plutôt une clause générale de limitation : article 27 paragraphe II de la Charte africaine.

Dans le texte international du pacte civil et politique, il est précisé que les droits, notamment le droit à la liberté de pensée, de conscience et de religion (art.18 du pacte, art.23 de la constitution du Bénin, article 30 de la constitution du Niger, article 25 de la constitution du Togo, le préambule de la constitution du Cameroun du 2 juin 1972, révisée le 18 janvier 1996, article 7 de la constitution du Burkina-Faso du 11 juin 1991, révisée le 27 janvier 1997…), le droit à la liberté d'expression, d'opinion (art.19 du pacte, art.24 de la const. du Bénin, article 30 de la constitution du Niger, article 25 de la constitution du Togo, le préambule de la constitution du Cameroun du 2 juin 1972, révisée le 18 janvier 1996, article 8 de la constitution du Burkina-Faso du 11 juin 1991, révisée le 27 janvier 1997…), le droit de réunion (art.21 du pacte, art.25 de la constitution .du Bénin, article 32 de la constitution du Niger, article 30 de la constitution du Togo, le préambule de la constitution du Cameroun du 2 juin 1972, révisée le 18 janvier 1996, article 7 de la constitution du Burkina-Faso du 11 juin 1991, révisée le 27

---

[128] Frédéric Sudre, *Droit international et européen des droits de l'Homme*, 5e édition mise à jour, presse universitaire de France, 2001, Paris, p.153.

janvier 1997...) peuvent faire l'objet d'ingérence, c'est-à-dire de restrictions par l'autorité publique interne. L'exemple de l'article 19 du pacte international relatif aux droits civils et politiques de 1966 est édifiant :

« *1- Nul ne peut être inquiété pour ses opinions.*

2-Toute personne a droit à la liberté d'expression : ce droit comprend la liberté de rechercher, de recevoir et de répandre des informations et des idées de toute espèce sans considération de frontière, sous une forme orale, écrite, imprimée ou artistique ou par tout autre moyen de son choix.

3-L'exercice des libertés prévues au paragraphe 2 du présent article comporte des devoirs spéciaux et des responsabilités spéciales. Il peut par conséquent être soumis à certaines restrictions qui doivent toutefois être expressément fixées par la loi et qui sont nécessaires... ».

Son pendant dans la constitution du 11 décembre 1990 notamment l'article 23 énonce que « toute personne a droit à la liberté de pensée, de conscience, de religion, de culte, d'opinion et d'expression dans le respect de l'ordre public établi par la loi et les règlements... » ».

Le constituant africain des années quatre-vingt-dix a donc respecté dans sa constitution le statut qui a été dévolu à ces différents droits par le droit international.

Il en ressort que celui-ci (le constituant africain) relativise certaines catégories de droits de l'Homme en permettant au législateur de les tempérer, voire les limiter dans leur exercice et leur jouissance par des personnes.

En conséquence, l'importance ou même la portée juridique de ces droits peuvent en prendre un coup, c'est-à-dire être réduite à néant parce que les modalités de leur exercice sont abandonnées au législateur national.

Ainsi, un paradoxe se fait jour car pendant que l'autorité publique doit préserver les droits de l'Homme, elle doit en même temps en fixer les limites.

Le constituant national autorise l'ingérence de l'autorité publique dans l'exercice et la jouissance par les personnes de leurs droits.

Cette limitation ou restriction pour être admissible doit être soumise à trois conditions :

- Les atteintes au droit garanti doivent être prévues par le droit national. Ce qui permettra à chaque personne de pouvoir régler sa conduite et bénéficier d'une protection contre l'arbitraire. On dit généralement dans ce cas que l'ingérence est prévue par la loi. Ce qui veut dire que la latitude est laissée aux Etats de définir les atteintes aux droits. C'est pourquoi la cour européenne des droits de l'Homme a coutume de dire qu'il incombe au premier chef aux autorités nationales, du fait du caractère second du mécanisme conventionnel, de mettre en œuvre ou de garantir les droits et libertés proclamés. Ce qui signifie que les autorités nationales disposent du pouvoir discrétionnaire pour déterminer ou apprécier les circonstances d'une atteinte aux droits, leur lieu ou leur moment[129].

  Le droit national qui prévoit l'ingérence peut être la loi dans son sens formel, ou plutôt dans celui matériel qui ne distingue pas la loi des règlements et autres. Le constituant africain généralement opte pour la seconde voie.

- Les restrictions aux droits garantis doivent viser un but légitime[130]. Elles doivent donc être prises pour protéger les intérêts vitaux d'une nation (sécurité nationale, sûreté publique, intégrité territoriale, ordre public, sécurité publique…) ou les droits et les libertés des personnes au sein de la société. Les restrictions sont possibles lorsqu'il s'agit uniquement de simples mesures d'ordre public. Mais lorsqu'il s'agit de situations exceptionnelles menaçant la vie de la nation, c'est des mesures purement dérogatoires qu'il s'agit. A ce titre, l'article 68 de la constitution du 11 décembre 1990, l'article 67 de la constitution du Niger l'article 26 de la constitution du Gabon du 26 mars 1991, relatifs à la dérogation à certains droits de l'Homme par l'Etat pourraient être concluants : « *Lorsque les institution de la République, l'indépendance de la nation, l'intégrité du territoire nationale ou l'exécution des engagements internationaux sont menacés (...) le Président de la République après consultation du Président de l'Assemblée Nationale et du Président de la Cour constitutionnelle prend en conseil des ministres, les mesures exceptionnelles exigées par les circonstances...* » (art. 68 de la constitution béninoise du 11 décembre 1990), « *Lorsque les institutions de la République, l'indépendance de la Nation, l'intégrité du territoire national ou l'exécution des engagements internationaux*

---

[129] Voir arrêt affaire linguistique belge, 23 juillet 1968, AG, GA n°2, paragraphe 10.
[130] Jean-Nazaire TAMA, *Droit international et africain des droits de l'Homme*, Harmattan, Paris, 2012, p.78.

sont menacés d'une manière grave et immédiate, et que le fonctionnement régulier des pouvoirs publics constitutionnels est interrompu, le Président de la République prend des mesures exceptionnelles exigées par ces circonstances après consultation officielle du Premier Ministre, du Président de l'Assemblée Nationale et du Président de la cour constitutionnelle. » (art.67 de la constitution nigérienne de la septième République) ; « *Lorsque les institutions de la République, l'indépendance ou les intérêts supérieurs de la nation, l'intégrité de son territoire ou l'exécution de ses engagements internationaux sont menacés d'une manière grave et immédiate et que le fonctionnement régulier des pouvoirs publics constitutionnels est interrompu, le Président de la République prend par ordonnance, pendant les intersessions, dans les moindres délais, les mesures exigées par les circonstances, et après consultation officielle du Premier ministre, du Président de l'Assemblée nationale ainsi que de la Cour constitutionnelle.*

Il en informe la nation par un message. Pendant les sessions, ces mesures relèvent du domaine de la loi.

L'Assemblée nationale ne peut être dissoute, ni la révision de la Constitution entamée ou achevée. » (art.26 de la constitution de la République gabonaise du 26 mars 1991).

- L'ingérence doit être nécessaire dans une société démocratique (art.21 et 22 du PIDCP). Les textes internationaux, notamment européen et onusien estiment que la société démocratique est bien la valeur centrale d'un ordre public où pourraient rayonner les droits de l'Homme ; valeur que les textes onusiens veulent voir prospérer à travers le monde entier, puisqu'elle est considérée comme le seul gage de la création et de la culture d'une société des droits de l'Homme. Dans cet ordre d'idées, la cour européenne des droits de l'Homme a précisé les caractéristiques de la « société démocratique ». Elle relève que les éléments constitutifs d'une société démocratique sont : « le pluralisme, la tolérance et l'esprit d'ouverture »[131] ; et précise dans l'arrêt Young, James et Webster (13 août 1981, A.44 ; liberté syndicale), que « *la démocratie ne se ramène pas à la suprématie constante de l'opinion d'une majorité ; elle commande un équilibre qui assure aux minorités un juste traitement et qui évite tout abus d'une position dominante* »[132].

[131] Voir arrêt affaire Handyside de 1976 (préc, n°108).
[132] Voir arrêt Young, James et Webster (13 août 1981, A44 ; liberté syndicale).

Dans l'affaire « (Handyside, préc., paragraphe 72) la cour a reconnu ainsi que les droits qui garantissent le pluralisme-tels la liberté d'expression (Handside, préc.) et le droit à des élections libres[133], le droit de ne pas subir de torture ou de traitements inhumains ou dégradants[134], la liberté de pensée de conscience et de religion[135] , ou encore le principe de la prééminence du droit- avec son corollaire, le droit au juge[136] constitueraient « l'un des fondements essentiels », ou « l'un des principes fondamentaux » d'une société démocratique ;

- Enfin il faut un lien de proportionnalité entre l'objectif visé et les droits sacrifiés. Cela veut dire, comme le souligne Frédéric Sudre, que les mesures dérogatoires doivent revêtir un caractère de nécessité absolue[137] et être strictement indispensables pour faire face au danger public : elles doivent être prises « dans la stricte mesure où la situation l'exige ».

Avec les mesures de restrictions et de dérogations, une « porte d'entrée » est ainsi faite implicitement au concept des discriminations positives à travers les limitations pour corriger certaines injustices sociales. Toutefois, une fois l'injustice corrigée, la discrimination positive est levée.

Les droits susceptibles de restrictions peuvent même faire l'objet de réserve par les Etats parties lors de la signature du traité dont ils sont issus. Que dire alors des droits « fondamentalement fondamentaux » dans les nouvelles constitutions africaines ?

Paragraphe II : Les droits fondamentaux absolus dans les textes internationaux et les nouvelles constitutions africaines

Les instruments internationaux et régionaux relatifs aux droits de l'Homme possèdent une clause interdisant toute dérogation à certains des droits qu'ils proclament. Il s'agit du pacte international relatif aux droits civils et politiques, la convention interaméricaine des droits de l'Homme, la convention européenne des droits de l'Homme, la convention des droits de l'Homme et des libertés fondamentales de la communauté des Etats indépendants (CEI), la Charte africaine des droits de l'Homme et des peuples.

---

[133] Voir arrêt Mathieu-Mohin et Clerfayt, 2 mars 1987, A.113, GA, n°28).
[134] Voir arrêt affaire Soering, 7 juillet 1989, A,161, GA, n°33.
[135] Voir arrêt affaire Kokkinakis, 25 mars 1993, A 260 A, GA n°46.
[136] Arrêt Golder 21 février 1975, A18, GA n°6.
[137] Frédéric Sudre, op.cit p.167

C'est pourquoi l'on dit que certains droits de l'Homme en droit international des droits de l'Homme sont dits intangibles, indérogeables en toutes circonstances. Ces droits ne peuvent être relativisés, c'est-à-dire qu'ils ne peuvent être ni suspendus, ni tempérés, ni supprimés. Ils ne peuvent donc faire l'objet de restrictions. C'est donc des droits opposables en toutes circonstances. Le caractère indérogeable de ces droits provient donc soit d'une convention internationale, la charte d'une organisation internationale, soit d'une coutume internationale. Ces droits sont donc supranationaux et mettent dans le patrimoine juridique des personnes des prérogatives qui sont opposables non seulement aux individus, mais aussi aux pouvoirs publics. Ainsi, ils sont au nombre de cinq (5) pour la convention européenne des droits de l'Homme et pour la convention des droits de l'Homme et des libertés fondamentales de la communauté des Etats indépendants, onze (11) pour la convention interaméricaine des droits de l'Homme, six (6) pour la charte africaine des droits de l'Homme et des peuples et sept (7) pour le pacte international relatif aux droits civils et politiques.

Quatre (4) droits sont invariables dans ces cinq (5) conventions, devenant ainsi leurs points communs en la matière. Ils forment ainsi, « le noyau dur » des droits de l'Homme. Ce sont :

- le droit à la vie ;
- le droit de ne pas être torturé ni être victime de traitements cruels, inhumains ou dégradants, et
- le droit de ne pas être tenu en esclavage ni en servitude.

Par ailleurs, l'article 3 commun aux quatre conventions de Genève de 1949 s'aligne sur la même logique car, le droit à la non-rétroactivité de la loi pénale, le droit à la vie et le droit de ne pas être torturé constituent pour celles-ci des droits qui doivent être garantis aux personnes victimes des conflits armés internationaux et non internationaux en tout temps et en tout lieu.

Par contre, sur la question d'intangibilité des droits des instruments internationaux des droits de l'Homme, des points dissemblants existent au niveau des instruments textuels. Par exemple, d'autres droits intangibles sont consacrés par certains instruments déjà cités. Ainsi, la convention européenne des droits de l'Homme et la convention des droits de l'Homme de la communauté des Etats indépendants ont consacré sous forme de droit intangible, la règle « *non bis in idem* », signifiant que nul ne peut être poursuivi ou condamné deux fois pour le même fait.

De plus, le pacte international relatif aux droits civils et politiques consacre trois droits supplémentaires en la matière : le droit à la liberté de pensée, de conscience et de religion, l'interdiction de toute détention pour dette et le droit à la reconnaissance de la personnalité juridique.

En outre, en dehors des quatre droits déjà évoqués (le noyau dur), la convention inter- américaine des droits de l'Homme a consacré sept autres droits intangibles. Il s'agit des droits politiques, le droit à une nationalité, le droit à la liberté de pensée, de conscience et de religion, le droit à la reconnaissance de la personnalité juridique, le droit pour la famille à la protection, le droit au nom et le droit de l'enfant. Mieux, la jurisprudence de la cour inter-américaine des droits de l'Homme a consacré *l'habéas corpus* : le droit de toute personne privée de liberté à avoir recours à un juge ou à un tribunal.

Les prises d'otage constituent pour l'article 3 commun aux quatre conventions de Genève un droit intangible.

Ces droits sur le plan interne, le constituant ou le législateur national les consacre, ils sont en nombre très réduit. Au nombre de ceux-ci, on peut citer le droit à la présomption d'innocence, le principe de la légalité de l'infraction et de la peine, la non-rétroactivité de la loi pénale (art. 17 de la constitution béninoise du 11 décembre 1990, art.20 de la constitution du Niger, art.18 et 19 de la constitution du Togo, le Préambule de la constitution du Cameroun du 2 juin 1972, révisée le 18 janvier 1996, article 4 de la constitution du Burkina-Faso du 11 juin 1991 révisée le 27 janvier 1997,) ; le droit de ne pas être torturé (art. 18 de la constitution béninoise du 11 décembre 1990, article 14 de la constitution de la septième République du Niger, article 21 de la constitution togolaise de la quatrième République, article 2 de la constitution du Burkina-Faso du 11 juin 1991, révisée le 27 janvier 1997, le préambule de la constitution du Cameroun du 2 juin 1972, révisée le 18 janvier 1996...), l'interdiction de l'esclavage (art.5 de la charte africaine des droits de l'Homme et des Peuples qui fait partie intégrante de la constitution béninoise du 11 décembre 1990, article 2 de la constitution du Burkina-Faso du 11 juin 1991, révisée le 27 janvier 1997, le préambule de la constitution du Cameroun du 2 juin 1972, révisée le 18 janvier 1996, article 14 de la constitution de la septième République du Niger...), l'inviolabilité de la personne humaine (art.8 de la constitution béninoise du 11 décembre 1990, article 11 de laconstitution nigérienne de la septième République, article 13 de la constitution togolaise de la quatrième République, le préambule de la constitution du Cameroun du 2 juin 1972 révisée le 18 janvier 1996...).

Ces droits sont très souvent remarquables par la formulation de leur libellé. Par exemple, l'article 8 de la constitution béninoise du 11 décembre 1990 énonce que « *la personne humaine est sacrée et inviolable. L'Etat a* ***l'obligation absolue*** *de la respecter et de la protéger...* ».

Sur le plan interne, ils sont consacrés généralement par la loi fondamentale, et les modalités de leur exercice ou application ne sont pas confiées le plus souvent à une norme inférieure à la constitution dans la hiérarchie des normes.

En d'autres termes les constituants nationaux africains consacrent habituellement le noyau dur des droits de l'Homme, et mieux encore les normes du *jus cogens* qui sont des valeurs communes à toutes les civilisations humaines. C'est des valeurs d'origine coutumière insusceptibles de modifications voire de dérogations. C'est selon l'article 53 de la convention de Vienne de 1969 des normes d'ordre public international qui constituent la limite de l'autonomie de la volonté des Etats : « *Est nul tout traité qui, au moment de sa conclusion, est en conflit avec une norme impérative du droit international général* ».

L'article 53 définit cette norme comme « *une norme acceptée et reconnue par la communauté internationale des Etats dans son ensemble en tant que norme à laquelle aucune dérogation n'est permise et qui ne peut être modifiée que par une nouvelle norme du droit international général ayant le même caractère* ».

Chapitre VI : Les réussites du nouveau constitutionnalisme africain

Le nouveau constitutionnalisme africain des années quatre-vingt-dix a résolument pris ancrage dans la vie politique africaine en appréhendant la mesure de celle-ci de façon conséquente au point d'être un rempart des crises politiques qu'il a su très souvent prévenir, voire gérer et résoudre. L'appropriation du constitutionnalisme par les Africains (SectionI) et l'internationalisation du constitutionnalisme africain (Section II) ont conduit à ce nouvel état d'esprit du nouveau constitutionnalisme africain.

Section I : L'appropriation du constitutionnalisme par les Africains

L'Afrique s'est illustrée aux lendemains des années quatre-vingt-dix par l'appropriation du droit par tous les acteurs politiques et leurs arbitres. Ceci s'explique d'une part par l'usage du droit et le recours au droit par les acteurs politiques (Paragraphe I), et par la prévention et la résolution réussies des crises politiques par le juge constitutionnel au lendemain des conférences nationales d'autre part (Paragraphe II). Il s'agit ici de la censure des instruments juridiques liberticides porteurs des germes de conflits ouverts entre les acteurs de la vie politique et la sanction des actes contraires à la constitution.

Paragraphe I : Le retour du droit dans la vie politique africaine

Le droit est de retour en Afrique au lendemain des conférences nationales africaines.

Après une longue absence du droit dans la vie politique, il est heureux de constater que celui-ci est désormais considéré comme une arme politique, puisque la politique se fait à l'aune du droit par les acteurs politiques et même les populations. Ceci s'est manifesté par la juridisation du pouvoir, caractérisée par la définition des régimes politiques sur fond d'Etat de droit. Partout en Afrique au sud du Sahara, la division de la chose politique s'est faite conformément à l'esprit de John LOCKE et surtout de MONTESQUIEU en trois pouvoirs aux attributions bien délimitées par le droit. Trois grands pouvoirs animent la vie politique africaine, à savoir le pouvoir exécutif, le pouvoir législatif et le pouvoir judiciaire. Les différents régimes politiques déterminés et adoptés par les Etats africains agissent dans leur rôle respectif au regard du droit défini par la loi fondamentale. Pour rendre efficace la vie politique, des institutions complémentaires diverses ont été mises sur pied dans ces Etats telles que la Haute Autorité de l'Audio-visuel et de la Communication, le Conseil Economique et Social, la Commission nationale des droits de l'Homme...Des institutions plus

conformes aux principes démocratiques et pluralistes ont donc été créées traçant à tous les acteurs politiques le cadre juridique du jeu politique.
Pendant cette période, de nombreuses révisions et réformes constitutionnelles ont été opérées permettant pendant presque deux décennies à nombre d'Etats africains comme le Bénin, le Mali, le Sénégal... de connaître une vie constitutionnelle durable et apaisée. Les débats politiques dans ces Etats prennent ancrage dans le droit et la presse africaine devenue plurielle en fait quotidiennement état dans ses éditions. C'est pourquoi, Jean du Bois de GAUDUSSON affirme que «*le discours politique actuel en Afrique accorde une place, variable mais de moins en moins secondaire, aux considérations juridiques et aux échanges d'arguments de droit tirés de la constitution et des interprétations dont elle fait l'objet* »[138]. L'auteur poursuit en disant que les débats politiques sont portés sur le terrain du droit et privilégient « *l'argument constitutionnel* ». Il corrobore en affirmant que « *signe d'un changement des esprits de la classe politique et des médias, la référence aux normes et à la légalité est devenue un passage obligé de la légitimité, tant vis-à-vis de l'opinion interne nationale que de la communauté internationale* »[139]. L'exemple de la crise togolaise de février 2005 toujours cité par Jean du Bois de GAUDUSSON pour étayer son argumentation mérite d'être rappelé. En 2005, suite au décès du Président GNASSIGBE Eyadema, les généraux de l'armée togolaise ont fait un coup d'Etat en portant au pouvoir l'un des fils du défunt Président, Faure Gnassingbé, en se plaçant sur le terrain du droit. Il était donc un fait sur le continent africain, notamment dans les Etats francophones que le droit a pacifié le pouvoir dans sa prise, dans sa gestion et dans la résolution des crises politiques, épargnant ainsi quelque peu à la différence du passé la perte inutile des vies humaines .C'est pourquoi, l'Afrique francophone a été le théâtre du recours aux procédures juridictionnelles et du recours aux juges au lendemain des conférences nationales.

Paragraphe II : Un comportement exemplaire du juge africain

Les nouvelles cours constitutionnelles des années quatre-vingt-dix se sont illustrées dans la prévention des crises politiques et dans leurs gestion et résolution. C'est dans leur prévention qu'elles ont beaucoup plus marqué les esprits, surtout en matière de crise électorale où le juge constitutionnel, pour prévenir les crises, passe d'une part par le contrôle de la loi et d'autre part par son application, permettant ainsi au juge constitutionnel d'être utile en

A[138] Jean du Bois de GAUDUSSON, « Défense et illustration du constitutionnalisme en Afrique après quinze ans de pratique du pouvoir », Mélanges en l'Honneur de Louis Favoreu, p.612.
[139] Jean du Bois de GAUDUSSON, op.cit., p. 612.

amont et en aval des crises politiques qu'il est appelé à solutionner. L'adage, « *il vaut mieux prévenir que guérir* » a été le leitmotiv du juge constitutionnel au lendemain des conférences nationales en Afrique au Sud du Sahara.

Le juge constitutionnel donc pour prévenir les crises, passe par le rôle traditionnel des cours constitutionnelles qui consiste à veiller à la constitutionnalité des textes juridiques établis pour régir l'activité politique des institutions politiques et des acteurs politiques. C'est dire qu'il faut voter des textes pour prévenir les conflits politiques et surtout les faire appliquer par des institutions créées à cette fin[140]. Cela passe d'une part selon Stéphane BOLLE et Gilles BADET par la validation d'un choix hardi du législateur, comme celle de l'institution d'une autorité électorale indépendante de l'Exécutif[141]. Mieux, pour Stéphane BOLLE c'est sur le terrain de la sanction des vices de constitutionnalité externe et interne que le juge est attendu, pour tempérer les excès de la « loi » de la majorité, nonobstant l'absence d'un devoir constitutionnel de légiférer loyalement[142]. Les cours constitutionnelles africaines d'après les années quatre-vingt-dix se sont évertuées à travailler en tenant compte des normes de la charte africaine de la démocratie, des élections et de la gouvernance, notamment en son article 23 qui énonce la nécessité de « *promouvoir la tenue régulière d'élections transparentes, libres et justes afin d'institutionnaliser une autorité et un gouvernement légitimes ainsi que les changements démocratiques de gouvernement* ». Ainsi, des lois électorales liberticides qui portent les

---

[140] La cour constitutionnelle du Bénin, dans sa célébrissime décision D.C.C.34-94 du 23 décembre 1994 est illustrative. Elle a en effet jugé que la Commission Electorale Nationale Autonome (C.E.N.A.) « *s'analyse comme une autorité administrative, autonome et indépendante du pouvoir législatif et du pouvoir exécutif ; que la création de la Commission Electorale Nationale Autonome (C.E.N.A.), en tant qu'autorité administrative et indépendante, est liée à la recherche d'une formule permettant d'isoler, dans l'administration de l'Etat, un organe disposant d'une réelle autonomie par rapport au gouvernement, aux départements ministériels et au parlement, pour l'exercice d'attributions concernant le domaine sensible des libertés publiques en particulier des élections honnêtes, régulières, libres et transparentes* ».

[141] Association des Cours Constitutionnelles ayant en Partage, l'Usage du Français (A.C.C.P.U.F.), Les juridictions constitutionnelles africaines et les crises électorales in *Les cours constitutionnelles et les crises*, communication de Stéphane Bolle, Maître de conférences H.D.R. en droit public à l'Université Paul Valéry- Montpellier III ; 5ème Congrès, Cotonou, 22-28 juin 2009, p.5. Voir aussi sur la question, Gilles Badet, Cour constitutionnelle et régularité des élections au Bénin, Cotonou, Friedrich Ebert Stiftung, 2000, p.50.

[142] Voir Stéphane BOLLE, « Obligations constitutionnelles et légales des gouvernants et autres responsables politiques nationaux : gouvernement, Assemblée Nationale et institutions de l'Etat », communication à la conférence internationale, « *Les défis de l'alternance démocratique* », Cotonou, 23-25 février 2009, p.12 et svts. , consultable à l'adresse suivante : http://www.idh-bénin.org/communications/BOLLE-Défis_alternance_démocratiques_constitutionnelles.pdf

germes des conflits graves sont très souvent censurées par ces cours constitutionnelles. C'est l'exemple de la cour constitutionnelle du Bénin qui a jugé, à deux reprises, que la loi ne pouvait ajouter à la constitution, en créant une condition d'éligibilité à la présidence de la République : en 1996, c'est l'amendement TEVOEDJRE-LADIKPO qui faisait obligation à chaque candidat de fournir la preuve de sa renonciation à toute nationalité autre que celle du Bénin qui a été censuré. En effet, cet amendement visait Nicéphore SOGLO, le Président en exercice, également de nationalité française[143]. En 2005, la cour constitutionnelle réédite l'exploit en invalidant un texte durcissant la condition de résidence au moment des élections et qui était de nature à éliminer de la compétition YAYI Boni, fonctionnaire international, qui finalement a été élu triomphalement par le peuple béninois[144]. En 2000, le respect du principe d'égalité a été dicté aux membres de la représentation nationale par la cour constitutionnelle dans la décision D.C.C. 01-011 des 11 et 12 janvier 2000. En effet des requérants, notamment Ahamed AKOBI ,Bernard DAVO LANI, Chabi L. SAKA KINA Guézéré et Léon Bani Bio BIGOU, ont demandé à la Haute juridiction de déclarer contraires au règlement intérieur et à la constitution d'une part, la procédure suivie par l'Assemblée Nationale pour l'établissement et l'adoption de la liste des dix-neuf membres appelés à siéger dans la Commission Electorale Nationale Autonome (C.E.N.A.) et des huit membres de chacune des douze Commissions Electorales Départementales (C.E.D.), en application des articles 41 et 43 de la loi n°2000-18 du 03 janvier 2001 portant règles générales pour les élections en République du Bénin et, d'autre part le mode de répartition desdits membres pour tenir compte de la configuration politique de l'Assemblée Nationale.

Prenant appui sur la décision D.C.C. 00-078 du 7 décembre 2000 qui recommande de tenir compte de la configuration politique pour assurer la participation de toutes les forces politiques représentées à l'Assemblée Nationale et la transparence des élections, elle trouve ses conclusions à travers la mauvaise répartition des personnalités élues pour siéger à la commission électorale nationale. Il ressort, de l'analyse de cette répartition, qu'un groupe parlementaire ayant deux fois plus de députés qu'un autre se retrouve avec sensiblement le même nombre de membres élus que lui que deux groupes parlementaires ayant le même nombre de députés se retrouvent, l'un avec un membre et l'autre avec cinq, qu'il en résulte des

---

143 Cour Constitutionnelle du Bénin, Décision D.C.C. 96-002 du 5 janvier 1996. Cette décision est révolutionnaire d'autant plus qu'à l'initiative de l'opposition radicale, l'Assemblée Nationale avait adopté la clause, le 22 septembre 1995, par 72 voies pour, 1 contre et 6 abstentions.

144 Cour constitutionnelle du Bénin, Décision D.C.C. 96-069 des 26 et 27 juillet 2005.

disproportions manifestes et une disparité flagrante dans la répartition des membres affectés à chaque groupe parlementaire.
Cette injustice se remarque également dans la répartition des personnalités appelées à siéger dans les commissions départementales électorales. Ainsi, la Cour après avoir rappelé la D.C.C. 34-94 du 23 décembre 1994 par laquelle elle a affirmé le but de la C.E.N.A. qui doit être un organe indépendant du Gouvernement dont la mission sera de garantir des opérations électorales propres et transparentes, en est arrivée à la conclusion de la confiscation de cet organe indépendant par certains groupes parlementaires, en violation de l'article 26 de la constitution. Mieux, une décision récente de cette cour en date du 13 juillet 2006 mérite d'être rappelée : il s'agit de la décision par laquelle elle a prononcé l'annulation d'une modification de la constitution régulièrement adoptée par l'Assemblée Nationale en vue de prolonger le mandat des parlementaires. Cette décision rendue par la Cour constitutionnelle béninoise qui anéantit la première révision de la constitution béninoise du 11 décembre 1990 est une manifestation vivante selon le Professeur Ibrahim SALAMI de la création normative et de l'audace jurisprudentielle. En modifiant l'article 80 de la constitution béninoise, l'Assemblée nationale était persuadée d'avoir exercé son pouvoir souverain de révision en respectant la forme et la procédure prescrites par la constitution. D'abord, elle porte de quatre à cinq ans le mandat des députés. Ensuite, elle rend la modification applicable à la législature en cours indiquant que son mandat prend fin en avril 2008 au lieu de 2007. Cette décision selon le Professeur SALAMI permet à la Cour de censurer, sur le fondement du consensus, ce qu'elle considère comme un « abus » du Parlement, mais surtout d'éviter une violation immédiate et médiate de la constitution[145].
La cour constitutionnelle du Bénin n'avait pas seule le monopôle d'une telle maturité politique et surtout constitutionnelle, car celle du Mali lui a emboîté le pas dans la même entreprise dans un emblématique arrêt de 1996[146] déclarant contraires à la constitution, nombre de dispositions qui enjoignent au législateur de préciser la composition de la Commission Electorale Nationale Indépendante (C.E.N.I.) en ces termes : « *Les règles et les principes doivent s'énoncer clairement de façon à constituer des normes juridiques sans équivoque.* » Il était question pour la cour de s'opposer au monopole des partis politiques pour la présentation des candidatures, situation selon elle contraire à l'exercice de la souveraineté nationale. Elle

---

[145] Ibrahim David SALAMI, « Le pouvoir constituant dérivé à l'épreuve de la justice constitutionnelle béninoise », Revue togolaise de sciences juridiques, n° zéro, janvier-juin 2010, p.44.
[146] Cour constitutionnelle du Mali, Arrêt C.C. 96-003 du 25 octobre 1996.

s'exprima en ces termes : « *Dans un système de démocratie pluraliste, les candidatures ... sont libres ... ; ... l'adhésion d'un citoyen à un parti est libre ; ...par conséquent la mise en œuvre des droits politiques d'un citoyen n'est pas fonction et ne saurait être fonction de son adhésion à un parti ; ... les partis concourent, c'est-à-dire participent à l'expression du suffrage, donc ne peuvent être les seuls à concourir à l'expression du suffrage* ». Elle a également opposé au législateur le principe à valeur constitutionnelle de la liberté de candidature en excipant que l'exigence de « *la signature de cinquante élus locaux dans chaque région (qui) peut revenir dans certaines conditions et dans certaines régions à limiter le nombre de candidats à la présidence de la République* » est contraire à la constitution. Et mieux, au nom du « *principe d'égalité des électeurs* » et du « *principe d'indivisibilité du corps électoral* », cette même cour à rejeté la juxtaposition, à la même échelle territoriale, de deux modes de scrutin pour l'élection des députés à l'Assemblée Nationale, l'un majoritaire pour les circonscriptions de un à trois sièges, l'autre proportionnel dans les circonscriptions de plus de trois sièges.

Par ailleurs, par sa décision du 9 avril 2009, la Cour constitutionnelle du Togo a presque invalidé une loi qui a pour vocation de modifier le code électoral, laquelle loi a été inspirée par le parti du Président de la République, en violation de l'Accord politique global de 2006.

Compte tenu de ce qui précède, l'on peut conclure que le nouveau constitutionnalisme africain au lendemain des conférences nationales avait pris ses marques de façon décisive augurant ainsi d'un bel avenir constitutionnel pour le continent dans son ensemble.

Par ailleurs, il arrive que le juge constitutionnel soit pris de court par les crises politiques qu'il n'arrive pas à prévenir et se trouve dans l'obligation de les résoudre en appliquant la loi. Dans ce cas, il est obligé d'apporter une solution à la crise en appliquant purement et simplement la loi. A ce niveau, le nouveau constitutionnalisme africain des années « quatre-vingt-dix » s'est illustré brillamment, notamment dans la résolution des crises électorales. Des exemples foisonnent et méritent d'être évoqués ici.

En effet, au Sénégal, le conseil constitutionnel de ce pays a déclaré recevable, en 1998, une liste de candidats aux élections législatives, au motif que l'absence du récépissé du trésorier général confirmant le dépôt du cautionnement électoral, ne lui était pas imputable du fait de l'absence de permanence au trésor public et aussi faute d'acceptation par le ministère de l'intérieur de la somme exigible avant l'heure limite de dépôt des candidatures. Elle déclare par conséquent que l'administration sénégalaise est plutôt responsable de son propre dysfonctionnement, et que par conséquent, cette liste était recevable[147]. La cour constitutionnelle du Bénin s'est comportée de la même façon lorsqu'elle a indiqué, en 2003, que la Commission Electorale Nationale Autonome (C.E.N.A.) avait violé la loi en rejetant une demande de remplacement sur une liste de candidats d'un ancien ministre décédé. Elle a remplacé le candidat défunt alors que le certificat de décès faisait défaut ; de même, la cour constitutionnelle du Togo a annulé en 1999 des décisions du Ministre de l'intérieur qui a rejeté trois candidatures aux élections législatives du fait d'une mauvaise interprétation du délai du paiement du cautionnement électoral[148]. La cour constitutionnelle du Gabon corrobore l'idée en 1998, en repêchant une candidature à l'élection présidentielle, rejetée par la Commission Nationale Electorale au motif que le dossier était incomplet en justifiant que « *pour des raisons indépendantes de sa volonté, le requérant s'était trouvé dans l'impossibilité de satisfaire aux exigences légales lui imposant d'avoir son dossier de déclaration de candidature complet à la date du 22 octobre 1998* »[149].

Par ailleurs, dans certaines circonstances, les cours constitutionnelles et les cours suprêmes ont besoin de prendre des décisions courageuses et rassurantes pour donner aux électeurs des sentiments de sécurité juridique. Elles doivent donc inspirer confiance, assurance et respect de la part des citoyens pour réussir l'œuvre d'édification d'une société d'état de droit et de démocratie. C'est pourquoi une invalidation de résultats électoraux lorsqu'ils sont faux doit être faite par ces institutions lorsqu'elle est nécessaire. C'est ce qu'ont prouvé quelques institutions constitutionnelles africaines au lendemain des années quatre-vingt-dix. Ainsi en 1995 au Bénin, la cour constitutionnelle a annulé le scrutin législatif dans le Borgou, au motif que « *les irrégularités qui y ont été commises, par leur nombre et leur gravité, retirent au scrutin tout caractère de sincérité* » ; il en est de même à Cotonou, fief de la Renaissance du Bénin, parti du chef de l'Etat, Nicéphore Dieudonné SOGLO et circonscription de l'épouse du Président de la République, pour « *retard anormal* » de deux semaines accusé dans la transmission des documents électoraux[150].

C'est le cas du Togo en 1999 à Dankpen où le scrutin législatif a été annulé « *nonobstant l'écart de voix existant entre les deux candidats parce que l'attribution de 66,1% de suffrages exprimés restait incertaine* »[151]

En 2002, au Cameroun, les élections législatives ont été totalement invalidées dans neuf circonscriptions, notamment pour « *falsification* » des

---

[147] Conseil constitutionnel du Sénégal, Décision n°3/E/98 du 15 avril 1998.

[148] Cour constitutionnelle du Togo, Décision E 004/99 du 12 mars 1999.

[149] Cour constitutionnelle du Gabon, Décision n°010/C.C./98 du 29 octobre 1998.

[150] Cour constitutionnelle du Bénin, Proclamation des résultats des élections législatives du 28 mars 1995 (16 avril 1995).

[151] Cour constitutionnelle du Togo, décision E012/99 du 8 avril 1999.

chiffres par une commission électorale et acheminement tardif de bulletins de vote d'un parti ne comportant pas les noms des candidats officiellement retenus[152]. Lorsque les irrégularités sont graves et massives, le juge constitutionnel prend aussi des décisions exceptionnelles allant jusqu'à annuler les élections dans la circonscription concernée.
Les institutions judiciaires africaines,[153]notamment malienne et malgache en 1997, ont respectivement réformé les opérations électorales dans leur pays en annulant l'ensemble du premier tour des élections législatives au Mali et en remettant en cause à Madagascar, le mandat d'un chef de l'Etat convaincu de violation de la constitution[154].
Les cours constitutionnelles africaines ont aussi brillamment réformé des résultats électoraux quand c'est nécessaire. Voici la formule généralement consacrée pour faire l'opération : « *Après avoir, en sa qualité de garante de la régularité des élections législatives, opéré diverses rectifications matérielles et procédé aux redressements jugés nécessaires et aux annulations des votes au niveau de certains bureaux..* ». Comme on peut le constater, les années quatre-vingt-dix ont constitué dans une certaine mesure l'âge d'or du constitutionnalisme africain, augurant ainsi pour le monde francophone africain en particulier et pour toute l'Afrique en général d'un avenir plein d'espoir.
L'autre forme de protection est relative aux droits de l'Homme. L'Etat étant le premier garant des droits humains, il se doit de les protéger par la sanction de leur violation par la voie judiciaire. C'est pourquoi beaucoup d'Etats de l'espace francophone se sont dotés de cours ou conseils constitutionnels dans le but de sanctionner la violation des droits de l'Homme par les pouvoirs publics. Des tribunaux ou cours administratifs interviennent dans le cadre de cette protection verticale des droits de l'Homme. Dans les relations interpersonnelles, des tribunaux judiciaires interviennent pour sanctionner la violation des droits de l'Homme par d'autres personnes : c'est la protection horizontale des droits de l'Homme.

S'agissant de la protection verticale des droits de l'Homme, quelques décisions méritent d'être évoquées. En effet pour préserver le principe d'égalité et de non-discrimination, la cour constitutionnelle du Bénin dans

---

[152] Stéphane Bolle, « Les juridictions constitutionnelles africaines et les crises électorales », communication donnée lors du cinquième congrès de l'Association des cours constitutionnelles ayant en partage, l'usage du français, tenu à Cotonou, du 22 au 28 juin 2009 ; communication donnée le 22 juin 2009.
[153] « Les juridictions constitutionnelles en Afrique », in G. Conac (dir.), *Les cours suprêmes en Afrique*, trois volumes, Economica, 1998.
[154] A la suite d'une procédure d'empêchement à Madagascar, le chef de l'Etat a démissionné en 1996.

une de ses décisions, suite à sa saisine par un particulier de l'inconstitutionnalité de l'arrêté interministériel n°93-068/MFPR/MF/DC du 4 août 1993 portant fixation des modalités et programmes du test de sélection des préposés des douanes, la cour a considéré que l'article 3-b dudit arrêté, en limitant aux seuls fonctionnaires en service au Ministère des Finances, la possibilité de se présenter au test de recrutement ne rompt pas le principe de l'égal accès à la fonction publique et au déroulement de carrière aux termes de l'argumentation suivante : « *considérant que si les exigences du Programme d'Ajustement Structurel (PAS) et l'effectif pléthorique des agents en service au Ministère des Finances peuvent justifier que le test en cause ne soit pas ouvert à tous les agents permanents de l'Etat de la catégorie concernée qui doivent bénéficier tous d'un droit égal dans le déroulement de carrière qu'en se limitant, comme il l'a fait, aux seuls agents en service dans le ministère des Finances, l'accès audit test, l'arrêté critiqué pose une mesure discriminatoire non conforme à la constitution* »[155].

De plus, le juge constitutionnel béninois a sanctionné la violation du principe d'égalité à travers la décision du Ministre de l'Education Nationale et de la Recherche scientifique d'accorder l'autorisation de concourir à un enseignant et de le refuser à un autre provenant de la même catégorie socioprofessionnelle, et inscrit dans la même filière que le premier. Ce faisant, le Ministre a méconnu et violé les dispositions de l'article 26 de la constitution (DCC 01- 058 du 27 juin 2001).

Ce juge a par ailleurs mis en œuvre le principe d'égalité et de non-discrimination à travers une décision sur la polygamie (DCC 02-144 du 23 décembre 2002). La cour constitutionnelle a argué du fait que le code des personnes et de la famille permet à l'homme d'avoir plusieurs épouses pendant qu'un tel privilège n'est pas reconnu à la femme, pour dire qu'une telle disposition du code est contraire à la constitution, notamment son article 26 qui consacre non seulement l'égalité de tous devant la loi, mais aussi l'égalité en droit de l'Homme et de la femme : « *L'Etat assure à tous l'égalité devant la loi sans distinction d'origine, de race, de sexe, de religion, d'opinion politique ou position sociale. L'homme et la femme sont égaux en droit* » (art.26). Le code des personnes et de la famille viole aussi l'article 18, alinéa 3 de la charte africaine des droits de l'Homme et des Peuples qui fait partie intégrante de la constitution béninoise du 11 décembre 1990. Cet article dispose : « *L'Etat a le devoir de veiller à l'élimination de*

[155] KPODAR (A.), « Réflexions sur la justice constitutionnelle à travers le contrôle de constitutionnalité de la loi dans le nouveau constitutionnalisme : les cas du Bénin, du Mali, du Sénégal et du Togo, Revue Béninoise des sciences Juridiques et Administratives, n°16, 2006, pp.104-146.

toute discrimination contre la femme et d'assurer la protection des droits de la femme et de l'enfant tels que stipulés dans les déclarations et conventions internationales. »

Dans la même rubrique, c'est-à-dire celle de la protection du principe d'égalité et de non-discrimination, le juge constitutionnel malien va dans le même sens que le juge béninois, mais en érigeant ce principe au rang de principe à valeur constitutionnelle. Le juge constitutionnel malien a été saisi de l'inconstitutionnalité des articles 174 et 175 de la loi électorale qui prévoyaient deux modes de scrutin pour l'élection des députés à la même chambre : un scrutin majoritaire à un tour dans les circonscriptions qui ont un à trois sièges et la représentation proportionnelle suivant la règle de la plus forte moyenne sans panachage ni vote préférentiel dans les circonscriptions qui ont plus de trois sièges. Le juge a considéré qu'en procédant ainsi, le législateur a méconnu le principe d'égalité entre les électeurs maliens : « *dans la mesure où dans les circonscriptions de un à trois sièges, les voix des électeurs des petites formations politiques ne seraient pas prises en compte pour l'attribution des sièges car la majorité simple suffit tandis que dans les circonscriptions de plus de trois sièges avec la représentation proportionnelle suivant la règle de la plus forte moyenne sans panachage ni vote préférentiel, les voix des électeurs des petites formations politiques seraient obligatoirement prises en compte dans l'attribution des sièges (...) Le principe d'indivisibilité du corps électoral qui ne permet pas une différenciation d'ordre démographique ou territorial au sein de la République ne serait pas respectée* »[156].

Le juge constitutionnel nigérien adhère au principe de l'égalité et de non-discrimination, car c'est ce qui ressort d'un avis qu'il a émis et à travers lequel il estime comme inconstitutionnelles, les dispositions du Code électoral qui excluent de la compétition électorale les candidatures indépendantes, pour n'admettre que celles présentées par les partis politiques. En l'espèce, la cour s'est fondée sur la violation du principe d'égalité qu'elle a défini en ces termes : « *Le principe d'égalité de tous devant la loi signifie qu'il ne doit y avoir aucune distinction de quelque nature que ce soit entre les citoyens nigériens et que tous les citoyens candidats aux élections, même présidentielles, doivent être égaux devant la loi ; qu'il n'est donc pas permis de faire une distinction politique entre les candidats selon qu'ils appartiennent ou non à des partis politiques pour accepter ou rejeter leur candidature... Par conséquent, l'article 84 du Code*

---

[156] KOKOROKO Komla Dodzi, « L'apport de la jurisprudence constitutionnelle africaine à la consolidation des acquis démocratiques : les cas du Bénin, du Mali, du Sénégal et du Togo », Revue Béninoise des Sciences Juridiques et Administratives, n°18, juin 2007, pp 87-129.

électoral qui exige des candidats une adhésion à un parti politique constitue bien une distinction entre candidats et porte aussi gravement atteinte aux droits et libertés du citoyen. »[157]

Le juge constitutionnel congolais n'est pas du reste, puisqu'il fait du rayonnement des droits de l'Homme sa priorité. C'est pourquoi dans sa décision du 30 juin 2003, il assure une protection sans faille des droits de l'Homme. En effet les auteurs de la saisine demandent à la cour constitutionnelle de déclarer non conformes à la constitution, les articles 336 du code pénal qui détermine le délit d'adultère et 337 qui en fixe les peines et prévoit le délit d'abandon de domicile conjugal, lesquels créeraient une discrimination à l'égard de la femme. Ils font par ailleurs valoir d'une part que ces dispositions du droit pénal congolais résultent du code pénal français de 1810 rendues applicables dans les ex-colonies françaises et, d'autre part, que le législateur français a dépénalisé l'adultère par la loi n°75-617 du 11 juillet 1975 mettant un terme à toute disposition créant une discrimination à l'égard des femmes[158]. Le juge congolais a argué que « *la répression de l'adultère de la femme, de même que l'abandon du domicile conjugal par l'homme ; que les dispositions critiquées n'ont donc ni pour objet, ni pour effet de nuire au principe d'égalité de l'homme et de la femme consacrée par la constitution et les textes internationaux pertinents dûment ratifiés* ».

Dans l'affaire Kenneth George[159], en Afrique du Sud, la Haute Cour de la province du Cap de Bonne-Espérance a été saisie par des communautés de pêcheurs (pêche artisanale ou traditionnelle) qui n'avaient plus accès à la mer, suite à la promulgation d'une loi sur les ressources marines. Les communautés de pêcheurs reprochaient au gouvernement de n'avoir pas honoré ses obligations internationales de respecter le droit à l'alimentation que reconnaissent les textes internationaux relatifs aux droits de l'Homme auxquels l'Afrique du Sud est partie, et surtout s'indignent de ce que le gouvernement prend des mesures régressives dans l'accomplissement de ce droit[160]. La cour dans sa décision du 2 mai 2007, a ordonné que les pêcheurs aient un accès immédiat à la mer et que le gouvernement rédige une nouvelle loi, incluant dans sa rédaction, les communautés de pêcheurs, pour que leur

---

[157] Cf Avis n°92-06 cc du 24 septembre 1992-Niger in PACS n°27, pp.37à49.

[158] Komla Dodzi KOKOROKO, « L'apport de la jurisprudence constitutionnelle africaine à la consolidation des acquis démocratiques : les cas du Bénin, du Mali, du Sénégal et du Togo », op.cit., p.104.

[159] South Africa, High Court, Kenneth Georges and Others v. Minister of environnemental Affairs and Tourism, 2007.

[160] South Africa, High Court, Kenneth Georges and Others v. Minister of environnemental Affairs and tourism, 2007, Founding Affidavit by N. Jaffer, par.94-96.

droit à l'alimentation soit respecté[161]. De ce qui précède, l'on peut conclure que le juge fait injonction à l'Etat sud africain de respecter le droit à l'alimentation des personnes, notamment des pêcheurs sud africains victimes de la loi étatique. Par conséquent, pour respecter le droit à l'alimentation le gouvernement ne doit pas par exemple renvoyer des paysans ou des indigènes de leurs terres, qu'il ne doit pas être à la base de la pollution de l'eau qu'ils consomment ou qu'ils utilisent pour l'irrigation de leurs champs, pour des raisons d'industrialisation ou autres. Pour le juge, l'Etat ne doit non plus s'engager dans des politiques économiques qui mèneront à des pertes d'emploi massives ou à des pertes de pouvoirs d'achat, sans offrir une alternative viable aux personnes qui ne pourront plus avoir accès à une alimentation adéquate.

Une autre décision du juge béninois mérite d'être proposée ici, mais cette fois-ci une décision de la chambre judiciaire de la Cour suprême du Bénin qui se prononce sur la peine de mort au regard du droit à la vie.

Le demandeur contestait la peine capitale à laquelle l'avait condamné la Cour d'assises de Cotonou, au motif que cette sentence dont il fait l'objet était « *la violation des droits de l'homme et de la personne humaine* ».

L'auteur du pourvoi a fondé son argumentation sur deux textes : l'article 3 de la Déclaration universelle des droits de l'Homme qui énonce que « *Tout individu a droit à la vie, à la liberté et à la sûreté de sa personne », et l'article 6 du pacte international relatif aux droits civils et politiques qui énonce que « Le droit à la vie est inhérent à la personne humaine. Ce droit doit être protégé par la loi. Nul ne peut être arbitrairement privé de la vie (...)* ».

La chambre judiciaire de la Cour suprême a rejeté ce moyen en disant que « *l'article 6, en prescrivant que « nul ne peut être arbitrairement privé de la vie », admet la possibilité d'une privation du droit à la vie mais à condition que cette privation ne soit pas arbitraire, c'est-à-dire soit fondée sur la loi et soit le fait d'une juridiction compétente ; que la non-prohibition de la peine de mort apparaît encore plus nettement lorsqu'on examine entièrement l'article 6 du Pacte international des droits civils et politiques, lequel article comporte en réalité plusieurs paragraphes ou alinéas numérotés de 1 à 6, et non un seul alinéa comme aurait pu le laisser penser la citation faite par le demandeur au pourvoi ; qu'on lit en effet par exemple :*

[161] South Africa, High Court, Kenneth Georges and Others v. Minister of environnemental Affairs and Tourism, 2007, par.1-7, 10.

Article 6 (2) : « Dans les cas où la peine de mort n'a pas été abolie, une sentence de mort ne peut être prononcée que pour les crimes les plus graves, conformément à la législation en vigueur au moment où le crime a été commis et qui ne doit pas être en contradiction avec les dispositions du présent Pacte ni avec la Convention pour la prévention et la répression du génocide. Cette peine ne peut être appliquée qu'en vertu d'un jugement définitif rendu par un tribunal compétent » ;

Article 6 (4) : « Tout condamné à mort a le droit de solliciter la grâce ou la commutation de la peine. L'amnistie, la grâce ou la commutation de la peine de mort peuvent dans tous les cas être accordées » ;

Attendu que dans le cas d'espèce, la peine de mort a été prononcée par une juridiction légalement constituée, compétente, et en vertu des dispositions de l'article 381 du code pénal, au cours d'un procès où les garanties essentielles d'une bonne administration de la justice ont été respectées ;

Qu'il s'ensuit que le moyen tiré de la violation des droits de l'Homme et de la personne humaine doit être rejeté ».

La chambre judiciaire a fait montre de la maîtrise des textes relatifs aux droits de l'Homme, notamment le Pacte civil et politique dont elle a montré le sens et tous les contours de l'article 6. Elle a démontré sans perdre de vue l'importance du droit à la vie énoncé par les normes internationales, notamment l'article 3 de la Déclaration universelle des droits de l'Homme, l'article 6 du Pacte international relatif aux droits civils et politiques, l'article 4 de la charte africaine des droits de l'Homme et des Peuples…, et sans non plus perdre de vue le droit du condamné de demander la grâce, que l'on peut ôter la vie à un condamné, mais dans la légalité. Ce qui signifie que la privation de la vie doit se faire à la lumière de l'article 6 du Pacte international relatif aux droits civils et politiques en attendant que le monde accède à une ère de civilisation et de culture sans la peine de mort. Mieux, elle s'est mise au même « diapason » que le Comité des droits de l'Homme des Nations-Unies qui a précisé que la validité d'une sentence de mort était subordonnée au respect rigoureux de toutes les garanties du procès équitable[162].

S'agissant de la protection horizontale des droits de l'Homme, les juridictions judiciaires des Etats de l'espace francophone s'y sont employées

---

[162] N°250/87, Carlton Reid c/Jamaïque, déc.20 juillet 1990, RUDH 1991, p.17, parag.11.5 ; n°253/1987, P. Kelly c/Jamaïque, déc.8 avril 1991, A/46/40, 1991, p.251, ou bien Frédéric SUDRE, Droit international et européen des droits de l'Homme, 5e édition, p.208.

pour sanctionner la violation des droits de l'Homme dans les relations interpersonnelles. Un exemple de décision du juge béninois parmi tant d'autres décisions de pays africains pourrait nous en convaincre. En effet, le juge correctionnel du tribunal de première instance de Parakou (Bénin) a connu d'une affaire le 31 septembre 2001. Ainsi, le sieur Issiakou Moussa, vingt-deux ans environ a volontairement porté des coups et fait des blessures sur la personne du sieur Amadou Moussa (la partie civile) à Sèkèrè dans un village de la commune de Sinendé dans le département du Borgou. Il en résulte pour la victime une incapacité temporaire de travail non déterminé. Le tribunal après avoir examiné l'affaire estime qu'il y a eu violation de l'article 309 du code pénal. Dans son argumentaire, le tribunal soutient que : « *Attendu que Issiakou Moussa attrait devant le tribunal correctionnel de céans pour avoir volontairement porté des coups et fait des blessures sur la personne de sieur Amadou Moussa avec cette circonstance qu'il en résulte pour la victime une incapacité temporaire de travail non encore déterminé (...)*

Attendu qu'il existe en la cause des circonstances atténuantes permettant au tribunal de faire bénéficier le prévenu des dispositions bienveillantes de l'article 463 du code pénal[163].

Attendu que le prévenu est délinquant primaire n'ayant encouru aucune condamnation pour crime et délit de droit commun qu'il échet de lui faire application des dispositions de l'article 585 du code de procédure pénale. Par ces motifs, statuant publiquement contradictoirement en matière correctionnelle en premier ressort déclare le nommé Issiakou Moussa atteint et convaincu du délit mis à (...) charge par le Ministère public et pour la répression faisant application des textes sus-visés (...) condamne à douze mois de prison assorti de sursis ; met les frais à sa charge. Délai d'appel, quinze jours.

---

[163] Art.463 (ord.n°60-529 du 4.6.60) Les peines prévues par la loi contre l'accusé reconnu coupable, en faveur de qui les circonstances atténuantes auront été déclarées, pourront être réduites, d'après l'échelle des peines fixées aux articles 7, 8, 18 et 19, jusqu'à deux ans d'emprisonnement si le crime est passible d'une peine perpétuelle, jusqu'à un an d'emprisonnement dans les autres cas.
S'il est fait application de la peine d'emprisonnement, une amende pourra être prononcée, le maximum de cette amende étant de 120.000 F ; les coupables pourront de plus être frappés de la dégradation civique pour cinq ans au moins et dix ans au plus à compter du jour où ils auront subi leur peine, ils pourront en outre être frappés de l'interdiction de séjour dans les conditions prévues en matière criminelle par l'article 44…

Le condamne en outre au remboursement des frais liquidés à la somme de deux mille neuf cent quarante cinq francs (2945f) et ce compris le coût de l'enregistrement du présent jugement (...) »[164].

Section II : L'internationalisation du constitutionnalisme africain

Les hommes politiques africains sont souvent caractérisés par des comportements de revirement ou d'instabilité par rapport à la règle du jeu politique, entraînant ainsi des situations de crises politiques inutiles ou dangereuses. C'est pourquoi il fallait que des règles supranationales viennent en appui aux constitutions africaines (Paragraphe I) et même des accords politiques conclus sous les auspices de la communauté internationale (Paragraphe II) avant que certains Etats ne puissent connaître un constitutionnalisme pacifié et apaisé.

Paragraphe I : Des engagements positifs souscrits par les Etats africains

Les conflits violents qui ont secoué le continent africain sont des conflits occasionnés par les constitutions dont les normes portent les germes desdits conflits. Le conflit qui a secoué pendant presqu'une décennie la Côte-d'Ivoire tire ses racines de la constitution, notamment les dispositions relatives à l' « *ivoirité* » (question liée à la nationalité ivoirienne). La grave crise politique qui a secoué le Niger trouve ses racines dans la mauvaise foi des hommes politiques de ce pays par rapport à leur propre constitution et aux engagements souscrits devant le peuple nigérien. La longue crise mauritanienne qui a secoué ce pays en 2008 procède de ce même comportement des dirigeants mauritaniens par rapport aux normes constitutionnelles du pays et même par rapport au consensus national et aux différents accords politiques internes souscrits par les acteurs politiques mauritaniens. La même situation peut être déplorée à Madagascar secoué de 2010 jusqu'en 2014 par une grave crise politique.
Ces conflits naissent aussi du processus électoral souvent mal parti parce que les textes électoraux sont taillés sur mesure, en faveur généralement de la mouvance présidentielle. Stéphane BOLLE à ce propos confirme en Afrique que « *le pouvoir succombe trop fréquemment à la tentation de légiférer pour faire l'élection. Le code électoral se trouve alors surchargé de règles, parmi lesquelles des dispositions redhibitoires propres à fausser la compétition et l'expression du suffrage* ». C'est ce que l'histoire du constitutionnalisme francophone au sud du Sahara voire dans tout le continent a offert au reste

[164] Tribunal de première instance de Parakou, jugement n°810 RP01 du parquet ; le Ministère public contre Issiakou Moussa (audience publique du 13 septembre 2001) ; nature du délai : coups et blessures volontaires.

du monde. C'est pourquoi en Afrique de l'Ouest, le protocole A/SP1/12/01 du 21 décembre 2001 a vu le jour permettant de dénoncer habituellement sur la scène politique et non en justice l'incompatibilité d'une modification des règles constitutionnelles et législatives du jeu électoral.

Enfin certains conflits naissent de l'absence de démocratie dans ces Etats ou de la mauvaise gouvernance qui conduit le plus souvent à la banqueroute économique ou à la cessation de paiement dans les Etats. Dans ces conditions, les constitutions deviennent insuffisantes pour résorber les crises qui s'annoncent et finissent par éclater avec leur lot quotidien de violations graves et massives des droits de l'Homme, entraînant ainsi l'instabilité non seulement de ces Etats, mais de toute la région dans laquelle ils sont situés. Cette situation a amené les Etats africains à souscrire à la Charte africaine de la démocratie, des élections et de la gouvernance, adoptée par la huitième session ordinaire de la conférence de l'Union Africaine tenue le 30 janvier 2007 à Addis-Abeba. L'article 23 de cette charte oblige les Etats africains à « *promouvoir la tenue régulière d'élections transparentes, libres et justes afin d'institutionnaliser une autorité et un gouvernement légitimes ainsi que les changements démocratiques de gouvernement* ». C'est aussi l'exemple de la déclaration de Bamako du 3 novembre 2000 adoptée en conclusion du symposium international sur le bilan des pratiques de la démocratie, des droits et des libertés dans l'espace francophone. C'est enfin l'exemple de la Déclaration universelle sur la démocratie, adoptée sans vote par le Conseil interparlementaire de l'Union interparlementaire, lors de sa 161ème session au Caire, le 16 septembre 1997. Comme on peut le constater, on note sur le plan mondial, africain et régional, (avec la Communauté économique des Etats de l'Afrique de l'Ouest), l'Union africaine ou l'Organisation internationale de la francophonie, l'émergence d'une prise en charge de la question constitutionnelle (comme le dit GAUDUSSON dans l'article précité) par les organismes internationaux et l'émergence d'une « *doctrine constitutionnelle* » dont l'impact ou l'influence sur les Etats est loin d'être négligeable. En effet, les différentes déclarations qui ont été adoptées par les Etats africains sous les auspices des organismes qui ont apporté leur tutelle à ces Etats pour l'adoption desdites déclarations, font obligation à ces Etats de respecter toutes leurs dispositions au risque de mettre en jeu leur responsabilité internationale. Dès lors que les Etats ont souscrit à leur contenu, elles deviennent une règle de jeu à respecter scrupuleusement par eux. Ces normes permettent le déploiement des observateurs nationaux et internationaux lors des joutes électorales. Mieux, à la veille des élections, les envoyés spéciaux de la C.E.D.E.A.O., de l'Union africaine et de la francophonie…, passent dans les Etats concernés, pour leur rappeler les engagements pris lors de la signature de ces déclarations.

La résultante majeure de cette situation, est une stabilité politique remarquée çà et là sur le continent, notamment au niveau de certains Etats francophones qui sont résolument engagés sur la voie de la démocratie apaisée avec des constitutions qui tiennent compte des réalités sociologiques du pays. C'est le cas du Bénin qui est le théâtre d'alternances politiques régulières réussies sans difficultés majeures sur la base d'une constitution respectée par les acteurs politiques et l'armée, encadrée par des juges constitutionnels qui se mettent très souvent au dessus de la mêlée. La constitution béninoise a par exemple pris en compte la sociologie du pays, un pays marqué dans le passé dans son ensemble par la royauté où le pouvoir ne se partageait pas. C'est ce qui a amené le constituant béninois à éviter un pouvoir de cohabitation, en optant par exemple pour un régime présidentiel qui n'offre pas la possibilité du partage de pouvoir entre un président et un premier ministre. C'est dans ce même ordre d'idées qu'il faut citer dans une certaine mesure certains pays comme le Mali et le Niger qui, pour réviser leur constitution, les soumettent pour paraphraser Jean du Bois DE GAUDUSSON au banc d'essai de forums nationaux avant de déclencher les mécanismes de révision. Le Bénin peut être classé dans ce groupe d'Etats puisque la dernière révision proposée par le politique a échoué faute de consensus national, évoqué par le juge constitutionnel. Le 3 novembre 2000, c'est ce principe de consensus national que, par la déclaration de Bamako, les chefs de délégation des Etats et gouvernements membres de l'organisation internationale de la francophonie se sont engagés à faire observer dans leurs pays respectifs en aidant « *à faire en sorte que les textes fondamentaux régissant la vie démocratique résultent d'un large consensus national, tout en étant conforme aux normes internationales, et soient l'objet d'une adaptation et d'une évaluation régulières* ».

Cette stabilité peut être aussi expliquée par des constitutions qui tiennent compte des réalités ethniques du pays ; constitutions qui amènent le constituant national à tenir compte de la configuration ethnique et sociologique des Etats[165].

Les exemples du Sénégal, du Mali, et dans une certaine mesure, du Cameroun, du Gabon, du Congo, de la Guinée équatoriale, du Burundi... sont à citer. Le résultat de tout cet effort d'internalisation du constitutionnalisme africain et des constitutions tenant compte des réalités

---

[165] Ainsi la constitution du Burundi adoptée le 28 février 2005 prévoit en application du principe d'inclusion des groupes ethniques et des partis politiques minoritaires, consacré par l'Accord sur le partage du pouvoir d'août 2004 que les deux Vices présidents doivent appartenir à des groupes ethniques et des partis politiques différents, que le ministre chargé de la force de défense nationale ne doit pas être de la même ethnie que le ministre responsable de la police nationale, que des quotas ethniques doivent être respectés, selon des mécanismes complexes, dans la composition de l'exécutif et du gouvernement.

sociologiques et culturelles est sans ambages globalement positif ; il s'avère donc nécessaire de renouveler et d'intensifier cet effort pour que vive un constitutionnalisme apaisé, « thérapeutique » et vital pour tout le continent africain.

Paragraphe II : Un conventionnalisme sain

En Afrique, certaines conventions sont salvatrices, puisqu'elles ont permis à un certain nombre d'Etats qui étaient au bord de la guerre civile de retrouver le chemin de la paix, et donc du développement durable. Des Etats comme le Togo, le Congo, la Côte-d'Ivoire… ont passé par ce chemin dont les chances d'aboutissement n'étaient pas garanties au départ. Les conventions connues par ces Etats en pleine et profonde crise politique ont été pour les constitutions de ces pays, de véritables digues pour canaliser « *les flots déstabilisateurs et diaboliques* » des courants politiques ravageurs mus par la logique de la soif du pouvoir, au mépris des intérêts de leur peuple. C'est ce qu'a confirmé Joël AIVO à travers des exemples d'une pertinence exceptionnelle. En effet, l'Accord cadre de Lomé de 1999 signé sous les auspices de la France, de l'Allemagne et de l'Union européenne a donné une chance au Togo de retrouver le chemin de la démocratie que les acteurs politiques avaient du mal à emprunter. Cet accord qui avait pour but d'aider le Togo à résoudre les problèmes politiques nés de la présidentielle du 12 juin 1998 et des législatives de 2000 a permis à ce pays de réussir ces deux grands événements politiques majeurs de la vie du Togo, puisque les acteurs politiques concernés ont accepté de renoncer à leurs ambitions politiques souvent divergentes. C'est pourquoi, le professeur AIVO disait de cet accord qu'il était « *un compromis fondamental qui, en requérant « le strict respect de la constitution » comme « l'une des garanties indispensables au libre jeu démocratique et de l'alternance » a réussi tout au moins à ajourner la révision de la constitution* »[166]. Il faut signaler que cet accord permettait de préserver la constitution togolaise de révisions opportunistes. Fort du succès du premier accord politique, un autre a été négocié et a eu aussi le même succès permettant à ce pays de progresser dans sa marche pour la construction d'un Etat de droit et de démocratie. Il s'agit de l'Accord politique global signé en 2006, accord qui encourageait la classe politique togolaise à poursuivre les réformes qui permettront aux Togolais de réussir

---

[166] Frédéric Joël AIVO, « La crise de normativité de la constitution en Afrique », op.cit., p 177.

la construction de l'Etat de droit et la consolidation de la démocratie dans un esprit de consensus national.[167]
En République démocratique du Congo, l'Accord global et inclusif de Sun City, signé le 17 décembre 2002 à Pretoria en Afrique du Sud, est dans la même mouvance que celui de Lomé puisque cet Accord, sur certains points, tient lieu de normes fondamentales et assure le fonctionnement régulier des divers organes de la transition ;[168] mieux, il constitue la matrice des normes postérieures à la crise qu'elle est appelée à solutionner, et même de la future constitution. Cet accord politique a suppléé les insuffisances de la constitution mère ou originelle et a permis à la République démocratique du Congo de survivre à une grave crise politique qui a longtemps secoué ce pays, et d'amorcer vaille que vaille ou petitement mais sûrement sa marche sur le chemin de la démocratie et de l'Etat de droit[169].
Par ailleurs, les partenaires de la promotion du constitutionnalisme dans les Etats africains, notamment l'Union européenne, l'Union africaine, la C.E.D.E.A.O., la France, la Belgique, la Hollande... ne manquent pas d'aider et d'accompagner les Etats africains dans leur processus électoral en soutenant la classe politique africaine dans l'édiction des codes de bonne conduite politique, véritables boussoles des acteurs politiques avant, pendant et après le processus électoral, parfois en lien avec les accords politiques préalablement négociés et conclus entre les acteurs politiques sous les auspices de la communauté internationale. Plusieurs Etats en ont bénéficié. En effet, la Côte-d'Ivoire qui a longtemps été secouée par une grave crise politique a pu se doter avec l'appui de la communauté internationale le jeudi 24 avril 2008 d'un code moral de bonne conduite en lien avec les accords politiques qui ont été signés auparavant en faveur du pays, et dont l'article 1er dispose que « *les signataires s'engagent à soutenir la tenue d'élections*

---

[167] Accord cadre de Lomé, 3ème partie, in ABOUDOU-SALAMI (M.S.), « La révision constitutionnelle du 31 décembre 2002 : une revanche sur la conférence nationale de 1991 », art.cité., p.74.

[168] L'article 1 de la constitution de la transition de la République Démocratique du Congo est explicite : « *La constitution de la transition de la République démocratique du Congo est élaborée sur la base de l'Accord global et inclusif sur la transition en République démocratique.* » Joël AIVO soutient dans son article sur la crise de la normativité en Afrique que même si les alinéas 2 et 3 du même article font de l'accord global et inclusif et de la constitution de la transition la seule source du pouvoir et le cadre d'établissement et d'exercice de tous les pouvoirs durant la période transitoire, il n'en demeure pas moins que la constitution de la transition est bien subordonnée pour sa légitimité et sa validité normative à la lettre et à l'esprit de l'Accord global et inclusif qui lui est supérieur. Voir l'article de MBODJ cité ci-dessous.

[169] Sur cette question de l'Accord politique concernant la R.D.C., consulter l'article de MBODJ (El.H.), « La constitution de transition et la résolution des conflits en Afrique... », cité par Joël Aivo, in « *Réflexions sur la crise de normativité de la constitution en Afrique,* Revue béninoise de sciences juridique et administrative, 2011, p.56.

démocratiques, libres, ouvertes et transparentes organisées par la Commission Electorale Indépendante (C.E.I.). Ils s'engagent à respecter le verdict des urnes. Ils s'engagent également à n'utiliser que la procédure judiciaire prévue par les lois pour contester éventuellement les résultats des élections »[170]. C'est le cas également du Niger et du Tchad qui, pour pouvoir organiser des élections libres, transparentes et crédibles, ont bénéficié eux aussi d'un code avec l'appui des partenaires internationaux.[171] L'article 1er du code de bonne conduite tchadien stipule que « *les signataires s'engagent à respecter l'ordre public, l'autorité de l'Etat, de même que les lois et règlements de la République. Ils s'engagent à œuvrer pour la sauvegarde de la paix, de la concorde sociale et de l'unité nationale par l'acceptation de la*

---

[170] Code de bonne conduite des partis politiques, des groupements, des forces politiques et des candidats aux élections en Côte-d'Ivoire.

Son préambule donne le contenu suivant : « *Nous, Partis politiques, Groupements, Forces politiques et candidats aux élections en Côte-d'Ivoire, désignés dans ce code sous le titre de « signataires » ;*

- *Considérant l'impérieuse nécessité d'œuvrer à une sortie de crise rapide pour une paix durable ;*
- *Souscrivant sans réserve aux lois et règlements qui encadrent les élections en Côte-d'Ivoire ainsi qu'aux standards internationaux en matière électorale ;*
- *Souscrivant aux Accords politiques entre Acteurs ivoiriens et aux Résolutions internationales tendant au règlement de la crise ivoirienne ;*
- *Souscrivant aux valeurs et fondements d'une compétition électorale démocratique, libre, transparente et ouverte à tous ;*
- *Soucieux de la stabilité et de l'intégrité de la Côte-d'Ivoire* »

[171] Code de bonne conduite des partis politiques et candidats indépendants en période électorale au Niger du 25 janvier 2011. Son préambule dit ce qui suit : « *Nous, dirigeants des partis politiques légalement reconnus, des candidats indépendants ou leurs représentants, soussignés,*

- *Profondément attachés au respect des droits de la personne humaine consacrés par la Déclaration Universelle des Droits de l'Homme, la Charte Africaine des Droits de l'Homme et des Peuples et par la constitution du 25 novembre 2010 ;*
- *Résolus à préserver les acquis des traditions de luttes héroïques du peuple nigérien ;*
- *Soucieux de garantir la paix et la stabilité politique, économique et sociale pour les générations actuelles et futures en République du Niger ;*
- *Conscients du rôle capital des partis politiques et des candidats indépendants dans la mobilisation participative des citoyens en vue de l'expression du suffrage populaire ;*
- *Convaincus que l'organisation d'élections transparentes et crédibles concourt à l'apaisement du climat politique et social ainsi qu'à la consolidation de la démocratie au Niger ;*
- *Persuadés de la nécessité d'une franche et effective implication de tous les acteurs dans les différentes phases du processus électoral ;*
- *Engagés à garantir la bonne réalisation des échéances électorales ;*
- *Décidons d'adopter le présent code pour servir de base de gestion de nos rapports en périodes pré électorale, électorale et post électorale* »

diversité d'options politiques et d'opinions et le rejet de la violence sous toutes ses formes. Ils réaffirment leur attachement à la mise en œuvre intégrale de l'Accord politique du 13 août 2007 en vue du renforcement du processus démocratique et souscrivent sans réserve aux standards internationaux en matière d'élections démocratiques... »[172].

Comme l'on peut le constater, certains Accords politiques apportent un souffle nouveau à la vie politique et constitutionnelle des Etats auxquels ils s'appliquent, leur devenant par la même occasion vitaux.

Section III : Les acquis de l'Afrique relativement à la distribution verticale du pouvoir

En termes d'acquis (Paragraphe I), la décentralisation administrative en Afrique a fait du chemin. Ceci permettra de mettre sur orbite beaucoup de régions africaines dans le secteur.

ParagrapheI : Les avancées

Depuis quelques années, des élections communales sont organisées dans nombre d'Etats de l'espace francophone d'Afrique à l'intérieur des collectivités territoriales pour les collectivités territoriales en vue d'y asseoir les fondements d'un réel développement local par des autorités élues. C'est ce que l'on peut appeler la « démocratie à la base ». Cette démocratie à la base ne se limite pas aux joutes électorales locales périodiques seulement,

---

[172] Code de bonne conduite des partis politiques et groupements politiques du Tchad. Son préambule donne le contenu suivant : « *La crédibilité d'une élection démocratique repose sur l'engagement des parties prenantes à œuvrer au bon déroulement de l'ensemble du processus électoral et à rejeter toute initiative visant à le perturber ou à le bloquer. Les divergences de points de vue et d'options pour la gestion de la société ainsi que les enjeux d'une élection particulière ne doivent pas être de nature à mettre en danger la paix, l'unité nationale et la cohésion sociale.*

- *Conscients de notre rôle historique dans l'enracinement de la culture démocratique ;*
- *Conscients de notre influence sur l'opinion publique nationale et de notre responsabilité dans la préservation de la cohésion nationale et de la paix sociale ;*
- *Considérant que les périodes électorales sont souvent porteuses de germes de fracture sociale ;*
- *Considérant que la cohésion nationale et la paix sociale reposent sur une bonne gouvernance démocratique, elle-même tributaire d'un scrutin honnête et transparent ;*
- *Considérant que nul n'est digne de mandat local ou national (législatif ou présidentiel) s'il n'y parvient par la volonté du peuple tchadien, source de toute légitimité ;*

Nous, partis, groupements politiques participant aux élections au Tchad ci-dessous désignés les « signataires », décidons librement de conformer notre conduite publique et nos rapports réciproques aux principes suivants ».

elle continue dans toutes les instances locales et même en dehors. Une décision communale avant d'être adoptée au sein d'un conseil communal fait parfois l'objet d'un vote. L'avis des populations est souvent recueilli par l'équipe communale. Par ailleurs, il faut signaler par exemple qu'au Bénin, les dernières élections communales de 2008 ont permis d'élire 1189 conseillers communaux, 77 maires, 176 adjoints aux maires et 546 chefs d'arrondissement[173]. Au Mali les élections d'avril 2009 ont permis d'élire 17000 conseillers et au Cameroun 9963 conseillers ont été élus lors des élections de 2002. Donc la parole est libérée dans les collectivités locales africaines si l'on doit s'inspirer des exemples précités. Cette démocratisation à la base n'est pas uniforme dans les Etats africains. Dans certains pays, elle est faite à un seul niveau, notamment au niveau des communes. C'est le cas par exemple du Bénin. Dans d'autres en revanche, elle est faite à plus d'un niveau. C'est le cas du Mali où elle est faite au niveau des deux paliers de décentralisation. Ailleurs, deux modes de désignation des dirigeants communaux coexistent. C'est ce que confirme d'ailleurs le ministre délégué auprès du ministre de l'administration territoriale et de la décentralisation du Cameroun, chargé des collectivités lorsqu'il affirme : « *Et si le principe de l'élection du conseil municipal reste un acquis, le système institué fait coexister deux (02) modes de désignation de l'exécutif :*

Dans les communes rurales les administrateurs municipaux sont nommés ;

Dans les communes urbaines, les Maires sont élus par les conseils municipaux, sauf dans certaines grandes villes où des délégués du gouvernement sont nommés ».

Le pouvoir semble en conséquence se décongestionner au Bénin et en Afrique, au sommet de l'Etat, au profit des autorités élues des collectivités locales qui connaissent à coup sûr les réalités sociologiques du milieu où elles sont élues et pourraient efficacement contribuer au développement dudit milieu.

Des centres de décision, d'impulsion et d'accompagnement de la décentralisation administrative ont été créés à quelque différence près au niveau de certains pays africains comme le Bénin, le Mali, le Cameroun, le Congo, le Gabon, la Côte-d'Ivoire...Ceci consiste à la mise en place du dispositif légal, c'est-à-dire des lois, des décrets et mêmes des arrêtés pris dans ces Etats pour assurer la mise en œuvre de la décentralisation : « *il n'y a pas de décentralisation sans textes* ». Ils consistent également en la

---

[173] Voir Actes du forum sur la Décentralisation/Déconcentration tenu du 28 au 30 novembre 2008 au palais des congrès de Cotonou.

création des structures d'accompagnement et de la mise en œuvre de la décentralisation, structures qui ont assez bien fonctionné dans quelques Etats. On peut citer au Bénin, la Direction Générale de l'Administration Territoriale (D.G.A.T.), la Maison des Collectivités Locales (M.C.L.) et la Mission de Décentralisation (M.D.). La création de beaucoup d'autres institutions comme par exemple le Ministère de la Décentralisation de la Gouvernance Locale, de l'Administration et de l'Aménagement Territorial (M.D.G.L.A.A.T.) avec deux directions générales : la Direction Générale de la Décentralisation et de la Gouvernance Locale (D.G.D.G.L.) et la Direction Générale de l'Administration d'Etat (D.G.A.E.). Des associations de communes ont vu le jour : l'Association Nationale des communes du Bénin, le R.I.F.O.N.G.A., (le Réseau des femmes conseillères du Bénin) qui a pour vocation de former les femmes conseillères du Bénin et d'œuvrer pour une élection massive des femmes au niveau des communes.

Au Cameroun, des institutions analogues à celles du Bénin existent. On peut en citer quelques-unes à savoir : le Conseil National de la Décentralisation présidé par le premier ministre, chargé du suivi et de l'évaluation de la mise en œuvre de la décentralisation, le Comité Interministériel des Services Locaux qui est un organe de concertation interministérielle qui a pour mission d'assurer la préparation et le suivi des transferts de compétences et des ressources aux communes, le Fonds Spécial d'Equipement et d'Intervention (F.E.I.C.O.M.) créé en 1977 qui assiste et appuie les communes surtout financièrement avec des prêts... Des Associations existent au Cameroun pour les mêmes raisons. On peut citer l'Association des Communes et Villes du Cameroun (A.C.V.C.) créée en 1996 qui mène des campagnes médiatiques, publie des documents sur la décentralisation au Cameroun, organise des séminaires de formation ou de sensibilisation à l'intention des élus et des personnels locaux. Elle assure la participation des communes camerounaises aux rencontres du mouvement municipal international.

Au Mali, il est question du Haut Conseil des Collectivités chargé d'émettre son avis sur tout ce qui concerne des initiatives de toutes sortes en direction des collectivités locales, de la Mission de Décentralisation qui consiste à assister le gouvernement dans le domaine de la décentralisation ainsi que dans la conception et la mise en œuvre des mesures nécessaires à cette politique, la Direction Nationale des Collectivités Territoriales (D.N.C.T.) pour appuyer et renforcer le processus de décentralisation, la Cellule de Coordination Nationale (C.C.N.) avec ses Centres de Conseils Communaux (C.C.C.) pour appuyer techniquement les communes en matière de conseils, l'Agence Nationale d'Investissements des Collectivités Territoriales

(A.N.I.C.T.) constituant le volet financier du dispositif institutionnel d'appui et d'accompagnement, les Groupes d'Etude et de Mobilisation aux niveaux régional et local (G.R.E.M. et G.L.E.M.), institutions techniques jouant le rôle d'instruments techniques de la décentralisation, c'est-à-dire support matériel en matière de communication…

Il y a donc une dynamique institutionnelle créée dans les Etats africains en matière de décentralisation administrative. Ces institutions sus-citées avec à l'appui la société civile ont assuré la vulgarisation des textes relatifs à la décentralisation administrative dans ces Etats, la formation des acteurs de la décentralisation, l'édiction de milliers de manuels de vulgarisation des textes de la décentralisation et des études réalisées. Dans le cadre de la politique d'information, d'éducation et de communication, des messages ont été véhiculés au Cameroun, au Mali et au Bénin sous supports audio et vidéo…

La coopération décentralisée a commencé à se mettre en place dans presque tous les Etats francophones grâce à des partenaires comme la Coopération française, la Coopération allemande, la Coopération danoise, l'Union européenne, les Etats-Unis d'Amérique, les Organisations Non Gouvernementales telles que la G.T.Z.[174], l'U.S.A.I.D.[175]…qui ont « englouti » des sommes astronomiques dans ces Etats pour appuyer la mise en œuvre de la décentralisation administrative. L'Etat y a fait son devoir par des subventions allouées aux collectivités même si celles-ci n'arrivent pas très souvent à bonne date.

Des organes internes aux communes pour la gestion communale ont vu le jour. C'est le cas au Bénin de la création des services des affaires financières dans les mairies.

Enfin, la décentralisation s'est opérée en même temps que la déconcentration de l'administration centrale de l'Etat, notamment avec la création des préfectures ou leur redynamisation. Toutefois, au Bénin, 6 nouveaux départements ont été créés : l'Alibori, le Couffo, les Collines, la Donga, le Littoral et les Plateaux. Ce découpage s'est révélé insuffisant, c'est pourquoi un autre est en cours sous l'impulsion du chef de l'Etat du Bénin le docteur Yayi Boni et a prévu 29 départements.

---

[174] Deutsche gesellschaft für technishe.

[175] USAID : United States Agency for International Development.

Chapitre VII : Les échecs du nouveau constitutionnalisme africain.

Le constitutionnalisme africain des années quatre-vingt-dix allie des signes de qualité et de déchets, d'espoir et de désespoir, le tout sur fond d'instabilité politique aggravé par des juges constitutionnels souvent à la solde du politique. La mauvaise gestion des contentieux politiques et des droits de l'Homme par le juge constitutionnel africain, l'absence d'unité et de solidarité nationales et l'instabilité constitutionnelle des Etats (Section I) les constitutions en déphasage avec les réalités des Etats africains sur fond d'un régionalisme très négatif, d'un conventionnalisme malsain et des contraintes de la décentralisation administrative (Section II) pourraient être à l'origine des échecs de ce nouveau constitutionnalisme.

Section I : La mauvaise gestion des contentieux politiques et des droits de l'Homme par le juge constitutionnel africain, l'absence d'unité et de solidarité nationales et l'instabilité constitutionnelle des Etats.

Lorsque surviennent les crises politiques, l'attention des Africains se polarisent sur leurs juges constitutionnels qui, dans la plupart du temps pactisent avec le politique. Les mauvais choix du juge constitutionnel africain dans la résolution des conflits (Paragraphe I), l'hyperprésidentialisme (Paragraphe II) et l'instabilité des Etats africains (Paragraphe III) expliquent la résurgence d'un constitutionnalisme chaotique au cœur du renouveau constitutionnel des années quatre-vingt-dix.

Paragraphe I : Les mauvais choix du juge constitutionnel africain

Le mauvais comportement du juge constitutionnel africain au cours des années quatre-vingt- dix s'est illustré énormément dans la gestion des litiges nés des opérations électorales. C'est en l'occurrence dans la validation et surtout le traitement des résultats des élections, suite aux plaintes déposées par les parties prenantes aux élections que les décisions du juge constitutionnel francophone peuvent être équivoques. A ce propos, le juge constitutionnel africain a offert beaucoup de mauvais exemples qu'il est souhaitable de présenter et de relater ici. Le premier exemple que l'on propose dans ce registre ne provient pas d'une plainte déposée par un candidat, mais d'une réprobation générale de l'élection présidentielle bourrée d'irrégularités constatées par l'opposition dans son ensemble et les observateurs nationaux et internationaux. En effet, le président Paul Biya, suite à une élection présidentielle truffée de fraudes et d'irrégularités monstres était parvenu à se faire réélire de justesse à travers des résultats très serrés en 1992. Les résultats de cette élection présidentielle ont été validés par la cour suprême du Cameroun ; celle-ci arguant qu'en l'absence de contestation en bonne et due forme par un éligible, un parti politique ou un candidat, il ne lui appartenait, « *ni d'apprécier, ni de sanctionner le cas échéant* », les irrégularités relevées par la Commission Nationale de Recensement Général des Votes, oubliant qu'une institution judiciaire de cette importance, garante de la bonne gestion et du bon traitement des résultats issus des élections dont elle est le principal arbitre peut s'autosaisir. Ce qui fait dire à Stéphane BOLLE que « *cette interprétation très littérale de la loi ne pouvait convaincre et rassurer : elle confinait malencontreusement la cour dans une fonction d'homologation « aveugle » de résultats jugés douteux par l'opposition ; et elle donnait donc accroire qu'il était « complice » du pouvoir* »[176].

En décembre 1993, suite à une élection présidentielle organisée au Gabon, l'un des candidats malheureux en la personne de Paul MBA ABESSOLE déposa une plainte aux fins de contester les résultats dudit scrutin qui n'était pas « propre » ; scrutin qui sanctionna la réélection du Président Omar Bongo. La plainte a été jugée irrecevable parce que le plaignant s'était préalablement autoproclamé vainqueur du scrutin. Son droit de contestation, un droit de l'Homme, lui a été donc refusé par la cour pour les motifs suivants : « *Au lendemain de l'annonce par le ministre de l'administration du territoire des résultats du scrutin du 5 décembre 1993, le sieur Paul MBA ABESSOLE s'est autoproclamé Président de la République gabonaise ; I...I le même jour il a nommé un premier ministre en la personne du sieur Pierre-André KOMBILA, lequel a immédiatement formé son gouvernement ; I...I il a été créé une institution appelée Haut Conseil de la République dont font partie les requérants ; I...I de ce fait ceux-ci se sont mis délibérément dans l'illégalité, faisant fi de l'existence de la constitution et par conséquent des institutions régulièrement mises en place* ». Il faut dire que la cour aurait dû se pencher sur la plainte parce qu'il ne lui appartenait pas de se prononcer sur une infraction dont la connaissance relève des juridictions pénales. Un comportement illégal d'un citoyen n'est pas un motif suffisant pour qu'une cour constitutionnelle refuse d'arbitrer un litige opposant un citoyen à un autre sur le terrain politique. La cour constitutionnelle a agi en dehors des normes juridiques, elle a donc fait de l'arbitraire. Cette attitude maladroite de la cour constitutionnelle du Gabon a été également regrettée par le professeur Stéphane BOLLE qui estime que « *cette décision isolée, prise dans le contexte d'une crise aigüe, était fort regrettable : dans un Etat de droit, le droit de contestation est ouvert à tous ceux qui remplissent les conditions légales, même aux pires délinquants, même aux ennemis du régime ; une déclaration d'irrecevabilité évite au juge l'examen des*

---

[176] Stéphane Bolle, Ibid.

allégations des contestataires mais, en l'espèce, après son refus de sanctionner le comportement discriminatoire des médias d'Etat[177]*, le faisait passer pour le « bras armé du pouvoir »*[178] ».
Le professeur BOLLE poursuit en disant que la validation des résultats d'une élection peut aussi entraîner la critique et jeter du discrédit au scrutin lorsque le juge de l'élection, se prononçant au fond, opte un rejet expéditif et/ou partial des réclamations. C'est à ce spectacle désolant et regrettable que les cours et conseils constitutionnels et même les cours suprêmes d'Afrique ont habitué les peuples d'Afrique. Nous pouvons ici citer l'exemple de l'élection présidentielle du Togo en 1993 à la suite de laquelle, un candidat qui a à peine obtenu 2% des voix a été débouté, lorsque celui-ci crut devoir protester contre certaines irrégularités à travers une plainte qu'il a déposée auprès de la cour suprême du Togo. La cour opposa la réponse suivante à la plainte : « *...eu égard aux éléments du dossier, il apparaît que dans son ensemble, la présente requête est vague et fondée sur des suppositions, faute de précision et de preuve ;...d'ailleurs, certains griefs même établis, ne sont pas de nature à influencer l'ensemble des résultats* »[179]. Il faut souligner qu'il est du devoir de la cour de confirmer ou d'infirmer des griefs quels qu'ils soient. C'est à ce prix que l'institution gagnera la confiance du peuple et prouvera qu'elle peut se mettre au dessus de la mêlée et qu'elle est l'un des piliers de l'Etat de droit et de la démocratie qu'elle a pour vocation de concrétiser. L'Afrique gagnera en réussissant à se doter d'institutions judiciaires qui obtiendront la confiance et l'adhésion de leur peuple en période de joutes électorales. La confiance des justiciables à une institution judiciaire se forge par les animateurs de l'institution. C'est ce qu'a voulu également souligner BOLLE, lorsqu'il soutient que sur ce comportement de la cour suprême du Togo, « *même si la requête laissait à désirer, la réponse laconique du juge à de multiples moyens d'annulation n'était certainement pas du meilleur effet pour crédibiliser l'élection du premier président de la IV° République togolaise. L'analyse des griefs, quant à elle, n'est pas toujours un gage d'impartialité : la lecture des motifs d'une décision de rejet donne parfois à penser que son auteur a délibérément choisi une solution défavorable à l'opposition*».[180]
Il faut aussi regretter sur le continent l'inféodation des institutions judiciaires au pouvoir politique d'autant plus qu'elles prennent parfois franchement fait

---

[177] Cour constitutionnelle du Gabon, Décision n°023/93/C.C. du 3 décembre 1993.
[178] Stéphane Bolle, « La paix par la constitution en Afrique ? La part du juge constitutionnel », communication au colloque : Religions, violence politique et paix en Afrique, de l'Académie Alioune Blondin Beye pour la paix, Cotonou, 19, 20 et 21 juillet 2004, http://www.la-constitution-en afrique.org/article-15510033.html.
[179] Stéphane Bolle, ibid.
[180] Stéphane Bolle, ibid.

et cause pour lui sans le moindre détour. Mieux, certains chefs d'Etats par le biais de la caution qu'ils ont de leur peuple se comportent en dictateurs en mettant fin au mandat des institutions qui ne leur sont pas favorables. Ainsi au Niger, le processus démocratique a été interrompu en 1996 à la satisfaction du peuple qui souffrait des conflits d'attributions entre le premier ministre et le chef de l'Etat d'alors. Le colonel putschiste Barré MAINASSARA, chef d'Etat provisoire et candidat à l'élection présidentielle a obtenu de la cour suprême le quitus de gérer le processus électoral à sa guise.[181] Fort du soutien de la cour, il s'est arrogé le droit de dissoudre la Commission Electorale Nationale Indépendante et de modifier le code électoral.

Par ailleurs, les institutions africaines, généralement les parlements africains, ont procédé à des révisions politiciennes de constitution pour permettre aux chefs d'Etat en fin de mandat et qui constitutionnellement ne peuvent plus se représenter de pouvoir le faire. Le procédé de révision est partout le même sur le continent. Soit la constitution est « balayée » pour créer une nouvelle République afin que le chef de l'Etat puisse se représenter pour un premier mandat ; soit c'est une révision technique qui consistera à modifier une seule disposition qui originellement ne permet pas au chef de l'Etat de faire un troisième mandat. Dans ce cas, la limitation de mandat est biffée, ou c'est celle de l'âge. Les exemples de l'Algérie, de la Tunisie, de l'Egypte, de l'Ouganda, du Burkina-faso, du Sénégal, du Cameroun, du Gabon, du Congo Brazzaville, pour ne citer que ceux-là ces dix dernières années, sont très édifiants.

C'est le cas du Niger en 1996, de la Côte-d'Ivoire en 2002, de la Mauritanie en 2008, de Madagascar en 2009...

En matière de protection des droits de l'Homme, le juge africain, notamment celui constitutionnel a commis quelques erreurs qui, fort heureusement ont, été remarquées par le juge de la commission africaine des droits de l'Homme et des peuples.

En effet dans l'affaire Mekongo contre le Cameroun[182], il était question d'un appel interjeté par Mekongo pour une affaire près les tribunaux du Cameroun en 1982, appel qui n'était pas entendu douze ans après. La commission africaine des droits de l'Homme et des peuples estima qu'il y a eu violation de l'article 7(1)(d) de la charte africaine des droits de l'Homme et des peuples en ces termes : « *une procédure judiciaire ne peut être considérée comme terminée tant que tous les appels n'ont pas été entendus. Le délai de douze ans pendant lequel les appels du plaignant ont été*

[181] Cour suprême du Niger, Chambre constitutionnelle, Arrêt n°96-08/CH.CONS. du 27 juillet 1996.

[182] Communication 59/91

pendants, sans aucun résultat, constitue une violation de son droit d'interjeter appel et de son droit d'être jugé dans un délai raisonnable.»
Dans le même ordre d'idées, mais dans une autre affaire concernant toujours le Cameroun, la Commission africaine a affirmé qu'un délai de deux ans sans audience ou audiencement constitue une violation de l'article 7 (1) (d)[183].
En outre, une détention illimitée, sans la tenue d'un procès, « *viole à la fois le droit d'interjeter appel devant une instance compétente article 7 (1) (a) de la Charte et le droit d'être jugé par une instance compétente dans un délai raisonnable* » (art.7 (1)(a) de la charte)[184].
Dans l'affaire Ogoni contre le Nigéria[185], la Commission africaine des droits de l'Homme et des Peuples a conclu que le gouvernement du Nigéria avait violé, le droit à l'alimentation des communautés Ogoni parce qu'il avait détruit les bases de leur alimentation. Pour la Commission, le droit à l'alimentation exige que le gouvernement nigérian ne détruise ni ne contamine les sources alimentaires. Le gouvernement a détruit les sources d'alimentation à travers ses agents de sécurité et les compagnies petrolières d'Etat (...) et a, au moyen de la terreur, créé de sérieux obstacles aux communautés ogoni dans leur recherche de nourriture. Le gouvernement nigérian (...) est par conséquent en violation du droit à l'alimentation des Ogonis[186]. Dans cette affaire, la Commission a identifié plusieurs mesures que le gouvernement devait prendre pour rémédier à la violation du droit à l'alimentation, y compris le versement d'une compensation et le nettoyage des terres et rivières polluées ou endommagées[187].
Par ailleurs, dans une communication qui fait état des dispositions d'une loi nigériane (portant dispositions spéciales[188] (approuvées par les institutions constitutionnelles nigérianes)) sur les armes à feu et les vols qualifiés, la Commission africaine a qualifié celles-ci (ces dispositions) contraires à l'article 7(1) de la Charte africaine qui garantit le droit d'être jugé par « une juridiction impartiale ».

---

[183] Communication 39/90, Pagnoulle c. Cameroun.
[184] Voir les communications 64/92 et 78/92 (jointes), Achuthan (on behalf of Banda), Amnesty International (on behalf of Orton and Vera Chirwa) c. Malawi.
[185] Affaire du Peuple Ogoni contre le gouvernement du Nigéria. Commission africaine des droits de l'Homme et des Peuples, 155/96 The Social and Economic Rights Action Center and Center for Economic and social rights v. Nigeria (2001).
[186] ComADHP, SERAC, Center for economic and social rights v. Nigeria, par.65-66.
[187] ComADHP, SERAC, center for economic and social Rights v. Nigeria, par.49.
[188] Art.8 (1) de la loi. Se reporter à la communication 60/91, Constitutional rigths project (in respect of Akamu, Adega and others)c. Nigeria.

Pour mémoire, aux termes de la loi, certaines infractions sont jugées par des juridictions spéciales qui sont composées d'un juge, d'un officier des forces armées et d'un officier de police.
Pour la commission africaine des droits de l'Homme et des Peuples, la composition de ces juridictions ne peut créer qu'un climat de partialité. La raison est fondée dans le fait que la juridiction « *a été transférée des tribunaux ordinaires à un tribunal essentiellement constitué de personnes appartenant à la branche de l'exécutif* » : il y a ainsi violation de la séparation des pouvoirs.
Selon la Commission, le climat de partialité peut se déduire du fait que les membres du tribunal « *ne possédaient pas nécessairement une expérience juridique* » : cela sous-entend qu'ils sont influencés par des critères politiques.
Pour la Commission, la seule composition de ces tribunaux « *crée une apparence, sinon un manque réel d'impartialité* »[189].
De même, une loi nigériane portant création d'un tribunal spécial sur les troubles civils établit un tribunal composé d'un juge et de quatre membres de forces armées. Cette loi a été considérée par la Commission africaine comme contraire à l'article 7(1)(d) de la charte africaine[190].
De plus, dans une autre affaire nigériane, la création d'un organe de contrôle du bureau nigérian appelé le « collège des magistrats du siège », organe composé de cent vingt-huit (128) membres dont quatre vingt dix-sept (97) sont nommés par le gouvernement, a été considérée par la Commission comme contraire à l'article 7 (1) (d) de la Charte. Pour celle-ci, la composition de cet organe traduit le manque d'impartialité d'un tel organe. Il faut signaler que les décisions rendues par la Commission africaine des droits de l'Homme et des peuples font suite à un épuisement des voies de recours internes par les plaignants.

Paragraphe II : L'hyper-présidentialisme (Le présidentialisme démocratique)

A partir des années 90, l'on assiste à la démocratisation de la plupart des Etats africains au sud du Sahara. Cependant l'on constate la survivance du présidentialisme, du moins son renforcement qu'une certaine doctrine a appelé l'hyper-présidentialisme ou encore le présidentialisme démocratique.

---

189 Voir communication 60/91, Constitutional rights project c. Nigeria, para.14.
190 Communication 87/93, Constitutional rights project (in respect of lekwot and six others) c. Nigeria; cite par Paul Tavernier, Christof Heyns in recueil juridique des droits de l'Homme en Afrique 1996-2000, Bruylant, Bruxelles, 2002, p.337.

Cette nouvelle forme de présidentialisme selon le professeur TOPANOU (V.) est « *entendu comme un régime intermédiaire entre le régime présidentialiste d'où nous sortons et le régime présidentiel ou le régime parlementaire vers lequel nous tendons avec un déséquilibre des pouvoirs largement favorable à l'exécutif et un affaiblissement corrélatif, d'une part, du législatif et, d'autre part, du judiciaire sans parler de la quasi inféodation de toutes les autres institutions constitutionnelles républicaines à l'exécutif* »[191].

Tout comme le régime présidentialiste traditionnel, c'est-à-dire propre aux Etats d'Afrique et d'Amérique du Sud, l'hyper-présidentialisme ou le présidentialisme démocratique est l'apanage des pays pauvres souffrant d'un problème chronique de manque de ressources non seulement matérielles et financières, mais aussi humaines.

Ce régime se caractérise par une politisation à outrance du pouvoir, marquée par la mainmise du chef de l'Etat sur tout l'appareil étatique. Il en découle une exacerbation du clientélisme politique avec pour toile de fond, la nomination aux fonctions politico-administratives des cadres aux postes de directeurs techniques et centraux, ce en tenant compte de leur position par rapport à la mouvance présidentielle. En conséquence, l'opposition est marginalisée dans la répartition des postes, c'est-à-dire en matière de nomination aux fonctions politiques et techniques. L'hyper-présidentialisme ou le présidentialisme démocratique est marqué par les conséquences suivantes selon le Professeur LOADA : « *Les mécanismes de contrôle sont instrumentalisés et dirigés contre ceux qui n'appartiennent pas aux réseaux du pouvoir. Ils sont neutralisés pour assurer l'impunité aux membres des réseaux du pouvoir.* »

Il faut remarquer que cette forme de présidentialisme est démocratique d'autant plus que le pluralisme politique y a droit de cité, de même que la séparation des pouvoirs même si un déséquilibre du pouvoir s'y fait en faveur de l'exécutif. Mieux, le chef de l'Etat dans ce schéma politique, est la figure de proue, c'est-à-dire comme l'affirme le professeur TOPANOU, il est le leader charismatique et « naturel » de la majorité parlementaire, système dans lequel les juges, les députés, la classe politique dans son ensemble presque et même la société civile font l'objet de l'influence politique et financière du chef de l'Etat. Dans un tel système politique, le Professeur TOPANOU estime, « *qu'il est largement admis dans l'inconscient collectif que celui qui est au pouvoir ne peut organiser des*

---

[191] Victor TOPANOU, op.cit., p.12.

élections et les perdre ». Ce fut l'exemple du Niger en 1996, de la Côte-d'Ivoire en 2002, de la Mauritanie en 2008, de Madagascar en 2009. On peut allonger la liste par les exemples de l'Algérie, de la Tunisie, de l'Egypte, du Gabon, de l'Ouganda, du Burkina-Faso, du Sénégal, du Cameroun et du Congo-Brazzaville. Dans ces Etats, l'influence du chef de l'Etat sur l'ensemble de l'appareil étatique lui a permis de réviser non seulement la constitution pour être candidat à sa propre succession, mais d'organiser les élections pour les remporter. L'hyper présidentialisme ou le présidentialisme démocratique s'est caractérisé par une absence chronique d'alternance démocratique à la tête des Etats non seulement au sud du Sahara, mais sur tout le continent.

Un parallèle a d'ailleurs été fait par le professeur TOPANOU avec la situation française sous Nicolas Sarkozy, en citant le Professeur Guy Carcassonne qui « distinguait une présidentialisation juridique et une présidentialisation politique, la première étant « *le passage par des modifications substantielles de la constitution d'un régime parlementaire... à un régime présidentiel* » et la seconde étant « *le phénomène par lequel un chef de l'Etat aspire à lui l'ensemble des pouvoirs, donne le sentiment d'occuper l'ensemble du terrain, bref résume l'ensemble des institutions nationales* ».

Paragraphe III : L'instabilité des Etats africains ou des « coups d'Etat démocratiques ? » ou encore l'alternance démocratique par la rue ?

L'Afrique a été le théâtre de graves instabilités politiques mettant à mal le développement de nombre d'Etats de la région au lendemain des années quatre-vingt-dix. Les problèmes auxquels ces Etats sont confrontés sont souvent à l'origine des coups d'Etat militaires.
C'est le cas du Niger victime du régime politique adopté dont les exigences comportementales n'ont pas été respectées par les acteurs politiques de ce pays entre 1991 et 1996. En effet, le Niger a opté constitutionnellement pour un régime semi-présidentiel qui a engendré une lutte sans merci entre le président de la République Mahamane OUSMANE et son premier ministre Hama AMADOU issu d'une autre formation politique. Les attributions constitutionnelles de ces deux grands dirigeants de l'exécutif ne sont pas respectées par ceux-ci, emballant ainsi les acteurs de l'exécutif et du parlement dans leur opposition conflictuelle permanente voire sempiternelle. Cette situation politique chaotique a mis presque en veilleuse les institutions de la République, l'administration de l'Etat prenant ainsi un coup, et le développement du pays ralenti, voire freiné. Cet état de fait a amené l'armée nigérienne à prendre ses responsabilités en mettant fin à la pagaille politique

par un coup d'Etat que certains appeleraient un « coup d'Etat démocratique », parce que salué et souhaité par tout un peuple et ayant pour vocation de restaurer la démocratie mise en parenthèses par des politiciens pour des intérêts égoïstes. Le colonel Barré MAINASSARA entre ainsi sur la scène politique de son pays sans pour autant assouvir l'espoir suscité par son accession au pouvoir. Fort de la légitimité que le peuple lui a accordée, son pouvoir converge vers la dictature, entraînant ainsi son assassinat à la suite d'un autre coup d'Etat militaire. Il faut dire que cette situation d'incertitude politique a duré pendant longtemps dans ce pays. En 2010-2011, c'est au tour du Président TANDJA Mamadou de faire courir au pays une nouvelle instabilité en voulant prolonger son deuxième quinquennat de trois ans. Dans cette nouvelle aventure, il dissout la constitution qui ne lui permet pas cette prolongation de son mandat, ainsi que l'Assemblée Nationale et la Cour constitutionnelle qui s'y sont opposées.

La Côte-d'Ivoire, un autre Etat de la sous-région ouest africaine connut en 2002 des problèmes graves qui ont conduit dans un premier temps, à un coup d'Etat militaire dirigé par le général Robert GUEI, en raison du non paiement des soldes des militaires ivoiriens. En fait une crise d'identité a été les vraies raisons de ce coup d'Etat, laquelle crise identitaire n'a pas trouvé de solution avec le régime de Robert GUEI, encore moins avec le président GBAGBO Laurent qui accéda entre-temps au pouvoir par la rue, à la suite d'une élection présidentielle controversée. Le pays se dota alors d'une constitution qui consacra un nébuleux principe pour certains et légitime pour d'autres, dit de l' « *ivoirité* » dans une situation de guerre civile où il a fait longtemps l'objet de partition en deux régions, le Sud occupé par des populations en majorité chrétienne et le Nord musulman. Cette crise a perduré jusqu'en 2011, année pendant laquelle la Côte-d'Ivoire a connu ses premières élections pour lesquelles les considérations relatives à *l'ivoirité* ont été écartées grâce aux accords signés par les acteurs politiques ivoiriens sous les auspices des Nations-Unies.

La Mauritanie a connu des élections pluralistes et surtout démocratiques vers la fin des années deux mille, après plusieurs années de régime militaire. Ces élections surtout présidentielles organisées sous l'œil vigilant des observateurs mauritaniens et internationaux ont été saluées par la communauté internationale. Mais contre toute attente, un coup d'Etat militaire dont les raisons sont peu convaincantes et surtout nébuleuses a eu raison du régime démocratique civil. Il faut souligner que ce coup d'Etat militaire a divisé la classe politique mauritanienne et le peuple mauritanien. Heureusement, quelque temps plus tard, ce merveilleux pays a renoué avec la démocratie et l'Etat de droit grâce aux hommes et femmes épris de paix et de justice et grâce à la communauté internationale.

Madagascar est un autre pays africain dont la démocratie instaurée avec grand peine dans les années quatre-vingt-dix a connu un coup d'arrêt en 2010. Tout d'abord après l'instauration de la démocratie dans les années quatre-vingt-dix, les difficultés économiques n'ont pas été dissipées, faute de bonne gouvernance ce qui a été un terreau fertile pour des contestations de toutes sortes, surtout politiciennes. C'est pourquoi vers la fin des années quatre-vingt-dix, notamment en 1998, le verdict de la Haute cour constitutionnelle confirmant et officialisant la courte défaite d'Albert Zafe (49,3%), Président destitué, face à Didier Ratsiraka (50,7%), ex-Président de la République, a été salué par une bonne partie de la classe politique malgache et la majorité des citoyens malgaches.

A partir de 2002, une longue et grave crise politique favorisée par des difficultés économiques secoua le pays au point que, suite aux élections présidentielles de la même année, le Président Didier Ratsiraka perd son pouvoir, remplacé par Marc RAVALOMANANA. Il faut rappeler qu'une bonne partie de la classe politique malgache et du peuple malgache conteste la victoire de Marc RAVALOMANANA. En 2010, suite à des mouvements de désobéissance civile, Ange RAZUEL renverse un gouvernement démocratiquement installé. La « saga » politique de ce pays a continué quelque peu, puisque les accords politiques signés par les acteurs politiques malgaches n'ont pas permis à cet Etat africain de l'océan indien de retrouver la paix. Mais au début de 2014, une nouvelle élection présidentielle réussie a permis à ce pays de renouer avec le constitutionnalisme normal où les règles de jeu politique et juridique sont observées par tous les acteurs de la vie politique.

Pendant cette période le Burundi, un autre pays francophone, a connu des ruptures sanglantes et macabres de son processus démocratique pour des raisons économiques et surtout ethniques.

Ce pays a connu après les années quatre-vingt-dix une guerre civile qui a fait plusieurs milliers de morts après un coup d'Etat militaire qui aboutit à l'assassinat du Président démocratiquement élu après 1990, Melkior NDADAYE. C'est également le cas en République démocratique du Congo, après les années quatre-vingt-dix, qui a connu un grave conflit armé qui s'est fait en « deux actes » : le premier entre une rebellion financée et formée sous l'autorité du Rwanda de l'Ouganda et autres pays de la sous-région centrale africaine, rebellion conduite par Laurent désiré KABILA contre l'armée de Mobutu SESSE SEKO ; le deuxième acte, entre l'armée congolaise de Joseph KABILA et des rebellions nourries par le gouvernement rwandais de Paul KAGAME suite au génocide que le Rwanda a connu en 1994 et qui a fait en trois mois plus de huit cent mille morts. Le Congo voisin n'était pas du reste parce que lui aussi, secoué par une guerre civile dont les protagonistes n'étaient personnes d'autre que Pascal LISSOUBA, président congolais démocratiquement élu, Dénis SASSOU NGUESSO, ancien président du pays, Bernard KOLELA… Ce conflit civil a entraîné la remise en cause du processus constitutionnel qui pourtant prenait son « envol » au grand bonheur du peuple congolais. Ce conflit congolais a connu la participation de certains pays de la sous-région, notamment l'Angola et autres et de quelques firmes pétrolières opérant dans cette sous-région d'Afrique centrale, notamment ELF.

Les années quatre-vingt-dix ont été la période de l'effondrement du régime de Mohammed SIAD BARRE qui a plongé la Somalie dans une grave et longue guerre civile qui, malgré l'intervention de Gorges BUSH père des Etats-Unis à travers l'opération « *Restor Hope* » n'a pas pu retrouver la paix à la date du28 février 2015. Ce conflit a fait de la Somalie un Etat de non droit où règnent les milices armées. Ce conflit a fait plusieurs milliers de morts.

On ne peut passer sous silence le printemps arabe qui a balayé par le truchement de la rue en 2011 les pays arabes pourtant économiquement mieux portants que la Grèce, mais dirigés par des dictateurs féroces qui ont fait du pouvoir politique, leur propre patrimoine. Le printemps arabe, sans apporter dans l'immédiat à ces peuples une véritable démocratie (terrorisme oblige), leur a cependant permis de connaître de timides et faibles changements démocratiques, pendant que des pays comme la Lybie sombrent lentement et surement dans la violence et le chaos.

Le comble est survenu en Afrique, lorsqu'en mars 2012 c'était au tour du Mali, l'un des pays sûrs en matière de démocratie, l'un des modèles francophones de démocratie avec le Bénin et le Sénégal de connaître une brève et inutile remise en cause de l'ordre constitutionnel et démocratique après plus de vingt ans de stabilité politique et d'exercice de la démocratie. Le coup d'Etat survenu au Mali sous la direction du capitaine Amadou SANOGO doit faire réfléchir les constitutionnalistes, puisque rien ne pouvait laisser présager un recul du constitutionnalisme dans un pays qui a une tradition démocratique de plus de deux décennies. La Guinée de Sékou TOURE connut après mille neuf cent quatre-vingt-dix, des convulsions politiques de toutes sortes, caractérisées sous Lansana CONTE par de nombreuses et féroces répressions de la jeunesse guinéenne en mal d'emploi et du mieux-être et sous son successeur, le capitaine Dadis CAMARA, la répression des meetings de l'opposition réclamant des élections pluralistes et démocratiques.

La Guinée Bissau, pays lusophone du grand Amilca CABRAL, a connu les mêmes mésaventures que les autres pays francophones africains. Ce pays, après s'être débarrassé avec héroïsme du colonisateur portugais, a dû faire face à de néo-colonisateurs africains, mais surtout d'obédience militaire. Ce pays a ravi à l'ancien Dahomey le sobriquet de l'enfant malade d'Afrique, parce que pris en otage par des militaires qui, à travers d'innombrables, coups d'Etat ont plombé le développement de ce pays. Il faut espérer que l'élection présidentielle qui a été organisée en mai 2014 dans ce pays puisse lui être enfin le début d'une ère nouvelle.

En octobre 2014, la rue a eu raison du dictateur burkinabé Blaise COMPAORE avec presque l'indulgence de l'armée qui a implicitement adhéré aux idéaux de la démocratie et des droits de l'Homme prônés par les populations de ce pays, lesquelles populations ont manifesté dans les rues de Ouagadougou, de Bobo-Dioulasso, de Koudougou... leur soif de l'alternance démocratique, à la tête du Burkina-Faso. En effet, le Président COMPAORE a voulu réviser la constitution de son pays, après vingt-sept ans de pouvoir, pour pouvoir briguer à coup sûr deux nouveaux mandats.

De ce qui précède, l'on peut constater que l'Armée est solidement en place dans l'arène politique. Mais elle y accède par deux voies principales. La première voie est celle qui conduit à la restauration d'un processus démocratique mis à mal par les acteurs politiques voire interrompu. La seconde voie est celle d'une aventure menée par une junte assoiffée de pouvoir et qui justifie son avènement au pouvoir par des raisons mal fondées. Nous pouvons ajouter une troisième voie par laquelle elle peut accéder à cette arène politique malgré elle, lorsque la rue chasse un dictateur et qu'elle se voit confier ou se confie elle-même la transition politique pouvant aboutir à deux nouvelles élections dans l'optique d'un retour à l'ordre constitutionnel. Il peut aussi arriver une transition dirigée par les civils en cas de révolution faite par les partis d'opposition, quelques transfuges de la majorité gouvernementale et la société civile. Ce fut l'exemple du Burkina-Faso, suite à la chute de Blaise COMPAORE, contraint de démissionner de son fauteuil de Président de la République, le vendredi 31 octobre 2014. Adama KPODAR nous conforte sur cette question en affirmant qu'au cours du second cycle constitutionnel, les coups d'Etat militaires étaient les voies royales de conquête et d'accession au pouvoir ; comme en témoigne selon lui la généralisation des régimes militaires avant 1990. Il y voit aussi comme nous, deux voies d'accession militaire au pouvoir. Dans la première voie par exemple, selon l'auteur, s'inscrivent les actions des Forces armées dans le sens de l'avènement de la démocratie. Cette forme d'interventions militaires est considérée comme salutaire ou salvatrice par une partie de la doctrine[192] parce qu'elle est au service de la démocratie[193]. KPODAR est également conforté dans ses

[192] GREGOIRE (E.), Olivier DE SARDAN (J.P.), « Niger : le pire a été évité et demain ? », Politique africaine, n°61, mars 1996, pp.117-121.

[193] Adama KPODAR, Bilan sur un démi-siècle de constitutionnalisme en Afrique noire francophone.

observations par Hounaké KOSSIVI qui trouve aussi que certains coups d'Etat sont salvateurs et en fait même une typologie : « *Le coup d'Etat comme sanction de la violation des droits de l'Homme par le chef de l'Etat (le cas du Mali), le coup d'Etat comme solution à un blocage institutionnel (Niger en 1996), le coup d'Etat comme solution à une crise institutionnelle naissante (Niger 2010), le coup d'Etat comme solution à une situation de décrépitude économique* ».[194]

Les exemples peuvent être multipliés sur le continent. La question qui se pose est celle de savoir si le constitutionnalisme a encore des chances de prospérer en Afrique. Pourquoi des pays européens économiquement mal en point n'en arrivent pas à remettre en cause l'ordre constitutionnel en cours ? Voilà autant de questions auxquelles il est nécessaire de trouver des réponses dans les paragraphes qui suivent.

Section II : Les constitutions en déphasage avec les réalités des Etats africains sur fond d'un régionalisme très négatif, d'un conventionnalisme malsain et des contraintes de la décentralisation administrative

Le mimétisme constitutionnel des Etats africains sur fond de démocratie qui ne nourrit pas les peuples d'Afrique aboutit à des coups d'arrêt de processus démocratique que parfois le conventionnalisme empreint de calculs politiciens n'arrive pas à « solutionner ». Les constitutions au contenu inapproprié (Paragraphe I), un régionalisme très négatif (Paragraphe II) un conventionnalisme malsain (Paragraphe III), et une décentralisation difficile à mettre en œuvre (Paragraphe IV) peuvent expliquer en partie les difficultés des Etats africains.

Paragraphe I : Des constitutions au contenu inapproprié.

Les problèmes issus de l'application des constitutions des Etats francophones d'Afrique, ont leurs sources dans l'écriture de ces constitutions qui laissent des lacunes, des imprécisions et des non-dits. Ce qui pose réellement de graves problèmes d'interprétation faisant penser à un vide juridique occasionné par les textes constitutionnels. Cette situation est à la base de nombreuses tensions politiques insolubles ou difficilement contournables. C'est de cela que parle Jean Du Bois DE GAUDUSSON en stigmatisant les textes mettant à la charge des autorités une obligation sans

[194] Hounaké KOSSIVI, « Les juridictions constitutionnelles dans les démocraties émergentes de l'Afrique noire francophone : les cas du Bénin, du Gabon, du Niger, du Sénégal et du Togo », Thèse de doctorat en droit public, université de Lomé, 2012.

indiquer la marche à suivre en cas d'inexécution[195]. Jean Du Bois DE GAUDUSSON, sur la question, évoque d'ailleurs des situations de non promulgation d'une loi adoptée par le parlement ou du refus de signer une ordonnance à travers les exemples du Niger en 1996 ou des Comores en 2005-2006. Il va plus loin en affirmant que ces imprécisions vont jusqu'à créer un vide constitutionnel. Certes en droit, il est permis de s'inspirer de ce qui se passe ailleurs, mais les peuples n'ont pas souvent la même culture, ni les mêmes réalités sociologiques, posant ainsi au niveau du juge constitutionnel, les problèmes de l'autorité et du courage car, quelle que soit la situation, il doit pouvoir imposer la voie à suivre.
En mars 2011 au Bénin, l'enregistrement sur le fichier électoral a accusé un grand retard au point où les inquiétudes manifestées laissaient entrevoir, le report de l'échéance électorale pour plonger le Bénin, dans un vide juridique institutionnel. Cette lacune a été surmontée grâce à la médiation entreprise auprès de la classe politique par l'Union africaine et les Nations-unies. Les élections présidentielles se sont alors déroulées à une date décidée de commun accord. C'est également le cas du Mali concernant les élections de 1997 ; c'est aussi la même situation en Côte-d'Ivoire où grâce à l'intervention de la communauté internationale les élections présidentielles repoussées à plusieurs reprises ont fini par se tenir en 2011.
Les constitutions africaines ne prennent pas en compte avec précision certaines composantes du peuple, notamment les groupes de pression au point que leur définition pose des problèmes de leur identification. La société civile est une composante à géométrie variable dans les constitutions africaines. Ces problèmes se posent avec acuité au Bénin où on a du mal à distinguer un syndicat d'un parti politique, où les ONG se muent en organes politiques ou parfois commerciaux. La ligne de démarcation entre syndicats et partis politiques est difficile à déterminer. Il est difficile aussi de distinguer les revendications des travailleurs de celles des militants d'un parti politique. Au Bénin, l'administration est politisée au point que les décisions du pouvoir central ne sont pas suivies par tous les agents des ministères.
Des données ethniques ne sont pas prises en compte dans le développement des Etats et surtout dans la formation des cadres et dans leur nomination au sein de l'appareil administratif et politique de l'Etat, donnant à certains citoyens le sentiment d'appartenir au groupe des citoyens de seconde zone. Certaines régions africaines ayant eu la chance et le privilège de connaître en premier lieu le colonisateur devraient avoir le rôle de veilleur de l'équilibre

[195] Jean Du Bois DE GAUDUSSON, « Défense et illustration du constitutionnalisme en Afrique après quinze ans de pratique du pouvoir », Mélanges en l'honneur de Louis Favoreu, op.cit., p.617.

du développement au sein de leur pays, en jouant véritablement un rôle de leader éclairé dans la gestion de leur pays au point de faire penser dans certaines situations à la discrimination positive. Cette situation fait que très souvent on remarque une véritable fracture sociale au sein d'un même pays, au point que comme le soutenait LAMENNAIS au XIXe siècle, « *c'est l'apoplexie au centre et la paralysie aux extrémités* ». Les constitutions du Cameroun et du Burundi ont déjà pris de l'avance en la matière, c'est-à-dire dans la prise en compte des données ethniques, car il faut le dire, quand ces données sont ignorées, les frustrations naissent pour compromettre l'unité du peuple, la stabilité et la paix des Etats.

Par ailleurs, les constitutions africaines sont des constitutions de mimétisme, reprenant en d'autres termes, la constitution d'autres pays aux réalités spécifiques. Généralement les constitutions des Etats africains, malgré quelques efforts des intellectuels africains d'innover, sont calquées sur les modèles français. Comme aimait à le dire Léopold SEDAR SENGHOR dans la plupart de ses discours, les Africains doivent rester eux-mêmes s'ils veulent gagner le pari du développement. Ils doivent tenir compte de leur propre génie, de leur passé historique, de leur propre sociologie, de leur mode de vie, de leur philosophie existentielle et surtout de leurs réalités économiques. Connaître une constitution d'un Etat africain, c'est connaître presque l'ensemble des constitutions des Etats africains qui ont pourtant quelques spécificités culturelles, sociales, sociologiques et politiques. Connaître aussi la constitution française, c'est aussi connaître presque la constitution de l'ensemble des pays francophones, non seulement dans leur trame et structure juridiques, mais aussi dans leur esprit et leur lettre. C'est dans ce sens que Jean Du Bois DE GAUDUSSON affirme : « *Un des reproches fait aux réformes entreprises en Afrique serait de manquer d'imagination juridique et de réalisme. Bien des œuvres constituantes se bornent à reprendre des dispositions et modèles élaborés en d'autres lieux et en d'autre temps, prévus par un « droit constitutionnel mondial » diffusé par les organisations internationales ou régionales africaines et par les Etats du Nord et repris par les gouvernants des Etats du Sud sans toujours tenir compte de la situation sociale et politique et plus prosaïquement mais non moins réellement de leurs ressources* .»[196] Ce mimétisme se manifeste presque à travers l'uniformisation institutionnelle qui produit une inflation institutionnelle à laquelle les Etats font difficilement face. Jean Du Bois De GAUDUSSON nous conforte par ses propos pertinents à ce sujet lorsqu'il affirme qu' « *on est aujourd'hui en présence d'un surinvestissement institutionnel et juridique, prolongeant et aggravant une tendance récurrente en Afrique. Un exemple en est donné par la difficulté des Etats à mettre en*

[196] Jean Du Bois De GAUDUSSON, op. cit., p.620.

pratique des systèmes juridictionnels de plus en plus perfectionnés et étoffés ; ainsi, en va-t-il de l'éclatement des cours suprêmes en trois ou quatre hautes juridictions (cour ou conseil constitutionnel, cour de cassation, conseil d'Etat, cour des comptes) encore encouragé récemment par une directive de l'Union monétaire et économique de l'Afrique de l'Ouest (UEMOA) »[197].

L'Afrique doit se reprendre, se mirer dans une glace, pour mieux se connaître ou se redécouvrir, pour pouvoir tenir compte d'elle-même et de son environnement régional et international, si elle veut faire partie du concert des continents où l'avenir promet.

Paragraphe II : Un régionalisme très négatif

Le régionalisme dont il est question ici n'est pas la tendance administrative ou politique, ou du moins le système administratif ou politique qui consiste à donner aux régions une certaine autonomie. Il n'est pas non plus une décentralisation allant dans le sens du régionalisme, c'est-à-dire une régionalisation du développement conformément aux textes d'un pays. Le régionalisme qui a cours sous les tropiques en Afrique est un nationalisme égoïste, muet, silencieux, sournois, subtil voire pathologique des cadres administratifs ou politiques d'un pays en faveur d'une région, la leur, au détriment d'autres dans un Etat, la plupart du temps unitaire. Ce régionalisme négatif est manifesté généralement entre deux ou plusieurs régions d'un même pays, à savoir la région qui est la porte d'entrée du colonisateur et le reste du pays. Au sein d'une même région, un micro-régionalisme est encore possible, puisque par exemple à l'intérieur de la région par laquelle le colonisateur est entré, on trouve parfois des poches de pauvreté et de paupérisation. Mais en Afrique, c'est généralement la première forme de régionalisme, c'est-à-dire celui qui se manifeste entre la région, porte d'entrée de la colonisation et le reste du pays qu'on rencontre. Ce sont aussi les régions africaines de la Côte au détriment de celles de l'intérieur du pays, c'est-à-dire de l'hinterland. Ce sont aussi des pays qui sont peuplés de deux ou trois races différentes (les Noirs, les Touaregs et les Arabes) appelées à cohabiter forcément à cause du tracé des frontières imposé par le colonisateur. C'est parfois des régions majoritairement chrétiennes contre celles musulmanes minoritaires ; ou l'inverse comme au Soudan où les musulmans majoritaires dominent des peuples chrétiens ou animistes ; mais très souvent des régions dont le sol et le sous-sol regorgent d'innombrables ressources minéralières, agricoles et énergétiques, c'est-à-dire des régions considérées en réalité comme étant le poumon de

---

[197] Jeau Du Bois De GAUDUSSON, op. cit., p.621.

l'économie nationale qui sont pourtant victimes de cette cécité humaine et intellectuelle. C'est aussi un développement séparé basé sur la race, comme l'Apartheid en Afrique du Sud. Ce régionalisme négatif oppose subtilement et insidieusement par conséquent les cadres de la région porte d'entrée de la colonisation et ceux du reste du pays, c'est-à-dire la partie la moins développée, et parfois par voie de conséquence les ethnies des régions sus évoquées. Les populations de ces ethnies des régions favorisées considèrent celles d'en face comme des citoyens de seconde zone. Cette opposition est hypocrite, trompeuse, non perceptible puisqu'il faut avoir du flair et de l'intelligence pour la « sentir » et la remarquer. Donc ce régionalisme négatif, lorsqu'il est pratiqué, est difficilement imputable à son auteur puisqu'il est difficile à prouver. Ainsi les régions qui ont servi de porte d'entrée à la pénétration européenne sont généralement les plus développées sur presque tous les plans. Ces régions ont une avance considérable sur les autres en matière d'infrastructures routières, sanitaires, scolaires, universitaires, économiques, industrielles, culturelles, bref sur tous les plans, et surtout humain, puisque les ressources humaines, formées dans les écoles professionnelles, les instituts et dans les universités établis dans ces régions, en proviennent majoritairement ; donc autant d'acquis à préserver, voire renforcer. D'où la tendance des cadres de ces régions à assujettir leurs compatriotes des autres régions, à les bloquer souvent, les empêchant ainsi d'accéder nombreux aux fonctions publiques de leur pays. Ce régionalisme pernicieux et inutile pour l'Afrique a cours même dans des secteurs ou milieux insoupçonnables et insoupçonnés comme l'armée au niveau non seulement des hommes de rangs mais surtout des officiers et des officiers supérieurs, en politique, en matière de nominations à de hautes fonctions politiques et administratives, à l'université, au niveau du recrutement des enseignants et surtout concernant l'accession de ceux-ci aux postes d'enseignant de rang magistral par le système de cooptation, dans l'octroi des bourses scolaires et universitaires, dans les politiques de développement au bénéfice des régions et des populations… Partout en Afrique surtout au sud du Sahara, ce régionalisme sévit et sape les bases de l'unité nationale requise pour un développement équilibré et harmonieux des Etats. Presque tous les Etats de la côte-ouest africaine connaissent ce cancer social : Bénin, Togo, Côte-d'Ivoire, Sénégal, Guinée, Nigéria, Ghana… A l'intérieur de l'Afrique de l'ouest, ce phénomène existe au Mali, au Niger… au détriment des peuples du nord de ces deux pays respectifs. En Afrique centrale, on peut citer la Centrafrique, le Cameroun, la République démocratique du Congo…

Cette vision étriquée de la chose publique et du développement par les cadres et hommes politiques africains surprend de nos jours, d'autant plus que l'écart de développement continue par se creuser dans ces Etats entre ces régions. Toute dénonciation d'une telle injustice par des personnes éprises de paix et de justice est considérée comme le réveil de vieux démons, une expression souvent utilisée pour tourner en dérision ces protestataires, au point que plus personne ne la dénonce, jusqu'à ce que les vélléités de sécession se font manifestes et inévitables. Toute tentative d'inverser la courbe du sous-développement par un homme d'Etat, c'est-à-dire un Président de la République, accidentellement originaire des régions défavorisées de ces Etats est mal vécue par les cadres africains et les populations des zones favorisées. Par exemple, au Bénin, la construction d'un deuxième aéroport international au nord du Bénin, notamment à Parakou après celui de Cotonou, a été une pilule difficile à avaler par certains cadres et politiciens du sud-Bénin. Heureusement que le président YAYI Boni, initiateur du projet a eu le soutien de certains cadres et politiciens de cette région du sud-Bénin qui étaient membres de son Gouvernement pour que ce deuxième aéroport international puisse connaître un début de réalisation. Il en est de même pour la création d'une deuxième université nationale au nord-Bénin en 2001 à Parakou ; un projet qui a été longtemps combattu par les mêmes cadres et politiciens susnommés. Il a fallu la détermination d'un homme de poigne, en l'occurrence Mathieu KEREKOU, Président du Bénin à l'époque et de son ministre en charge de l'enseignement supérieur, le professeur SOSSA Dorothée, pour que cette deuxième université publique du Bénin puisse voir le jour. Les conséquences de cette hérésie sociale et politique débouchent souvent sur des guerres civiles qui détruisent le peu de développement inégal et déséquilibré obtenu par ces Etats : l'exemple de la Côte-d'ivoire, du Niger, du Mali, du Sénégal, de la Centrafrique, de la guerre du Biafra au Nigéria… pourrait édifier. Un Etat et une nation doivent être uns et indivisibles. Les régions d'une nation se tiennent, du moins doivent se tenir comme les maillons d'une chaîne. Elles sont comme les cinq doigts d'une même main qui se fragilise dès qu'un doigt de ladite main est fragilisé. Et c'est pourquoi le développement ne se fractionne pas. Il est un tout et doit être pensé par les cadres, les dirigeants et les populations d'une nation de façon équilibrée et harmonieuse dans le but d'éviter une fracture sociale dans un Etat. La prospérité dans un Etat, quelle que soit sa modicité, doit se partager équitablement entre les régions et les citoyens de cet Etat. C'est ce qu'ont d'ailleurs compris les constituants de la plupart des Etats d'Afrique, sans être malheureusement entendus : « *NOUS, PEUPLE BENINOIS, - Réaffirmons notre opposition fondamentale à tout régime politique fondé sur l'arbitraire, la dictature, l'injustice, la corruption, la concussion, le régionalisme, le népotisme, la confiscation du pouvoir et le pouvoir personnel...* » (Préambule de la constitution béninoise du 11 décembre 1990) ; «… *Réaffirmons notre opposition absolue à tout régime politique fondé sur la dictature, l'arbitraire, l'impunité, l'injustice, la corruption, la concussion, le régionalisme, l'ethnocentrisme, le népotisme, le pouvoir personnel et le culte de la personnalité...* » (Préambule de la constitution nigérienne de la septième République) ; « *Le peuple camerounais, fier de sa diversité linguistique et culturelle, élément de sa personnalité nationale qu'elle contribue à enrichir, mais profondément conscient de la nécessité impérieuse de parfaire son unité, proclame solennellement qu'il constitue une seule et même nation, engagée dans le même destin et affirme sa volonté inébranlable de construire la patrie camerounaise sur la base de l'idéal de fraternité, de justice et de progrès...* » (Préambule de la République du Cameroun du 2 juin 1972 révisée le 18 janvier 1996). Lorsque dans un Etat, dans une nation, on ne « fonctionne » pas de cette façon, on court inévitablement le risque de voir un jour le processus constitutionnel de développement s'arrêter violemment. Malheureusement, cette malédiction humaine continue en Afrique surtout au sud du Sahara. Mais l'espoir est permis lorsque le peuple béninois montre merveilleusement qu'il a beaucoup évolué et est d'ailleurs en avance sur ses dirigeants et ses cadres. Les élections et surtout celles présidentielles de 1996, 2001, 2006 et 2011 ont largement prouvé que les populations béninoises ont mûri d'autant plus que ce sont les populations de la région méridionale du Bénin, région de pénétration européenne, qui ont hissé massivement un officier supérieur et un cadre supérieur d'une institution financière régionale à la tête de l'Etat béninois ; pourtant tous les deux sont originaires du nord-Bénin, et à chaque fois contre un cadre de la région de pénétration européenne. Il s'agit du général Mathieu KEREKOU et le docteur Boni YAYI. C'est dire que le vote ethnique et régionaliste sur lequel se basaient certains cadres béninois pour se faire élire à la tête de l'Etat béninois depuis les indépendances semble entièrement révolu.

Paragraphe III : Un conventionnalisme malsain

Les crises politiques que l'Afrique a traversées ont habitué le continent à deux sortes d'accords politiques : les accords politiques salvateurs et protecteurs qui confortent les constitutions préexistantes en comblant leurs lacunes, et les accords déstabilisateurs qui non seulement font doublon avec la constitution primitive ou originelle des Etats en crise, mais aussi volent aux constitutions leur sacralité, et leur caractère de norme suprême. Le constitutionnalisme dans ces Etats revêt désormais un caractère hybride, c'est-à-dire enfile une robe à double coloration, notamment juridico-politique. Le constitutionnalisme est pris en tenaille par le juridisme et la politique. Ces accords politiques sont dans une certaine mesure supérieurs aux constitutions d'autant plus que dans certaines situations qu'ils régissent concurremment avec la constitution, leurs normes l'emportent sur celles de la constitution. Les normes de certains accords politiques modifient même les constitutions. C'est ce que fait d'ailleurs l'Accord de paix d'Arusha du 10 juin 1991 pour le Rwanda qui a modifié la constitution rwandaise en étendant ses propres normes à celles de l'Accord de paix d'Arusha : « *Les deux parties acceptent que la constitution du 10 juin 1991et l'Accord de paix d'Arusha constituent indissolublement la loi fondamentale qui régit le pays durant la période de transition.*»[198] Le professeur AIVO analyse l'impact du texte d'Arusha sur la constitution rwandaise en affirmant qu'il a apporté deux sortes de modifications : « *Au plan institutionnel, l'accord crée de nouvelles institutions transitoires dont un gouvernement à base élargie et détermine leurs compétences. Ensuite la* [199]*constitution rwandaise sort de cette reformulation enrichie de nouveaux principes fondamentaux. Les signataires y proclament, notamment l'Etat de droit, la démocratie mais surtout le multipartisme.* »[200] AIVO poursuit dans cette logique non pas à propos de l'Accord de paix d'Arusha, mais plutôt à propos de l'Accord de Marcoussis en signalant que celui-ci a considérablement modifié la distribution des pouvoirs organisés par la constitution du 1er août 2000[201]. Dans le même sens, le professeur GAUDUSSON, quant à lui à propos du même Accord, relève deux variétés de normes : les unes « *d'application immédiate* »[202], définissant matériellement une nouvelle constitution dont la vocation est d'alléger partiellement la répartition des compétences au sein de l'Exécutif, les autres plutôt « *programmatiques* », mettant pour le long ou moyen terme, un certain nombre de réformes et de révisions, mais dont le sens, les grandes lignes ou orientations sont plus ou moins déterminés. Mieux, selon K. DOSSO, « *l'Accord de Marcoussis suspend certaines dispositions de la constitution et en modifient d'autres. Les éléments de contrariété majeure qui n'échappent pas aux observateurs concernent l'érosion des attributions du président de la République au profit du premier ministre* ».[203] DOSSO, dans une analyse montre que l'article 41 de la constitution ivoirienne du 1er août 2000 se trouve modifié par le point 3 de l'Accord de Linas-Marcoussis car il fait du chef de l'Etat « *le détenteur*

198 Article 3 des Accords de paix d'Arusha du 15 août 1993.

200 Frédéric Joël AIVO, op.cit., p174.

201 Ibid.

202 GAUDUSSON Jean Du Bois, « L'accord de Linas-Marcoussis, entre droit et politique », article cité par Joël AIVO, in « *Réflexions sur la crise de normativité de la constitution en Afrique*, déjà cité, p.31.

203 DOSSO (K.), « Le premier ministre dans la crise ivoirienne », R.R.J.-Droit prospectif, 2008, n°4, pp.2369-2390 ; MEL (A. P.), « La réalité du bicéphalisme du pouvoir exécutif ivoirien », R.F.D.C., 2008, n°75, pp.538-548.

exclusif du pouvoir exécutif»[204] . En outre, selon DOSSO, le même Accord rend indépendant le premier ministre vis-à-vis du chef de l'Etat, fragilisant les attributions de celui-ci en le dépossédant de ses pouvoirs gouvernementaux, lesquels désormais font partie du « patrimoine politico-juridique » du premier ministre, c'est-à-dire ses pouvoirs constitutionnels. Dans cette situation, l'on peut dire que le pouvoir constituant ivoirien a mis « *entre parenthèses* », l'ordre juridique interne, notamment, la constitution et ses « *accessoires* ». C'est d'ailleurs ce qu'ont remarqué les Professeurs KPODAR et GAUDUSSON parlant de l'Assemblée Nationale de Côte-d'Ivoire lorsqu'ils disent qu'elle n'est pas indépendante relativement à la mise en œuvre des conclusions de l'accord de Marcoussis. Pour le premier, l'indépendance du pouvoir législatif n'est pas épargnée par « *la manipulation politique du texte constitutionnel* »[205] ; mieux, l'Accord de Marcoussis « *déstabilise l'ordre institutionnel* »[206]. Pour le second, « *sa souveraineté fonctionnelle est affectée par la recommandation de réformer dans certains domaines et sur des matières énumérées, suivant des orientations déterminées par les signataires de l'accord* »[207]. Celui-ci corrobore l'idée en affirmant que l' « *introduction* » de l'accord de Marcoussis dans l'ordre juridique interne ivoirien passe par la révision de la constitution du 1er août 2000[208]. La supériorité de l'Accord politique de Linas-Marcoussis sur la constitution ivoirienne a été « *célébrée* » par le professeur KPODAR lorsqu'il affirme qu' « *au total sa mise en œuvre a généré des nouvelles règles étrangères à la constitution et eu pour conséquence, au plan strictement juridique, le gel partiel de la constitution et le triomphe du compromis politique dont les dispositions sont substituées à la norme fondamentale* »[209].

La même situation a été également relevée, non pas en Côte-d'Ivoire ou au Rwanda, mais à Madagascar, avec la Convention du 31 octobre 1991 qui a de fond en comble modifié la constitution du 31 décembre 1975, en supprimant non seulement nombre d'institutions de la République[210], mais

---

204 MEL (A. P.), « La réalité du bicéphalisme du pouvoir exécutif ivoirien », art. cité, pp.520-526.

205 KPODAR (A.), « Politique et ordre juridique : les problèmes constitutionnels posés par l'accord de Linas-Marcoussis du 23 janvier 2003 », art. cité, p.2517-2519.

206 KPODAR (A.), « Politique et ordre juridique… », art. cité, p.2506.

207 Voir GAUDUSSON, (J. de), « L'accord de Linas-Marcoussis, entre droit et politique », art. cité, pp. 42-44.

208 GAUDUSSON (J. de), « L'accord de Linas-Marcoussis, entre droit et politique », art. cité, p.46.

209 KPODAR (A.), « Politique et ordre juridique… », art. cité, pp. 2522-2523.

210 Le conseil suprême de la révolution et l'Assemblée Nationale populaire. Cf Article premier, Convention du 31 octobre 1991.

en créant de nouvelles autres[211] et en réduisant considérablement les pouvoirs du chef de l'Etat.

Paragraphe IV : Des contraintes surmontables de la décentralisation administrative en Afrique

La mise en œuvre de la décentralisation administrative est confrontée à de nombreuses difficultés en Afrique parmi lesquelles on peut citer : l'incapacité de la plupart des communes à s'autofinancer, l'écrasement des populations par l'impôt et les taxes, l'incivisme des populations par rapport à leurs devoirs de citoyen envers la collectivité (le payement des taxes et impôts par exemple), la politisation de l'appareil communal sanctionnée par la destitution abusive des maires à des fins politiciennes, le refus de transfert de compétences aux communes dans des domaines qui parfois sont de leur giron, l'exode rural des populations vers les centres urbains ou pays limitrophes vidant ainsi surtout les communes rurales de leurs bras valides, l'exclusion des femmes des instances de décisions communales et même des équipes communales : au Bénin lors du premier quinquennat (2003-2008), il y a eu 2 femmes maires sur 77 communes. La tendance est générale sur tout le continent, notamment en Afrique francophone. On peut aussi constater en Afrique, l'absence d'une tradition de gouvernance locale et de démocratie participative, l'insuffisance quantitative et qualitative des ressources humaines au niveau local, la quasi-absence ou le manque d'organisation de la société civile qui devrait être un partenaire important pour les communes, les communautés urbaines et les régions, la presque inadaptation des services déconcentrés de l'Etat appelés à accompagner les communes, les communautés urbaines et les régions dans la concrétisation de leurs objectifs de développement… Tous ces problèmes énumérés grèvent dangereusement d'hypothèque le développement des communes des Etats africains dans la mise en œuvre de la décentralisation administrative. Mais il faut noter que le problème est constaté dans l'ensemble des Etats francophones au Sud du Sahara.

Les causes profondes de ces problèmes sont d'ordre sociologique et politique. En effet, l'Afrique n'a pas connu la décentralisation administrative dans sa forme moderne. Celle-ci exige une démocratie participative qui n'est pas évidente dans les communes rurales où le poids de la tradition est encore très lourd. En milieu rural le respect de la hiérarchie et surtout de l'ancien est de mise. Il est dans ces conditions difficile à un jeune

[211] La Haute autorité pour la transition vers la troisième République. Cf Article premier, Convention du 31 octobre 1991.

de contredire un patriarche ou un ancien qui a émis un avis dans le sens du développement de sa commune.

De plus, les populations en majorité analphabètes en Afrique n'ont pas totalement appréhendé le concept de décentralisation, même si elles l'ont fait, pas dans tous les « arcanes » du concept. Ceci se fera avec le temps.

De plus, en milieu rural, la femme n'a souvent pas de place dans les instances de décision. C'est pourquoi dans ces milieux, on a coutume de dire qu' « *en Afrique, le pouvoir est mâle et le foyer est femelle* ».

Les envoûtements, ensorcellements et esprits maléfiques se mêlent à la décentralisation. On a peur de se porter candidat à cause des représailles maléfiques, ce qui fait que très souvent l'adage « *l'homme qu'il faut à la place qu'il faut* » est rarement respecté dans ces Etats surtout au Bénin reconnu comme étant le berceau du vodou sur le continent.

De plus, l'influence négative de la « mouvance présidentielle » (ou la majorité présidentielle) s'en mêle car il n'est pas rare de voir dans les communes que les dirigeants qui ne sont pas du bord politique du chef de l'Etat soient destitués. Ceux qui ne le sont pas n'arrivent pas à terminer sans encombre leurs missions. Ce phénomène est remarquable en République du Bénin où on a assisté à la destitution « en série » des maires au cours du premier quinquennat de la décentralisation administrative au Bénin entre 2003 et 2008.

Les problèmes de financement des chantiers ouverts par le chef de l'Etat, qui entend se faire réélire et honorer ses promesses, l'empêchent très souvent de respecter le transfert des compétences prescrit par la loi. C'est pourquoi le régime « KEREKOU » a refusé de céder le marché international « *Dantokpa* » de Cotonou, le plus grand marché de l'Afrique de l'ouest et l'un des poumons économiques du Bénin, à la mairie de Cotonou tandis que les autres communes et municipalités ont disposé sans encombres des marchés se trouvant sur leur territoire.

Au Mali tout comme au Bénin et presque dans les autres pays africains, le problème de transfert de compétence se pose aussi. C'est pourquoi le groupe de recherche sur l'Etat, la décentralisation et le foncier au Mali, financé par AIRE-Développement soutient que « *le transfert des compétences et des ressources se fera progressivement aux communes suivant des critères déterminés, mais personne n'est en mesure d'affirmer actuellement ce que l'Etat devra transférer exactement et à qui en premier* »[212].

La mise en œuvre de la décentralisation administrative, qui est considérée au Bénin par les populations comme « le retour du pouvoir au bercail », n'a pas été bien préparée dans la plupart des Etats africains en phase de décentralisation administrative. Le manque de cadres compétents pouvant conduire cette politique se pose car la pratique du pouvoir nécessite non seulement la possession d'aptitudes ou de qualités techniques et administratives par les nouvelles équipes communales, mais aussi la disponibilité des moyens financiers et matériels requis pour relever les défis que comporte la mise en œuvre de la décentralisation administrative. Dans la réalité la mise en œuvre de la décentralisation administrative dans les Etats au Sud du Sahara a révélé très peu d'entités territoriales décentralisées (en dehors des collectivités urbaines) possédant les atouts précités.

La décentralisation administrative est généralement couplée de la déconcentration administrative et du découpage territorial. Pour éviter des conflits entre les populations, des critères sont émis pour la constitution des circonscriptions administratives ou les départements: ce sont généralement les critères démographiques, socioculturels, la position géographique des villes, chef lieux de commune ou de département, c'est-à-dire les critères de distance et d'accessibilité, les critères spatiaux, touristiques et historiques (ville garde-cercle sous le colonisateur par exemple, ou ville symbole de la résistance face à l'envahisseur blanc)… Au Bénin, le découpage a été très douloureux pour certaines populations ou ethnies qui refusent d'être sous la coupe d'autres ethnies. Le problème s'est posé avec acuité dans la partie centrale du Bénin que le régime de Kérékou a éludé de peur que le choix de certaines localités ou villes pour abriter un chef-lieu de département au détriment d'autres ne soit préjudiciable au régime lors des prochaines joutes électorales. Trois villes se « battent » pour abriter le chef lieu de département : Savè, Dassa-Zoumé et Savalou, des villes rivales du point de vue historique et ethnique. Dans la partie méridionale du Bénin, sont « en lice » pour abriter un chef lieu de département Ouidah la ville historique à l'image de Gorée au Sénégal, Allada une autre ville historique du Bénin (Ville natale de Toussaint Louverture de Haïti). Au nord du Bénin, Banikoara le bassin cotonnier du Bénin, localité qui produit 80 pour cent du coton béninois, région la plus peuplée du nord-Bénin, la deuxième région du nord- Bénin la plus vaste, premier cheptel béninois en ovins, bovins et

---

[212] Groupe de recherche sur l'Etat, la décentralisation et le foncier (Mali) http://apad.revues.org/document 579.html

caprins, région abritant les deux tiers du plus grand parc de l'Afrique de l'ouest (Le parc W), région frontalière avec le Burkina-Faso… a exigé d'être érigé aussi département parce qu'il ne comprend pas pourquoi une région non encore viable ni viabilisée sur le plan économique puisse être de ce fait érigée département (la vallée du fleuve Ouémé) parce que soupçonnée par le chef de l'Etat de pouvoir être un jour l'une des régions économiques du Bénin si elle est mise en valeur. Pour les populations de Banikoara, la vallée de l'Ouémé n'apporte pour l'instant rien à l'économie béninoise contrairement à Banikoara qui est la région qui rapporte le plus de devises étrangères à l'Etat béninois …Toutes les nombreuses commissions mises sur pieds par le Régime du Président YAYI Boni devant faciliter la mise en œuvre du découpage territorial ont échoué et ont été désavouées par les populations. Les raisons concrètes de cet échec s'expliquent par l'érection des critères sus cités dont l'application s'est faite à géométrie variable. Les membres de ces commissions dont la plus célèbre est la Commission « ADJAHO » s'expliquent en disant qu'il n'est pas possible d'appliquer mécaniquement ces critères aux régions il faudrait donc appliquer lesdits critères « au cas par cas ».

Au Mali le découpage a aussi présenté des difficultés car dans le cercle de Youwarou, l'érection de certaines communes s'est faite dans le non respect des critères retenus.

De plus, dans la région de Sikasso, les cercles de Sikasso et de Koutiala ont donné naissance à une multitude de micro-communes, tandis que les cercles de Mopti et de Kidal étaient en proie à la naissance de macro-communes sur les plans géographiques et démographiques mais dont la viabilité était loin d'être évidente[213]. Dans ces pays, les commissions qui ont été chargées de faire le découpage territorial n'ont souvent pas réussi à communiquer honnêtement avec les populations. Au Mali la mission chargée de faire le découpage s'est confronté à un problème selon Toumani Diallo[214], relatif au non respect des critères. Celui-ci soutient qu'il s'agissait de critères purement indicatifs dans l'esprit de la Mission, mais que sur le terrain, *« l'indicatif est devenu norme aux mains des équipes de découpage qui*

---

[213] Bréhima KASSIBO, La décentralisation au Mali : Etat des lieux, http://apad. Revues.org/ document 579.html.

[214] Diallo, T. D.1995, « La décentralisation : rendre son âme au Mali profond ». Le démocrate malien (Bamako éd. Spéciale, juillet) ; sur la même question, voir Diallo, T.D.1996, « L'élaboration de la politique de décentralisation au Mali : des logiques plurielles ». Bulletin de l'APAD 11 :148-163.

auraient dû les adapter aux spécificités du terrain au lieu de les appliquer mécaniquement comme modèle théorique immuable »[215].

Les problèmes fonciers minent la mise en œuvre de la décentralisation administrative en Afrique francophone. Chacun de ces Etats a d'ailleurs entrepris depuis quelques années des réformes foncières pour mettre un terme au conflit entre les collectivités familiales (avec à leur tête un chef de la collectivité) propriétaires de vastes terres (comme au sud du Bénin et du Cameroun) et l'Etat. Dans ces Etats, il y a un flou juridique quant à la gestion des litiges de terre. En milieu rural, c'est les chefferies traditionnelles qui s'en occupent et en qui les populations ont confiance alors qu'en ville, c'est l'Etat qui en est garant et dont les litiges sont connus des tribunaux de l'Etat. Le dualisme juridique qui a caractérisé les Etats francophones pourrait expliquer cette situation. Mais pour « solutionner » le problème, l'enregistrement et la délivrance des titres fonciers constituent la voie choisie par les communes sans toutefois mettre un terme aux conflits.

Au Mali tout comme d'ailleurs dans la plupart des Etats africains le problème foncier est un handicap dans la mise en œuvre de la

---

[215] Bréhima KASSIBO, op.cit.http://apad. Revues.org/document579.html.Sur le Mali, voir :

- COULIBALY M. 1993, « La décentralisation… pour quoi faire ?. Décentralisation, journal d'information et de réflexion sur la décentralisation (février), Mission de Décentralisation (Bamako) ;
- COULIBALY M.1997, « Les nouvelles communes sur les fonds baptismaux. Ressources : le temps des vraies interrogations ». L'Essor (Bamako, n°spécial du 22 septembre) ;
- DIALLO T.D. 1995 « La décentralisation : Rendre son âme au Mali profond ». Le Démocrate Malien (Bamako éd. Spéciale, juillet) ;
- DIALLO T. D. 1996, « Le Mali nouveau ; vers une nouvelle géographie régionale ». L'Essor (Bamako,18 juin, cahier spécial décentralisation) ;
- FELIX J.1996, « L'élaboration de la politique de décentralisation au Mali : des logiques plurielles ». Bulletin de l'APAD 11 :148-163 ;
- FOFAN W., 1994, « A propos du projet de la loi sur la libre administration des collectivités » ; Décentralisation, journal d'information et de réflexion sur la décentralisation (février), Mission de Décentralisation (Bamako) ;
- KASSIBO B. 1997, « L'histoire d'un dépeçage ou la naissance controversée des collectivités décentralisées du cercle de Youwari. Louvain-La-Neuve : séminaire sur « les dimensions sociales et économiques de développement local et la décentralisation en Afrique au Sud du Sahara » (20-21 nov) ;
- KONARE A.O.1996, Discours officiel du 22 septembre. Bamako : Archives de l'ORSTOM ;
- KONARE A.O.1997, Discours officiel du 22 septembre. Bamako : Archives de l'ORSTOM ;
- SIBY M. 1997, « Les populations rurales maliennes et la décentralisation : Etude de cas de la commune de Maréna-Diombougou. Bamako : ENS (Mémoire de maîtrise).

décentralisation administrative. Dans ce pays, à la base de la constitution des communes rurales se trouvent les villages ou les tractions qui sont à la base réelle de la pyramide sociale. Le droit malien a des difficultés à appréhender avec efficacité cette donnée de la vie juridique foncière du Mali. C'est pourquoi il existe un flou juridique sur la question surtout que le droit moderne n'a pas emprise partout sur les questions foncières au Mali.

Le Mali a donc l'obligation de tenir compte de ce préalable coutumier et traditionnel des zones rurales pour pouvoir se doter d'un code foncier pouvant se mettre « au dessus de la mêlée », si l'Etat veut mettre en œuvre sans difficultés une bonne politique de décentralisation administrative sur toute l'étendue de son territoire.

Enfin presque l'ensemble des Etats francophones sont confrontés aux problèmes financiers pour subventionner les communes. La subvention que l'Etat doit apporter aux communes ne leur parvient pas à temps. Mieux, les collectivités locales africaines ne sont pas véritablement autonomes, puisque leurs décisions financières sont étroitement contrôlées, non seulement au moment de leur prise ou adoption (vote du budget primitif, adoption de décisions de modification du budget primitif...), mais aussi pendant leur exécution (par le comptable local de l'Etat). Ce manque d'autonomie financière peut quelque peu se noter par le contrôle juridictionnel provenant soit du juge des comptes, soit parfois du juge administratif.

Par ailleurs, les communes n'ont pas la maîtrise de leurs dépenses car il y a des dépenses qui s'imposent à elles parce qu'obligatoires, c'est-à-dire imposées par la loi ou devant nécéssairement figurer dans le budget. Cette situation de non-autonomie véritable des collectivités locales sur le plan financier a été aggravée par la crise financière mondiale qui frappe de plein fouet le monde depuis la fin de l'année 2008. La coopération décentralisée en prend subséquemment un coup.

De la décentralisation administrative découlent aussi des inconvénients. Ainsi sous le rapport de la politique, elle a affaibli quelque peu les pouvoirs centraux africains de par la vertu d'autonomie qu'elle comporte en elle-même, permettant ainsi aux collectivités d'avoir une certaine autonomie sur le plan administratif et sur le plan politique. De ce fait, elle a diminué la force du pouvoir central ; ce que des observateurs ont confirmé sur le terrain africain après quatre-vingt-dix.

Sous le rapport administratif, elle a accordé la primauté des intérêts locaux sur ceux de la nation entière, développant ainsi un régionalisme mesquin au détriment d'un patriotisme ou d'un nationalisme sain au Sud du

Sahara. C'est d'ailleurs l'éradication de cet esprit qui est l'une des tâches dévolues au pouvoir de tutelle.

La décentralisation administrative est un système qui a coûté cher aux Etats car demandant un personnel trop lourd, des moyens énormes à déployer pour sa mise en œuvre. C'est sur ce point que la déconcentration administrative a paru plus avantageuse que la décentralisation administrative dans laquelle, le pouvoir a une mainmise parfaite sur toutes les affaires.

L'on peut constater que la décentralisation administrative est une institution ou mécanisme juridique qui a permis d'instituer des personnes morales publiques distinctes de l'Etat. Toutefois, elle n'a pas renseigné suffisamment sur le degré d'autonomie réelle des collectivités locales et des établissements décentralisés. C'est pourquoi, l'approche juridique de la décentralisation administrative doit être complétée par des données politiques d'autant plus que la notion de décentralisation n'est pas que juridique, elle est aussi politique.

De plus, les personnes publiques décentralisées ont aussi été tributaires des réalités sociologiques du milieu où elles ont leur base. C'est pourquoi le même système appliqué dans des Etats différents a eu des résultats différents.

Chapitre VIII : Pour un constitutionnalisme de développement en Afrique

Le constitutionalisme en Afrique a été la chose des acteurs politiques africains qui lui impriment parfois au grand bonheur des peuples africains leur savoir faire en fonction de l'intérêt général ou l'intérêt supérieur de leur pays, parfois aussi, mais malheureusement « un savoir faire » en raison des intérêts partisans, du moins privés et égoïstes. C'est pourquoi ce constitutionnalisme a été de toutes les infortunes, avec pour seul otage, les peuples africains. Quelques propositions d'idées dans le sens de l'améliorer s'avèrent nécessaires à travers la moralisation de la vie publique, un tremplin pour un constitutionnalisme de développement (Section I), une implication plus accrue des peuples dans le processus de développement (Section II), des forces militaires et paramilitaires respectueuses de l'Etat de droit (Section III) la constitutionnalisation de certaines institutions républicaines (Section IV), un Pouvoir judiciaire et un Parlement indépendants avec un Exécutif responsable (Section V) et bien d'autres propositions (section VI).

Section I : La moralisation de la vie publique, un tremplin pour un constitutionnalisme de développement

La moralisation de la vie publique en Afrique au sud du Sahara voire au-delà est un pari important à atteindre dans le but d'éviter que la démocratie en Afrique ne devienne un cauchemar pour le continent. Des marchés publics propres et la lutte contre l'achat de conscience en politique (Paragraphe I) et une renaissance ou une refondation mentale des africains (Paragraphe II), en constituent la voie royale.

Paragraphe I : Des marchés publics propres et la lutte contre l'achat de conscience en politique et l'impunité des dirigeants

La corruption est presque endémique dans les pays africains. Elle se fait par le canal de plusieurs domaines dont ceux des passations des marchés publics. C'est pourquoi les Etats africains doivent se doter tous d'une véritable loi ou d'un véritable code de passation des marchés publics, qu'ils doivent arrimer avec les standards régionaux et internationaux afin de permettre un bon suivi de ces opérations par non seulement les compétences nationales, mais aussi celles provenant de n'importe quel pays de la sous-région africaine et même de celles internationales.

Cette loi ou ce code de passation des marchés publics aura pour vocation de donner une visibilité aux marchés publics souvent entourés d'opacité indescriptible, en définissant les types de marchés publics, leurs protagonistes ou acteurs, le seuil au-delà duquel les marchés publics doivent être obligatoires, leur mode de financement… Cette loi ou ce code de passation de marché public doit définir un véritable cadre juridique et institutionnel permanent des marchés publics, avec des organes précis, ayant des rôles précis sans oublier des procédures bien définies d'attribution des marchés, l'exécution et le règlement des marchés publics clarifiés, puis les sanctions par des institutions appropriées en cas de dérapage.

Mieux, la moralisation de la vie politique passe par l'imprescriptibilité des crimes économiques qui est la voie de plus en plus empruntée par les Etats africains. Des Etats comme le Ghana, le Cameroun, le Rwanda, le Sénégal… ont indiqué la voie à suivre puisqu'ils nous habituent à des procès faits aux fossoyeurs de leur économie, notamment les fonctionnaires et surtout ceux qui ont à leur charge l'Etat. L'expérience du Burkina-Faso qui a permis d'identifier sept (7) facteurs déterminants pour la moralisation de la vie publique mérite d'être partagée par le reste du continent :

«- *Les ressources : les ressources humaines, financières et matérielles doivent être mises à la disposition des institutions de contrôle ;*

- *Les incitations : il faut mettre en place des mécanismes de motivation pour les agents travaillant dans ces institutions de façon à ce qu'ils mènent des carrières attractives dans ces institutions, sinon les meilleurs risquent de partir ou de ne pas être motivés ;*
- *L'existence d'un statut protecteur : les nominations, les carrières doivent être de nature à assurer l'autonomie des agents ;*
- *La publication des rapports établis par les institutions de contrôle ;*
- *Le pouvoir de sanction en cas de mauvaise gouvernance ou d'infraction ;*
- *Le pouvoir de saisine de la justice : les institutions doivent disposer du pouvoir de saisir directement la justice ;*
- *L'indépendance : elle doit être assurée pour permettre aux institutions d'investiguer sans interférence du politique.* »[216]

De plus, la vie politique mérite d'être moralisée. L'argent est au cœur de la politique. Les politiciens africains utilisent l'argent pour convaincre les électeurs. Les projets de société ne constituent plus le moyen politique pour obtenir l'adhésion des populations. Le débat d'idées a déserté le forum. Tous les moyens sont bons pour avoir les faveurs des électeurs. Les chefs traditionnels qui très souvent croupissent dans la misère sont mis dans le jeu ; les hommes politiques sont conscients de l'indigence de ceux-ci pour

[216] Augustin LOADA, Bonne gouvernance, op.cit., p.177.

les acheter afin qu'ils demandent à leurs sujets de voter pour tel candidat plutôt que pour tel autre. Même la caution à payer avant d'être candidat à une quelconque élection est majorée de façon exorbitante pour pouvoir éliminer d'honnêtes citoyens, redoutables de par leur compétence, leur qualité humaine et leur possible capacité intellectuelle à bien conduire les rênes d'une nation en mal de développement. En d'autres termes, l'achat des consciences est au cœur des activités politiques en Afrique au lendemain des années quatre-vingt-dix. Les populations pauvres en général attendent la période électorale pour se remplir les poches, estimant que c'est l'argent du contribuable qui a été volé par ces politiciens et que c'est l'occasion de le récupérer. La conséquence de ce marché de corruption est que très peu d'élections sont crédibles et sincères, la chose politique de plus en plus dégoûte les populations africaines. Au sein des hémicycles, le débauchage des députés d'un camp politique vers un autre se fait à coups de plusieurs centaines de millions de francs. Ainsi, la politique est le tremplin idéal de blanchiment d'argent amassé par les grands cartels de drogue auxquels les candidats aux élections présidentielles sont affiliés ou ont recours. En d'autres termes, « *l'argent en politique, l'argent dans les campagnes électorales dénature désormais l'esprit de la démocratie et biaise le choix des électeurs. C'est un des piliers centraux de la démocratie qui est ainsi menacé, car si les citoyens doivent désormais se déterminer en fonction des moyens financiers et matériels des candidats en compétition, il va sans dire que c'est la vocation même du vote en démocratie qui est remise en cause. Ainsi, notre République est-elle devenue une machine « censitaire » qui broie sans pitié ceux qui, dépourvus de moyens financiers, osent participer aux compétitions électorales.* »[217]C'est pourquoi le professeur LOADA propose de :

« *(...) – Combattre le clientélisme et la corruption électorale ;*

- *Explorer la possibilité du suffrage indirect pour les élections présidentielles ;*
- *L'obligation pour tout chef d'Etat sortant de présenter son « bilan financier » devant la cour des comptes avant de passer le relais à son successeur ;*

[217] Commission chargée de l'élaboration des avant-projets de lois dans le cadre des réformes politiques et institutionnelles, « Consolider les acquis démocratiques », Rapport sur l'étude de la constitution, présidée par M. Joseph GNONLONFOUN, Magistrat, ancien garde des sceaux, (République du Bénin), mars 2012, p.15.

- *Le contrôle effectif par la cour des comptes ou par un organisme indépendant du patrimoine des dirigeants* »[218].

Aussi, la responsabilité pénale des chefs d'Etats et de leurs ministres en Afrique doit-elle être engagée en cas de faute de gestion de l'Etat par ceux-ci. A ce niveau, les obstacles majeurs doivent être écartés, puisqu'en Afrique les Hautes Cours de Justice ne trouvent pas de justiciables à juger ; ce qui témoigne de l'impunité dont jouissent quasiment les hommes politiques du continent. Les goulots d'étranglement de la haute machine judiciaire en Afrique sont nombreux : Quels sont ces goulots d'étranglement ?

Généralement les personnes justiciables de la Haute Cour de Justice en Afrique restent le Président de la République et les membres de son gouvernement dans l'exercice ou à l'occasion de l'exercice de leurs fonctions. En revanche, leurs complices ne sont jugés par la Haute juridiction qu'en cas de complot contre la sûreté de l'Etat. En témoignent ici quelques exemples : « *La Haute Cour de justice est compétente pour juger le Président de la République et les membres du Gouvernement à raison de faits qualifiés de haute trahison, d'infractions commises dans l'exercice ou à l'occasion de l'exercice de leurs fonctions, ainsi que pour juger leurs complices en cas de complot contre la sûreté de l'Etat. Les juridictions de droit commun restent compétentes pour les infractions perpétrées en dehors de l'exercice de leurs fonctions et dont ils sont pénalement responsables.* » (Article 136 de la constitution béninoise du 11 décembre 1990) ; « *La Haute Cour de Justice est une juridiction d'exception non permanente. Elle juge le Président de la République en cas de violation du serment ou de haute trahison... Les présidents et vice-présidents des corps constitués, les membres du Gouvernement et les membres de la Cour constitutionnelle sont pénalement responsables devant la Haute Cour de justice des actes accomplis dans l'exercice de leurs fonctions et qualifiés de crimes ou délits au moment où ils ont été commis, ainsi que leurs complices et coauteurs en cas d'atteinte à la sûreté de l'Etat...* » (Article 78 de la constitution de la République gabonaise du 26 mars 1991) ; « *La Haute Cour de Justice est la seule juridiction compétente pour connaître des infractions commises par le Président de la République. La responsabilité politique du Président de la République n'est engagée qu'en cas de haute trahison. La Haute Cour de Justice est compétente pour juger les membres du Gouvernement et leurs complices en cas de complot contre la sûreté de l'Etat.* » (Article 127 de la quatrième République du Togo)... Les difficultés pourraient donc surgir de l'application de ces dispositions constitutionnelles, d'autant plus qu'il peut

[218] Augustin LOADA, Bonne gouvernance, op.cit., p.177.

arriver par exemple dans une affaire que les complices soient entendus devant la Haute Cour comme témoins pendant qu'ils sont peut-être inculpés ou accusés dans une procédure pendante devant les juridictions ordinaires. Mieux dans le même exemple, il peut arriver que les deux juridictions en présence dans la diligence avec laquelle elles traitent le dossier, chacune dans ses attributions, que le jugement d'un accusé intervienne avant celui de l'autre. A ce sujet, la Présidente de la Haute Cour de Justice du Bénin, madame MEDEGAN NOUGBODE Clotilde en 2008 disait : « *Il est déjà arrivé et il arrive souvent que les juridictions de droit commun, dans les affaires censées relever de la compétence de la Haute Cour de Justice, soulèvent leur incompétence à l'égard des personnalités justiciables de la Haute Cour de Justice que sont le Président de la République et les membres du Gouvernement alors que les complices de ceux-ci (directeurs de société, directeurs financiers et de l'administration par exemple) ont été soit arrêtés et/ou poursuivis, soit jugés et/ou condamnés par les juridictions de droit commun et exécutent leurs peines dans nos prisons* »[219]. Dans une telle circonstance, il y aura injustice et surtout violation du principe du procès équitable.

Par ailleurs, relativement à la compétence *ratione materiae*, les Hautes Cours de Justice des Etats africains en général et de ceux au sud du Sahara en particulier peuvent connaître des infractions commises par leurs justiciables dans l'exercice ou à l'occasion de l'exercice des fonctions et d'autres infractions spécifiques. Le problème, relativement aux infractions de droit commun, ne se pose pas devant ces institutions africaines puisque ces infractions sont prévues et punies par les lois pénales en vigueur dans ces Etats.

Par contre, les peines relatives au parjure, à la haute trahison, à l'outrage à l'Assemblée Nationale, à l'atteinte à l'honneur et à la probité...n'existent généralement dans aucun code pénal de ces Etats.

Relativement à la saisine de ces Hautes Cours africaines, il y a de sérieuses difficultés car il est quasiment impossible de traîner les hommes politiques africains devant celles-ci. Comme on peut le lire, les termes de l'article 137 de la constitution béninoise du 11 décembre 1990 sont sans ambages. En effet, pour déclencher l'action publique et prononcer la mise en accusation des justiciables de la Haute Cour de Justice du Bénin, il faut un vote à la

---

[219] Jean-Nazaire TAMA, La constitution béninoise du 11 décembre 1990 à l'épreuve du temps : sa révision, une opportunité juridique ou politique ? Revue juridique et politique des Etats francophones, p.170.

majorité des deux tiers des députés de l'Assemblée nationale[220]. Il en est de même de l'article 129 de la constitution togolaise de la quatrième République « ...*La décision de poursuivre ainsi que la mise en accusation du Président de la République et des membres du Gouvernement est votée à la majorité des quatre cinquième (4/5) des membres de chacune des deux assemblées composant le parlement, selon la procédure prévue par une loi organique*... ». La constitution nigérienne de la septième République confirme en son article 144: « *La mise en accusation du Président de la République est votée par scrutin public à la majorité des deux tiers (2/3) des députés composant l'Assemblée Nationale. La mise en accusation d'un membre du Gouvernement est votée dans les mêmes conditions, à la majorité absolue.* » L'article 139 de la constitution du Burkina-Faso du 11 juin 1991 révisée le 27 janvier 1997 corrobore cette disposition : « *La mise en accusation du Président du Faso est votée à la majorité des quatre cinquième des voix des députés composant l'Assemblée. Celle des membres du Gouvernement est votée à la majorité des deux tiers des voix des députés composant l'assemblée.* » L'article 78 de la constitution de la République gabonaise du 26 mars 1991 confirme notre argument : « ...*Le président de la République est mis en accusation par le Parlement statuant à la majorité des deux tiers de ses membres, au scrutin public*… ».

De plus la politisation de la Haute Cour de justice est une réalité dans presque tous les pays africains, notamment de par sa composition. En effet, l'article 7 de la loi organique portant sur la Haute Cour de Justice du Bénin dont le contenu est presque le même au niveau des autres pays francophones de par l'origine politique des membres, énonce que « *La H.C.J. est composée des membres de la Cour constitutionnelle à l'exception de son Président, de six députés élus par l'Assemblée Nationale et du Président de la Cour suprême. La H.C.J. élit en son sein son Président* ». Ainsi, cette politisation peut-elle s'observer d'abord par le fait que le Chef de l'Etat nomme trois des membres composant la Cour constitutionnelle[221] , et contrôle dans la plupart des cas les quatre autres membres nommés par le Bureau de l'Assemblée Nationale[222]. Par ailleurs, le Président de la Cour

---

[220] Jean-Nazaire TAMA, La constitution béninoise du 11 décembre 1990 à l'épreuve du temps, op.cit., p.170.

[221] Art. 115 : « La Cour Constitutionnelle est composée de sept membres dont quatre sont nommés par le Bureau de l'Assemblée Nationale et trois par le Président de la République pour un mandat de cinq ans renouvelable une seule fois. Aucun membre de la Cour constitutionnelle ne peut siéger plus de dix ans. »

[222] En général, c'est la majorité présidentielle qui contrôle le Bureau de l'Assemblée Nationale.

suprême est nommé par le Président de la République[223]. De plus, les six députés provenant de l'Assemblée Nationale viennent la plupart du temps de la majorité présidentielle. C'est pourquoi, l'on peut affirmer que l'Exécutif est l'alpha et l'oméga de la justice présidentielle. Tout vient donc de l'Exécutif et tout part de lui en ce qui concerne la composition des membres de la HCJ, d'où sa politisation[224]. C'est dire en d'autres termes que le déclenchement de l'action publique et de la mise en accusation relève du parcours de combattant surtout que l'on se trouve ici sur un terrain purement politique. C'est ce que confirme la Présidente de la Haute Cour de Justice parlant des difficultés auxquelles se trouve confrontée la Haute Cour de Justice pour poursuivre ses justiciables : « *S'il est vrai que les personnalités passibles de la Haute Cour de Justice sont des personnalités politiques, il faut reconnaître que les verrous posés par la Constitution pour assurer leur protection contre tout abus éventuel des dénonciateurs sont quasi étanches. Nul n'ignore que les membres du Gouvernement proviennent pour la plupart des partis politiques et lorsqu'on sait que les « loups ne se mangent pas entre eux », il sera difficile, à moins d'une haute conscience des intérêts du peuple et du respect du principe d'égalité de tous devant la loi par les députés, d'envoyer un ministre ou un président de la République devant la Haute Cour de Justice. Pour preuve, elle est installée depuis cinq ans et c'est seulement le 18 juillet 2006 que le vote d'une poursuite contre un ministre vient de se réaliser* »[225]. Il est donc fondamental de trouver des voies et moyens pouvant permettre de faire juger dans la plus grande objectivité possible les hommes politiques africains, sans qu'ils soient victimes de sentiments de jalousie de la part de leurs adversaires politiques. C'est pourquoi l'indépendance de cette institution doit être aussi assurée. A ce sujet, le Professeur NGUELE écrit : « *La Haute Cour de Justice, étant une juridiction pénale, il n'est pas compréhensible que ni le ministère public, ni le greffe, n'en soient pas membres. Une juridiction répressive se conçoit difficilement sans représentation du ministère public. Cette composition fait par conséquent de la Haute Cour un organe éminemment politique. Elle apparaît de ce point de vue comme une juridiction*

---

[223] Art. 133 : « Le Président de la Cour suprême est nommé pour une durée de cinq ans renouvelable une seule fois, après avis du Président de l'Assemblée Nationale, parmi les magistrats et les juristes de haut niveau, ayant quinze ans au moins d'expérience professionnelle par décret pris en conseil des ministres.

[224] Fadhel Médard SALIFOU BIO, « La responsabilité pénale du Président de la République du Bénin », Mémoire de DEA soutenu en 2014, à l'Université d'Abomey-Calavi, sous la direction du Professeur agrégé, MEDE Nicaise, p.35.

[225] Jean-Nazaire TAMA, La constitution béninoise du 11 décembre 1990 à l'épreuve du temps, op.cit., p.171

politique. »[226] C'est pourquoi il renchérit en affirmant que « *L'organisation actuelle de la HCJ ne permet pas de s'assurer des garanties d'impartialité et d'indépendance, dans la mesure où les juges sont connus d'avance, ce qui ouvre la voie à toutes sortes de tractations et de démarches préventives* »[227]. Mieux, pour parfaire cette indépendance proposée par le Professeur NGUELE, il faut faire de cette institution permanente, une ad'hoc comme en Grèce[228] ou au Gabon[229]. Il faut aussi prévoir une institution judiciaire pouvant juger le chef de l'Etat seul et une autre pour les crimes commis par les ministres et leurs complices.

Paragraphe II : Une renaissance ou une refondation mentale (morale) des Africains

« *Le poisson pourrit toujours par la tête* » a dit un adage bariba[230] pour signifier que le bon exemple doit toujours venir des responsables. Un Etat qui se détériore, le fait toujours par la tête. Toutefois, les Etats méritent aussi les chefs qu'ils ont à leur tête, puisque ceux-ci sont à coup sûr à l'image du peuple dont ils sont issus, quand bien même le pouvoir peut transmuer une personne originellement honnête. De plus en plus, l'on constate en Afrique, que les Etats ou les nations perdent leurs repères moraux, patriotiques et nationalistes. La perte des valeurs ancestrales constituent aujourd'hui une grave préoccupation pour les hommes et femmes épris de paix et de justice sur le continent. L'argent devient l'alpha et l'oméga de la vie courante des africains. Tout se monétarise et rien ne peut plus être obtenu sans argent. Par exemple, la simple demande verbale de renseignement relativement à la position géographique de l'ambassade de Belgique près le Nigéria à Lagos auprès d'un jeune passant nigérian m'a valu une agression physique en 2001, pour être parti vers l'endroit recherché, c'est-à-dire ladite ambassade sans avoir payé le renseignement obtenu de la part de celui-ci. J'ai eu la vie sauve en déboursant de l'argent. Certes, la vie se monétarise, mais pas à ce prix et à ce niveau.

---

[226] NGUELE (M.) : « La constitution béninoise du 11 décembre 1990 et la responsabilité pénale des gouvernants », Communication à l'occasion du Colloque international des 8, 9 et 10 août, organisé en hommages au Professeur Maurice AHANHANZO-GLELE.

[227] Ibid.

[228] Cf art. 49, La juridiction compétente pour juger le Président est une juridiction ad'hoc en Grèce, composée de hauts magistrats de l'ordre judiciaire.

[229] Cf art.78 et 80. La HCJ est une juridiction d'exception non permanente de treize membres dont sept magistrats professionnels désignés par le Conseil supérieur de la magistrature et six membres élus par le Parlement en son sein, au prorata des effectifs des groupes parlementaires.

[230] Peuple majoritaire du nord-Bénin.

Les valeurs du travail bien fait ne sont plus vivaces dans les esprits. Dans les services administratifs, et parfois privés, les travailleurs ne font plus consciencieusement leur travail, préférant la vie facile marquée souvent du sceau de la corruption. Les travailleurs de l'Etat préfèrent créer des services privés concurrençant l'Etat, services privés dans lesquels ils préfèrent faire valoir leur expertise pour laquelle l'Etat les paye chaque mois. Ce dernier exemple se matérialise dans le secteur de la santé où les médécins préfèrent créer leur propre clinique qu'ils équipent avec les biens des hôpitaux publics qui les emploient en y faisant seulement le service minimum, au profit de leur clinique. C'est pourquoi les médécins des services publics hospitaliers se présentent au boulot vers midi, pour rentrer à la maison vers treize heures. En fait ils dévoient les patients les plus riches vers leur propre clinique au détriment des autres patients, c'est-à-dire ceux démunis qu'ils pouvaient soigner à moindre coût sous la juridiction des hôpitaux publics. Leur brève présence dans leur lieu de travail administratif est une astuce pour faire acte de présence pendant quelques heures seulement afin de ne pas éveiller les soupçons de l'Etat et de ses inspecteurs qui d'ailleurs la plupart du temps ne dénoncent personne, parce que corrompus eux aussi. Cette présence furtive a pour but de se maintenir donc dans le secteur public dont le rôle doit être de garantir le salaire, revenu minimum qui puisse leur permettre de faire vivre leur famille, le surplus ou le reste que l'Etat n'est pas en mesure de fournir est pourvu par la clinique privée. La conséquence immédiate est la mort banale des patients qui sont les contribuables de l'Etat, lesquels contribuables garantissent le salaire de ces médécins qui finissent par les trahir sans s'en rendre compte pour des intérêts égoïstes.

La même situation est remarquable également au niveau du secteur de l'enseignement où les enseignants débrayent dans les établissements publics au profit de leur propre établissement pour se faire de l'argent. Les enseignants fonctionnaires de l'Etat ne donnent plus le meilleur d'eux-mêmes, préférant faire économie du savoir dans les établissements publics qui les emploient dans le but d'attirer les élèves dans leur collège privé. Les conséquences de cette conduite malfaisante des enseignants est le taux d'échec très élevé dans les écoles publiques. Une telle attitude est criante dans les ministères où les gens attendent d'être soudoyés avant de faire le travail pour lequel l'Etat les emploie. Bref, la concussion s'est généralisée dans les ministères de certains Etats africains.

La corruption est devenue une matière culturelle au point qu'elle ne gène plus personne ; elle est devenue la règle, et son bannissement, l'exception. Dans les Etats africains, lorsqu'une personne est nommée dans un ministère, il s'entend dire habituellement par ses parents et ses amis de « maximiser » ou de « prendre sa part », c'est-à-dire de détourner énormément pour ne pas avoir à regretter après, de penser à sa famille. Lorsqu'on séjourne à la tête d'une institution étatique et qu'on n'y détourne pas énormément les deniers publics, on est maudit par les siens. C'est pourquoi, après un bref séjour à la tête d'un ministère, l'intéressé s'en sort avec beaucoup de maisons et de véhicules. Il s'arrange aussi pour faire recruter dans la fonction publique ses enfants ou les enfants de ses parents même sans qualification requise. En d'autres termes, c'est le règne du népotisme. Un Président qui se donne pour cheval de bataille la lutte contre la corruption, le régionalisme et le népotisme, court le risque de perdre le prochain mandat. Du coup, il devient impopulaire et suscite des grèves politiciennes des travailleurs puisque ceux-ci ne trouvent plus l'occasion de voler l'Etat, de s'enrichir sur le dos du peuple. Aujourd'hui en Afrique, dans certains pays, il est difficile de distinguer une grève professionnelle visant à améliorer les conditions de travail et de vie des travailleurs des grèves politiciennes qui durent parfois entre six mois et un an, et généralement sans service minimum, au cours desquelles les travailleurs sont manipulés voire instrumentalisés par les hommes politiques. C'est pourquoi il urge que la conciliation du droit de grève avec la continuité du service public en Afrique soit assuré. Le droit de grève reste un moyen syndical salutaire de revendication, mais son usage doit être non seulement à l'abri des considérations politiciennes mais surtout il doit être raisonnable. Mais en Afrique les coups politiciens sont permis pour mettre en difficulté les défenseurs de la moralisation de la vie publique. C'est pourquoi en Afrique, la moralisation de la vie publique n'a jamais réussi, et elle doit réussir.

Par ailleurs, l'administration africaine perd de plus en plus sa neutralité vis-à-vis de la chose politique. Elle s'aligne de nos jours soit sur l'opposition si le président en exercice va en guerre contre certaines mauvaises habitudes qui gangrènent les ministères, telles que la corruption, la concussion et autres qui aujourd'hui font vivre les mauvais agents de l'administration qui, malheureusement, sont les plus nombreux ; soit sur le chef de l'Etat si celui-ci réussit à faire profiter de son pouvoir la majorité des agents des mêmes ministères au point que ceux-ci, en cas du départ du chef de l'Etat au terme de son mandat, sabotent l'exécution des décisions du nouveau pouvoir, si celui-ci ne leur fait plus confiance au profit d'autres agents. L'administration doit donc être impartiale et servir de levier à tout homme politique qui arrive à séduire le peuple par son projet de société au point de se faire porter par celui-ci à la magistrature suprême. Mieux, le professeur HOLO a su faire une photographie des administrations africaines, lorsqu'il affirme qu' « *il arrive cependant que beaucoup d'agents, recrutés, promus par les responsables politiques se croient ou se mettent au service de leur cause pour le meilleur ou pour le pire. Ainsi, en cas de renouvellement des gouvernants et des projets de société, certains s'estiment tenus à un devoir de fidélité à l'endroit des anciens gouvernants et bloquent l'exécution du programme qui a triomphé de la compétition électorale. En répésaille ou par prévention, certains gouvernants jugent indispensable, dès leur entrée en fonction, de procéder à une chasse aux sorcières, entraînant la désorganisation et l'instabilité de l'appareil administratif, ce qui est forcément préjudiciable à son efficacité et à la qualité des services publics* »[231].

La formation dans les collèges et universités est grevée d'hypothèque par la corruption. Les élèves et étudiants partisans de moindre effort passent par la corruption pour passer en classe supérieure. Le salaire modique des professeurs aidant, ceux-ci finissent par succomber à la tentation. La corruption dans le milieu scolaire et universitaire n'augure pas d'un bel avenir pour le continent, puisque ici, la crème de la jeunesse et de l'intelligenstia se trouve prise en otage par la corruption.

Une introduction dans les programmes d'enseignement primaire ou secondaire des cours de morale et de civisme est désormais nécessaire pour une bonne formation des enfants en Afrique. Une éducation et une sensibilisation des populations africaines aux valeurs morales et aux droits humains peuvent permettre aux acteurs de la société civile de montrer, aux populations africaines, le risque que leur Etat court en regardant passivement la gangrène de la corruption prendre de l'ampleur. Un Etat où le peuple n'a pas la fibre morale et patriotique est voué à coup sûr à une implosion. Une implosion, parce que la corruption, fruit de la décrépitude morale et citoyenne des acteurs du développement dans un Etat qui baigne dans une impunité sans bornes, pousse celui-ci à aller vers la cessation de paiement, la banqueroute. Des boucs émissaires sont ensuite recherchés, puisqu'il faut en sortir. Ainsi, les fils et filles d'un même pays s'accusent mutuellement d'être les responsables du chaos. Finalement, c'est la guerre civile qui éclate avec son lot quotidien de violations massives des droits de l'Homme et de réfugiés.

Section II : Une implication plus accrue des peuples dans le processus de développement

La participation des populations dans la prise de décision et dans la contestation politique est de nature à permettre un réel changement dans la

[231] Théodore HOLO, Communication introductive générale, in Les Actes de la conférence internationale « Les défis de l'alternance démocratique en Afrique », p.38.

gestion des Etats africains. Une démocratie participative à encourager (Paragraphe I), une place de choix aux femmes dans les instances de décisions (Paragraphe II), semblent être des solutions de rechange nécessaires au développement des Etats africains.

Paragraphe I : Une démocratie participative à encourager

Trois principaux mécanismes permettent d'associer le peuple à la prise de décision ou à l'œuvre démocratique et législative :

- le véto populaire qui confère au peuple le droit et le moyen de s'opposer à la promulgation d'une loi votée par le parlement ;
- l'initiative populaire à travers laquelle le peuple demande au parlement l'adoption d'un texte législatif ou constitutionnel grâce à une pétition signée par un certain nombre de citoyens ;
- le référendum qui consiste à soumettre une mesure ou un texte au vote du peuple.

C'est dire que le véto populaire, la loi d'initiative populaire et le référendum d'initiative populaire surtout peuvent permettre aux Etats africains d'impliquer davantage les peuples africains dans la gestion des affaires publiques. Il faut constitutionnaliser ces mécanismes juridiques d'implication du peuple dans la prise de décision politique. Lorsque les populations sont consultées, elles suscitent voire imposent elles-mêmes des décisions engageant leur avenir sur des questions comme l'environnement, le budget communal et même étatique, les questions de décentralisation administrative, celles d'immigration, de droits de l'Homme… ; alors un réel développement peut s'amorcer sur le continent. La démocratie est en elle-même une méthode participative de la gestion politique de la cité, mais lorsque le peuple prend l'initiative du progrès du pays en indiquant la voie à suivre aux décideurs, cela est encore souhaitable et met d'ailleurs à l'abri des procès que les politiciens, jaloux de leurs adversaires politiques aux affaires, leur intentent par rapport à certaines décisions malheureuses prises et qui ont occasionné de graves conséquences.

Cette forme de démocratie participative peut être un véritable levier pour les Etats africains puisque les populations de temps en temps pourraient se retrouver au levier de commande, soit pour refuser une décision inconséquente que les dirigeants voudraient prendre ou imposer dans un domaine donné pouvant engager la vie de la nation, soit pour imposer une autre que ces mêmes dirigeants hésitaient à appliquer. Ainsi, une relation de dialogue s'établirait entre les populations voire le peuple et les dirigeants, instaurant ainsi ce que l'on pourrait appeler une démocratie de proximité ou de dialogue. Cette sollicitation du peuple à travers ces différentes techniques d'implication du peuple dans la prise de décision doit être faite pour des questions importantes, et non des questions mineures pour éviter de lasser le peuple par des consultations intempestives ; car trop de consultations démocratiques tuent la démocratie et d'autant plus qu'il faut toujours continuer à faire confiance aux dirigeants qu'on s'est donné la peine d'élire.

Par ailleurs, la démocratie participative peut se manifester par des mouvements de protestation contre des actions de la majorité présidentielle ou par ceux de soutien. Mais ceci ne peut se faire que par le truchement de l'exercice par les populations des droits de l'Homme et des libertés publiques. Pour mémoire, il faut tout d'abord rappeler que nulle liberté ne saurait être absolue car sa mise en œuvre ne doit nullement troubler ou menacer l'ordre public, et mieux doit être conciliée avec celle d'autres droits et libertés. Le statut du droit ou de la liberté, dont l'exercice se trouve ainsi soumis à conditions, est dès lors amenagé de manière plus ou moins restrictive par le législateur[232]. Trois régimes sont traditionnellement distingués. Il y a le régime répressif, le plus favorable aux libertés dont l'exercice sera seulement sanctionné en cas d'excès. Ensuite le régime préventif de l'autorisation préalable est le plus restrictif selon le professeur Thierry-S. RENOUX, puisqu'il soumet l'exercice des libertés au contrôle préalable de l'administration, puis enfin, le régime préventif de la déclaration préalable, qualifié de regime intermédiaire. Mais c'est surtout dans la mise en œuvre, du régime préventif de l'autorisation préalable par l'administration qu'il y a discrimination et violations massives des droits de l'Homme.

Certes, la justification du régime préventif peut se comprendre d'autant plus que l'administration doit tout faire pour que l'exercice de la liberté, surtout un exercice collectif, n'entraîne pas un trouble à l'ordre public, aux bonnes mœurs, à la salubrité publique, à la santé publique, à la sûreté de l'Etat ou la violation de la dignité humaine. Mieux, même si ce régime est le canal des interdictions, les administrations territoriales souvent agissent en marge des textes. Les procédés de police administrative dont disposent les administrations territoriales en Afrique et prévus par les textes, notamment le décret-loi du 23 octobre 1935 sont utilisés à géométrie variable. Lorsque les militants des partis soutenant l'action du gouvernement veulent manifester pour soutenir l'action de celui-ci, cette manifestation est toujours autorisée. En conséquence, la télévision publique réduit ses émissions ou ses

---

232 Thierry-S. RENOUX, *Protection des libertés et droits fondamentaux*, La documentation française, Paris, 2007, p.43.

journaux à la relation des marches de soutien en faveur du chef de l'Etat. Mais lorsqu'il s'agit de manifestations visant à protester ou fustiger certains choix politiques ou économiques du gouvernement, elles sont soit interdites, soit réprimées dans le sang. Généralement les manifestations sont écrasées par les forces de l'ordre, même en l'absence d'actes de vandalisme de la part des manifestants. Dans ces conditions, la démocratie ne pourra être une réalité en Afrique. Il n'y a pas de démi démocratie. Elle est en elle-même participative, et c'est d'une participation intégrale du peuple tout entier qu'il est question ici. La mise en œuvre de la démocratie par les miltants de l'opposition crédibilise d'ailleurs la chose politique.

Paragraphe II : Une place de choix aux femmes dans les instances de décisions

En Afrique, « *Le pouvoir est mâle et le foyer femelle* » dit-on dans certains milieux et sociétés. En effet il ne saurait avoir de démocratie véritable si une partie du peuple, et la plus importante en est exclue ; c'est dire que la femme est ce qui reste à l'humanité lorsque celle-ci a tout perdu. L'analyse de l'état des droits de la femme révèle une myriade de conventions et de déclarations de droits plus ou moins contraignantes adoptées par les Etats africains et qui dans l'ensemble demeurent stériles, c'est-à-dire de vœux pieux dans la vie quotidienne des femmes. Ces instruments juridiques universels peuvent être classés en deux grandes catégories : les instruments juridiques généraux(La charte des Nations Unies (1945), la charte internationale des droits de l'Homme, la déclaration et programme d'action de Vienne de 1993 et la déclaration sur le droit au développement (1996)) et ceux spécifiques de non discrimination (la convention de 1957 sur la nationalité de la femme mariée, la convention de 1962 sur le consentement au mariage, l'âge minimum du mariage et l'enregistrement du mariage, la déclaration de 1967 sur l'élimination des discriminations à l'égard des femmes, la convention sur l'élimination de toutes les formes de discriminations à l'égard des femmes du 18 décembre 1979 entrée en vigueur le 3 septembre 1981, la déclaration sur l'élimination de la violence à l'égard des femmes, la convention relative aux droits de l'enfant, les conférences et plans d'action sur les femmes…).

Les deux grands principes qui se dégagent de ces instruments juridiques internationaux sont le principe d'égalité et de non discrimination. Mais le constat est que malgré l'adoption de ces instruments juridiques par les Etats africains, la femme est aux abois : comportements socioculturels de nature à perpétuer la discrimination à l'égard des femmes, inégalité en matière de vote, de participation à l'élaboration de la politique de l'Etat et à son exécution, inégalité des droits des hommes et des femmes en matière d'éducation, taux d'abandon scolaire féminin élevé, inégalité devant l'emploi, inégalité en matière de santé, inégalité en matière économique, inégalité en matière civile, inégalité devant la loi en matière de capacité juridique dans les rapports familiaux....

Les pesanteurs socioculturelles et économiques et le poids de la tradition peuvent permettre d'en trouver les solutions et surtout d'appréhender les raisons profondes de ce crime contre l'humanité.

En effet, les psychologues estiment que la personnalité de l'individu se dessine dès les premières années de sa vie. Aussi l'éducation reçue dès l'enfance est déterminante car c'est par elle que se transmet la tradition qui véhicule un certain nombre de stéréotypes et de préjugés donnant une image inférieure de la femme. Ces stéréotypes transmis par l'éducation sont renforcés par le langage des médias à tel point que les femmes elles-mêmes finissent par y croire. En outre, les femmes ont difficilement accès à la justice (qu'elle soit traditionnelle ou moderne) pour la défense de leurs droits.

De plus, si dans les pays développés, on ne considère plus qu' « *une femme en sait toujours assez lorsqu'elle sait distinguer un pourpoint d'avec un haut de chausse* », dans les pays en développement, la fille est éduquée de telle sorte que sa seule ambition est de se réaliser en tant qu'épouse et mère ; une bonne épouse étant celle qui est docile et obéissante à son époux institué comme le maître auquel elle doit obéissance et qui a sur elle droit de correction. Elle est même parfois assimilée aux biens de son mari qui peuvent être transmis par succession.

Ainsi, alors que la fille est instruite à s'effacer, à obéir et à servir, l'on cultive chez le garçon un complexe de supériorité à l'égard de la femme.

Par ailleurs le pouvoir au plan politique est perçu comme étant l'affaire des hommes car contrairement aux femmes qui seraient irréfléchies, indécises, versatiles et futiles, les hommes auraient le sens de l'intérêt collectif et des responsabilités. Alors que les hommes cherchent à dominer, les femmes recherchent la paix et la tranquillité.

La conséquence majeure de cette situation est que les femmes ignorent leurs droits. Mieux, les réformes juridiques sont souvent adoptées sans y associer effectivement ceux qui sont concernés, c'est-à-dire les femmes et sans mobiliser l'opinion publique dans son ensemble.

De ce fait, les populations en général et les femmes en particulier surtout dans les pays en développement ignorent leurs droits ou ne comprennent pas suffisamment les procédures juridiques et administratives pour être en mesure de les faire valoir.

Cependant, même les femmes suffisamment informées de leurs droits rencontrent des difficultés pour les exercer. Ces difficultés sont d'ordre socioculturel et économique.

Enfin, l'analphabétisme s'ajoute aux autres problèmes des femmes. Il est responsable du fait que dans bien des cas, les femmes ne profitent pas des progrès socioéconomiques et techniques. Les femmes analphabètes sont enfermées dans le cercle vicieux de la pauvreté, des grossesses à répétition, du manque de pouvoir, du manque d'autonomie. Il en ressort donc que l'Afrique est loin de gagner le pari de la parité qui pourrait être une autre chance, une bouée de sauvetage pour le continent. D'ailleurs quelques chiffres méritent d'être présentés la concernant à ce sujet à travers quelques exemples de pays, notamment le Bénin, le Mali et le Togo.

En effet, au Bénin, on a noté en 2006 la nomination de 2 femmes sur les 7 membres de la Cour constitutionnelle du Bénin (on peut signaler la présidence de cette institution de 1993 à 2008 par une femme), la présidence de 2003 à 2009 de la Haute Cour de Justice (poste électif mais portant sur une personne nommée au préalable à la cour constitutionnelle) par une femme, la nomination de 2 femmes préfets sur 6 en 2006[233]. De plus, les élections législatives de 2007 ont confirmé la marginalisation de la femme des instances de décision : 9 femmes sur 83 députés. Les premières élections communales de décembre 2002 ont élu 48 femmes sur 1199 conseillers dont 3 femmes Maires pour 77 communes[234].

Au Mali, malgré un léger progrès en 2004 (720 femmes élues contre 418 femmes en 1999), le pourcentage des femmes élues reste tout de même faible : moins de 7% dans les conseils communaux ; ce qui est en deçà des 30% qui ont été définis au Mali comme seuil critique requis en termes de capacité d'influence des femmes dans les structures et institutions[235].

---

[233] Elisabeth FOURN et Claudy VOUCHE, Coopération Union européenne – Bénin, Profil genre du Bénin, Septembre 2006, pp16-17.

[234] Colette HOUETO, Contribution de la femme à l'enracinement de la démocratie par l'éducation, in les Actes de la Conférence Internationale « Les défis de l'alternance démocratique en Afrique », Cotonou, 23 au 25 février 2009, p.217. Madame Colette HOUETO est 1ère adjointe au Maire de Porto-Novo (Bénin), Ancienne Ministre des enseignements primaire et secondaire, p.218

[235] Colette HOUETO, Contribution de la femme à l'enracinement de la démocratie par l'éducation, op.cit., p.218.

Au Togo, on dénombre 6 femmes au parlement sur 81, puis 5 femmes au gouvernement sur 35[236]. Il est judicieux de jeter un coup d'œil ailleurs pour voir la place des femmes dans les instances de décisions, notamment en Europe.

L'Union Interparlementaire (UIP) a publié, il y a peu, les statistiques relatives à l'évolution de la parité entre homme et femme en politique. Sur le continent européen, les pays suivants occupent respectivement le peloton de tête : la Suède, le Danemark et la Finlande avec environ 40% de femmes parlementaires. Mais sur 179 pays analysés, 150 ont moins de 20% de femmes, toutes chambres confondues. La France arrive en 52e position avec 10,9% alors que la moyenne mondiale se situe à 13%. Les pays arabes sont bons derniers avec une moyenne inférieure à 4%[237]. De plus, les mêmes statistiques montrent que 7 pays ont choisi une femme comme chef de l'Etat et 3 comme chef de gouvernement. Plus de 140 pays ont des femmes aux postes de ministres, mais elles représentent moins de 10%. Les portefeuilles qui sont traditionnelement confiés sont ceux de la Condition féminine, des affaires sociales, de la Santé et de l'Environnement. En revanche, l'Economie, les Finances et la Défense restent la chasse gardée des hommes ou le domaine réservé aux hommes[238].

Face à ce triste constat, il s'avère nécessaire et indispensable que la volonté politique puisse se manifester véritablement en Afrique. Et pour ce faire une série de mesures doivent être prises par les Etats africains. Il s'agit de :

- la discrimination positive encore appelée action positive. Ce sont des mesures spéciales et concrètes prises à seule fin d'assurer comme il convient le progrès de certains groupes ou individus particulièrement vulnérables ayant besoin de la protection qui peut être nécessaire pour leur garantir, dans des conditions d'égalité, la jouissance effective et le plein exercice des droits de l'Homme[239]. A ce titre, une prise ou le vote d'une loi doit être assuré, mais à condition que le pouvoir constituant ait préalablement prévu une base constitutionnelle à la discrimination positive : la constitution énonçant le principe et la loi chargée de la mise en œuvre. Cette loi exposera les objectifs légitimes poursuivis par la Nation à travers

[236] Colette HOUETO, Contribution de la femme à l'enracinement de la démocratie par l'éducation, op.cit., p.218.
[237] Colette HOUETO, Contribution de la femme à l'enracinement de la démocratie par l'éducation, op.cit., p.217.
[238] Colette HOUETO, Contribution de la femme à l'enracinement de la démocratie par l'éducation, op.cit., p.217.
[239] Didier ROUGET, *Le guide de la protection internationale des droits de l'Homme*, Editions La pensée sauvage ; Dijon-Quetigny, p.59.

une telle mesure, elle doit montrer la nécessité de la prise d'une telle mesure, montrer un lien de proportionnalité entre les droits sacrifiés et les objectifs poursuivis. La mesure de discrimination positive doit être levée dès que les objectifs poursuivis par la Nation sont atteints ;

- assurer la scolarisation obligatoire des enfants des deux sexes, notamment au cours primaire et même au secondaire ;
- assurer la gratuité de la scolarisation des enfants, notamment au primaire au moins ;
- combattre les mauvais stéréotypes et les préjugés qui infériorisent la femme par rapport à l'homme ;
- prendre des lois imposant la parité au sein des instances politiques et administratives dans la mesure du possible ;
- éduquer et sensibiliser les populations aux valeurs humaines, notamment aux droits humains ;
- encourager l'Etat à être le premier garant indéfectible des droits de l'Homme en général, et les droits de la femme et de l'enfant en particulier ;
- encourager la naissance des groupes de pression vis-à-vis de l'Etat qui pourraient jouer le rôle de veilleur pour les droits de l'Homme en général, et les droits de la femme et de l'enfant en particulier ;
- criminaliser l'exclusion de la femme de toutes les instances publiques et politiques ;
- imposer par les lois un traitement égal des travailleurs des deux sexes en cas d'égalité de grade et d'ancienneté… Ces mesures permettront à notre sens de réduire quelque peu ce crime contre l'humanité que les hommes commettent à l'encontre des femmes avec la complicité de l'Etat.

Section III : Des forces militaires et paramilitaires respectueuses de l'Etat de droit

Une démocratie, pour être efficace et capable d'assurer le droit à la sûreté à chaque personne doit se faire à l'aune de la loi à travers la division constitutionnelle de certaines fonctions. C'est pourquoi, une armée républicaine garante de la défense du territoire nationale et de son développement (Paragraphe I) et des forces publiques de sécurité respectueuses des droits de l'Homme (Paragraphe II) doivent être créées et garanties conformément aux textes juridiques les plus élevés dans la hiérarchie des normes dans un pays.

Paragraphe I : Une Armée républicaine et de développement garante de la défense du territoire

La stabilité des Etats africains est fonction d'une bonne conduite de l'armée par rapport à son rôle républicain au sein de la nation et son implication dans la réalisation de la prospérité sociale.

En effet, une Armée a pour vocation première la défense du territoire national contre toute forme d'agression provenant de l'extérieur, qu'il s'agisse d'une occupation étrangère, d'une agression militaire étrangère, des vélléités internes de sécession ou contre toute atteinte à l'intégrité territoriale du pays. Elle participe aussi à la pacification du pays en cas de trouble à l'ordre public, de soulèvements populaires, d'insurrections, à la sécurisation des opérations de vote en cas d'élections, au fonctionnement régulier des pouvoirs publics. Par exemple, en cas de calamité naturelle ou d'inondation, l'Armée peut aider à l'évacuation des populations en danger, la construction des digues, la protection des sites stratégiques de l'Etat... Elle peut participer au développement d'un pays par la réalisation des ouvrages communautaires, tels que les écoles, les dispensaires, les pistes de désserte rurale... : « *Les Forces Armées Nigériennes (F.A.N) assurent la défense de l'intégrité du territoire national contre toute agression extérieure et participent, aux côtés des autres forces, à la préservation de la paix et de la sécurité, conformément aux lois et règlements en vigueur. Elles participent à l'œuvre de développement économique et social de la Nation et peuvent exercer des responsabilités correspondant à leurs compétences et qualifications.* » (Article 66 de la Constitution nigérienne de la septième République). « *Le Président de la République peut, outre les fonctions spécialisées de défense de l'intégrité territoriale dévolues à l'armée, faire concourir celle-ci au développement économique de la nation et à toutes autres tâches d'intérêt public dans les conditions définies par la loi.* » (Article 63 de la constitution béninoise du 11 décembre 1990). En bref, l'Armée est un outil de développement et de sécurisation d'un pays. Elle a, partout dans le monde, le même rôle. En témoignent les missions dévolues aux forces armées françaises dans le livre blanc paru en 2008 ; missions qui sont identiques à celles assignées aux autres armées, notamment en Afrique francophone :

- défendre la population et le territoire ;
- assurer la contribution du pays aux organismes régionaux et/ou internationaux ;

- défendre les valeurs du pacte républicain ;
- assurer de façon permanente la protection des populations ;
- garantir le fonctionnement régulier des pouvoirs publics et le maintien de la vie normale en cas de crise ;
- défendre les intérêts de sécurité de la nation contre toute menace non militaire.

C'est dire que l'Armée est une institution qui ne fait pas de la politique ; elle est plutôt garante de la mise en œuvre de la politique d'un gouvernement par une catégorie d'acteurs politiques et de son contrôle par une autre dans un pays : « *Tout membre des Forces Armées ou de Sécurité Publique qui désire être candidat aux fonctions de Président de la République doit au préalable donner sa démission des Forces Armées ou de Sécurité Publique. Dans ce cas, l'intéressé pourra prétendre au bénéfice des droits acquis conformément aux statuts de son corps.* » (Article 64 de la constitution béninoise du 11 décembre 1990). Une division des fonctions administratives est assurée par la loi et la constitution des Etats. Mais depuis quelques années, il est loisible de constater que sur le continent africain, les Forces Armées se retrouvent au coeur de la chose politique en tant qu'actrices principales. Elles le font lorsque les acteurs politiques de par leur comportement irresponsable à la tête de l'Etat en arrivent à bloquer la marche des institutions républicaines au point de conduire le pays au bord de l'implosion. Le Niger a connu une telle situation en 1997 lorsque le Président Mahamane Ousmane et son Premier Ministre Hama Amadou ont conduit au bord de la cessation de paiement le pays dans leur conflit au sommet de l'Etat en paralysant le Niger du fait de leur antagonisme politique soutenu par leurs partisans. Le pays connaissait ainsi une fracture sociale et politique en deux blocs dont le Président Ousmane et son Premier Ministre Hama étaient les têtes de pont. Cette situation de crise grave avait amené le Colonel BARRE Maînassara à prendre le pouvoir.

Une autre situation orchestrée au Niger par le Président Mamadou TANDJA, militaire de formation régulièrement élu par deux fois, c'est-à-dire pour deux mandats consécutifs, a voulu une prorogation de trois ans du deuxième mandat. Il dissout dans cette aventure toutes les institutions républicaines qui ont désapprouvé cette haute trahison de sa part et change la Constitution. A la suite de cette aventure sans lendemain, l'Armée a pris ses responsabilités en le renversant dans l'optique de rétablir l'ordre constitutionnel. Ces deux exemples constituent un interventionnisme salutaire de l'Armée nigérienne dans la vie politique du Niger, interventionnisme militaire que l'on pourrait oser qualifier de coup d'Etat démocratique.

Des Etats comme le Dahomey (entre 1960 et 1972), la Guinée Bissau (jusqu'en 2013), le Niger, le Burkina-Faso, le Mali (en 2011 avec le colonel SANOGO), la Mauritanie... ont connu des coups d'Etat militaires sans raison valable. Mais à chaque fois, les militaires prétextent que c'est pour mettre de l'ordre dans le pays. C'est d'ailleurs ce que confirme le Général de Brigade Dominique DJINDJERE, Chef d'Etat Major de l'Armée de Terre du Burkina-Faso lorsqu'il affirme que « *depuis les années des indépendances en Afrique, la justification des coups d'Etat comportait invariablement le même leitmotiv. Les juntes militaires, auteurs des coups d'Etat, après avoir fustigé le régime déchu en l'accusant de tous les maux, se présentent toujours comme les messies venus pour redresser la situation, rendre la dignité et la prospérité au peuple et à la nation. Ainsi, le Colonel Joseph Désiré MOBUTU justifia-t-il sa prise de pouvoir par les armes en 1965 comme « un mal nécessaire... un acte correct, légitime, fondé et bienséant* »[240].

La répartition inéquitable des ressources et de la prospérité au sein d'un Etat conduit très souvent à des injustices sociales très graves qui amènent l'Armée à renverser les gouvernements civils et à prendre le pouvoir. Ces injustices sociales se traduisent par le tribalisme, le régionalisme, le népotisme, le chômage, la corruption, le détournement des deniers publics...

Pour maintenir hors du champ politique l'Armée, il faut assouvir les préalables ci-après :

- assurer à l'intérieur des Etats la bonne gouvernance dans toute sa plénitude, à savoir la bonne gouvernance politique à travers le respect du jeu politique dans le cadre de la constitution et le respect de tous les textes juridiques nationaux et internationaux, la bonne gouvernance économique dans la répartition équitable des ressources nationales, la bonne gouvernance sociale à travers une bonne performance dans les secteurs de la santé, de l'éducation et de l'emploi ;
- construire une armée professionnelle à travers une formation militaire régulière et de bonne qualité des hommes de rang, des officiers et même des officiers supérieurs ;
- une armée formée et éduquée aux valeurs républicaines, telles que la loyauté à la nation et à l'armée, au sens de l'honneur et du devoir, à l'intégrité et la probité morale ;

---

[240] Dominique DJINDJERE, Renouveau démocratique et forces armées africaines : état des lieux et perspectives, in les Actes de la Conférence Internationale « Les défis de l'alternance démocratique en Afrique » (Cotonou, du 23 au 25 février 2009), p.100.

- une armée formée et éduquée aux valeurs d'humanité, aux droits de l'Homme, au droit international humanitaire et au droit des conflits armés ;
- offrir à l'armée de bonnes conditions matérielles, psychologiques, morales et salariales ;
- faire respecter l'armée par les pouvoirs publics et le peuple.

En bref, les Etats africains doivent s'atteler à construire sans relâche, une armée républicaine respectueuse de la Charte internationale des droits de l'Hommme, la Charte africaine des droits de l'Homme et des peuples et la Charte africaine de la Démocratie, des Elections et de la Gouvernance.

Paragraphe II : Des forces de sécurité publique respectueuses des droits de l'Homme et des libertés publiques

Le droit à la sûreté est au bénéfice des personnes : chaque être humain a droit à la sûreté dans un système juridique qui doit offrir un régime de liberté, d'égalité, de dignité et de justice. Ce système juridique passe par la garantie de l'accomplissement par l'Etat des obligations négatives et positives qui sont à sa charge au regard du droit supérieur, dans une bonne organisation des pouvoirs publics. C'est la sécurité juridique ou sûreté qui est le droit pour toute personne que l'Etat s'organise de telle sorte que soit réduit considérablement, le danger de violation du droit. La réduction considérable du danger de la violation du droit passe nécessairement par la mise en place d'un Etat de droit respectueux des grands principes juridiques protégés par le droit supérieur, c'est-à-dire les déclarations de droits que le législateur extraordinaire ou constituant et le législateur ordinaire sont tenus de respecter. Ce cadre juridique devant procurer aux personnes la sûreté dans leur vie sociale et juridique est d'une part un régime de séparation des pouvoirs même si cette dernière peut être tempérée par un certain nombre de considérations dans certaines circonstances, et d'autre part, par la suprématie de la constitution sur les institutions politiques et les acteurs politiques et administratifs. En bref, l'Homme a besoin du respect, de la protection et de la réalisation par l'Etat, de ses droits et libertés en tant que personne humaine. L'article 8 de la Déclaration française de 1793 et l'article 3 de la Déclaration universelle des droits de l'Homme de 1948 corroborent ici l'idée précédente d'autant plus qu'ils énoncent respectivement que « *La sûreté consiste dans la protection accordée par la société à chacun de ses membres pour la conservation de sa personne, de ses droits, et de ses propriétés* » et que « *Tout individu a droit à la vie, à la liberté et à la sûreté de sa personne* ». L'un des moyens étatiques pour assurer le droit à la sûreté ou les droits de l'Homme tout court, reste les forces de l'ordre à travers, la police, la gendarmerie, les forestiers etc. L'existence des forces de sécurité pour cette vocation, trouve son fondement à l'article 12 de la Déclaration des droits de l'Homme et du citoyen qui énonce que « *La garantie des droits de l'Homme et du citoyen nécessite une force publique ; cette force est donc instituée pour l'avantage de tous, et non pour l'utilité particulière de ceux à qui elle est confiée* ».

Ces forces de sécurité constituent des forces pour la communauté humaine qu'elles sont sensées protéger, donc des forces publiques, et souvent étatiques parce que nationales. Elles sont des forces publiques parce que insusceptibles d'appropriation. Elles représentent d'ailleurs l'Etat et en constituent une arme, un moyen parce que celui-ci doit selon le sociologue français Max WEBER disposer du monopole de la violence légitime pour atteindre ses objectifs, notamment assurer pour chaque personne, la réalisation du droit à la sûreté. Le droit à la sûreté que doit assouvir ces forces se subdivisent en un certain nombre de tâches à accomplir :

- assurer la protection des personnes en les prémunissant contre toutes formes de violence et d'agression dans le but de les abriter contre toutes formes d'atteintes corporelles ou d'atteinte à la vie ;
- assurer, les bonnes mœurs, la salubrité ;
- assurer la protection des biens contre toutes formes d'atteintes à la propriété ;
- assurer la circulation des biens et des personnes en toute sécurité ;
- maintenir l'ordre public en cas d'émeutes, de manifestations, de soulèvements… ;
- protéger les biens publics et les institutions publiques ;
- prévénir la délinquance, le banditisme, la contrebande, le braconnage ;
- assurer l'application des textes juridiques en vigueur (code du travail, de la route, douanes, eaux et forêts…) et assurer la perception des droits de douanes et des impôts ;
- assurer l'arrestation des personnes qui ont enfreint la loi dans le but de les mettre à la disposition de la justice pour répondre de leurs actes…

Ces tâches sont régaliennes et c'est pourquoi elles doivent être accomplies par une force publique, une institution publique conformément à la loi, sous l'autorité de l'administration publique avec des moyens publics. Ces moyens procèdent de la nation à travers non seulement la collecte de l'impôt, mais aussi le vote de crédits nécessaires à leur entretien. C'est pourquoi, l'article

13 de la déclaration des droits de l'Homme et du citoyen énonce que « *pour l'entretien de cette force publique (...) une contribution commune est indispensable* ».

Les agents chargés d'accomplir les tâches sus évoqués doivent l'accomplir avec conscience, compétence, probité, dévouement et loyauté dans l'intérêt et le respect du bien commun.

S'ils ne le font pas, ils trahiront leur propre corps professionnel et la nation et par voie de conséquence, cesseront d'être une force protectrice pour devenir oppressive. A ce titre, ces agents vont courrir selon (Ph) RICHARD, un certain nombre de riques :

« *Le premier risque correspond à la violation des droits de l'Homme. Dès lors que l'agent sort de la légalité, il sort de l'état de droit, et crée une situation de violation des droits de l'Homme (ex : garde à vue abusive, mauvais traitements, corruption, etc).*

Le second risque est de jeter le discrédit sur les agents de la force. La population ne pourra plus reconnaître à travers ses agents, le droit et la légalité. Une fracture s'établit entre le peuple et ceux qui sont chargés de le protéger.

Un troisième risque, c'est l'avènement d'un système fondé sur la terreur. Les forces de l'ordre, utilisant leurs prérogatives et leurs armes finissent imperceptiblement par terroriser la population, rendant celle-ci inactive, soumise et frustrée... »[241]. Il faut souligner ici que l'arme utilisée et la tenue portée par l'agent de sécurité lui sont attribuées par sa victime, la population, c'est-à-dire le contribuable.

De ce qui précède, l'Etat doit œuvrer pour avoir à sa disposition et pour la communauté nationale, des forces de l'ordre dont les personnels sont au service de la nation toute entière. Pour ce faire, l'article 40 de la constitution béninoise du 11 décembre 1990, dispose :

« *L'Etat a le devoir d'assurer la diffusion et l'enseignement de la Constitution, de la Déclaration Universelle des Droits de l'Homme de 1948, de la Charte Africaine des Droits de l'Homme et des Peuples de 1981 ainsi*

---

[241] Philippe RICHARD, Droits de l'Homme et Force publique : quel rapport dans une démocratie, in *Vivre notre engagement chrétien et les droits de l'Homme au cœur de notre profession,* Bureau Diocésain du Borgou pour le Développement et la Commission Diocésaine des Droits de l'Homme, Session de formation des chrétiens membres des corps militaires et paramilitaires des diocèses de Djougou, Kandi et Parakou, du vendredi 31 janvier au dimanche 02 février 1997, p.4.

que tous les instruments internationaux dûment ratifiés et relatifs aux Droits de l'Homme.

L'Etat doit intégrer les droits de la personne humaine dans les programmes d'alphabétisation et d'enseignement aux différents cycles scolaires et universitaires et dans tous les programmes de formation des Forces Armées, des Forces de sécurité Publique et Assimilés.

L'Etat doit également assurer dans les langues nationales par tous les moyens de communication de masse, en particulier par la radiodiffusion et la télévision, la diffusion et l'enseignement de ces mêmes droits. »

Section IV : La constitutionnalisation de certaines institutions républicaines

Quelques institutions méritent en Afrique d'avoir un fondement constitutionnel, pour leur donner une sécurité juridique et les mettre hors de portée des politiciens et des législateurs qui en font très souvent un patrimoine privé à manipuler au gré des intérêts politiciens. Le Médiateur de la République (Paragraphe I), des Commissions nationales africaines de droits de l'Homme à créer (Paragraphe II), la Commission Electorale Nationale Autonome (C.E.N.A.) ou la Commission Electorale Nationale Indépendante (C.E.N.I.) à constitutionnaliser (Paragraphe III) et une Cour des comptes à instituer (Paragraphe IV) en sont quelques-unes.

Paragraphe I : Le Médiateur de la République

La protection des libertés ne doit pas être uniquement tributaire des tribunaux. Cette protection comporte parfois même quelques faiblesses, la justice se révélant le plus souvent coûteuse, lente et lourde. C'est pourquoi il est plus judicieux d'imaginer une nouvelle forme de garantie des droits et libertés qui aura pour vocation de combler le déficit des méthodes ou procédés juridictionnels par d'autres procédés, notamment non-juridictionnels. Ceci ne pourra se faire que par la mise en place d'une catégorie de personnes intercédant dans un litige entre l'administration et les individus en vue d'aplanir le litige dans un dialogue constructif: le Médiateur de la République. Celui-ci est une personnalité connue pour ses compétences avérées dans un domaine donné, notamment administratif, juridique, sociologique et pour son intégrité et sa probité morales. Cette charge administrative de régler les conflits entre l'administration et les citoyens peut être confiée à un seul homme ou à plusieurs personnes qui peuvent se répartir les litiges selon leur spécialité. La mission du Médiateur ou des Médiateurs selon le mode de résolution de conflit choisi consiste à surveiller l'action de tous les agents de l'Etat, notamment judiciaires et administratifs dans tous les secteurs de l'administration en vue d'en contrôler la conformité aux lois et aux devoirs. Les compétences du Médiateur ou des Médiateurs dépassent la seule protection des droits de l'Homme et des libertés publiques ; il s'agit de tout litige entre l'administration publique et les administrés.

En cas du choix d'un Médiateur (ou de plusieurs), il faudrait qu'un préalable soit assouvi : c'est la constitutionnalisation de sa fonction afin de lui donner une certaine indépendance vis-à-vis des autres institutions républicaines, notamment l'Exécutif. Après quoi, le Médiateur de la République pourra être nommé par décret en Conseil des Ministres, et malgré cette nomination, son statut doit lui conférer à l'égard de l'Exécutif une réelle liberté et indépendance. Il ne peut recevoir donc d'instructions d'aucune autre autorité.

Il faudrait aussi permettre sa saisine par n'importe quelle personne se sentant lésée dans ses droits par l'administration ou l'Etat, que cette personne ait intérêt ou non, mais surtout à condition que la loi soit violée par l'administration.

Le Médiateur ne devra pas être un juge, son rôle consiste à aider l'administration à découvrir les goulots d'étranglement d'un litige qui l'oppose à une personne, goulots d'étranglement que l'administration n'avait pas pu percevoir dans ses relations avec le citoyen en question.

Pour instruire, le Médiateur doit disposer d'énormes pouvoirs d'investigation qui doivent procéder soit de la constitution, soit d'une loi organique ou soit de la loi. L'obligation doit être faite à toutes les autorités de l'Etat, notamment les ministres et leurs subordonnés à se rendre disponibles pour fournir toutes les informations dont le Médiateur a besoin dans la mise en œuvre de sa mission, sans se réfugier derrière le secret professionnel.

Si la réclamation de l'administré lésé par l'administration est fondée, le Médiateur peut préconiser à l'endroit de cette dernière, des résolutions ou recommandations qui auront une portée morale en cas de litige qui ne met pas en cause les droits de l'Homme et les libertés publiques ou un caractère obligatoire en cas de violation des droits de l'Homme et des libertés publiques par l'administration au détriment de l'administré. Les recommandations faites par le Médiateur à l'administration doivent faire l'objet de publication, ceci aura donc un caractère incitatif au point d'amener l'administration à prendre en compte lesdites recommandations au profit de l'administré lésé.

Le Médiateur doit disposer d'un pouvoir d'injonction en cas d'inexécution par l'administration d'un jugement qui la condamne. Il doit aussi disposer d'un pouvoir d'injonction en cas de violation des droits de l'Homme et des libertés publiques par l'administration et qu'un jugement la condamne à réparer ladite violation.

Le Médiateur doit également intervenir en cas de dysfonctionnement de l'administration conformément à la mission de service public qu'elle doit assurer. Mais en réalité, les réclamations dont le Médiateur doit être saisi doivent porter en cas de présence d'un organisme de protection des libertés, sur les maladresses, les incohérences ou des injustices imputables au mauvais fonctionnement de l'administration.

Paragraphe II : Des Commissions nationales africaines de droits de l'Homme à créer

Les Etats africains doivent créer sous leur juridiction des organismes nationaux indépendants pour la promotion, la défense et la protection des droits de l'Homme. Cette voie de promotion, de défense et de protection des droits de l'Homme est une voie extrajudiciaire, notamment administrative, de mise en œuvre des droits de l'Homme et des libertés publiques par les personnes sous l'autorité de l'Etat.

Les Commissions nationales des droits de l'Homme pourraient avoir pour objectifs d'une part, de promouvoir les droits de l'Homme et d'autre part de les faire respecter et protéger.

Dans le cadre de la promotion des droits de l'Homme et des libertés publiques, les Commissions nationales des droits de l'Homme doivent avoir la charge d'étudier les pactes onusiens des droits de l'Homme en vue de leur enseignement et de leur vulgarisation. Elles doivent proposer aux pouvoirs publics toutes mesures propres à promouvoir et à protéger les droits de l'Homme. Elles doivent aussi contribuer à la ratification de tous les instruments internationaux et régionaux des droits de l'Homme.

Elles auront aussi pour mission d'organiser des réunions et des séminaires de formation et de promotion ou de vulgarisation des droits de l'Homme au profit non seulement des agents de l'Etat, mais aussi des citoyens.

Ces Commissions nationales doivent par ailleurs aider les autorités nationales compétentes dans l'élaboration des rapports tels qu'ils sont demandés aux termes des actes internationaux auxquels leur pays est partie et relatifs aux droits de l'Homme.

Les Commissions nationales africaines de droits de l'Homme auront l'obligation de rendre compte périodiquement aux pouvoirs publics de leurs activités, et de les inviter à exécuter les délibérations des organes de l'Organisation des Nations-Unies et de l'Union Africaine ou de toutes institutions internationales, Gouvernementales ou Non Gouvernementales en charge des questions de droits de l'Homme.

Enfin, elles seront chargées d'étudier tous dossiers ou affaires à elles confiées par les pouvoirs publics et relatifs aux droits de l'Homme. La protection des droits de l'Homme leur est confiée.

Par ailleurs, le respect des droits de l'Homme en Afrique doit être l'un des objectifs de ces commissions nationales de droits de l'Homme. C'est pourquoi ces commissions doivent servir de médiateur entre le citoyen et les pouvoirs publics et doivent recevoir dans ce cadre les requêtes individuelles ou collectives des citoyens. C'est dire que ces commissions nationales doivent prêter leur concours à toute personne victime de la violation d'un droit de l'Homme.

Quelques Etats à l'image du Niger ont créé une telle commission : « *Une Commission nationale veille à la promotion et à l'effectivité des droits et des libertés ci-dessus consacrés. La Commission Nationale des Droits humains est une autorité administrative indépendante. La loi détermine la composition, l'organisation, les attributions et le fonctionnement de cette Commission, conformément aux principes internationaux en vigueur. Elle présente devant l'Assemblée Nationale un rapport annuel sur les droits humains.* » (art. 44 de la constitution de la septième République du Niger). Toutefois ceux qui l'ont fait ont vu ces commissions mourir de léthargie, faute de moyens. C'est le cas de la République du Bénin qui a créé la Commission béninoise des droits de l'Homme par la loi n°89-004 du 12 mai 1989 à propos de laquelle le comité des droits de l'Homme des Nations-Unies a fait les observations suivantes le 1er décembre 2004. En effet, le comité « *constate avec inquiétude que la Commission béninoise des droits de l'Homme, n'est plus effective et que l'Etat partie n'a à ce jour pas adopté les mesures nécessaires, y compris celles d'ordre budgétaire, pour lui permettre de fonctionner efficacement (...) L'Etat partie devrait mettre sur pied une institution nationale des droits de l'Homme, conformément aux principes de Paris concernant le statut des institutions nationales pour la promotion et la protection des droits de l'Homme* »[242]. C'est dire qu'il faut éviter de faire des éléphants blancs, les Etats doivent créer des commissions nationales de droits de l'Homme, tout en leur donnant les moyens juridiques, humains, financiers et matériels pouvant leur permettre de jouer

[242] CCPR/CO/82/BEN, 1er déc.2004 ; Observations finales du Comité des droits de l'Homme : Bénin (concluding observations/comments.

efficacement leur rôle. L'exemple du Bénin doit servir de leçon pour les Etats qui n'ont pas pu se décider dans la création de leur commission nationale de promotion, de protection et de défense des droits de l'Homme.

Paragraphe III : La Commission Electorale Nationale Autonome (C.E.N.A.) ou la Commission Electorale Nationale Indépendante (C.E.N.I.) à constitutionnaliser

Après le Ghana qui offrit à l'Afrique la première Commission électorale Nationale en 1968, ce fut le tour du Bénin et de quelques autres Etat francophones de lui emboîter le pas plus de vingt ans après. Mais les nouvelles Commissions électorales nationales africaines ont été créées soit pour remplacer presque totalement une institution chargée d'organiser dans un pays les élections, soit partiellement. Mais bien que les attributions de ces nouvelles institutions soient définies, elles « se marchent » sur les pieds, parce qu'il semble que la démarcation des différents rôles des institutions n'a pas été clairement établie. C'est ce que semble montrer par exemple la Cour constitutionnelle béninoise qui précise sans ambages le rôle de la CENA et le sien en matière d'élection au Bénin dans sa décision relative à la proclamation définitive des résultats de l'élection présidentielle du 13 mars 2011, élection qui a permis la réélection de Boni YAYI : « *Considérant que par ces allégations, les deux requérants tendent à faire accroire que la haute juridiction statue sur la base des données compilées et transmises par la CENA ; qu'il y a lieu de préciser que la proclamation provisoire des résultats par la Cour s'effectue sur la base de l'examen minutieux, bureau de vote par bureau de vote, des documents électoraux à elle transmis sous plis scellés, distincts de ceux de la CENA (...). Que la Cour proclame les résultats après avoir dépouillé, examiné et contrôlé les plis (...) ; qu'on ne peut dès lors affirmer que l'indication des tendances par le Président de la CENA a pu influencer la proclamation des résultats par la Cour ; qu'au demeurant, les résultats proclamés par la Cour ne sont jamais identiques à ceux de la CENA, la Cour procédant au besoin à des redressements ou annulations, ce que ne saurait faire la CENA* »[243]. Mieux, les Commissions électorales nationales ne sont pas des institutions permanentes, à l'image des ministères de l'intérieur, des cours constitutionnelles ou suprêmes qui étaient et demeurent impliqués pour certaines de ces institutions dans l'organisation et la gestion des élections. Dans la même logique, la Cour constitutionnelle des Comores, relativement à l'élection présidentielle clarifie son rôle et celui du ministère de l'intérieur : « *Considérant que la Cour constitutionnelle,*

---

[243] Exemple cité par Alix TOUBLANC dans son article intitulé, La crise des institutions électorales africaines au prisme du cas ivoirien, article publié, à la Revue juridique et politique des Etats francophones, n°3, juillet-septembre 2012, p.373.

seule juridiction compétente en matière des élections présidentielles de l'Union des Comores et des Iles Autonomes, procède au contrôle de la régularité des opérations électorales, statue sur toutes les réclamations et prononce les résultats définitifs tant en ce qui concerne les élections présidentielles de l'Union des Comores que celles relatives aux Iles Autonomes, que dès lors le résultat provisoire proclamé par le ministère en charge des élections ou le ministère de l'Intérieur de l'Ile ne lie en aucun cas la Cour constitutionnelle en tant que juridiction »[244]. Ces deux décisions indiquent franchement les attributions des cours ou conseils constitutionnels africains et des Commissions électorales africaines en matière d'élections. Seuls les conseils ou cours constitutionnels donnent des résultats définitifs. Les Commissions électorales ou les ministères de l'Intérieur ne peuvent donner que des résultats provisoires. Se baser donc sur les résultats de ces commissions pour se prononcer sur l'issue d'une quelconque élection reviendrait à violer le principe de la séparation des pouvoirs. Par conséquent, la création ou l'institution d'organisme crédible chargé d'organiser et de gérer des élections doit tenir compte des exigences du constitutionnalisme qui ne sont rien d'autres que l'Etat de droit, la bonne gouvernance, la limitation de l'Etat, notamment l'Exécutif et le respect des droits de l'Homme dans le cadre de ces échéances électorales. Ceci permettra d'ailleurs d'éviter les contestations dont font l'objet les commissions électorales africaines qui finissent par ne plus inspirer confiance comme les ministères de l'intérieur qui organisaient les élections à partir du Gouvernement que dirige un des candidats. Mieux, il faut éviter que les commissions électorales ne soient point l'otage de certaines formations politiques, qu'elles soient de l'opposition ou de la majorité présidentielle. Elles doivent être l'expression de la configuration sociopolitique de la nation pour être des plus objectives possibles des plus impartiales possible. C'est pour des circonstances de ce genre, notamment des situations où la commission nationale électorale du Bénin qui a été en 2000 l'otage de quelques partis politiques que la Cour constitutionnelle est intervenue dans sa décision DCC 01-011 des 11 et 12 janvier 2000 après avoir rappelé la DCC 34-94 du 23 décembre 1994 et en est arrivée à la conclusion de la confiscation de cet organe indépendant par certains groupes parlementaires, en violation de l'article 26 de la constitution béninoise du 11 décembre 1990. En effet, la Cour dans sa célébrissime décision DCC 34-94 du 23 décembre 1994 est des plus expressives sur le rôle de la CENA. Elle a en effet jugé que la Commission Electorale Nationale Autonome (CENA) « *s'analyse comme une autorité administrative, autonome et indépendante du pouvoir législatif et du pouvoir exécutif ; que la création de la Commission Electorale*

---

[244] Alix TOUBLANC, op.cit., p. 373.

Nationale Autonome (CENA), en tant qu'autorité administrative et indépendante, est liée à la recherche d'une formule permettant d'isoler, dans l'administration de l'Etat, un organe disposant d'une réelle autonomie par rapport au gouvernement, aux départements ministériels et au Parlement, pour l'exercice d'attributions concernant le domaine sensible des libertés publiques, en particulier des élections honnêtes, régulières, libres et transparentes ».

L'on pourrait à la suite de la Cour constitutionnelle du Bénin généraliser en affirmant que, les Commissions Electorales Nationales Autonomes africaines doivent être des institutions administratives autonomes au Gouvernement, aux départements ministériels, au Parlement et à la Cour constitutionnelle. Elles doivent jouir d'une autonomie de gestion de leur budget. Elles doivent disposer d'un Secrétariat Administratif Permanent (SAP). Elles doivent élaborer, adopter leur règlement intérieur et élire leur bureau en leur sein. De plus, les CENA qui ont existé en Afrique sont des gouffres financiers à cause d'une administration lourde engendrée en leur sein par les partis politiques qui veulent contrôler les élections. C'est pourquoi il est souhaitable que l'institution de la CENA soit constitutionnalisée avec des attributions précises si l'on veut vraiment organiser en Afrique des élections dignes de grandes démocraties.

Paragraphe IV : Une Cour des comptes à instituer

Une démocratie qui ne nourrit pas son peuple est un poison. Et pour que la démocratie soit viable, il faut la bonne gouvernance, une bonne gouvernance dictée par la survie des peuples et aussi par le droit international. Dans certains pays, c'est la Cour Suprême qui est à l'avant-garde de la bonne gouvernance à travers la chambre des comptes. Par exemple, en se référant aux grands principes comptables, elle s'assure que les opérations de fin d'exercice ne constituent pas dans certains cas des montages de présentation ayant pour effet ou objet, « *de donner de la situation des finances publiques une image meilleure que la réalité* »[245].

Il faut préciser que c'est la Cour des comptes qui permet de vérifier la régularité des comptes de l'Etat, leur sincérité et surtout de vérifier que lesdits comptes réflètent le patrimoine et la situation financière de l'Etat. La Cour des comptes ne peut le faire que par « la certification de la régularité, de la sincérité et de la fidélité des comptes de l'Etat »246. La Cour des comptes veille à voir si les comptes des administrations publiques sont

[245] Michel de VILLIERS et Thibaut de BERRANGER, *Droit public général*, Lexis Nexis, 5e édition, Paris, 2011, p.776.
[246] Michel de VILLIERS et Thibaut de BERRANGER, *Droit public général*, op.cit., p.776.

réguliers et sincères. Elle doit vérifier si ces comptes donnent une image fidèle du résultat de leur gestion, de leur patrimoine et de leur situation financière. Le but de l'existence d'une Cour des comptes est d'assurer dans un pays une image à la fois fidèle et complète de la situation financière de l'Etat d'une part et de contribuer à la maîtrise des finances publiques tout en sanctionnant la mauvaise gestion des ressources de l'Etat d'autre part. L'article 107 de la constitution togolaise de la quatrième République permet de résumer bien le rôle d'une cour des comptes : « *La Cour des comptes juge les comptes des comptables publics.*

Elle assure la vérification des comptes et de la gestion des établissements publics et des entreprises publiques.

Elle assiste le Parlement et le Gouvernement dans le contrôle de l'exécution des lois de finances. Elle procède à toutes études de finances et de comptabilité publique qui lui sont demandées par le Gouvernement, l'Assemblée nationale ou le Sénat.

La Cour des comptes établit un rapport annuel adressé au Président de la République, au Gouvernement et à l'Assemblée nationale et dans lequel elle fait état, s'il y a lieu, des infractions commises, et des responsabilités encourues.»

Cette lourde responsabilité doit être assumée par une institution juridictionnelle à laquelle les moyens d'une telle politique doivent être assurés et garantis. Or en Afrique francophone, au Sud du Sahara, presque tous les Etats ne disposent pas d'une Cour des comptes. Ils disposent plutôt d'une chambre des comptes dont le budget n'est rien d'autre que le budget de toute l'institution de la Cour suprême qui l'abrite et surtout dont l'efficacité est tempérée par l'indépendance limitée de la chambre vis-à-vis de toute l'institution. C'est pourquoi l'on constate, dans les pays qui ne disposent que d'une chambre des comptes, le rôle marginal de la chambre des comptes dans la lutte pour la bonne gouvernance. C'est pourquoi l'U.E.M.O.A.(Union Economique et Monétaire Ouest Africaine), l'A.F.R.O.S.A.I.(Organisation Africaine des Institutions Supérieures de Contrôle) et les partenaires au développement des Etats africains font de plus en plus obligation auxdits Etats d'ériger les chambres des comptes en des juridictions financières, c'est-à-dire des Cours des comptes, gage selon eux d'une gestion transparente et efficace des finances publiques. Mieux, l'article 68 du Traité de l'U.E.M.O.A. met à la charge des Etats membres de garantir la fiabilité du contrôle des comptes publics, soit par une Cour des comptes autonome, soit en recourant à un cabinet d'audit extérieur ou à la Cour des comptes de l'U.E.M.O.A. Enfin l'obligation pour les Etats africains de créer une Cour des comptes a été rappelée par le Code de transparence de l'U.E.M.O.A. en matière de gestion des finances publiques[247]. Une Cour des comptes avec un budget autonome et des juges spécialisés, c'est-à-dire consacrés et rompus à l'assainissement des finances publiques de l'Etat, permettra aux Etats africains de gagner véritablement le pari du développement.

Section V : Un Pouvoir judiciaire et un Parlement indépendants avec un Exécutif responsable

Au nombre des moyens juridiques clés du nouveau constitutionnalisme africain, l'on peut compter un Pouvoir judiciaire indépendant (Paragraphe I), un Parlement indépendant (Paragraphe II) et un Exécutif responsable (Paragraphe III).

Paragraphe I : Un pouvoir judiciaire indépendant

Le pouvoir judiciaire est l'autorité indépendante des autres pouvoirs, notamment le pouvoir législatif et l'exécutif dont la vocation est de « régenter » les activités juridictionnelles, pénitentiaires et la carrière des magistrats dans un pays. Il est considéré dans un régime constitutionnel, comme étant l'un des piliers du système d'état de droit établi pour la protection des personnes et le fonctionnement harmonieux des pouvoirs publics dans leur ensemble.

En Afrique, ce pouvoir judiciaire existe, mais inféodé par l'exécutif et son chef, le Premier Ministre ou généralement, le Président de la République ; le Ministère de la justice étant l'instrument à travers lequel, l'exécutif exerce sa domination sur le pouvoir judiciaire. Le présidentialisme qui a eu cours pendant les deux premiers cycles du constitutionnalisme en Afrique, et l'hyperprésidentialisme qui a suivi pendant les années quatre-vingt-dix ont permis l'assujetissement du pouvoir judiciaire sous les tropiques. Le Président de l'Union Nationale des Magistrats du Bénin (UNAMAB), raconte : « *Un ancien président de tribunal de première instance a allégué que son affectation est consécutive à son refus de déférer aux injonctions d'un garde des sceaux, de rendre des décisions dans un sens donné.*

Un garde des sceaux a ordonné la libération pure et simple d'un détenu régulièrement mis sous mandat de dépôt.

---

[247] Code de ransparence adopté par la Directive n°002/2000/CM/UEMOA du 29 juin 2000 portant adoption du code de transparence dans la gestion des finances publiques au sein de l'UEMOA.

Des préoccupations électoralistes ont conduit à donner des instructions aux procureurs de la République afin de surseoir à l'exécution de toutes décisions de justice relatives à des expulsions.

L'affaire dite Hamani TIDJANI a donné lieu à plusieurs formes d'atteintes aux prérogatives du pouvoir judiciaire :

- *arrêté en exécution d'un mandat d'arrêt international décerné par un juge d'instruction, Monsieur Hamani TIDJANI a été purement et simplement remis aux autorités nigérianes après son audition par une commission administrative créée par le chef de l'exécutif ;*
- *des véhicules sous main de justice ont été remis aux autorités nigérianes hors toute intervention du juge d'instruction ;*
- *le 03 mai 2004, douze inculpés dans cette affaire, détenus en vertu de mandats de dépôt décernés par des juges d'instruction, ont été extraits des maisons d'arrêt de Cotonou et de Porto-Novo et transférés indûment au Nigéria.* »[248] Des faits de ce genre, son monnaie courante en Afrique en général et au sud du Sahara en particulier.

Mieux, la précarité salariale des magistrats en Afrique et les conditions de travail difficiles de ceux-ci aggravent leur dépendance vis-à-vis de l'exécutif. Les observations d'Abdullahi Ahmed An - Na'IM qui a écrit dans une étude sur la protection des droits humains dans les systèmes juridiques pluriels de l'Afrique sont ici édifiantes :"*...Alors que l'indépendance du pouvoir judiciaire existe et qu'elle est garantie sur le papier, dans la pratique, elle peut être remise en cause... Malgré la séparation officielle des pouvoirs, le pouvoir judiciaire reste assujetti au pouvoir exécutif. Les juges sont presque toujours nommés par l'exécutif et, par conséquent, ils dépendent de ce dernier au plan professionnel, même dans les cas où les nominations sont faites par des organes dits indépendants... Le principe de l'inamovibilité des juges est reconnu sur le papier mais il est facilement contourné dans la pratique... La dépendance du pouvoir judiciaire vis - à - vis de l'exécutif est également renforcée par le bas niveau des salaires et pensions de retraite des magistrats... La nécessité, pour les juges, de chercher à s'attirer les faveurs de l'exécutif, quelle que soit leur réelle motivation, va tôt ou tard compromettre irrémédiablement la qualité de leurs*

[248] Jean-Baptiste F.C. MONSI : « L'indépendance de la justice : le regard du juge », in Journées de réflexion sur la constitution du 11 décembre 1990, Cotonou-Bénin, IDH : 07 et 08 août 2006, Les Actes, p.98.
Jean-Baptiste MONSI était à l'époque le Président de l'Union Nationale des Magistrats du Bénin (UNAMAB).

performances professionnelles. Les juges peuvent également être incompétents ou corrompus"[249].Cette situation d'absence d'indépendance du pouvoir judiciaire tire sa source dans les constitutions africaines. Par exemple, l'article 127 de la constitution béninoise du 11 décembre 1990 énonce que « *Le président de la République est garant de l'indépendance de la justice. Il est assisté par le Conseil Supérieur de la Magistrature* ». L'article 115 de la constitution togolaise de la quatrième République énonce aussi que « *Le président de la République est garant de l'indépendance de la magistrature. Il est assisté à cet effet par le Conseil Supérieur de la Magistrature* ». L'article 131de la constitution du Burkina Faso du 11 juin 1991 révisée le 27 janvier 1997 dit que « *Le Président du Faso est garant de l'indépendance du pouvoir judiciaire. Il est assisté par le Conseil Supérieur de la Magistrature* ». L'article 69 de la constitution gabonaise du 26 mars 1991 dispose : « *Le Président de la République est le garant de l'indépendance du pouvoir judiciaire, dans le respect des dispositions de la présente constitution, notamment en son article 36. Il est assisté du Conseil Supérieur de la Magistrature et des présidents des Cours judiciaire, administrative et des comptes.* » ; l'article 104 de la constitution ivoirienne du 23 juillet 2000 aussi : « *Le Président de la République est le garant de l'indépendance de la magistrature. Il préside le Conseil Supérieur de la Magistrature* » et enfin, l'article 140 de la Constitution du Congo-Brazzaville du 20 janvier 2002 : « *Le Président de la République garantit l'indépendance du pouvoir judiciaire à travers le Conseil Supérieur de la Magistrature (...)* ». Mais il faut constater que comme l'affirme d'ailleurs Jean-Baptiste MONSI, c'est l'institution qui est plus encline pour les raisons sus évoquées précédemment, à mettre en péril l'indépendance du pouvoir judiciaire, qui est chargée, par la constitution de garantir cette indépendance au moyen d'organes dépendants d'elle[250]. Mieux, l'organe qui assiste le Président de la République a généralement en son sein, comme membres, des cadres nommés par celui-ci, lui permettant ainsi de le contrôler de l'intérieur et de le manipuler à sa guise. De plus la politique de l'Etat pour le développement de la nation comporte un volet judiciaire. Le Professeur GBAGUIDI (N.) corroborel'idée en soutenant que « *c'est le pouvoir exécutif qui conçoit, applique et contrôle la politique nationale et internationale en matière de justice* »[251]. L'estocade au détriment du pouvoir judiciaire

---

[249] Droits universels, Voies de recours nationales, sous la direction de Abdoullabi AHMED AN-NA'IM Interights. Afronet.GTZ.UK.Londres 2001, p.60 à 62.

[250] Jean-Baptiste F.C. MONSI : « L'indépendance de la justice : le regard du juge », op.cit., p 100.

[251] Noël Ahonagnon GBAGUIDI, « Les obstacles juridiques à l'indépendance du pouvoir judiciaire en République du Bénin », Colloque de l'UNAMAB sur « La problématique de l'indépendance du pouvoir judiciaire au Bénin », Cotonou, 11 au 13 juillet 2002.

procède du pouvoir de nomination des magistrats par le chef de l'exécutif. C'est ce que confirment quelques constitutions africaines. Ainsi, l'article 129 de la constitution béninoise du 11 décembre 1990 dispose : « *Les Magistrats sont nommés par le Président de la République, sur proposition du garde des Sceaux, Ministre de la Justice, après avis du Conseil Supérieur de la Magistrature.* » L' article 119 de la Constitution nigérienne de la septième République dispose : « *Les magistrats du siège sont nommés par le Président de la République sur proposition du ministre de la justice, garde des sceaux, après avis du Conseil Supérieur de la Magistrature. Les magistrats du parquet sont nommés par le Président de la République sur proposition du ministre de la justice, garde des sceaux* (…) ». L'article 37 de la Constitution camerounaise du 2 juin 1972 révisée le 18 janvier 1996 dispose : « (…) *Le Président de la République est garant de l'indépendance du pouvoir judiciaire. Il nomme les magistrats. Il est assisté dans cette mission par le Conseil Supérieur de la Magistrature qui lui donne son avis sur les propositions de nomination et sur les sanctions disciplinaires concernant les magistrats du siège* (…) ». Mieux, le chef de l'exécutif, est le Président du Conseil Supérieur de la Magistrature, son ministre de la justice, le vice-président. C'est ce révèle, l'article 71 de la constitution gabonaise du 26 mars 1991, l'article 132 de la constitution burkinabé du 11 juin 191, révisée le 27 janvier 1997…Mieux encore le ministère public se trouve sous la subordination du garde des sceaux et le budget de fonctionnement du pouvoir judiciaire procède de l'exécutif. Comme l'on peut le constater, il n'est pas possible d'obtenir une indépendance du Pouvoir judiciaire dans une telle situation vis-à-vis de l'exécutif. C'est la raison pour laquelle, il faut que pour des raisons d'indépendance du pouvoir judiciaire, vis-à-vis des autres pouvoirs, surtout l'exécutif dans ces Etats, que le chef du pouvoir judiciaire soit le président de la Cour suprême, celui du Conseil Supérieur de la Magistrature ne soit plus le Président de la République, et que ce Conseil soit constitué majoritairement de magistrats élus. Il faut également souhaiter que le minstère public puisse faire l'objet d'une réorganisation et que la relation de subordination qu'il a vis-à-vis du ministère de la justice soit revue.

Quant au ministère de la justice, son rôle consistera à la législation, à l'administration pénitentiaire et à la réalisation d'infrastructures. Mieux, la nomination des magistrats, la gestion de leur carrière, le fonctionnement des tribunaux… doivent lui échapper au profit du pouvoir judiciaire[252].

---

[252] Jean-Baptiste F.C. MONSI : « L'indépendance de la justice : le regard du juge », op.cit., p 102.

Paragraphe II : Un pouvoir législatif indépendant

Selon l'Union Interparlementaire, le parlement « *est l'institution centrale de la démocratie. Le parlement représente la société dans toute sa diversité. Il incarne la volonté du peuple. Les parlements ont la charge de concilier les intérêts divergents de différents groupes et communautés de la société et de traduire en politiques les accords qui en résultent. Ils y parviennent grâce au dialogue et au compromis* »[253]. Le Parlement, c'est la représentation nationale issue des élections directes ou indirectes, dont les membres portent le nom de députés et qui a pour vocation, non seulement de légiférer, mais aussi de voter le budget de l'Etat et de contrôler l'action du gouvernement. En d'autres termes plus techniques, on peut définir le Parlement comme « *un organe collégial, issu du suffrage universel, direct ou indirect, et associé, selon la constitution nationale, à l'édiction des normes générale et abstraite. Le caractère monocaméral ou bicaméral n'est pas déterminant dans la définition du Parlement* »[254]. Le Parlement peut revêtir deux formes ou visages précis. Il peut être soit monocaméral ou becaméral. En dehors des Etats fédéraux d'Afrique, la plupart des Etats francophones ont adopté un Parlement monocaméral ; ce qui correspond d'ailleurs à la nature juridique de ces Etats qui sont des Etats unitaires, c'est-à-dire des Etats simples, ceux dans lesquels, un gouvernement unique exerce la plénitude de la puissance publique. C'est des genres d'Etat, où la puissance publique procède d'une seule et unique impulsion administrative ; des Etats caractérisés par une unité administrative. Il faut préciser qu'un Etat unitaire compte tenu des considérations historiques ou juridiques qui lui sont propres peut avoir un Parlement becaméral.

Quoi qu'il en soit, le parlementarisme, est un sacerdoce, une mission nationale qui requiert du citoyen qui en est investi, le devoir de l'accomplir avec conscience, compétence, probité, dévouement et loyauté dans l'intérêt et le respect de l'intérêt supérieur de la nation. C'est dire que les calculs politiciens doivent être exclus du comportement et de la mission du député pour éviter comme à l'accoutumée en Afrique, le blocage des institutions. C'est la raison pour laquelle nombre d'Etats au monde et surtout les Etats unitaires font de tout mandat impératif, un mandat nul ; le député représentant non pas sa circonscription électorale, sa région, son bord politique mais toute la nation. Il doit être indépendant d'esprit et d'ailleurs

---

253 UNION INTERPARLEMENTAIRE, Journée internationale de la démocratie, Réunion-Débat sur les parlements et les défits auxquels doit faire face la démocratie, La maisons des parlements, Genève, 15 septembre 2008.

254 Ibrahim David SALAMI, Diane O. Melone GANDONOU, *Droit constitutionnel et Institutions du Bénin*, Editions CeDAT, 2014, p.308.

vis-à-vis des autres pouvoirs republicain pour être utile à sa nation. Cela vise à fortifier l'unité nationale. Toutefois, les hommes politiques pensent que le refus du mandat impératif les pénalise puisque, considérer plus la nation, se battre beaucoup plus pour la nation que pour sa circonscription électorale reviendrait à courir le risque de ne pas se faire reélire. C'est pourquoi, le réalisme oblige à conseiller aux députés de s'efforcer de concilier l'intérêt de son électorat avec celui de la nation entière. C'est dire que tout député africain doit penser aux intérêts de tous les citoyens, y compris ceux qui n'ont pas directement contribué à son élection.

Outre l'interdiction des jeux politiciens et inutiles, le député doit s'efforcer de protéger les droits de l'Homme et les libertés publiques contre l' « impérialisme » de l'exécutif : "*lorsque certains droits fondamentaux pourraient être remis en question par suite de l'émergence de conceptions plus restrictives dans leur pays, les parlementaires ont la possibilité et certainement le devoir de s'opposer à tout projet de texte qui pourrait leur être présenté par le Gouvernement et qui aurait pour effet de restreindre l'exercice des droits existants. Une telle action relève du devoir de vigilance qui incombe aux parlementaires dans le cadre d'une fonction essentielle du Parlement, celle de contrôle de l'action du Gouvernement et de l'activité des administrations*"[255]. Un Parlement responsable et indépendant serait la voie royale d'un parlementarisme apaisé en Afrique.

Paragraphe III : Un exécutif garant du développement harmonieux et équilibré de la nation

Les Etats d'Afrique pour la plupart se caractérisent par leur paupérisation progressive et surtout une fracture sociale et physique criante. Le dévelopement de ces Etats se fait de façon déséquilibrée. Il devrait se faire de façon équilibrée et harmonieuse. C'est la seule façon d'amener tous les citoyens de toutes les régions d'un même pays à se sentir comme étant des citoyens égaux devant la loi, le service public et les fruits du développement. Tous les citoyens d'un même pays, ont droit au partage équitable des ressources et richesses de la nation, c'est-à-dire de la prospérité nationale. Cela nécessite un esprit de patriotisme, d'intégrité et de probité morale de l'équipe gouvernementale qui pilote et conduit la politique du chef de l'exécutif. Les autorités nationales à tous les échelons doivent se sentir comme étant en mission non pas pour leur région ou leur ethnie, mais pour la nation entière et surtout accomplir cette mission dans une totale transparence

---

[255] Pierre CORNILLON, « Les parlementaires, gardiens des droits de l'Homme et leur nécessaire protection », in *Les droits de l'Homme à l'aube du XXIème siècle*, Karel VASAK, Amicorum Liber, Bruylant, Bruxelles, 1999, p.146.

et avec compétence. C'est d'ailleurs pour cette raison que tout citoyen appelé à un poste de responsabilité, notamment au sommet de l'Etat et surtout dans un gouvernement, doit prêter serment et faire preuve d'esprit de sacrifice conforme aux exigences de redreessement économique de son pays.

Par ailleurs, l'exécutif dans chaque Etat africain doit sensibiliser et éduquer ses propres citoyens au respect du bien public ou commun. Il doit faire en sorte que ces citoyens perdent la mentalité des hommes primitifs qui étaient jouisseurs de la multitude des biens sans maîtres, des biens vacants. Ils n'avaient qu'à aller à la chasse pour ramener autant de gibiers qu'ils voulaient. Les temps ont changé, les biens dont disposent les Etats ne sont pas inépuisables, les souces d'énergie ou en eau ne sont pas intarissables. Les gouvernements doivent amener les populations et les agents de l'Etat à s'apercevoir de la nécessité, de l'obligation et du devoir de conserver, de protéger, de promouvoir les biens existants et surtout d'en créer de nouveaux pour une meilleure satisfaction des besoins des hommes qui évoluent et pour léguer aux générations futures, une terre et ses biens tout aussi habituelles sinon plus que nous n'en avons héritées. En d'autres termes, une certaine doctrine écologiste affirme que « *Notre attitude de jouisseur destructeur, face aux biens nous fait oublier que nous sommes que des uufruitiers du bien commun* ».

Section VI : Autres propositions

Des mesures supplémentaires doivent être prises par les Etats, dans le domaine de la vie socio-politique allant dans le sens de l'interdiction de la transhumance ou du nomadisme politique (Paragraphe I), de l'interdiction de l'instrumentalisation de la justice, pilier central de l'Etat de droit (Paragraphe II) et d'une presse responsable (Paragraphe III)

Paragraphe I : La lutte contre le nomadisme politique

Un parti politique est un groupement d'hommes et de femmes qui ont en partage la même opinion ou les mêmes idées relativement à l'organisation et à la gestion de leur société et qui cherchent à les faire triompher en acccédant au pouvoir par la voie des urnes. Mieux, « *un parti politique se présente comme un groupement organisé de personnes, unies par une philosophie ou une idéologie dont elles poursuivent la réalisation, avec comme finalité la conquête et l'exercice du pouvoir* »[256]. C'est pourquoi, un parti politique doit revêtir des caractères précis le distinguant des autres groupes de pressions existant sous une ère de démocratie et d'Etat de droit.

---

[256] V.M. OSTROGORSKI, cité par J. GICQUEL, in *Droit constitutionnel et Institutions politiques*, 16ème édition, Montchrestion, Paris 1999, p.132.

Ainsi selon LAPALOMBARA et Myron WEINER, la typologie des partis politiques se présente comme suit :

- une organisation durable dont l'espérance politique soit supérieure à celle de ses dirigeants en place ou de ses fondateurs ;
- une organisation locale, établie et apparemment durable entretenant des rapports réguliers et variés avec l'échelon supérieur ;
- la volonté durable des dirigeants nationaux et locaux de l'organisation d'accéder au pouvoir et de l'exercer seul ou avec d'autres et non pas simplement d'influencer le pouvoir ;
- le souci et le devoir de rechercher enfin un soutien populaire à travers les élections ou toute autre manière.

Généralement les partis politiques sont des organismes politiques structurés, mais surtout très diversifiés. On peut rencontrer des partis de cadres et des partis de masses. Les partis de cadres, nés au 19ème, siècle se présentent surtout comme des partis de notables au sens sociologique et s'adressent à une clientèle située à la droite de l'éventail politique ou dans certaines conditions ou situations, au centre.

En revanche les partis de masse sont apparus vers le 20ème siècle en Occident suite à la naissance et au développement du socialisme, puis du communisme. Ce sont des partis qui, conformément à leur statut de partis de masse, ont pour vocation d' « enrôler » ou d'encadrer le plus grand nombre possible de militants ou d'adhérents possibles. Ici, l'organisation prend de l'importance et par voie de conséquence, la discipline aussi.

On rencontre par ailleurs d'autres types de partis politiques. Il s'agit des partis rigides et des partis souples. Le parti rigide est celui qui assure un encadrement rigoureux des élus astreints, notamment à la discipline de vote au Parlement, tandis que le parti souple est un parti faiblement structuré et dont les élus ne sont pas astreints à la discipline de vote. Enfin, on rencontre des partis dominants ou majoritaires sur l'échiquier politique d'un pays. Ce sont généralement des partis incontournables sur les questions politiques à l'intérieur d'un Etat, et surtout des partis qui comptent le plus grand nombre de sièges au Parlement. Ces partis se caractérisent aussi par la discipline de vote.

Les partis politiques, qu'ils soient de cadres, de masses, rigides ou souples ou encore dominants, se rencontrent dans chaque pays africain et tous ont pour vocation, quel que soit leur statut, la conquête et la gestion du pouvoir. Toutefois, les militants des partis politiques ne sont plus tous mus par un esprit de groupe, un esprit partisan nourris par les idéaux du parti, l'idéologie du parti, le tout empreint de la sociologie du milieu d'implantation du parti.

Les partis politiques sont de nos jours considérés dans le monde en général, et en Afrrique en particulier, comme un tremplin non pas de conquête de pouvoir pour changer l'ordre des choses dans un pays, mais pour une promotion individuelle et sociale. Ils sont désormais utilisés comme un fonds de commerce par les politiciens en vue d'assouvir des intérêts privés. Aujourd'hui en politique, dans le monde en général et en Afrique en particulier, la morale, l'éthique, le sens de la parole donnée et de la promesse à tenir ont déserté le forum. Un politicien élu sous la bannière d'un parti politique ou de l'opposition est prêt à se faire débaucher de son parti ou de son camp politique contre une promesse de nomination à un poste politique ou contre de l'argent. Cette pratique se généralise en Afrique en général et au Bénin en particulier où elle est appelée « transhumance politique ». Cette situation de honte est à la base de la déstabilisation des partis politiques en Afrique, les fauchant par voie de conséquence en les privant souvent de la crème de leurs ressources humaines et de leurs moyens financiers.

De plus, ce phénomène a d'autres conséquences nocives telles que la non stabilité de l'opposition dans la conservation du nombre de sièges acquis par celle-ci, et même de la majorité présidentielle, et surtout, il provoque l'instabilité politique du Parlement. Nous sommes confortés par l'une des Commissions chargées de l'élaboration des avant-projets de lois dans le cadre des réformes politiques et institutionnelles au Bénin, notamment la Commission présidée par Joseph Houessou GNOLONFOUN qui s'élève contre cette pratique pour la recommandation suivante : « *... Ainsi, sans faire entorse au principe du mandat représentatif qu'il convient de protéger, notre commission propose au constituant béninois de mentionner que tout député qui démissionne du parti ou de l'alliance de partis qui l'a présenté au suffrage des électeurs perd automatiquement son mandat. Il pourra ainsi être procédé à son remplacement conformément aux dispositions du code électoral* »[257]. La transhumance politique est un cancer politique qu'il faille combattre pour redorer le blason d'une part de la politique en Afrique, et de la classe politique africaine d'autre part. Aussi un travail de formation éthique et politique des militants et des cadres des partis doit s'opérer au sein desdits partis politiques. Ces partis politiques doivent donc œuvrer pour la

[257] Commission chargée de l'élaboration des avant-projets de lois dans le cadre des réformes politiques et institutionnelles, « Consolider les acquis démocratiques », Rapport sur l'étude de la constitution, présidé par M. Joseph GNONLONFOUN, Magistrat, ancien garde des sceaux, (République du Bénin), op.cit., p.30.

formation de la conscience politique des leurs militants. Des textes juridiques doivent être adoptés par les parlements des Etats africains pour essayer de réduire le débauchage des députés d'un parti ou d'un camp politique pour un autre. Cette tâche sera difficile, mais elle vaut la peine d'être faite pour les lettres de noblesse de la vie politique des Etats africains. C'est d'ailleurs pourquoi la Commission GNONLONFON affirme : « *La conviction de la Commission est que ces mesures n'éradiqueront pas totalement le phénomène. Cependant, elles devront participer à l'encadrer et à assurer aux partis politiques une certaine stabilité dans l'exécution de leur mission et la mise en œuvre de leurs programmes politiques.* »[258]

Paragraphe II : Le droit à un procès équitable à garantir

L'instrumentalisation de la justice dont a été le « théâtre » la période d'avant les années quatre-vingt-dix doit connaître une fin irrévocable. C'est pourquoi la justice, pilier incontournable de l'Etat de droit, doit fonctionner comme c'est presque le cas au lendemain des années quatre-vingt-dix, suivant les normes du droit international des droits de l'Homme, à travers non seulement l'article 8 de la Déclaration Universelle des Droits de l'Homme (DUDH), l'article 14 du Pacte International relatif aux droits civils et politiques et celles du droit régional des droits de l'Homme, notamment le droit africain des droits de l'Homme à travers l'article 7 de la Charte africaine des Droits de l'Homme et des Peuples. Quelques prescriptions méritent d'être rappelées à l'endroit non seulement des pouvoirs publics mais aussi à l'endroit des individus et des pouvoirs privés, notamment la société civile, qu'il s'agisse d'un litige ou d'une contestation sur des droits et obligations de caractère civil, ou d'une accusation en matière pénale.

En effet, dans les Etats africains, les tribunaux doivent être établis par la loi en vue de garantir leur indépendance et leur impartialité. L'énoncé : « *Les tribunaux établis conformément aux textes juridiques d'un pays* », signifie qu'il faut empêcher la création de juridictions de circonstances, généralement dans des circonstances de trouble ou des situations qui amènent la création des juridictions pour des affaires précises en vue de l'élimination de certains adversaires politiques. L'indépendance des tribunaux signifie aussi qu'ils sont *de facto* ou *de jure* à l'abri de l'influence ou de pressions extérieures provenant non seulement de l'Exécutif, mais aussi du Parlement. A ce titre, le droit international accorde la liberté à l'Etat d'organiser un statut d'indépendance des juges qui composent la juridiction,

[258] Commission chargée de l'élaboration des avant-projets de lois dans le cadre des réformes politiques et institutionnelles, « Consolider les acquis démocratiques », Rapport sur l'étude de la constitution, présidée par M. Joseph GNONLONFOUN, Magistrat, ancien garde des sceaux, (République du Bénin), op.cit., p.30

tout en ne s'écartant pas du standard international. Une marge d'appréciation est en conséquence laissée à l'Etat. Il peut définir ses critères d'indépendance qui sont d'ailleurs multiples. Ces critères peuvent concerner les modes de désignation des juges, la durée de leur mandat ou encore les garanties d'inamovibilité. L'indépendance d'un tribunal ne peut être mise en cause par la seule circonstance qu'il n'est point composé exclusivement de juges professionnels[259]. C'est dire que toute forme de subordination, qu'elle soit directe ou indirecte, doit être combattue sous la juridiction des Etats africains. Ceci sera le seul gage pour permettre aux Etats africains d'avoir une justice hors des chaînes ou du joug du pouvoir dans toutes ses ramifications ou ses méandres. Il faut rappeler ici qu'un tribunal signifie un organe juridictionnel qui a pour mission de « *trancher sur la base de normes de droit et à l'issue d'une procédure organisée toute question relevant de sa compétence* »[260].

En revanche, l'impartialité dont doivent faire preuve les tribunaux est la mise à l'abri des influences et pressions des tribunaux par rapport aux parties au litige. Ici, c'est la neutralité des juges vis-à-vis des parties qui est requise. Il est donc question d'une qualité liée à la personne du juge, une valeur ou qualité intrinsèque du juge. Cette impartialité doit être à la fois objective et subjective. Objective en ce sens que l'impartialité se fonde essentiellement sur la théorie de l'apparence : « *il ne faut pas que certaines circonstances puissent justifier, d'un point de vue externe, un soupçon légitime de partialité du tribunal. L'apparence d'impartialité est en cause si le juge apparaît comme ayant une connaissance du litige déduite de l'exercice de fonctions judiciaires antérieures* »[261].

L'impartialité est subjective lorsqu'elle repose sur une présomption, donc elle est présumée jusqu'à ce qu'on découvre des faits établis de partialité qui soient de nature à nécessiter la récusation du juge partial. Cela peut s'apprécier ou être appréhendé par les comportements, les propos du juge…Il appartient donc à l'intéressé de prouver la partialité du tribunal[262].

Par ailleurs, des exigences d'ordre procédural doivent être observées à la lettre par les systèmes judiciaires africains au nombre desquels l'on peut

---

[259] Lire, notamment, l'arrêt LECOMPTE c. Belgique du 23 juin 1983.

[260] Lire, notamment l'arrêt SRAMEK c. Autriche, du 22 octobre 1984 (Cour Européenne des Droits de l'Homme).

[261] J. Van COMPERNOLLE, étude sous l'arrêt NORTIER c/ Pays-Bas, R.T.D.H., 1984, 437 ; (L'évolution de la jurisprudence de la Cour européenne des droits de l'Homme). Lire aussi, les arrêts de principe (arrêt PIERSACK et de CUBBER des 1/x/82 et 26/x84 ; l'arrêt Procola c. Grand DUCHER de Luxembourg du 28 septembre 1995…

[262] Arrêts HAUSCHILT c. Danemark, 24 mai 1989 ; LECOMPTE, Van LEUVEN et DE MEYERE c. Belgique, 23 juin 1981).

citer la publicité des audiences et du jugement, l'égalité des armes, le principe de la contradiction, la motivation du jugement et le droit d'être jugé dans un délai raisonnable…

En outre les Etats africains doivent éviter ce qui avait prévalu au lendemain des indépendances, notamment la justice secrète. C'est pourquoi le principe de la publicité des audiences doit désormais être de mise, sous la juridiction des Etats africains. Il faut préciser que la publicité de la procédure permet de prémunir les justiciables contre une justice secrète. Elle peut aussi créer un climat de confiance entre les justiciables et le tribunal[263]. Toutefois, on peut déroger à la publicité des débats judiciaires conformément aux textes en vigueur.

L'égalité des armes constitue l'un des critères fondamentaux du procès équitable. C'est pourquoi ce sacro-saint principe doit être de mise au cours des procès dans les tribunaux africains. Elle signifie, selon une jurisprudence constante de la Cour européenne des droits de l'Homme, que chaque partie doit avoir ou bénéficier de « *la possibilité raisonnable d'exposer sa cause dans des conditions qui ne la désavantagent pas d'une manière appréciable par rapport à la partie adverse* »[264]. Les tribunaux et Cours africains doivent pouvoir faire observer ce cardinal principe du droit international des droits de l'Homme.

Le principe du contradictoire ou principe de contradiction signifie que chaque partie doit pouvoir répondre à l'autre en vue d'équilibrer les débats ou le cours du jugement ou du procès. Selon une jurisprudence constante de la Cour européenne des droits de l'Homme, ce principe « *implique, pour une partie, la faculté de prendre connaissance des observations ou pièces produites par l'autre, ainsi que d'en discuter* »[265].

De plus, l'important principe selon lequel, pour des raisons de transparence juridique, le juge doit justifier son choix dans l'administration du droit qui conduit à la solution du litige doit être respecté scrupuleusement par le juge africain. C'est la motivation du jugement qui a pour vocation de vérifier que le juge a bien examiné les moyens des parties afin que le cas contraire, la partie lésée, puisse utilement exercer un recours contre la décision[266]. Toutefois, la Cour européenne des droits de l'Homme estime que le juge n'a

---

263 Arrêt AXEN c. Allemagne, 8 décembre 1983 ; PRETTO et autres c. Italie, 8 décembre 1983 ; SUTTER c.Suisse, 22 février 1984 ; LECOMPTE c. Belgique, 23 janvier 1981…

264 Voir J. Van COMPERNOLLE et M. VERDUSSEN, Les garanties procédurales : le droit au procès équitable, Université Catholique de Louvain, année académique 2001-2002, p.15

265 Arrêt Ruis MATEOS c. Espagne, 23 juin 1993 ; lire aussi l'arrêt FELDBRUGGE c. Pays-Bas, 29 mai 1986…

266 Lire l'arrêt Ruiz TORIJA c. Espagne du 9 décembre 1994.

pas l'obligation de répondre à tous les moyens. Il ne peut répondre qu'aux moyens formulés de manière claire, précise et pertinente[267]. La Cour confirme en affirmant que « *la motivation doit être adéquate là spécialement où le juge fait application de notions légales dont le contenu n'est pas précis* »[268].

Mieux, une affaire doit être tranchée dans un délai raisonnable quelle que soit l'appréciation de la durée de délai faite par le juge au moyen soit du *dies a quo* ou du *dies ad quem*. D'ailleurs, selon une jurisprudence constante de la même Cour, c'est le critère d'appréciation *in concreto* du caractère raisonnable du délai qui est recommandé aux cours et tribunaux. Ces critères d'évaluation sont : la complexité de l'affaire, l'enjeu de la procédure, le comportement du requérant et le comportement des autorités étatiques.

Toutes ces prescriptions que nous faisons aux protagonistes de la justice en Afrique présupposent le droit d'accès effectif à un tribunal comme le reconnaît d'ailleurs l'article 8 de la Déclaration universelle des droits de l'Homme du 10 décembre 1948 : « *Toute personne a droit à un recours effectif devant les juridictions nationales compétentes contre les actes violant les droits fondamentaux qui lui sont reconnus par la constitution ou par la loi.* »

Toutefois, la Cour européenne des droits de l'Homme précise que ce droit d'accès au tribunal n'est pas un droit absolu. Elle y a trouvé des limites fondées sur l'intérêt général et sur le respect d'une bonne administration de la justice.

De ce qui précède, une bonne observance de ces prescriptions du droit international des droits de l'Homme explicitées par l'emblématique Cour européenne des droits de l'Homme permettra à coup sûr au nouveau constitutionnalisme de prendre un tournant décisif dans la marche des peuples africains pour un mieux-être.

Paragraphe III : Une presse libre et responsable

En Afrique, le vent de la démocratie qui a soufflé en mille neuf cent quatre-vingt-dix était porteur d'espoir en matière de la presse. Il faut tout d'abord préciser que les médias sont regroupés en deux grandes catégories : les moyens non conventionnels de la communication et les médias modernes. Une autre typologie permet de distinguer généralement d'une part la presse écrite et l'édition d'une part de la radio, la télévision et le cinéma d'autre part. S'agissant des moyens non conventionnels, il y en a de deux sortes :

---

[267] Arrêt HIRO-BALANI du 9 décembre 1994.

[268] H. c.Belgique du 30 novembre 1987.

ceux que Françoise HAVELANGE a appelé les « supports artistiques »[269] et ceux qui sont issus des rencontres. Ce sont les médias modernes qui ont connu un essor prodigieux au lendemain des conférences nationales des forces vives des nations africaines. Ces moyens modernes sont très diversifiés à travers la télévision, la radio, l'internet, le téléphone surtout portable et la presse écrite. Les médias modernes : l'internet, la télévision, la radio, le téléphone portable et la presse écrite ont joué un rôle de premier plan, notamment en matière de diffusion d'information, de débats d'idées et surtout de formation et de l'orientation de l'opinion publique. Il faut préciser que l'expression « opinion publique » selon le Petit Larousse illustré (2007) désigne « *la manière de penser la plus répandue dans une société, celle de la majorité du corps social* ». Au pluriel, elle fait allusion à « *l'ensemble des croyances, des convictions religieuses, politiques d'un groupe* ». Mais l'opinion publique se caractérise par sa versatilité. Pour George BURDEAU, cité par Remy RIEFFEL[270] (2001), il s'agit d'une « *force sociale résultant de la similitude de jugements portés sur certains sujets par une pluralité d'individus et qui s'extériorise dans la mesure où elle prend conscience d'elle-même.* » Pour qu'il y ait opinion publique, soutient RIEFFEL, « *il faut donc une convergence de vues sur un même sujet, une expression manifeste des jugements et une participation d'un grand nombre d'individus* ».

Au lendemain des Conférences nationales, on n'assistait plus uniquement au journalisme de développement, mais surtout au pluralisme médiatique qui a révélé une presse aux fonctions plurielles : on a eu affaire au lendemain des annnées quatre-vingt-dix dans certains pays comme le Bénin, le Mali, le Sénégal, la Côte-d'Ivoire, le Niger, le Cameroun, l'Algérie, le Maroc, l'Afrique du Sud...à une presse informative, avec pour seule vocation d'informer les populations, de façon juste et déontologique, une presse éducative avec pour mission d'éveiller les consciences, une presse sociale immergeant la réflexion dans tous les compartiments de la vie sociale, une presse économique prenant pied au cœur des droits sociaux et économiques et conformément à la deuxième génération des droits de l'Homme, une presse culturelle, donnant à l'Homme sa dimension culturelle et une pressse ludique avec pour vocation le divertissement de toutes les couches sociales. C'est surtout sur le plan des élections que la presse africaine s'est illustrée. L'on peut imaginer le rôle incommensurable de la presse dans le choix des candidats en matière électorale, ce qui s'est démontré au lendemain des

---

[269] *Libérer la parole paysanne au Sahel* (Institut Parros I), paru chez l'harmattan, Paris, 1991.

[270] Rémy RIEFFEL est Professeur à l'Institut français de presse dont il a été le directeur de 1994 à 1999.Ses enseignements portent sur la sociologie des médias et sur les théories de la communication. Son ouvrage Sociologie des médias publiée chez Ellipses en 2001 fait le point des résultats disponibles sur les recherches en sociologie des médias.

années quatre-vingt-dix lors des joutes électorales. En d'autres termes la presse a pesé de tout son poids dans certains pays pour l'alternance politique : le Bénin en 1996 pour le retour du Général Mathieu KEREKOU aux affaires, le Ghana en 2008 pour la victoire de John Evans ATTA-MILLS à l'élection présidentielle et le Sénégal en 2000 pour l'avènement de WADE Abdoulaye au pouvoir. La démocratisation de l'information était de mise à partir des années quatre-vingt-dix et ainsi, la presse devint-elle un outil de développement. La presse n'est plus uniquement publique, elle est aussi privée, ce qui ne permet plus le monopole de l'information par les médias publics et l'embrigadement des esprits par ceux-ci.

C'est pourquoi tous les Etats francophones, pour permettre à la presse d'être utile à leur nation, créèrent des institutions indépendantes, régulatrices des médias dans la gestion de l'information. Généralement sur le continent africain, notamment dans les Etats francophones, cette institution est dénommée à quelques exceptions près, « *Haute Autorité de l'Audio-visuel et de la Communication* ».

En effet, dans ces Etats, elle est une institution constitutionnelle chargée de garantir et d'assurer la liberté et la protection de la presse ainsi que de tous les moyens de communication de masse dans le respect de la loi. Elle veille au respect de la déontologie en matière d'information et à l'accès équitable des partis politiques, des associations et des citoyens aux moyens officiels d'information et de communication (art.142 de la constitution béninoise du 11 décembre 1990, art.130 de la constitution togolaise de la quatrième République de 1992, art. 156 de la constitution nigérienne de la septième République...). Aussi peut-on affirmer que les constituants des pays francophones d'Afrique ne veulent pas faire des moyens officiels d'information et de communication le monopole du pouvoir exécutif, parce que dans un système d'Etat de droit et de démocratie, les portes des médias publics doivent être équitablement accessibles à tous. Les obligations administratives des institutions de régulation de la presse créées çà et là sur le continent sont capitales, lorsque l'on interroge le passé de nombre de ces Etats francophones voire anglophones, lusophones, hispanophones et arabes qui faisait état de pays muselés voire privés depuis plus de deux décennies de la jouissance des libertés publiques essentielles.

Au Bénin par exemple, les décisions de la H.A.A.C. depuis son installation en 1994 ont porté sur l'accès équitable des partis politiques, des associations et des citoyens aux médias publics, la réglementation de la carte de presse au Bénin, la réglementation des temps d'antenne pour les campagnes électorales, la délivrance d'autorisation d'émettre pour les radios et télévisions privées, la suspension d'émission ou d'organe, des mises en garde et rappels à l'ordre aux organes de presse, etc. La sanction administrée aux responsables des organes de presse allant même jusqu'à leur radiation du secteur est prévue par les textes juridiques ; elle permet d'éviter des dérapages de la part des journalistes. Ces décisions font partie aussi du cadre normatif du secteur au Bénin[271].

Mieux, au sein de la presse privée, existent dans les pays africains, des organes privés de régulation de cette presse, surtout dans le contrôle par cette institution du respect de la déontologie du métier par ses propres acteurs. C'est le cas au Bénin de l'Observatoire de la Déontologie et de l'Ethique dans les Médias (O.D.E.M.). L'O.D.E.M. est une association professionnelle des journalistes qui a pour objectif de faire observer les règles de déontologie et de l'éthique dans les médias. Il protège le droit du public à une information libre, complète, honnête et exacte. Il défend la liberté de presse, veille à la sécurité des journalistes dans l'exercice de leur fonction et garantit leur droit d'enquêter librement sur tous les faits concernant la vie publique, mène des recherches sur l'évolution des médias... Tous ces facteurs concourent à rendre au continent une presse responsable, vecteur de développement et du mieux-être des populations.

Des changements qualitatifs ont été constatés dans ce domaine depuis quelques années. La naissance de cette institution qu'est la H.A.A.C. et des institutions privées de protection du métier de journaliste, dans les pays africains francophones et autres a à coup sûr créé une ambiance de confiance, de convivialité et même de saine émulation dans la profession et a favorisé, depuis quelques années dans ces pays, des investissements appréciables dans divers métiers et branches de la presse et de la communication.

Quelques regrets par contre sont à noter. Des journalistes se mettent sous la coupe des pouvoirs d'argent les conduisant ainsi à fouler aux pieds les normes élémentaires de la déontologie de leur métier et des textes juridiques qui régissent ledit métier. En d'autres termes, la corruption gangrène de plus en plus ce corps. Des cas de dérives de la presse privée donnant l'impression d'être à la solde de personnes nanties sont de plus en plus décriés en Afrique et fustigés par les Cours constitutionnelles africaines. C'est l'exemple de la Cour constitutionnelle béninoise qui, par sa décision D.C.C. 01-024, estime que la publication par le journal **le canard du golfe** dans sa parution n°012 bis du 03 au 16 mars 1993, de l'article intitulé « *SONACOP contre ODIFIC,*

---

[271] Les décisions de la HAAC sont publiées dans les « Recueils des actes et décisions de la HAAC » ou sur son site : http://www.haac-bénin.org/

Gbèdo est-elle mouillée en dessous ? » est une atteinte à l'intégrité physique et morale de madame Gbèdo[272].

De plus, des cas de bastonnades de journalistes lors de la couverture des événements officiels sont monnaie courante. Par exemple, la décision D.C.C. 99-013 de la Cour constitutionnelle du Bénin a condamné la police béninoise pour traitement inhumain et dégradant sur la personne d'un journaliste du nom de Robert AMEGAH, menotté à la suite de son arrestation lors de la couverture de la manifestation officielle des festivités de l'indépendance du 1er août 1998. Des condamnations de cette nature en faveur des journalistes sont légion au Bénin et dans la sous-région africaine.

Par contre les journalistes sont la cible des pouvoirs publics lorsqu'ils dévoilent les exactions dont sont victimes les populations. Les journalistes de la chaîne internationale Al jézira ont été condamnés au Caire en juin 2014 à plus de dix ans d'emprisonnement ferme pour avoir couvert les exactions dont faisaient l'objet les frères musulmans égyptiens[273]. Les journalistes sont aussi régulièrement assassinés dans l'exercice de leur métier.

En bref, le respect des textes juridiques régissant la presse par tous ses acteurs, le respect de la déontologie de la presse par les journalistes, la non politisation de cette institution et la lutte contre la corruption pourraient donner à ce quatrième pouvoir ses lettres de noblesse.

---

[272] GBEDO Marie-Elise était à l'époque des faits, Ministre du Commerce, de l'Artisanat et du Tourisme sous le Général Mathieu KEREKOU. La SONACOP est la Société Nationale de Commercialisation des Produits Pétroliers qui faisait l'objet d'une privatisation opaque au profit d'une société privée.

[273] Confrérie politico-religieuse égyptienne.

CONCLUSION :

André HAURIOU disait que « *constitutionnaliser le pouvoir, c'est le soumettre à des règles précises et plus particulièrement mettre au point des mécanismes de représentation politique, établir auprès des gouvernements des censeurs qui seront qualifiés pour dialoguer avec ceux-là* »[274]. L'Afrique s'est véritablement engagée dans cette voie au lendemain des années quatre vingt-dix, sans oublier les tentatives manquées des premier et second cycles constitutionnels des années soixante et soixante-dix-quatre-vingt (1970-1980). Elle a besoin de la part du Monde à son endroit, de la patience, de la compréhension, du soutien et de l'indulgence. Pour le rayonnement du constitutionnalisme, elle demande que l'on donne à son propre bénéfice, du temps au temps. Pour ce faire, elle n'attend qu'à y être encouragée : **réveille-toi Afrique et bon vent à toi !**

[274] André HAURIOU, Droit constitutionnel et Institutions politiques, op.cit., p.73.

ANNEXES

QUELQUES CONSTITUTIONS AFRICAINES

(Bénin, Sénégal, Cameroun, Niger et Togo)

Loi n°90-32 du 11 décembre 1990 portant constitution de la République du Bénin

République du Bénin

Fraternité-Justice-Travail

Constitution de la République du Bénin

Loi N°90-32 du 11 décembre 1990 Portant constitution

De la République du Bénin

LE HAUT CONSEIL DE LA REPUBLIQUE,

Conformément à la loi constitutionnelle du 13 août 1990, a proposé,

LE PEUPLE BENINOIS

A adopté au Référendum constituant du 02 décembre 1990,

LE PRESIDENT DE LA REPUBLIQUE

Promulgue la constitution dont la teneur suit :

Préambule

Le Dahomey, proclamé République le 4 décembre 1958, a accédé à la souveraineté internationale le 1er août 1960. Devenu République Populaire du Bénin le 30 Novembre 1975, puis République du Bénin le 1er mars 1990, il a connu une évolution constitutionnelle et politique mouvementée depuis son accession à l'indépendance. Seule est restée pérenne l'option en faveur de la République.

Les changements successifs de régimes politiques et de gouvernements n'ont pas émoussé la détermination du Peuple Béninois à rechercher dans son génie propre, les valeurs de civilisations culturelles, philosophiques et spirituelles qui animent les formes de son patriotisme.

Ainsi, la Conférence des Forces Vives de la Nation, tenues à Cotonou, du 19 au 28 février 1990, en redonnant confiance au peuple, a permis la réconciliation nationale et l'avènement d'une ère de renouveau Démocratique.

Au lendemain de cette Conférence,

NOUS, PEUPLE BENINOIS

-Réaffirmons notre opposition fondamentale à tout régime politique fondé sur l'arbitraire, la dictature, l'injustice, la corruption, la concussion, le régionalisme, le népotisme, la confiscation du pouvoir et le pouvoir personnel ;

-Exprimons notre ferme volonté de défendre et de sauvegarder notre dignité aux yeux du monde et de retrouver la place et le rôle de pionnier de la démocratie et de la défense des droits de l'homme qui furent naguère les nôtres ;

- Affirmons solennellement notre détermination par la présente Constitution de créer un Etat de droit et de démocratie pluraliste, dans lequel les droits fondamentaux de l'homme, les libertés publiques, la dignité de la personne humaine et la justice sont garantis, protégés et promus comme la condition nécessaire au développement véritable et harmonieux de chaque Béninois tant dans sa dimension temporelle, culturelle que spirituelle ;

- Réaffirmons notre attachement aux principes de la démocratie et des Droits de l'Homme tels qu'ils ont été définis par la Charte des Nations-Unies de 1945 et la Déclaration Universelle des Droits de l'Homme de 1948, à la Charte Africaine des Droits de l'Homme et des Peuples adoptée en 1981 par l'Organisation de l'Unité Africaine, ratifiée par le Bénin le 20 janvier 1986 et dont les dispositions font partie intégrante de la présente Constitution et du droit béninois et ont une valeur supérieure à la loi interne ;

- Affirmons notre volonté de coopérer dans la paix et l'amitié avec tous les peuples qui partagent nos idéaux de liberté, de justice, de solidarité humaine, sur la base des principes d'égalité, d'intérêt réciproque et de respect mutuel de la souveraineté nationale et de l'intégrité territoriale ;

- Proclamons notre attachement à la cause de l'Unité Africaine et nous engageons à tout mettre en œuvre pour réaliser l'intégration sous-régionale et régionale ;

- Adoptons solennellement la présente Constitution qui est la loi suprême de l'Etat et à laquelle nous jurons loyalisme, fidélité et respect.

TITRE PREMIER
DE L'ETAT ET DE LA SOUVERAINETE

Article Premier : L'Etat du Bénin est une République indépendante et souveraine.

- La Capitale de la République du Bénin est PORTO-NOVO.
- L'Emblème national est le drapeau tricolore vert, jaune et rouge.
  En partant de la hampe, une bande verte sur toute la hauteur et sur les deux cinquièmes de sa longueur, deux bandes horizontales égales : la supérieure jaune, l'inférieure rouge.
- L'Hymne de la République est « L'AUBE NOUVELLE ».
- La Devise de la République est « FRATERNITE-JUSTICE-TRAVAIL ».
- La langue officielle est le Français.
- Le Sceau de l'Etat, constitué par un disque de cent vingt millimètres de diamètre, représente :
- A travers une pirogue chargée de six étoiles à cinq rais voguant sur des ondes, accompagnée au chef d'un arc avec une flèche en palme soutenu de deux récades en sautoir et, dans le bas, d'une banderole portant la devise « FRATERNITE-JUSTICE-TRAVAIL » avec, à l'entour, l'inscription « République du Bénin » ;
- Et au revers un écu couplé au premier de sinople, au deuxième parti d'or et de gueules, qui sont les trois couleurs du drapeau, l'écu entouré des deux palmes au naturel les tiges passées en sautoir.
- Les armes du bénin sont :

*Ecartelé au premier quartier d'un château Somba d'or ;

*Au deuxième d'argent à l'Etoile du Bénin au naturel c'est-à-dire une croix à huit pointes d'azur anglées de rayons d'argent et de sable en abîme ;

*Au troisième d'argent palmier de sinople chargé d'un fruit de gueule ;

*Au quatrième d'argent au navire de sable voguant sur une mer d'azur avec en brochant sur la ligne de l'écartelé un losange de gueule ;

- Supports : deux panthères d'or tachetées ;

- Timbre : deux cornes d'abondance de sable d'où sortent des épis de maïs ;

- Devise : Fraternité-Justice-Travail en caractère de sable sur une banderole.

Article2 : La République du Bénin est une et indivisible, laïque et démocratique.

Son principe est : Le Gouvernement du Peuple, par le Peuple et pour le Peuple.

Article 3 : La souveraineté nationale appartient au peuple. Aucune fraction du Peuple, aucune communauté, aucune corporation, aucun parti ou association politique, aucune organisation syndicale ni aucun individu ne peut s'en attribuer l'exercice.

La souveraineté s'exerce conformément à la présente Constitution qui est la loi suprême de l'Etat.

Toute loi, tout texte réglementaire et tout acte administratif contraires à ces dispositions sont nuls et non avenus. En conséquence, tout citoyen a le droit de se pourvoir devant la Cour constitutionnelle contre les lois, textes et actes présumés inconstitutionnels.

Article 4 : Le Peuple exerce sa souveraineté par ses représentants élus et par voie de référendum. Les conditions de recours au référendum sont déterminées par le présente Constitution et par une loi organique.

La Cour constitutionnelle veille à la régularité du référendum et en proclame les résultats.

Article 5 : Les Partis politiques concourent à l'expression du suffrage. Ils se forment et exercent librement leurs activités dans les conditions déterminées par la Charte des Partis politiques. Ils doivent respecter les principes de la souveraineté nationale, de la démocratie, de l'intégrité territoriale et la laïcité de l'Etat.

Article 6 : Le suffrage est universel, égal et secret. Sont électeurs, dans les conditions déterminées par la loi, tous les nationaux béninois des deux sexes âgés de dix-huit ans révolus et jouissants de leurs droits civils et politiques.

TITRE II
DES DROITS ET DES DEVOIRS DE LA PERSONNE HUMAINE

Article 7 : Les droits et les devoirs proclamés et garantis par la Charte Africaine des Droits de l'Homme et des Peuples adoptée en 1981 par l'Organisation de l'Unité Africaine et ratifiée par le Bénin le 20 janvier 1986 font partie intégrante de la présente Constitution et du Droit béninois.

Article 8 : La personne humaine est sacrée et inviolable.

L'Etat a l'obligation absolue de la respecter et de la protéger. Il lui garantit un plein épanouissement. A cet effet, il assure à ses citoyens l'égal accès à la santé, à l'éducation, à la culture, à l'information, à la formation professionnelle et à l'emploi.

Article 9 : Tout être humain a droit au développement et au plein épanouissement de sa personne dans ses dimensions matérielle, temporelle, intellectuelle et spirituelle, pourvu qu'il ne viole pas les droits d'autrui ni n'enfreigne l'ordre constitutionnel et les bonnes mœurs.

Article 10 : Toute personne a droit à la culture. L'Etat a le devoir de sauvegarder et de promouvoir les valeurs nationales de civilisation tant matérielles que spirituelles, ainsi que les traditions culturelles.

Article 11 : Toutes les communautés composant la Nation béninoise jouissent de la liberté d'utiliser leurs langues parlées et écrites et de développer leur propre culture tout en respectant celles des autres.

L'Etat doit promouvoir le développement de langues nationales d'intercommunication.

Article 12 : L'Etat et les collectivités publiques garantissent l'éducation des enfants et créent les conditions favorables à cette fin.

Article 13 : L'Etat pourvoit à l'éducation de la jeunesse par des écoles publiques.

L'Enseignement primaire est obligatoire. L'Etat assure progressivement la gratuité de l'enseignement public.

Article 14 : Les institutions et les communautaires religieuses peuvent également concourir à l'éducation de la jeunesse. Les écoles privées, laïques ou confessionnelles, peuvent être ouvertes avec l'autorisation et le contrôle de l'Etat. Les écoles privées peuvent bénéficier des subventions de l'Etat dans les conditions déterminées par la loi.

Article 15 : Tout individu a droit à la vie, à la liberté, à la sécurité et à l'intégrité de sa personne.

Article 16 : Nul ne peut être arrêté ou inculpé qu'en vertu d'une loi promulguée antérieurement aux faits qui lui sont reprochés.

Aucun citoyen ne peut être contraint à l'exil.

Article 17 : Toute personne accusée d'un acte délictueux est présumé innocente jusqu'à ce que sa culpabilité ait été légalement établie au cours d'un procès public durant lequel, toutes les garanties nécessaires à sa libre défense lui auront été assurées.

Nul ne sera condamné pour des actions ou omissions qui, au moment où elles ont été commises, ne constituent pas une infraction d'après le droit national. De même, il ne peut être infligé de peine plus forte que celle qui était applicable au moment où l'infraction a été commise.

Article 18 : Nul ne sera soumis à la torture, ni à des sévices ou traitements cruels, inhumains ou dégradants.

Nul n'a le droit d'empêcher un détenu ou un prévenu de se faire examiner par un médecin de son choix.

Nul ne peut être détenu dans un établissement pénitentiaire s'il ne tombe sous le coup d'une loi pénale en vigueur.

Nul ne peut être détenu pendant une durée supérieure à quarante huit heures que par la décision d'un magistrat auquel il doit être présenté. Ce délai ne peut être prolongé que dans des cas exceptionnellement prévus par la loi et qui ne peut excéder une période supérieure à huit jours.

Article 19 : Tout individu, tout agent de l'Etat qui se rendrait coupable d'acte de torture, de sévices ou traitements cruels, inhumains et dégradants dans l'exercice ou à l'occasion de l'exercice de ses fonctions, soit de sa propre initiative, soit sur instruction, sera puni conformément à la loi.

Tout individu, tout agent de l'Etat est délié de devoir d'obéissance lorsque l'ordre reçu constitue une atteinte grave et manifeste au respect des droits de l'homme et des libertés publiques.

Article 20 : domicile est inviolable. Il ne peut y être effectué de visites domiciliaires ou de perquisitions que dans les formes et conditions prévues par la loi.

Article 21 : Le secret de la correspondance et des communications est garanti par la loi.

Article 22 : Toute personne a droit à la propriété. Nul ne peut être privé de sa propriété que pour cause d'utilité publique et contre juste et préalable dédommagement.

Article 23 : Toute personne a droit à la liberté de pensée, de conscience, de religion, de culte, d'opinion et d'expression dans le respect de l'ordre public établi par la loi et les règlements. L'exercice du culte et l'expression des croyances s'effectuent dans le respect de la laïcité de l'Etat.

Les institutions, les communautés religieuses ou philosophiques ont le droit de se développer sans entraves. Elles ne sont pas soumises à la tutelle de l'Etat. Elles règlent et administrent leurs affaires d'une manière autonome.

Article 24 : La liberté de la presse est reconnue et garantie par l'Etat. Elle est protégée par la Haute Autorité de l'Audiovisuelle et de la Communication dans les conditions fixées par une loi organique.

Article 25 : L'Etat reconnaît et garantit, dans les conditions fixées par la loi, la liberté d'aller et venir, la liberté d'association, de réunion, de cortège et de manifestation.

Article 26 : L'Etat assure à tous l'égalité devant la loi sans distinction d'origine, de race, de sexe, de religion, d'opinion politique et de position sociale.

L'homme et la femme sont égaux en droit. L'Etat protège la famille et particulièrement la mère et l'enfant. Il veille sur les handicapés et les personnes âgées.

Article 27 : Toute personne a droit à un environnement sain, satisfaisant et durable et a le devoir de le défendre. L'Etat veille à la protection de l'environnement.

Article 28 : Le stockage, la manipulation et l'évacuation des déchets toxiques ou polluants provenant des usines et autres unités industrielles ou artisanales installées sur le territoire national sont réglementés par la loi.

Article 29 : Le transit, l'importation, le stockage, l'enfouissement, le déversement sur le territoire national des déchets toxiques ou polluants étrangers et tout accord y relatif constituent un crime contre la nation. Les sanctions applicables sont définies par la loi.

Article 30 : L'Etat reconnaît à tous les citoyens le droit au travail et s'efforce de créer les conditions qui rendent la jouissance de ce droit effective et garantissant au travailleur la juste rétribution de ses services ou de sa production.

Article 31 : l'Etat reconnaît et garantit le droit de grève. Tout travailleur peut défendre, dans les conditions prévues par la loi, ses droits et ses intérêts soit individuellement, soit collectivement ou par l'action syndicale. Le droit de grève s'exerce dans les conditions définies par la loi.

Article 32 : La défense de la Nation et de l'intégrité du territoire de la République est un devoir sacré pour tout citoyen béninois.

Le service militaire est obligatoire. Les conditions d'accomplissement de ce devoir sont déterminées par la loi.

Article 33 : Tous les citoyens de la République du Bénin ont le devoir de travailler pour le bien commun, de remplir toutes leurs obligations civiques et professionnelles, de s'acquitter de leurs contributions fiscales.

Article 34 : Tout citoyen béninois, civil ou militaire, a le devoir sacré de respecter en toutes circonstances, la Constitution et l'ordre constitutionnel établi ainsi que les lois et règlements de la République.

Article 35 : Les citoyens chargés d'une fonction publique ou élu à une fonction politique ont le devoir de l'accomplir avec conscience, compétence, probité, dévouement et loyauté dans l'intérêt et le respect du bien commun.

Article 36 : Chaque béninois a le devoir de respecter et de considérer son semblable sans discrimination aucune et d'entretenir avec les autres des relations qui permettent de sauvegarder, de renforcer et de promouvoir le respect, le dialogue et la tolérance réciproque en vue de la paix et de la cohésion nationale.

Article 37 : Les biens publics sont sacrés et inviolables. Tout citoyen béninois doit les respecter scrupuleusement et les protéger. Tout acte de sabotage, de vandalisme, de corruption, de détournement, de dilapidation ou d'enrichissement illicite est réprimé dans les conditions prévues par la loi.

Article 38 : L'Etat protège à l'étranger les droits et intérêts légitimes des citoyens béninois.

Article 39 : Les étrangers bénéficient sur le territoire de la République du Bénin des mêmes droits et libertés que les citoyens béninois et ce, dans les conditions déterminées par la loi. Ils sont tenus de se conformer à la Constitution, aux lois et règlements de la République.

Article 40 : L'Etat a le devoir d'assurer la diffusion et l'enseignement de la Constitution, de la Déclaration Universelle des Droits de l'Homme de 1948, de la Charte Africaine des Droits de l'Homme et des Peuples de 1981 ainsi que tous les instruments internationaux dûment ratifiés et relatifs aux Droits de l'Homme.

L'Etat doit intégrer les droits de la personne humaine dans les programmes d'alphabétisation et d'enseignement aux différents cycles scolaires et universitaires et dans tous les programmes de formation des Forces Armées, des Forces de sécurité Publique et Assimilés.

L'Etat doit également assurer dans les langues nationales par tous les moyens de communication de masse, en particulier par la radiodiffusion et la télévision, la diffusion et l'enseignement de ces mêmes droits.

TITRE III
DU POUVOIR EXECUTIF

Article 41 : Le président de la République est le chef de l'Etat. Il est l'élu de la nation et incarne l'unité nationale.

Il est le garant de l'indépendance nationale, de l'intégrité territoriale et du respect de la constitution, des traités et accords internationaux.

Article 42 : Le président de la République est élu au suffrage universel direct pour un mandat de cinq ans, renouvelable une seule fois.

En aucun cas, nul ne peut exercer plus de deux mandats présidentiels.

Article 43 : L'élection du Président de la République a lieu au scrutin uninominal majoritaire à deux tours.

Article 44 : Nul ne peut être candidat aux fonctions de Président de la République s'il :

- n'est de nationalité béninoise de naissance ou acquise depuis au moins dix ans ;
- n'est de bonne moralité et d'une grande probité ;
- ne jouit de tous ses droits civils et politiques ;
- n'est âgé de 40 ans au moins et 70 ans au plus à la date de dépôt de sa candidature ;
- ne réside sur le territoire de la République du Bénin au moment des élections ;
- ne jouit d'un Etat complet de bien-être physique et mental dûment constaté par un collège de trois médecins assermentés désignés par la Cour constitutionnelle.

Article 45 : Le Président de la République est élu à la majorité absolue des suffrages exprimés. Si celle-ci n'est pas obtenue au premier tour de scrutin, il est procédé, dans un délai de quinze jours, à un second tour.

Seuls peuvent se présenter au second tour de scrutin les deux candidats qui ont recueilli le plus grand nombre de suffrages au premier tour. En cas de désistement de l'un ou de l'autre des deux candidats, les suivants se présentent dans l'ordre de leur classement après le premier scrutin.

Est déclaré élu au second tour le candidat ayant recueilli la majorité relative des suffrages exprimés.

Article 46 : La convocation des électeurs est faite par décret pris en Conseil des Ministres.

Article 47 : Le premier tour du scrutin de l'élection du Président de la République a lieu trente jours au moins et quarante jours au plus avant la date d'expiration des pouvoirs du Président en exercice.

Le mandat du nouveau Président de la République prend effet pour compter de la date d'expiration du mandat de son prédécesseur.

Article 48 : La loi fixe les conditions d'éligibilité, de présentation des candidatures, de déroulement du scrutin, de dépouillement et de proclamation des résultats de l'élection du Président de la République.

La loi fixe la liste civile du Président de la République et détermine la pension à allouer aux anciens Présidents de la République.

Toutefois, pour compter de la promulgation de la présente Constitution, seuls les Présidents de la République constitutionnellement élus pourront bénéficier des dispositions du précédent alinéa.

Article 49 : La Cour constitutionnelle veille à la régularité du scrutin et en constate les résultats.

L'élection du Président de la République fait l'objet d'une proclamation provisoire.

Si aucune constatation relative à la régularité des opérations électorales n'a été déposée au Greffe de la Cour par l'un des candidats dans les cinq jours de la proclamation provisoire, la Cour déclare le Président de la République définitivement élu.

En cas de contestation, la Cour est tenue de statuer dans les dix jours de la proclamation provisoire ; sa décision emporte proclamation définitive ou annulation de l'élection.

Si aucune contestation n'a été soulevée dans le délai de cinq jours et si la Cour constitutionnelle estime que l'élection n'était entachée d'aucune irrégularité de nature à entraîner l'annulation, elle proclame l'élection du Président de la République dans les quinze jours qui suivent le scrutin.

En cas d'annulation, il sera procédé à un nouveau tour de scrutin dans les quinze jours de sa décision.

Article 50 : En cas de vacance de la Présidence de la République par décès, démission ou empêchement définitif, l'Assemblée Nationale se réunit pour statuer sur le cas à la majorité absolue de ses membres. Le Président de l'Assemblée Nationale saisit la Cour constitutionnelle qui constate et déclare la vacance de la Présidence de la République. Les fonctions de Président de la République, à l'exception de celles mentionnées aux articles 54 alinéa3, 58, 60, 101 et 154 sont provisoirement exercées par le Président de l'Assemblée Nationale.

L'élection du nouveau Président de la République a lieu trente jours au moins et quarante jours au plus après la déclaration du caractère définitif de la vacance.

En cas de mise en accusation du Président de la République devant la Haute Cour de Justice, son intérim est assuré par le Président de la Cour constitutionnelle qui exerce toutes les fonctions de Président de la République à l'exception de celles mentionnées aux articles 54 alinéa 3, 58, 60, 101 et 154.

En cas d'absence du territoire, de maladie, et du congé du Président de la République, son intérim est assuré par un membre du Gouvernement qu'il aura désigné et dans la limite des pouvoirs qu'il lui aura délégués.

Article 51 : Les fonctions de Président de la République sont incompatibles avec l'exercice de tout autre mandat électif, de tout emploi public, civil ou militaire et de toute autre activité professionnelle.

Article 52 : Durant leurs fonctions, le Président de la République et les membres du Gouvernement ne peuvent par eux-mêmes, ni par intermédiaire rien acheter ou prendre en bail qui appartienne au domaine de l'Etat, sans autorisation préalable de la Cour constitutionnelle dans les conditions fixées par la loi.

Ils sont tenus lors de leur entrée en fonction et à la fin de celle-ci de faire sur l'honneur une déclaration écrite de tous leurs biens et patrimoine adressée à la Chambre des comptes de la Cour suprême.

Ils ne peuvent prendre part aux marchés de fournitures et aux adjudications pour les administrations ou institutions relevant de l'Etat ou soumises à leur contrôle.

Article 53 : Avant son entrée en fonction, le Président de la République prête le serment suivant :

« Devant Dieu, les Mânes des Ancêtres, la Nation et devant le Peuple béninois, seul détenteur de la souveraineté ;

Nous..., Président de la République, élu conformément aux lois de la République jurons solennellement

- de respecter et de défendre la constitution que le peuple béninois s'est librement donnée ;
- de remplir loyalement les hautes fonctions que la nation nous a confiées ;
- de ne nous laisser guider par l'intérêt général et le respect des droits de la personne humaine, de consacrer toutes nos forces à la recherche et à la promotion du bien commun, de la paix et de l'unité nationale ;
- de préserver l'intégrité du territoire national ;
- de nous conduire partout en fidèle et loyal serviteur du Peuple ; En cas de parjure, que nous subissions les rigueurs de la loi ».

Le serment est reçu par le Président de la Cour constitutionnelle devant l'Assemblée Nationale et la Cour suprême.

Article 54 : Le Président de la République est le détenteur du pouvoir exécutif. Il est le chef du Gouvernement, et à ce titre, il détermine et conduit la politique de la Nation. Il exerce le pouvoir réglementaire.

Il dispose de l'administration et de la Force Armée. Il est responsable de la Défense Nationale.

Il nomme, après avis consultatif du Bureau de l'Assemblée Nationale, les membres du Gouvernement ; il fixe leurs attributions et met fin à leurs fonctions.

Les membres du Gouvernement sont responsables devant lui.

Les fonctions de membres du Gouvernement sont incompatibles avec l'exercice de tout mandat parlementaire, de tout emploi public, civil ou militaire et de toute autre activité professionnelle.

Les actes du Président de la République autres que ceux prévus aux articles 60 et 115 sont contresignés par les Ministres chargés de leur exécution.

Article 55 : Le Président de la République préside le Conseil des Ministres.

Le Conseil des Ministres délibère obligatoirement sur :

- les décisions déterminant la politique générale de l'Etat ;
- les projets de loi ;
- les ordonnances et les décrets réglementaires.

Article 56 : Le Président de la République nomme trois des sept membres de la Cour constitutionnelle.

Après avis du Président de l'Assemblée Nationale, il nomme en Conseil des Ministres : le Président de la Cour suprême, le Président de la Haute Autorité de l'Audio-Visuel et de la Communication, le Grand Chancelier de l'Ordre National.

Il nomme également en Conseil des Ministres : les membres de la Cour suprême, les Ambassadeurs, les Envoyés extraordinaires, les Magistrats, les Officiers Généraux, et Supérieurs, les Hauts Fonctionnaires dont la liste est fixée par une loi organique.

Article 57 : Le Président de la République a l'initiative des lois concurremment avec les membres de l'Assemblée Nationale.

Il assure la promulgation des lois dans les quinze jours qui suivent la transmission qui lui en est faite par le Président de l'Assemblée Nationale.

Ce délai est réduit à cinq jours en cas d'urgence déclarée par l'Assemblée Nationale.

Il peut, avant l'expiration de ces délais, demander à l'Assemblée Nationale, une seconde délibération de la loi ou de certains de ses articles.

Cette seconde délibération ne peut être refusée.

Si l'Assemblée Nationale est en fin de session, cette seconde délibération a lieu d'office lors de la session ordinaire suivante.

Le vote pour cette seconde délibération est acquis à la majorité absolue des membres composant l'Assemblée Nationale. Si après ce dernier vote, le Président de la République refuse de promulguer la loi, la Cour constitutionnelle, saisie par le Président de l'Assemblée Nationale, déclare la loi exécutoire si elle est conforme à la constitution.

La même procédure de mise à exécution est suivie lorsque à l'expiration du délai de promulgation de quinze jours prévu à l'alinéa 2 du présent article, il n'y a ni promulgation, ni demande de seconde lecture.

Article 58 : Le Président de la République, après consultation du Président de l'Assemblée Nationale et du Président de la Cour constitutionnelle, peut prendre l'initiative du référendum sur toute question relative à la promotion et au renforcement des droits de l'Homme, à l'intégration sous-régionale ou régionale et à l'organisation des pouvoirs publics.

Article 59 : Le Président de la République assure l'exécution des lois et garantit celle des décisions de justice.

Article 60 : Le Président de la République a le droit de grâce. Il exerce ce droit dans les conditions définies par l'article 130.

Article 61 : Le Président de la République accrédite les Ambassadeurs et les Envoyés extraordinaires auprès des puissances étrangères ; les

Ambassadeurs et les Envoyés extraordinaires des puissances étrangères sont accrédités auprès de lui.

Article 62 : Le Président de la République est le chef suprême des Armées.

Il nomme en Conseil des Ministres les membres du Conseil Supérieur de la Défense et préside les réunions dudit Conseil

La composition, l'organisation et le fonctionnement du Conseil Supérieur de la Défense sont fixés par une loi.

Article 63 : Le Président de la République peut, outre les fonctions spécialisées de défense de l'intégrité territoriale dévolues à l'Armée, faire concourir celle-ci au développement économique de la Nation et à toutes autres tâches d'intérêt public dans les conditions définies par la loi.

Article 64 : Tout membre des Forces Armées ou de Sécurité Publique qui désire être candidat aux fonctions de Président de la République doit au préalable donner sa démission des Forces Armées ou de Sécurité Publique.

Dans ce cas, l'intéressé pourra prétendre au bénéfice des droits acquis conformément aux statuts de son corps.

Article 65 : Toute tentative de renversement du régime constitutionnel par les personnels des Forces Armées ou de Sécurité Publique sera considérée comme une forfaiture et un crime contre la Nation et l'Etat et sera sanctionnée conformément à la loi.

Article 66 : En cas de coup d'Etat, de putsch, d'agression par des mercenaires ou de coup de force quelconque, tout membre d'un organe constitutionnel a le droit et le devoir de faire appel à tous les moyens pour rétablir la légitimité constitutionnelle, y compris le recours aux accords de coopération militaire ou de défense existants.

Dans ces circonstances, pour tout Béninois, désobéir et s'organiser pour faire échec à l'autorité illégitime constituent le plus sacré des droits et le plus impératif des devoirs.

Article 67 : Le Président de la République ne peut faire appel à des Forces Armées ou de police étrangères pour intervenir dans un conflit intérieur sauf dans les cas prévus à l'article 66.

Article 68 : Lorsque les institutions de la République, l'indépendance de la Nation, l'intégrité du territoire national ou l'exécution des engagements internationaux sont menacés de manière grave et immédiate et que le fonctionnement régulier des pouvoirs publics et constitutionnels est menacé ou interrompu, le Président de la République, après consultation du Président de l'Assemblée Nationale et du Président de la Cour constitutionnelle, prend en Conseil des Ministres les mesures exceptionnelles exigées par les circonstances sans que les droits des citoyens garantis par la constitution soient suspendus.

Il en informe la Nation par un message.

L'Assemblée Nationale se réunit de plein droit en session extraordinaire.

Article 69 : Les mesures prises doivent s'inspirer de la volonté d'assurer aux pouvoirs publics et constitutionnels dans les moindres délais, les moyens d'accomplir leur mission.

L'Assemblée Nationale fixe le délai au terme duquel le Président de la République ne peut plus prendre des mesures exceptionnelles.

Article 70 : Le Président de la République peut déléguer certains de ses pouvoirs aux ministres, sauf ceux prévus aux articles 54 alinéa 3, 60, 61, 101, 115, 133 et 144.

Article 71 : Le Président de la République ou tout membre de son Gouvernement peut, dans l'exercice de ses fonctions gouvernementales, être interpellé par l'Assemblée Nationale.

Le Président de la République répond à ces interpellations par lui-même ou par l'un de ses ministres qu'il délègue spécialement devant l'Assemblée Nationale.

En la circonstance, l'Assemblée Nationale peut prendre une résolution pour faire des recommandations au Gouvernement.

Article 72 : Le Président de la République adresse une fois par an un message à l'Assemblée Nationale sur l'Etat de la Nation.

Il peut aussi, à tout moment, adresser des messages à l'Assemblée Nationale. Ces messages ne donnent lieu à aucun débat ; ils peuvent toutefois inspirer les travaux de l'Assemblée.

Article 73 : La responsabilité personnelle du Président de la République est engagée en cas de haute trahison, d'outrage à l'Assemblée, et ou d'atteinte à l'honneur et à la probité.

Article 74 : Il y a haute trahison lorsque le Président de la République a violé son serment, est reconnu auteur, co-auteur ou complice de violations graves et caractérisées des Droits de l'Homme, de cession d'une partie du territoire national, ou d'acte attentatoire au maintien d'un environnement sain, satisfaisant, durable et favorable au développement.

Article 75 : Il y a atteinte à l'honneur et à la probité notamment lorsque le comportement personnel du Président de la République est contraire aux bonnes mœurs ou qu'il est reconnu auteur co-auteur ou complice de malversations, de corruption, d'enrichissement illicite.

Article 76 : Il y a outrage à l'Assemblée Nationale lorsque, sur des questions posées par l'Assemblée Nationale sur l'activité gouvernementale, le Président de la République ne fournit aucune réponse dans un délai de trente jours.

Article 77 : Passé ce délai, le Président de l'Assemblée Nationale saisit la Cour constitutionnelle de ce manquement grave aux dispositions constitutionnelles.

La Cour constitutionnelle statue dans les trois jours. Le Président de la République est tenu de fournir des réponses à l'Assemblée Nationale dans les plus brefs délais et dans tous les cas avant la fin de la session en cours.

A l'expiration de ce délai, si aucune suite n'est donnée par le Président de la République à la décision de la Cour, le Président de la République est déféré devant la Haute Cour de Justice pour outrage à l'Assemblée Nationale.

Article 78 : Les faits prévus aux articles 74 et 77 seront poursuivis et punis selon les dispositions des articles 136 à 138 de la présente Constitution.

TITRE IV
DU POUVOIR LEGISLATIF
I-DE L'ASSEMBLEE NATIONALE

Article 79 : Le parlement est constitué par une Assemblée unique dite Assemblée Nationale dont les membres portent le titre de député.
Il exerce le pouvoir législatif et contrôle l'action du Gouvernement.

Article 80 : Les députés sont élus au suffrage universel direct. La durée du mandat est de quatre ans. Ils sont rééligibles. Chaque député est le représentant de la Nation toute entière et tout mandat impératif est nul.

Article 81 : La loi fixe le nombre des membres de l'Assemblée, les conditions d'éligibilité, le régime des incompatibilités, les conditions dans lesquelles il est pourvu aux sièges vacants.

La Cour constitutionnelle statue souverainement sur la validité de l'élection des députés.

Tout membre des Forces Armées ou de Sécurité publique qui désire être candidat aux fonctions de député doit au préalable donner sa démission des Forces Armées ou de Sécurité publique.

Dans ce cas, l'intéressé pourra prétendre au bénéfice des droits acquis conformément aux statuts de son corps.

Article 82 : L'Assemblée Nationale est dirigée par un Président assisté d'un Bureau. Ils sont élus pour la durée de la législature dans les conditions fixées par le Règlement intérieur de ladite Assemblée.

Lorsqu'il assure l'intérim du Président de la République dans les conditions prévues à l'article 50 de la présente constitution, le Président de l'Assemblée Nationale est remplacé dans ses fonctions conformément au règlement intérieur de l'Assemblée.

Article 83 : En cas de vacance de la Présidence de l'Assemblée Nationale par décès, démission ou toute autre cause, l'Assemblée élit un nouveau Président dans les quinze jours qui suivent la vacance, si elle est en session ; dans le cas contraire, elle se réunit de plein droit dans les conditions fixées par le Règlement intérieur.

En cas de nécessité, il est pourvu au remplacement des autres membres du bureau conformément aux décisions du Règlement intérieur de ladite Assemblée.

Article 84 : Le Président de l'Assemblée Nationale doit rendre compte à l'Assemblée de sa gestion et de ses activités et lui fournir toutes explications qui lui seront demandées.

Tout député peut adresser au Président de l'Assemblée des questions écrites ou orales sur ses activités et sa gestion.

L'Assemblée Nationale peut constituer une commission d'enquête chargée de lui faire un rapport circonstancié.

Aux termes de ce rapport, l'Assemblée Nationale peut demander la démission de son Président à la majorité des deux tiers de ses membres.

Si ce quorum est atteint, le Président de l'Assemblée Nationale est automatiquement démis de ses fonctions, tout en conservant son titre de député.

L'Assemblée Nationale procède dans un délai de quinze jours à l'élection d'un nouveau Président.

Article 85 : Si à l'ouverture d'une session, le quorum de la moitié plus un des membres composant l'Assemblée Nationale n'est pas atteint, la séance est renvoyée au troisième jour qui suit. Les délibérations sont alors valables, quel que soit le quorum.

Article 86 : Les séances de l'Assemblée ne sont valables que si elles se déroulent au lieu ordinaire de ses sessions, sauf cas de force majeure dûment constatée par la Cour constitutionnelle.

Le compte rendu intégral des débats de l'Assemblée Nationale est publié au journal officiel.

Article 87 : L'Assemblée se réunit de plein droit en deux sessions ordinaires par an.

La première session s'ouvre dans le cours de la première quinzaine du mois d'avril.

La deuxième session s'ouvre dans le cours de la seconde quinzaine du mois d'octobre.

Chacune des sessions ne peut excéder trois mois.

Article 88 : L'Assemblée Nationale est convoquée en session extraordinaire par son Président sur un ordre du jour déterminé, à la demande du Président de la République ou à la majorité absolue des députés.

La durée d'une session extraordinaire ne peut excéder quinze jours. L'Assemblée nationale se sépare sitôt l'ordre du jour épuisé.

Article 89 : Les travaux de l'Assemblée Nationale ont lieu suivant un règlement intérieur qu'elle adopte conformément à la Constitution.

Le Règlement intérieur détermine :

- La composition, les règles de fonctionnement du Bureau ainsi que les pouvoirs et prérogatives de son Président ;
- Le nombre, le mode de désignation, la composition, le rôle et la compétence de ses commissions permanentes ainsi que celles qui sont spéciales et temporaires ;
- La création de commission d'enquêtes parlementaires dans le cadre du contrôle de l'action gouvernementale ;
- L'organisation des services administratifs dirigés par un Secrétaire Général Administratif, placé sous l'autorité du Président de l'Assemblée Nationale ;
- Le régime de discipline des députés au cours des séances de l'Assemblée ;
- Les différents modes de scrutin, à l'exclusion de ceux prévus expressément par la présente Constitution.

Article 90 : Les membres de l'Assemblée Nationale jouissent de l'immunité parlementaire. En conséquence, aucun député ne peut être poursuivi, recherché, arrêté, détenu ou jugé à l'occasion des opinions ou votes émis par lui dans l'exercice de ses fonctions.

Aucun député ne peut, pendant la durée des sessions, être poursuivi ou arrêté en matière criminelle ou correctionnelle qu'avec l'autorisation de l'Assemblée Nationale, sauf les cas de flagrant délit.

Aucun député ne peut, hors session, être arrêté qu'avec l'autorisation du Bureau de l'Assemblée Nationale, sauf les cas de flagrant délit, de poursuites autorisées ou de condamnation définitive.

La détention ou la poursuite d'un député est suspendue si l'Assemblée Nationale le requiert par un vote à la majorité des deux tiers.

Article 91 : Les députés perçoivent des indemnités parlementaires qui sont fixées par la loi.

Article 92 : Tout député nommé à une fonction ministérielle perd d'office son mandat parlementaire. Les conditions de son remplacement sont fixées par la loi.

Article 93 : Le droit de vote des députés est personnel. Le règlement intérieur de l'Assemblée Nationale peut autoriser exceptionnellement la délégation de vote. Dans ce cas, nul ne peut recevoir délégation de plus d'un mandat.

II-DES RAPPORTS ENTRE L'ASSEMBLEE ET LE GOUVERNEMENT

Article 94 : L'Assemblée Nationale informe le Président de la République de l'ordre du jour de ses séances et de celui de ses commissions.

Article 95 : Les membres du Gouvernement ont accès aux séances de l'Assemblée Nationale. Ils sont entendus à la demande d'un député, d'une commission ou à leur propre demande.

Ils peuvent se faire assister par des experts.

Article 96 : L'Assemblée Nationale vote la loi et consent l'impôt.

Article 97 : La loi est votée par l'Assemblée Nationale à la majorité simple. Cependant, les lois auxquelles la présente Constitution confère le caractère de lois organiques sont votées et modifiées dans les conditions suivantes :

- La proposition ou le projet n'est soumis à la délibération et au vote de l'Assemblée qu'après l'expiration d'un délai de quinze jours après son dépôt sur le Bureau de l'Assemblée.
- Le texte ne peut être adopté qu'à la majorité absolue des membres composant l'Assemblée.
- Les lois organiques ne peuvent être promulguées qu'après déclaration par la Cour constitutionnelle de leur conformité à la constitution.

Article 98 : Sont du domaine de la loi, les règles concernant :

- la citoyenneté, les droits civiques et les garanties fondamentales accordées aux citoyens pour l'exercice des libertés publiques ; les sujétions imposées, dans l'intérêt de la défense nationale et la sécurité publique, aux citoyens en leur personne et en leurs biens ;

- la nationalité, l'état et la capacité des personnes, les régimes matrimoniaux, les successions et les libéralités ;
- la procédure selon laquelle les coutumes seront constatées et mises en harmonie avec les principes fondamentaux de la constitution ;
- la détermination des crimes et délits ainsi que les peines qui leur sont applicables ;
- l'amnistie ;
- l'organisation des juridictions de tous ordres et la procédure suivie devant ces juridictions, la création de nouveaux ordres de juridiction, le statut de la magistrature, des offices ministériels et des auxiliaires de justice ;
- l'assiette, le taux et les modalités de recouvrement des impositions de toute nature ;
- le régime d'émission de la monnaie ;
- le régime électoral du Président de la République, des membres de l'Assemblée Nationale et des Assemblées locales ;
- la création des catégories d'établissements publics ;
- le Statut Général de la Fonction Publique ;
- le statut des personnels militaires, des Forces de Sécurité Publique et assimilés ;
- l'organisation générale de l'administration ;
- l'organisation territoriale, la création et la modification de circonscriptions administratives ainsi que les découpages électoraux ;
- l'état de siège et l'état d'urgence ;
- La loi détermine les principes fondamentaux :
- de l'organisation de la défense nationale ;
- de la libre administration des collectivités territoriales, de leurs compétences et de leurs ressources ;
- de l'enseignement et de la recherche scientifique ;
- du régime de la propriété, des droits réels et des obligations civiles et commerciales ;
- des nationalisations et dénationalisations d'entreprises et des transferts de propriété d'entreprises du secteur public au secteur privé ;
- du droit du travail, de la sécurité sociale, du droit syndical et du droit de grève ;
- de l'aliénation et de la gestion du domaine de l'Etat ;
- de la mutualité et de l'épargne ;
- de l'organisation de la production ;
- de la protection de l'environnement et de la conservation des ressources naturelles ;
- du régime des transports et des télécommunications ;
- du régime pénitentiaire.

Article 99 : Les lois de finance déterminent les recettes et les dépenses de l'Etat.

Les lois de règlement contrôlent l'exécution des lois de finances, sous réserve de l'apurement ultérieur des comptes de la nation par la chambre des comptes de la Cour suprême.

Les lois de programme fixent les objectifs de l'action économique et sociale de l'Etat.

Article 100 : Les matières autres que celles qui sont du domaine de la loi ont un caractère réglementaire.

Les textes de forme législative intervenus en ces matières antérieurement à l'entrée en vigueur de la présente constitution peuvent être modifiés par décret pris après avis de la cour constitutionnelle.

Article 101 : La déclaration de guerre est autorisée par l'Assemblée Nationale.

Lorsque, à la suite de circonstances exceptionnelles, l'Assemblée Nationale ne peut siéger utilement, la décision de déclaration de guerre est prise en Conseil des Ministres par le Président de la République qui en informe immédiatement la Nation.

L'état de siège et l'état d'urgence sont décrétés en Conseil des Ministres, après avis de l'Assemblée Nationale.

La prorogation de l'état de siège ou de l'état d'urgence au-delà de quinze jours ne peut être autorisée que par l'Assemblée Nationale.

Lorsque l'Assemblée Nationale n'est pas appelée à se prononcer, aucun état de siège ou état d'urgence ne peut être décrété sans son autorisation, dans les soixante jours qui suivent la date de mise en vigueur d'un précédent état de siège ou d'urgence.

Article 102 : Le Gouvernement peut, pour l'exécution de son programme, demander à l'Assemblée Nationale de voter une loi l'autorisant à prendre par ordonnance pendant un délai limité des mesures qui sont normalement du domaine de la loi. Cette autorisation ne peut être accordée qu'à la majorité des deux tiers des membres de l'Assemblée Nationale.

Les ordonnances sont prises en Conseil des Ministres, après avis de la Cour constitutionnelle. Elles entrent en vigueur dès leur publication, mais deviennent caduques si le projet de loi de ratification n'est pas déposé devant l'Assemblée avant la date fixée par la loi d'habilitation.

A l'expiration du délai mentionné au premier alinéa du présent article, les ordonnances ne peuvent plus être modifiées que par la loi dans leurs dispositions qui sont du domaine législatif.

Article 103 : Les députés ont le droit d'amendement.

Article 104 : Les propositions, projets et amendements qui ne sont pas du domaine de la loi sont irrecevables.

L'irrecevabilité est prononcée par le Président de l'Assemblée Nationale après délibération du Bureau.

S'il apparaît que la proposition ou l'amendement sont contraires à une délégation accordée en vertu de l'article 102 de la présente Constitution, le Gouvernement peut opposer l'irrecevabilité.

En cas de contestation sur les alinéas 1 et 3 du présent article, la Cour constitutionnelle, saisie par le Président de l'Assemblée Nationale ou le Gouvernement, statue dans un délai de huit jours.

Article 105 : L'initiative des lois appartient concurremment au Président de la République et aux membres de l'Assemblée Nationale.

Les projets de loi sont délibérés en Conseil des Ministres, après avis motivé de la Cour suprême saisie conformément à l'article 132 de la présente Constitution et déposés sur le bureau de l'Assemblée Nationale.

Les projets et propositions de loi sont envoyés avant délibération en séance plénière, à la commission compétente de l'Assemblée Nationale pour examen.

Le projet du budget de l'Assemblée Nationale ne peut être examiné en commission ou en séance plénière sans avoir été au préalable soumis au Bureau de ladite Assemblée.

Article 106 : La discussion des projets de loi porte sur le texte présenté par la commission. Celle-ci, à la demande du Gouvernement, doit porter à la connaissance de l'Assemblée Nationale les points sur lesquels il y a désaccord avec le Gouvernement.

Article 107 : Les propositions et amendements déposés par les députés ne sont pas recevables lorsque leur adoption aurait pour conséquence soit une diminution des ressources publiques, soit la création ou l'aggravation d'une charge publique, à moins qu'ils ne soient accompagnés d'une proposition d'augmentation de recettes ou d'économies équivalentes.

Article 108 : Les députés peuvent, par un vote à la majorité des trois quarts décider de soumettre toute question au référendum.

Article 109 : L'Assemblée Nationale vote le projet de loi de finances dans les conditions déterminées par la loi. L'Assemblée Nationale est saisie du projet de loi de finances au plus tard une semaine avant l'ouverture de la session d'octobre. Le projet de loi de finances doit prévoir les recettes nécessaires à la couverture intégrale des dépenses.

Article 110 : L'Assemblée Nationale vote le budget en équilibre. Si l'Assemblée Nationale ne s'est pas prononcée, à la date du 31 décembre, les dispositions du projet de loi de finances peuvent être mises en vigueur par ordonnance.

Le Gouvernement saisit, pour ratification, l'Assemblée Nationale convoquée en session extraordinaire dans un délai de quinze jours.

Si l'Assemblée Nationale n'a pas voté le budget à la fin de cette session extraordinaire le budget est établi définitivement par ordonnance.

Article 111 : Si le projet de loi de finances n'a pu être déposé en temps utile pour être promulgué avant le début de l'exercice, le Président de la République demande d'urgence à l'Assemblée Nationale l'autorisation d'exécuter les recettes et les dépenses de l'Etat par douzièmes provisoires.

Article 112 : L'Assemblée Nationale règle les comptes de la Nation selon les modalités prévues par la loi organique de finances.

Elle est, à cet effet, assistée de la chambre des comptes de la Cour suprême, qu'elle charge de toutes enquêtes et études se rapportant à l'exécution des recettes et des dépenses publiques, ou à la gestion de la trésorerie nationale, des collectivités territoriales, des administrations ou institutions relevant de l'Etat ou soumises à son contrôle.

Article 113 : Le Gouvernement est tenu de fournir à l'Assemblée Nationale toutes explications qui lui seront demandées sur sa gestion et sur ses activités.

Les moyens d'information et de contrôle de l'Assemblée Nationale sur l'action gouvernementale sont :

- l'interpellation conformément à l'article 71 ;
- la question écrite ;
- la question orale avec ou sans débat, non suivie de vote ;
- la commission parlementaire d'enquête.

Ces moyens s'exercent dans les conditions déterminées par le Règlement intérieur de l'Assemblée Nationale.

TITRE V
DE LA COUR CONSTITUTIONNELLE

Article 114 : La Cour constitutionnelle est la plus haute juridiction de l'Etat en matière constitutionnelle. Elle est juge de la constitutionnalité de la loi et elle garantit les droits fondamentaux de la personne humaine et des libertés publiques. Elle est l'organe régulateur du fonctionnement des institutions et de l'activité des pouvoirs publics.

Article 115 : La Cour constitutionnelle est composée de sept membres dont quatre sont nommés par le Bureau de l'Assemblée Nationale et trois par le Président de la République pour un mandat de cinq ans renouvelable une seule fois. Aucun membre de la Cour constitutionnelle ne peut siéger plus de dix ans.

Pour être membre de la Cour constitutionnelle, outre la condition de compétence professionnelle, il faut être de bonne moralité et d'une grande probité.

La cour constitutionnelle comprend :

- Trois magistrats ayant une expérience de quinze années au moins dont deux sont nommés par le Bureau de l'Assemblée Nationale et un par le Président de la République.
- Deux juristes de haut niveau, professeurs ou praticiens du droit, ayant une expérience de quinze années au moins nommés l'un par le Bureau de l'Assemblée Nationale et l'autre par le Président de la République ;
- Deux personnalités de grande réputation professionnelle nommées l'une par le Bureau de l'Assemblée nationale et l'autre par le Président de la République.

Les membres de la Cour constitutionnelle sont inamovibles pendant la durée de leur mandat. Ils ne peuvent être poursuivis ou arrêtés sans l'autorisation de la Cour constitutionnelle et du Bureau de la Cour suprême siégeant en session conjointe sauf les cas de flagrant délit.

Dans ces cas, le Président de la Cour constitutionnelle et le Président de la cour suprême doivent être saisis immédiatement et au plus tard dans les quarante huit heures.

Les fonctions de membres de la cour constitutionnelle sont incompatibles avec la qualité de membre de Gouvernement, l'exercice de tout mandat électif, de tout emploi public, civil ou militaire, de toute autre activité professionnelle ainsi que de toute fonction de représentation nationale, sauf dans les cas prévus à l'article 50 alinéa 3.

Une loi organique détermine l'organisation et le fonctionnement de la Cour constitutionnelle, la procédure suivie devant elle, notamment les délais pour sa saisine de même que les immunités et le régime disciplinaire de ses membres.

Article 116 : Le Président de la Cour constitutionnelle est élu par ses pairs pour une durée de cinq ans parmi les magistrats et juristes membres de la Cour.

Article 117 : La Cour constitutionnelle statue obligatoirement sur :

- la constitutionnalité des lois organiques et des lois en général avant leur promulgation ;
- les Règlements intérieurs de l'Assemblée Nationale, de la Haute Autorité de l'Audio-visuel et de la Communication et du Conseil Economique et social avant leur mise en application, quant à leur conformité à la constitution ;
- la constitutionnalité des lois et des actes règlementaires censés porter atteinte aux droits fondamentaux de la personne humaine et aux libertés publiques et en général, sur la violation des droits de la personne humaine ;
- les conflits d'attribution entre les institutions de l'Etat ;
- veille à la régularité de l'élection du Président de la République ; examine les réclamations, statue sur les irrégularités qu'elle aurait pu, par elle-même relever et proclame les résultats du scrutin ; statue sur la régularité du référendum et en proclame les résultats ;
- statue, en cas de contestation, sur la régularité des élections législatives ;
- fait de droit partie de la Haute Cour de Justice à l'exception de son Président.

Article 118 : Elle est également compétente pour statuer sur les cas prévus aux articles 50, 52, 57, 77, 86, 100, 102, 104 et 147.

Article 119 : Le Président de la Cour constitutionnelle est compétent pour :

- recevoir le serment du Président de la République ;
- donner son avis au Président de la République dans les cas prévus aux articles 58 et 68 ;
- assurer l'intérim du Président de la République dans les cas prévus à l'article 50 alinéa 3.

Article 120 : La cour constitutionnelle doit statuer dans le délai de quinze jours après qu'elle a été saisie d'un texte de loi ou d'une plainte en violation des droits de la personne humaine et des libertés publiques. Toutefois, à la demande du Gouvernement, s'il y a urgence, ce délai est ramené à huit jours. Dans ce cas, la saisine de la Cour constitutionnelle suspend le délai de promulgation de la loi.

Article 121 : La Cour constitutionnelle, à la demande du Président de la République ou de tout autre membre de l'Assemblée Nationale, se prononce sur la constitutionnalité des lois avant leur promulgation.

Elle se prononce d'office sur la constitutionnalité des lois et de tout texte règlementaire censés porter atteinte aux droits fondamentaux de la personne humaine et aux libertés publiques. Elle statue plus généralement sur les violations des droits de la personne humaine et sa décision doit intervenir dans un délai de huit jours.

Article 122 : Tout citoyen peut saisir la Cour constitutionnelle sur la constitutionnalité des lois, soit directement, soit par la procédure de l'exception d'inconstitutionnalité invoquée dans une affaire qui le concerne devant une juridiction. Celle-ci doit surseoir jusqu'à la décision de la Cour constitutionnelle qui doit intervenir dans un délai de trente jours.

Article 123 : Les lois organiques avant leur promulgation, les Règlements intérieurs de l'Assemblée Nationale, de la Haute Autorité de l'Audio-visuel et de la Communication et du Conseil Economique et Social avant leur mise en application, doivent être soumis à la Cour constitutionnelle qui se prononce sur leur conformité à la constitution.

Article 124 : Une disposition déclarée inconstitutionnelle ne peut être promulguée ni mise en application.

Les décisions de la Cour Constitutionnelle ne sont susceptibles d'aucun recours. Elles s'imposent aux pouvoirs publics et à toutes les autorités civiles, militaires et juridictionnelles.

TITRE VI
DU POUVOIR JUDICIAIRE

Article 125 : Le Pouvoir judiciaire est indépendant du Pouvoir Législatif et du Pouvoir Exécutif.
Il est exercé par la Cour Suprême, les Cours et Tribunaux créés conformément à la présente Constitution.

Article 126 : La justice est rendue au nom du peuple béninois.

Les juges ne sont soumis, dans l'exercice de leurs fonctions, qu'à l'autorité de la loi. Les magistrats du siège sont inamovibles.

Article 127 : Le Président de la République est garant de l'indépendance de la justice. Il est assisté par le Conseil Supérieur de la Magistrature.

Article 128 : Le Conseil Supérieur de la Magistrature statue comme Conseil de discipline des magistrats.

La composition, les attributions, l'organisation et le fonctionnement du Conseil supérieur de la Magistrature sont fixés par une loi organique.

Article 129 : Les magistrats sont nommés par le Président de la République, sur proposition du Garde des Sceaux, Ministre de la Justice, après avis du Conseil Supérieur de la Magistrature.

Article 130 : Le conseil supérieur de la Magistrature étudie les dossiers de grâce et les transmet avec son avis motivé au Président de la République.

I-DE LA COUR SUPREME

Article 131 : La Cour Suprême est la plus haute juridiction de l'Etat en matière administrative, judiciaire et des comptes de l'Etat.

Elle est également compétente en ce qui concerne le contentieux des élections locales.

Les décisions de la Cour Suprême ne sont susceptibles d'aucun recours. Elles s'imposent au Pouvoir Exécutif, au Pouvoir Législatif, ainsi qu'à toutes les juridictions.

Article 132 : La Cour Suprême est consultée par le Gouvernement plus généralement sur toutes les matières administratives et juridictionnelles.

Elle peut à la demande, du Chef de l'Etat, être chargée de la rédaction et de la modification de tous les textes législatifs et règlementaires, préalablement à leur examen par l'Assemblée Nationale.

Article 133 : Le Président de la Cour Suprême est nommé pour une durée de cinq ans par le Président de la République, après avis du Président de l'Assemblée Nationale, parmi les magistrats et les juristes de haut niveau, ayant quinze ans au moins d'expérience professionnelle par décret pris en Conseil des Ministres.

Il est inamovible pendant la durée de son mandat qui n'est renouvelable qu'une seule fois.

Les fonctions du Président de la Cour Suprême sont incompatibles avec la qualité de membre de Gouvernement, l'exercice de tout mandat électif, de tout emploi public, civil ou militaire, de toute autre activité professionnelle, ainsi que de toute fonction de représentation nationale.

Article 134 : Les Présidents de Chambre et les Conseillers sont nommés parmi les magistrats et les juristes de haut niveau, ayant quinze ans au moins d'expérience professionnelle, par décret pris en Conseil des Ministres par le Président de la République, sur proposition du Président de la Cour Suprême et après avis du Conseil Supérieur de la Magistrature.

La loi détermine le statut des magistrats de la Cour Suprême.

II-DE LA HAUTE COUR DE JUSTICE

Article 135 : La haute Cour de Justice est composée des membres de la Cour Constitutionnelle, à l'exception de son Président, de six députés élus par l'Assemblée Nationale et du Président de la Cour Suprême.

La Haute Cour élit en son sein son Président.

Une loi organique fixe les règles de son fonctionnement, ainsi que la procédure suivie devant elle.

Article 136 : La Haute Cour de Justice est compétente pour juger le Président de la République et les membres du Gouvernement à raison de faits qualifiés de haute trahison, d'infractions commises dans l'exercice ou à l'occasion de l'exercice de leurs fonctions, ainsi que pour juger leurs complices en cas de complot contre la sûreté de l'Etat.

Les juridictions de droit commun restent compétentes pour les infractions perpétrées en dehors de l'exercice de leurs fonctions et dont ils sont pénalement responsables.

Article 137 : La Haute Cour de Justice est liée par la définition des infractions et par la détermination des sanctions résultant des lois pénales en vigueur à l'époque des faits.

La décision de poursuite puis la mise en accusation du Président de la République et des membres du Gouvernement est votée à la majorité des deux tiers des députés composant l'Assemblée Nationale, selon la procédure prévue par le Règlement intérieur de l'Assemblée Nationale.

L'institution est menée par les magistrats de la Chambre d'Accusation de la Cour d'Appel ayant juridiction sur le lieu du siège de l'Assemblée Nationale.

Article 138 : Le Président de la République et les membres du Gouvernement sont suspendus de leurs fonctions en cas de mise en accusation pour haute trahison, outrage à l'Assemblée Nationale et toute atteinte à l'honneur et à la probité. En cas de condamnation, ils sont déchus de leurs charges.

TITRE VII
DU CONSEIL ECONOMIQUE ET SOCIAL

Article 139 : Le Conseil Economique et Social donne son avis sur les projets de loi, d'ordonnance ou de décret, ainsi que sur les propositions de loi qui lui sont soumis.

Les projets de loi de programme à caractère économique et social lui sont obligatoirement soumis pour avis.

Le Président de la République peut consulter le Conseil Economique et Social sur tout problème à caractère économique, social, culturel, scientifique et technique.

Le Conseil Economique et Social Peut, de sa propre initiative, sous forme de recommandation, attirer l'attention de l'Assemblée Nationale et du Gouvernement sur les réformes d'ordre économique et social qui lui paraissent conformes ou contraires à l'intérêt général.

Sur la demande du Gouvernement, le Conseil Economique et Social désigne un de ses membres pour exposer devant les commissions de l'Assemblée Nationale l'avis du Conseil sur les projets ou propositions de loi qui lui ont été soumis.

Article 140 : Le Conseil Economique et Social élit en son sein son Président et les membres de son bureau.

La composition, l'organisation et le fonctionnement du Conseil Economique et Social sont fixés par une loi organique.

Article 141 : Les membres du Conseil Economique et Social perçoivent des indemnités de session et de déplacement.

Le montant de ces indemnités est fixé par décret pris en Conseil des Ministres.

TITRE VIII
DE LA HAUTE AUTORITE DE L'AUDIO-VISUEL ET DE LA COMMUNICATION

Article 142 : La Haute Autorité de l'Audio-Visuel et de la Communication a pour mission de garantir et d'assurer la liberté et la protection de la presse, ainsi que tous les moyens de communication de masse dans le respect de la loi.

Elle veille au respect de la déontologie en matière d'information et à l'accès équitable des partis politiques, des associations et des citoyens aux moyens officiels d'information et de communication.

Article 143 : Le Président de la Haute Autorité de l'Audio-Visuel et de Communication et de la Communication est nommé, après consultation du Président de l'Assemblée Nationale, par décret pris en Conseil des Ministres.

La composition, les attributions, l'organisation et le fonctionnement de la Haute Autorité de l'Audio-Visuel et de la Communication sont fixés par une loi organique.

TITRE IX

DES TRAITES ET ACCORDS INTERNATIONAUX

Article 144 : Le Président de la République négocie et ratifie les traités et accords internationaux.

Article 145 : Les traités de paix, les traités ou accords relatifs à l'organisation internationale, ceux qui engagent les finances de l'Etat, ceux qui modifient les lois internes de l'Etat, ceux qui comportent cession, échange ou adjonction de territoire, ne peuvent être ratifiés qu'en vertu d'une loi.

Nulle cession, nul échange, nulle adjonction du territoire n'est valable sans le consentement des populations intéressées.

Article 146 : Si la Cour Constitutionnelle saisie par le Président de la République ou par le Président de l'Assemblée Nationale a déclaré qu'un engagement international comporte une clause contraire à la Constitution, l'autorisation de le ratifier ne peut intervenir qu'après la révision de la Constitution.

Article 147 : Les traités ou accords régulièrement ratifiés ont, dès leur publication, une autorité supérieure à celle des lois, sous réserve pour chaque accord ou traité, de son application par l'autre partie.

Article 148 : La République du Bénin peut conclure avec d'autres Etats des accords de coopération ou d'association sur la base des principes d'égalité de respect mutuel de la souveraineté, des avantages réciproques et de la dignité nationale.

Article 149 : La République du Bénin, soucieuse de réaliser l'Unité Africaine, peut conclure tout accord d'intégration sous régionale ou régionale conformément à l'article 145.

TITRE X
DES COLLECTIVITES TERRITORIALES

Article 150 : Les collectivités territoriales de la République sont créées par la loi.
Article 151 : Ces collectivités s'administrent librement par des conseils élus et dans les conditions prévues par la loi.

Article 152 : Aucune dépense de souveraineté de l'Etat ne saurait être imputée à leur budget.

Article 153 : L'Etat veille au développement harmonieux de toutes les collectivités territoriales sur la base de la solidarité nationale, des potentialités régionales et de l'équilibre inter-régional.

TITRE XI
DE LA REVISION

Article 154 : L'initiative de la révision de la Constitution appartient concurremment au Président de la République, après décision prise en Conseil des Ministres et aux membres de l'Assemblée Nationale.
Pour être pris en considération, le projet ou la proposition de révision doit être voté à la majorité des trois quarts des membres composant l'Assemblée Nationale.

Article 155 : La révision n'est acquise qu'après avoir été approuvée par référendum, sauf si le projet ou la proposition en cause a été approuvée à la majorité des quatre cinquièmes des membres composant l'Assemblée Nationale.

Article 156 : Aucune procédure de révision ne peut être engagée ou poursuivie lorsqu'il est porté atteinte à l'intégrité du territoire.

La forme républicaine et la laïcité de l'Etat ne peuvent faire l'objet d'une révision.

TITRE XII
DISPOSITIONS TRANSITOIRES ET FINALES

Article 157 : La présente Constitution devra être promulguée dans les huit jours après son adoption au référendum.
Le Président de la République devra entrer en fonction, l'Assemblée devra se réunir au plus tard le 1er avril 1991.

Le Haut Conseil de la République et le Gouvernement de transition continueront d'exercer leurs fonctions jusqu'à l'installation des institutions nouvelles.

Le serment du Président de la République sera reçu par le Président du Haut Conseil de la République en Assemblée plénière.

L'Assemblée Nationale sera installée par le Président du Haut Conseil de la République en présence des membres dudit Conseil.

Article 158 : La législation en vigueur au Bénin jusqu'à la mise place de nouvelles institutions reste applicable sauf intervention de nouveaux textes en ce qu'elle n'a rien de contraire à la présente Constitution.

Article 159 : La présente Constitution sera soumise au référendum.

Les dispositions nécessaires à son application feront l'objet, soit de lois votées par le Haut Conseil de la République, soit de décrets pris en Conseil des Ministres.

Les attributions dévolues par la Présente Constitution à la Cour constitutionnelle seront exercées par le Haut Conseil de la République jusqu'à l'installation des institutions nouvelles.

Article 160 : La présente loi sera exécutée comme Constitution de la République du Bénin.

Fait à Cotonou, le 11 décembre 1990

Par le Président de la République,
Chef de l'Etat,

Mathieu KEREKOU

Le Premier Ministre,
Chef du Gouvernement

Nicéphore SOGLO

Le Ministre de la Justice,
et de la législation

Yves YEHOUESSI

CONSTITUTION DE LA REPUBLIQUE DU SENEGAL DU 22 JANVIER 2001

Telle que modifiée par :

- la Loi n° 2003-15 du 19 juin 2003 portant révision de la Constitution et instituant un Conseil de la République pour les Affaires économiques et sociales,
- la Loi n° 2006-37 du 15 novembre 2006 modifiant l'article 33 de la Constitution,
- la Loi constitutionnelle n° 2007-06 du 12 février 2007 créant un Sénat,
- la Loi constitutionnelle n° 2007-19 du 19 février 2007 modifiant l'article 34 de la Constitution,
- la Loi constitutionnelle n° 2007-26 du 25 mai 2007 relative au Sénat,
- la Loi constitutionnelle n° 2008-30 du 07 août 2008 modifiant les articles 7, 63, 68, 71 et 82 de la Constitution;
- la Loi constitutionnelle n° 2008-31 du 07 août 2008 portant suppression du Conseil de la République pour les Affaires économiques et sociales ;
- la Loi constitutionnelle n° 2008-32 du 07 août 2008 portant création du Conseil Economique et Social (CES);
- la Loi constitutionnelle n° 2008-33 du 07 août 2008 modifiant les articles 9 et 95 et complétant les articles 62 et 92 de la Constitution;
- la Loi constitutionnelle n° 2008-34 du 07 août 2008 portant révision de la Constitution ;
- la loi constitutionnelle n° 2008-66 du 21 octobre 2008 modifiant la première phrase de l'alinéa premier de l'article 27 de la Constitution;
- la loi constitutionnelle n° 2008-67 du 21 octobre 2008 portant modification de l'article 62, alinéa 1er de la Constitution.

PREAMBULE

Le peuple du Sénégal souverain,

PROFONDEMENT attaché à ses valeurs culturelles fondamentales qui constituent le ciment de l'unité nationale ;

CONVAINCU de la volonté de tous les citoyens, hommes et femmes, d'assumer un destin commun par la solidarité, le travail et l'engagement patriotique ;

CONSIDERANT que la construction nationale repose sur la liberté individuelle et le respect de la personne humaine, sources de créativité ;

CONSCIENT de la nécessité d'affirmer et de consolider les fondements de la Nation et de l'Etat ;

ATTACHE à l'idéal de l'unité africaine ;

AFFIRME :

- son adhésion à la Déclaration des Droits de l'Homme et du Citoyen de 1789 et aux instruments internationaux adoptés par l'Organisation des Nations Unies et l'Organisation de l'Unité Africaine, notamment la Déclaration Universelle des Droits de l'Homme du 10 décembre 1948, la Convention sur l'élimination de toutes les formes de discrimination à l'égard des femmes du 18 décembre 1979, la Convention relative aux Droits de l'Enfant du 20 novembre 1989 et la Charte Africaine des Droits de l'Homme et des Peuples du 27 juin 1981 ;

- son attachement à la transparence dans la conduite et la gestion des affaires publiques ainsi qu'au principe de bonne gouvernance ;

- sa détermination à lutter pour la paix et la fraternité avec tous les peuples du monde ;

PROCLAME :

- le principe intangible de l'intégrité du territoire national et de l'unité nationale dans le respect des spécificités culturelles de toutes les composantes de la Nation ;
- l'inaltérabilité de la souveraineté nationale qui s'exprime à travers des procédures et consultations transparentes et démocratiques ;
- la séparation et l'équilibre des pouvoirs conçus et exercés à travers des procédures démocratiques ;
- le respect des libertés fondamentales et des droits du citoyen comme base de la société sénégalaise ;
- le respect et la consolidation d'un Etat de droit dans lequel l'Etat et les citoyens sont soumis aux mêmes normes juridiques sous le contrôle d'une justice indépendante et impartiale ;
- l'accès de tous les citoyens, sans discrimination, à l'exercice du pouvoir à tous les niveaux ;

- l'égal accès de tous les citoyens aux services publics ;
- le rejet et l'élimination, sous toutes leurs formes de l'injustice, des inégalités et des discriminations ;
- la volonté du Sénégal d'être un Etat moderne qui fonctionne selon le jeu loyal et équitable entre une majorité qui gouverne et une opposition démocratique, et un Etat qui reconnaît cette opposition comme un pilier fondamental de la démocratie et un rouage indispensable au bon fonctionnement du mécanisme démocratique ;

APPROUVE ET ADOPTE LA PRESENTE CONSTITUTION DONT LE PREAMBULE EST PARTIE INTEGRANTE.

TITRE PREMIER
DE L'ETAT ET DE LA SOUVERAINETE

Article premier :
La République du Sénégal est laïque, démocratique et sociale. Elle assure l'égalité devant la loi de tous les citoyens, sans distinction d'origine, de race, de sexe, de religion. Elle respecte toutes les croyances.

La langue officielle de la République du Sénégal est le Français. Les langues nationales sont le Diola, le Malinké, le Pular, le Sérère, le Soninké, le Wolof et toute autre langue nationale qui sera codifiée.

La devise de la République du Sénégal est : " Un Peuple – Un But – Une Foi ".

Le drapeau de la République du Sénégal est composé de trois bandes verticales et égales, de couleur verte, or et rouge. Il porte, en vert, au centre de la bande or, une étoile à cinq branches.

La loi détermine le sceau et l'hymne national.

Le principe de la République du Sénégal est : gouvernement du peuple par le peuple et pour le peuple.

Article 2 :

La capitale de la République du Sénégal est Dakar. Elle peut être transférée en tout autre lieu du territoire national.

Article 3 :

La souveraineté nationale appartient au peuple sénégalais qui l'exerce par ses représentants ou par la voie du référendum.

Aucune section du peuple, ni aucun individu, ne peut s'attribuer l'exercice de la souveraineté.

Le suffrage peut être direct ou indirect. Il est toujours universel, égal et secret.

Tous les nationaux sénégalais des deux sexes, âgés de 18 ans accomplis, jouissant de leurs droits civils et politiques, sont électeurs dans les conditions déterminées par la loi.

Article 4 :

Les partis politiques et coalitions de partis politiques concourent à l'expression du suffrage. Ils sont tenus de respecter la Constitution ainsi que les principes de la souveraineté nationale et de la démocratie. Il leur est interdit de s'identifier à une race, à une ethnie, à un sexe, à une religion, à une secte, à une langue ou à une région.

Les conditions dans lesquelles les partis politiques et les coalitions de partis politiques sont formés, exercent et cessent leurs activités, sont déterminées par la loi.

Article 5 :

Tout acte de discrimination raciale, ethnique ou religieuse, de même que toute propagande régionaliste pouvant porter atteinte à la sécurité intérieure de l'Etat ou à l'intégrité du territoire de la République sont punis par la loi.

Article 6 :

Les institutions de la République sont :

- Le Président de la République,
- Le Parlement qui comprend deux assemblées : l'Assemblée nationale et le Sénat,
- Le Gouvernement,
- Le Conseil économique et social

- Le Conseil constitutionnel, la Cour suprême, la Cour des Comptes et les Cours et Tribunaux.

TITRE II
DES LIBERTES PUBLIQUES ET DE LA PERSONNE HUMAINE, DES DROITS ECONOMIQUES ET SOCIAUX ET DES DROITS COLLECTIFS

Article 7 :
La personne humaine est sacrée. Elle est inviolable. L'Etat a l'obligation de la respecter et de la protéger.

Tout individu a droit à la vie, à la liberté, à la sécurité, au libre développement de sa personnalité, à l'intégrité corporelle notamment à la protection contre toutes mutilations physiques.

Le peuple sénégalais reconnaît l'existence des droits de l'homme inviolables et inaliénables comme base de toute communauté humaine, de la paix et de la justice dans le monde.

Tous les êtres humains sont égaux devant la loi. Les hommes et les femmes sont égaux en droit.

La loi favorise l'égal accès des femmes et des hommes aux mandats et aux fonctions.

Il n'y a au Sénégal ni sujet, ni privilège de lieu de naissance, de personne ou de famille.

Article 8 :

La République du Sénégal garantit à tous les citoyens les libertés individuelles fondamentales, les droits économiques et sociaux ainsi que les droits collectifs. Ces libertés et droits sont notamment :

- Les libertés civiles et politiques : liberté d'opinion, liberté d'expression, liberté de la presse, liberté d'association, liberté de réunion, liberté de déplacement, liberté de manifestation,
- les libertés culturelles,
- les libertés religieuses,
- les libertés philosophiques,
- les libertés syndicales,
- la liberté d'entreprendre,

- le droit à l'éducation,
- le droit de savoir lire et écrire,
- le droit de propriété,
- le droit au travail,
- le droit à la santé,
- le droit à un environnement sain,
- le droit à l'information plurielle,

Ces libertés et ces droits s'exercent dans les conditions prévues par la loi.

Article 9 :

Toute atteinte aux libertés et toute entrave volontaire à l'exercice d'une liberté sont punies par la loi.

Nul ne peut être condamné si ce n'est en vertu d'une loi entrée en vigueur avant l'acte commis.
Toutefois, les dispositions de l'alinéa précédent ne s'opposent pas à la poursuite, au jugement et à la condamnation de tout individu en raison d'actes ou omissions qui, au moment où ils ont été commis, étaient tenus pour criminels d'après les règles du droit international relatives aux faits de génocide, crimes contre l'humanité, crimes de guerre.

La défense est un droit absolu dans tous les états et à tous les degrés de la procédure.

Article 10 :

Chacun a le droit d'exprimer et de diffuser librement ses opinions par la parole, la plume, l'image, la marche pacifique, pourvu que l'exercice de ces droits ne porte atteinte ni à l'honneur et à la considération d'autrui, ni à l'ordre public.

Article 11 :

La création d'un organe de presse pour l'information politique, économique, culturelle, sportive, sociale, récréative ou scientifique est libre et n'est soumise à aucune autorisation préalable.

Le régime de la presse est fixé par la loi.

Article 12 :

Tous les citoyens ont le droit de constituer librement des associations, des groupements économiques, culturels et sociaux ainsi que des sociétés, sous réserve de se conformer aux formalités édictées par les lois et règlements.

Les groupements dont le but ou l'activité est contraire aux lois pénales ou dirigé contre l'ordre public sont prohibés.

Article 13 :

Le secret de la correspondance, des communications postales, télégraphiques, téléphoniques et électroniques est inviolable. Il ne peut être ordonné de restriction à cette inviolabilité qu'en application de la loi.

Article 14 :

Tous les citoyens de la République ont le droit de se déplacer et de s'établir librement aussi bien sur toute l'étendue du territoire national qu'à l'étranger.

Ces libertés s'exercent dans les conditions prévues par la loi.

Article 15 :

Le droit de propriété est garanti par la présente Constitution. Il ne peut y être porté atteinte que dans le cas de nécessité publique légalement constatée, sous réserve d'une juste et préalable indemnité.

L'homme et la femme ont également le droit d'accéder à la possession et à la propriété de la terre dans les conditions déterminées par la loi.

Article 16 :

Le domicile est inviolable.

Il ne peut être ordonné de perquisition que par le juge ou par les autres autorités désignées par la loi. Les perquisitions ne peuvent être exécutées que dans les formes prescrites par celle-ci. Des mesures portant atteinte à l'inviolabilité du domicile ou la restreignant ne peuvent être prises que pour parer à un danger collectif ou protéger des personnes en péril de mort.

Ces mesures peuvent être également prises, en application de la loi, pour protéger l'ordre public contre les menaces imminentes, singulièrement pour lutter contre les risques d'épidémie ou pour protéger la jeunesse en danger.

MARIAGE ET FAMILLE

Article 17 :

Le mariage et la famille constituent la base naturelle et morale de la communauté humaine. Ils sont placés sous la protection de l'Etat.

L'Etat et les collectivités publiques ont le devoir de veiller à la santé physique et morale de la famille et, en particulier des personnes handicapées et des personnes âgées.

L'Etat garantit aux familles en général et à celles vivant en milieu rural en particulier l'accès aux services de santé et au bien être. Il garantit également aux femmes en général et à celles vivant en milieu rural en particulier, le droit à l'allègement de leurs conditions de vie.

Article 18 :

Le mariage forcé est une violation de la liberté individuelle. Elle est interdite et punie dans les conditions fixées par la loi.

Article 19 :

La femme a le droit d'avoir son patrimoine propre comme le mari. Elle a le droit de gestion personnelle de ses biens.

Article 20 :

Les parents ont le droit naturel et le devoir d'élever leurs enfants. Ils sont soutenus, dans cette tâche, par l'Etat et les collectivités publiques.

La jeunesse est protégée par l'Etat et les collectivités publiques contre l'exploitation, la drogue, les stupéfiants, l'abandon moral et la délinquance.

EDUCATION

Article 21 :

L'Etat et les collectivités publiques créent les conditions préalables et les institutions publiques qui garantissent l'éducation des enfants.

Article 22 :

L'Etat a le devoir et la charge de l'éducation et de la formation de la jeunesse par des écoles publiques.

Tous les enfants, garçons et filles, en tous lieux du territoire national, ont le droit d'accéder à l'école.

Les institutions et les communautés religieuses ou non religieuses sont également reconnues comme moyens d'éducation.

Toutes les institutions nationales, publiques ou privées, ont le devoir d'alphabétiser leurs membres et de participer à l'effort national d'alphabétisation dans l'une des langues nationales.

Article 23 :

Des écoles privées peuvent être ouvertes avec l'autorisation et sous le contrôle de l'Etat.

RELIGIONS ET COMMUNAUTES RELIGIEUSES

Article 24 :

La liberté de conscience, les libertés et les pratiques religieuses ou cultuelles, la profession d'éducateur religieux sont garanties à tous sous réserve de l'ordre public.

Les institutions et les communautés religieuses ont le droit de se développer sans entrave. Elles sont dégagées de la tutelle de l'Etat. Elles règlent et administrent leurs affaires d'une manière autonome.

TRAVAIL

Article 25 :

Chacun a le droit de travailler et le droit de prétendre à un emploi. Nul ne peut être lésé dans son travail en raison de ses origines, de son sexe, de ses opinions, de ses choix politiques ou de ses croyances. Le travailleur peut adhérer à un syndicat et défendre ses droits par l'action syndicale.

Toute discrimination entre l'homme et la femme devant l'emploi, le salaire et l'impôt est interdite.

La liberté de créer des associations syndicales ou professionnelles est reconnue à tous les travailleurs.

Le droit de grève est reconnu. Il s'exerce dans le cadre des lois qui le régissent. Il ne peut en aucun cas ni porter atteinte à la liberté de travail, ni mettre l'entreprise en péril.

Tout travailleur participe, par l'intermédiaire de ses délégués, à la détermination des conditions de travail dans l'entreprise. L'Etat veille aux conditions sanitaires et humaines dans les lieux de travail.

Des lois particulières fixent les conditions d'assistance et de protection que l'Etat et l'entreprise accordent aux travailleurs.

TITRE III
DU PRESIDENT DE LA REPUBLIQUE

Article 26 :

Le Président de la République est élu au suffrage universel direct et au scrutin majoritaire à deux tours.

Article 27 :

La durée du mandat du Président de la République est de sept ans. Le mandat est renouvelable une seule fois.

Cette disposition ne peut être révisée que par une loi référendaire.

Article 28 :

Tout candidat à la Présidence de la République doit être exclusivement de nationalité sénégalaise, jouir de ses droits civils et politiques, être âgé de 35 ans au moins le jour du scrutin. Il doit savoir écrire, lire et parler couramment la langue officielle.

Article 29 :

Les candidatures sont déposées au greffe du Conseil constitutionnel, trente jours francs au moins et soixante jours francs au plus avant le premier tour du scrutin.

Toutefois, en cas de décès d'un candidat, le dépôt de nouvelles candidatures est possible à tout moment et jusqu'à la veille du scrutin.

Dans ce cas, les élections sont reportées à une nouvelle date par le Conseil constitutionnel.

Toute candidature, pour être recevable, doit être présentée par un parti politique ou une coalition de partis politiques légalement constitué ou être accompagnée de la signature d'électeurs représentant au moins dix mille inscrits domiciliés dans six régions à raison de cinq cents au moins par région.

Les candidats indépendants, comme les partis politiques, sont tenus de se conformer à l'article 4 de la Constitution. Chaque parti ou coalition de partis politiques ne peut présenter qu'une seule candidature.

Article 30 :

Vingt neuf jours francs avant le premier tour du scrutin, le Conseil constitutionnel arrête et publie la liste des candidats.

Les électeurs sont convoqués par décret.

Article 31 :

Le scrutin pour l'élection du Président de la République a lieu quarantecinq jours francs au plus et trente jours francs au moins avant la date de l'expiration du mandat du Président de la République en fonction.

Si la Présidence est vacante, par démission, empêchement définitif ou décès, le scrutin aura lieu dans les soixante jours au moins et quatre vingt dix jours au plus, après la constatation de la vacance par le Conseil constitutionnel.

Article 32 :

Les Cours et Tribunaux veillent à la régularité de la campagne électorale et à l'égalité des candidats pour l'utilisation des moyens de propagande, dans les conditions déterminées par une loi organique.

Article 33 :

Le scrutin a lieu un dimanche. Toutefois, pour les membres des corps militaires et paramilitaires, le vote peut se dérouler sur un ou plusieurs jours fixés par décret.

Nul n'est élu au premier tour s'il n'a obtenu la majorité absolue des suffrages exprimés.

Si aucun candidat n'a obtenu la majorité requise, il est procédé à un second tour de scrutin le troisième dimanche qui suit la décision du Conseil constitutionnel. Sont admis à se présenter à ce second tour, les deux candidats arrivés en tête au premier tour.

En cas de contestation, le second tour a lieu le deuxième troisième suivant le jour du prononcé de la décision du Conseil constitutionnel.
Au second tour, la majorité relative suffit pour être élu.

Article 34 :

En cas d'empêchement définitif ou de retrait d'un des candidats entre l'arrêt de publication de la liste des candidats et le premier tour, l'élection est poursuivie avec les autres candidats en lice. Le Conseil Constitutionnel modifie en conséquence la liste des candidats. La date du scrutin est maintenue.

En cas de décès, d'empêchement définitif, ou de retrait d'un des deux candidats entre le scrutin du premier tour et la proclamation provisoire des résultats, ou entre cette proclamation provisoire et la proclamation définitive des résultats du premier tour par le Conseil constitutionnel, le candidat suivant dans l'ordre des suffrages est admis à se présenter au second tour.

En cas de décès, d'empêchement définitif ou de retrait d'un des deux candidats entre la proclamation des résultats définitifs du premier tour et le scrutin du deuxième tour, le candidat suivant sur la liste des résultats du premier tour est admis au deuxième tour.

Dans les deux cas précédents, le Conseil constitutionnel constate le décès, l'empêchement définitif ou le retrait et fixe une nouvelle date du scrutin.

En cas de décès, d'empêchement définitif, ou de retrait d'un des deux candidats arrivés en tête selon les résultats provisoires du deuxième tour, et avant la proclamation des résultats définitifs du deuxième tour par le Conseil constitutionnel, le seul candidat restant est déclaré élu.

Article 35 :

Les Cours et Tribunaux veillent à la régularité du scrutin dans les conditions déterminées par une loi organique. La régularité des opérations électorales peut être contestée par l'un des candidats devant le Conseil constitutionnel dans les soixante douze heures qui suivent la proclamation provisoire des résultats par une commission nationale de recensement des votes instituée par une loi organique.

Si aucune contestation n'a été déposée dans les délais au greffe du Conseil constitutionnel, le Conseil proclame immédiatement les résultats définitifs du scrutin.

En cas de contestation, le Conseil statue sur la réclamation dans les cinq jours francs du dépôt de celle-ci. Sa décision emporte proclamation définitive du scrutin ou annulation de l'élection.

En cas d'annulation, il est procédé à un nouveau tour du scrutin dans les vingt et un jours francs qui suivent.

Article 36 :

Le Président de la République élu entre en fonction après la proclamation définitive de son élection et l'expiration du mandat de son prédécesseur. Le Président de la République en exercice reste en fonction jusqu'à l'installation de son successeur.

Au cas où le Président de la République élu décède, se trouve définitivement empêché ou renonce au bénéfice de son élection avant son entrée en fonction, il est procédé à de nouvelles élections dans les conditions prévues à l'article 31.

Article 37 :

Le Président de la République est installé dans ses fonctions après avoir prêté serment devant le Conseil constitutionnel en séance publique.

Le serment est prêté dans les termes suivants :

"Devant Dieu et devant la Nation sénégalaise, je jure de remplir fidèlement la charge de Président de la République du Sénégal, d'observer comme de faire observer scrupuleusement les dispositions de la Constitution et des lois, de consacrer toutes mes forces à défendre les institutions constitutionnelles, l'intégrité du territoire et l'indépendance nationale, de ne ménager enfin aucun effort pour la réalisation de l'unité africaine".

Le Président de la République nouvellement élu fait une déclaration écrite de patrimoine déposée au Conseil constitutionnel qui la rend publique.

Article 38 :

La charge de Président de la République est incompatible avec l'appartenance à toute assemblée élective, Assemblée nationale ou assemblées locales, et avec l'exercice de toute autre fonction, publique ou privée, rémunérée.

Toutefois, il a la faculté d'exercer des fonctions dans un parti politique ou d'être membre d'académies dans un des domaines du savoir.

Article 39 :

En cas de démission, d'empêchement définitif ou de décès, le Président de la République est suppléé par le Président du Sénat. Celui-ci organise les élections dans les délais prévus à l'article 31.

Au cas où le Président du Sénat serait dans l'un des cas ci-dessus, la suppléance est assurée par le président de l'Assemblée nationale.

La même règle définie par l'article précédent s'applique à toutes les suppléances.

Article 40 :

Pendant la durée de la suppléance, les dispositions des articles 49, 51, 86, 87 et 103 ne sont pas applicables.

Article 41 :

La démission, l'empêchement ou le décès du Président de la République sont constatés par le Conseil constitutionnel saisi par le Président de la République en cas de démission, par l'autorité appelée à le suppléer en cas d'empêchement ou de décès.

Il en est de même de la constatation de la démission, de l'empêchement ou du décès du Président du Sénat ou des personnes appelées à le suppléer.

Article 42 :

Le Président de la République est le gardien de la Constitution. Il est le premier Protecteur des Arts et des Lettres du Sénégal.

Il incarne l'unité nationale.

Il est le garant du fonctionnement régulier des institutions, de l'indépendance nationale et de l'intégrité du territoire.

Il détermine la politique de la Nation.

Il préside le Conseil des Ministres.

Article 43 :

Le Président de la République signe les ordonnances et les décrets.

Les actes du Président de la République, à l'exception de ceux qu'il accomplit en vertu des articles 45, 46, 47, 48, 49 alinéa 1, 52, 60-1, 74, 76 alinéa 2, 79, 83, 87, 89 et 90 sont contresignés par le Premier Ministre.

Article 44 :

Le Président de la République nomme aux emplois civils.

Article 45 :

Le Président de la République est responsable de la Défense nationale. Il préside le Conseil supérieur de la Défense nationale et le Conseil national de Sécurité.

Il est le Chef suprême des Armées ; il nomme à tous les emplois militaires et dispose de la force armée.

Article 46 :

Le Président de la République accrédite les ambassadeurs et les envoyés extraordinaires auprès des puissances étrangères.

Les ambassadeurs et les envoyés extraordinaires des puissances étrangères sont accrédités auprès de lui.

Article 47 :

Le Président de la République a le droit de faire grâce.

Article 48 :

Le Président de la République peut adresser des messages à la Nation.

Article 49 :

Le Président de la République nomme le Premier Ministre et met fin à ses fonctions.

Sur proposition du Premier Ministre, le Président de la République nomme les Ministres, fixe leurs attributions et met fin à leurs fonctions.

Article 50 :

Le Président de la République peut déléguer par décret certains pouvoirs au Premier Ministre ou aux autres membres du Gouvernement, à l'exception des pouvoirs prévus aux articles 42, 46, 47, 49, 51, 52, 72, 73, 87, 89 et 90.

Il peut en outre autoriser le Premier Ministre à prendre des décisions par décret.

Article 51 :

Le Président de la République peut, après avoir recueilli l'avis du Président de l'Assemblée nationale, du Président du Sénat et du Conseil constitutionnel, soumettre tout projet de loi constitutionnelle au référendum.

Il peut, sur proposition du Premier Ministre et après avoir recueilli l'avis des autorités indiquées ci-dessus, soumettre tout projet de loi au référendum.

Les Cours et Tribunaux veillent à la régularité des opérations de référendum. Le Conseil constitutionnel en proclame les résultats.

Article 52 :

Lorsque les institutions de la République, l'indépendance de la Nation, l'intégrité du territoire national ou l'exécution des engagements internationaux sont menacées d'une manière grave et immédiate, et que le fonctionnement régulier des pouvoirs publics ou des institutions est interrompu, le Président de la République dispose de pouvoirs exceptionnels.

Il peut, après en avoir informé la Nation par un message, prendre toute mesure tendant à rétablir le fonctionnement régulier des pouvoirs publics et des institutions et à assurer la sauvegarde de la Nation.

Il ne peut, en vertu des pouvoirs exceptionnels, procéder à une révision constitutionnelle. Le Parlement se réunit de plein droit.

Il est saisi pour ratification, dans les quinze jours de leur promulgation, des mesures de nature législative mises en vigueur par le Président. Il peut les amender ou les rejeter à l'occasion du vote de la loi de ratification. Ces mesures deviennent caduques si le projet de loi de ratification n'est pas déposé sur le bureau de l'Assemblée nationale dans ledit délai.

L'Assemblée nationale ne peut être dissoute pendant l'exercice des pouvoirs exceptionnels. Lorsque ceux-ci sont exercés après la dissolution de l'Assemblée nationale, la date des scrutins fixée par le décret de dissolution ne peut être reportée, sauf cas de force majeure constaté par le Conseil constitutionnel.

TITRE IV
DU GOUVERNEMENT

Article 53 :
Le Gouvernement comprend le Premier Ministre, chef du Gouvernement, et les Ministres. Le Gouvernement conduit et coordonne la politique de la Nation sous la direction du Premier Ministre. Il est responsable devant le Président de la République et devant l'Assemblée nationale dans les conditions prévues par les articles 85 et 86 de la Constitution.

Article 54 :

La qualité de membre du Gouvernement est incompatible avec un mandat parlementaire et toute activité professionnelle publique ou privée rémunérée.

Les modalités d'application du présent article sont fixées par une loi organique.

Article 55 :

Après sa nomination, le Premier Ministre fait sa déclaration de politique générale devant l'Assemblée nationale. Cette déclaration est suivie d'un débat qui peut, à la demande du Premier Ministre, donner lieu à un vote de confiance.

En cas de vote de confiance, celle-ci est accordée à la majorité absolue des membres de l'Assemblée nationale.

Article 56 :

Le Gouvernement est une institution collégiale et solidaire. La démission ou la cessation des fonctions du Premier Ministre entraîne la démission de l'ensemble des membres du Gouvernement.

Article 57 :

Le Premier Ministre dispose de l'administration et nomme aux emplois civils déterminés par la loi.

Il assure l'exécution des lois et dispose du pouvoir réglementaire sous réserve des dispositions de l'article 43 de la Constitution.

Les actes réglementaires du Premier Ministre sont contresignés par les membres du Gouvernement chargés de leur exécution.

Le Premier Ministre préside les Conseils interministériels. Il préside les réunions ministérielles ou désigne, à cet effet, un Ministre.

Il peut déléguer certains de ses pouvoirs aux Ministres.

TITRE V
DE L'OPPOSITION

Article 58 :
La Constitution garantit aux partis politiques qui s'opposent à la politique du Gouvernement le droit de s'opposer.

La loi définit leur statut et fixe leurs droits et devoirs.

L'opposition parlementaire est celle qui est représentée à l'Assemblée nationale par ses députés

TITRE VI
DU PARLEMENT

Article 59 :
Les assemblées représentatives de la République du Sénégal portent les noms d'Assemblée nationale et de Sénat.

Leurs membres portent les titres de députés à l'Assemblée nationale et de sénateurs.

Article 60 :

Les députés à l'Assemblée nationale sont élus au suffrage universel direct. Leur mandat est de cinq ans. Il ne peut être abrégé que par dissolution de l'Assemblée nationale.

Les Cours et Tribunaux veillent à la régularité de la campagne électorale et du scrutin dans les conditions déterminées par une loi organique.

Une loi organique fixe le nombre des membres de l'Assemblée nationale, leurs indemnités, les conditions d'éligibilité, le régime des inéligibilités et des incompatibilités.

Tout député qui démissionne de son parti en cours de législature est automatiquement déchu de son mandat. Il est remplacé dans les conditions déterminées par une loi organique.

Article 60-1 :

Le Sénat assure la représentation des collectivités locales de la République et des Sénégalais établis hors du Sénégal.

Le nombre de sénateurs représentant les collectivités locales de la République ne peut être inférieur au tiers des membres du Sénat. Ces représentants sont élus au suffrage universel indirect dans chaque département dans les conditions déterminées par cette loi organique. Les cours et tribunaux veillent à la régularité de la campagne électorale et du scrutin pour l'élection des députés et des sénateurs dans les conditions déterminées par cette loi organique.

Une partie des sénateurs est nommée par le Président de la République après avis du Président de l'Assemblée nationale et du Premier Ministre.

Le mandat des sénateurs est de cinq ans.

Nul ne peut être élu ou nommé sénateur s'il n'est âgé de quarante ans au moins au jour du scrutin ou de la nomination.

Deux cinquièmes au moins des sénateurs sont des femmes.

Une loi organique fixe le nombre de sénateurs, leurs indemnités, les conditions d'éligibilité, le régime des inéligibilités et des incompatibilités.

Article 61 :

Aucun membre du Parlement ne peut être poursuivi, recherché, arrêté, détenu ou jugé à l'occasion des opinions ou votes émis par lui dans l'exercice de ses fonctions.

Aucun membre du Parlement ne peut, pendant la durée des sessions, être poursuivi ou arrêté, en matière criminelle ou correctionnelle, qu'avec l'autorisation de l'assemblée dont il fait partie.

Le membre du Parlement ne peut, hors session, être arrêté qu'avec l'autorisation de l'assemblée dont il fait partie, sauf en cas de crime ou délit flagrant, tel que prévu par l'alinéa précédent ou de condamnation pénale définitive.

La poursuite d'un membre du Parlement ou sa détention du fait de cette poursuite est suspendue si l'assemblée dont il fait partie le requiert.

Le membre du Parlement qui fait l'objet d'une condamnation pénale définitive est radié de la liste des parlementaires sur demande du Ministre de la Justice.

Article 62 :

Le règlement intérieur de chaque assemblée détermine :

- la composition, les règles de fonctionnement du bureau, ainsi que les pouvoirs, prérogatives et durée du mandat de son Président ;
- le nombre, le mode de désignation, la composition, le rôle et la compétence de ses commissions permanentes, sans préjudice du droit, pour l'Assemblée, de créer des commissions spéciales temporaires ;
- l'organisation des services administratifs placés sous l'autorité du Président de l'Assemblée, assisté d'un secrétaire général administratif ;
- le régime disciplinaire de ses membres ;
- les différents modes de scrutin, à l'exclusion de ceux prévus expressément par la Constitution ;
- d'une façon générale, toutes les règles ayant pour objet le fonctionnement de l'Assemblée dans le cadre de sa compétence constitutionnelle.

Les règlements intérieurs des Assemblées ne peuvent être promulgués si le Conseil constitutionnel, obligatoirement saisi par le Président de la République, ne les a déclarés conformes à la Constitution.

Article 63 :

A l'exception de la date d'ouverture de la première session de l'Assemblée nationale ou du Sénat nouvellement élu, qui est fixée par le Président de la République, l'Assemblée nationale fixe, après avoir recueilli l'avis du Président du Sénat, la date d'ouverture et la durée de la session ordinaire unique du Parlement. Celles-ci sont toutefois régies par les règles ciaprès.

L'Assemblée nationale et le Sénat se réunissent de plein droit en une session ordinaire unique qui commence dans la première quinzaine du mois d'octobre et qui prend fin dans la seconde quinzaine du mois de juin de l'année suivante.

Au cas où la session ordinaire ou une session extraordinaire est close sans que l'Assemblée nationale n'ait fixé la date d'ouverture de sa prochaine session ordinaire, celle-ci est fixée en temps utile par le bureau de l'Assemblée nationale, après avoir recueilli l'avis du Président du Sénat.

Le Parlement est, en outre, réuni en session extraordinaire, sur un ordre du jour déterminé, soit :

- sur demande écrite de plus de la moitié des députés, adressée au Président de l'Assemblée nationale ;
- sur décision du Président de la République, seul ou sur proposition du Premier Ministre.

Toutefois, la durée de chaque session extraordinaire ne peut dépasser quinze jours.

Les sessions extraordinaires sont closes sitôt l'ordre du jour épuisé.

Article 64 :

Le vote des membres du Parlement est personnel. Tout mandat impératif est nul.

La loi organique peut autoriser, exceptionnellement, la délégation de vote. Dans ce cas, nul ne peut recevoir délégation de plus d'un mandat.

Article 65 :

L'Assemblée nationale et le Sénat peuvent déléguer à leur commission des délégations le pouvoir de prendre des mesures qui sont du domaine de la loi.

Cette délégation s'effectue par une résolution de l'assemblée intéressée dont le Président de la République est immédiatement informé.

Dans les limites de temps et de compétence fixées par la résolution prévue ci-dessus, la commission des délégations prend des délibérations qui sont promulguées comme des lois. Ces délibérations sont déposées sur le bureau de l'Assemblée nationale. Faute d'avoir été modifiées par le Parlement dans les quinze jours de la session, elles deviennent définitives.

Article 66 :

Les séances du Parlement sont publiques. Le huis clos n'est prononcé qu'exceptionnellement et pour une durée limitée. Le compte-rendu intégral des débats ainsi que les documents parlementaires sont publiés dans le journal des débats ou au journal officiel.

TITRE VII
DES RAPPORTS ENTRE LE POUVOIR EXECUTIF ET LE POUVOIR LEGISLATIF

Article 67 :
La loi est votée par le Parlement.

La loi fixe les règles concernant :

- les droits civiques et les garanties fondamentales accordées aux citoyens pour l'exercice des libertés publiques, les sujétions imposées par la Défense nationale aux citoyens en leur personne et en leurs biens,
- le statut de l'opposition,
- la nationalité, l'état et la capacité des personnes, les régimes matrimoniaux, les successions et libéralités,
- la détermination des crimes et délits ainsi que les peines qui leur sont applicables, la procédure pénale, l'amnistie, la création de nouveaux ordres de juridictions et le statut des magistrats,
- l'assiette, le taux et les modalités de recouvrement des impositions de toutes natures, le régime d'émission de la monnaie,
- le régime électoral de l'Assemblée nationale, du Sénat et des assemblées locales,
- les garanties fondamentales accordées aux fonctionnaires civils et militaires de l'Etat, les nationalisations d'entreprises et les transferts de propriété d'entreprises du secteur public au secteur privé. La loi détermine les principes fondamentaux : de l'organisation générale de la Défense nationale, de la libre administration des collectivités locales, de leurs compétences et de leurs ressources,

- de l'enseignement,
- du régime de la propriété, des droits réels et des obligations civiles et commerciales, du droit du travail, du droit syndical et de la sécurité sociale,
- du régime de rémunération des agents de l'Etat.

Les lois de finances déterminent les ressources et les charges de l'Etat dans les conditions et sous les réserves prévues par une loi organique. Les créations et transformations d'emplois publics ne peuvent être opérées que par les lois de finances.

Les lois de programme déterminent les objectifs de l'action économique et sociale de l'Etat. Le plan est approuvé par la loi.

Les dispositions du présent article peuvent être précisées et complétées par une loi organique.

En outre, le Président de la République, sur proposition du Premier Ministre, peut en raison de leur importance sociale, économique ou financière, soumettre au vote de l'Assemblée nationale et du Sénat, des projets de loi relatifs à des matières autres que celles énumérées au présent article, sans qu'il en résulte une dérogation aux dispositions du deuxième alinéa de l'article 76.

Article 68 :

Le Parlement vote les projets de lois de finances dans les conditions prévues par une loi organique.

Le projet de loi de finances de l'année, qui comprend notamment le budget, est déposé sur le bureau de l'Assemblée nationale, au plus tard le jour de l'ouverture de la session ordinaire unique.

Le Parlement dispose de soixante jours au plus pour voter les projets de lois de finances.

Si, par suite d'un cas de force majeure, le Président de la République n'a pu déposer le projet de loi de finances de l'année en temps utile pour que le Parlement dispose, avant la fin de la session fixée, du délai prévu à l'alinéa précédent, la session est immédiatement et de plein droit prolongée jusqu'à l'adoption de la loi de finances.

L'Assemblée nationale statue en premier lieu dans un délai de trente cinq jours après le dépôt du projet et le Sénat dispose de quinze jours à compter de la date de réception.

Si le Sénat adopte un texte identique à celui de l'Assemblée nationale, la loi est transmise sans délai au Président de la République pour promulgation.

Si le Sénat ne s'est pas prononcé dans le délai de quinze jours ou est en désaccord avec l'Assemblée nationale, le projet est transmis en urgence à l'Assemblée nationale qui statue définitivement.

Si le Parlement ne s'est pas prononcé dans le délai de soixante jours, le projet de loi de finances est mis en vigueur par ordonnance, compte tenu des amendements votés par l'Assemblée nationale ou le Sénat et acceptés par le Président de la République.

Si la loi de finances de l'année n'a pu être promulguée avant le début de l'année financière, le Président de la République est autorisé à prescrire la continuation de la perception des impôts existants et à reconduire par décret les services votés.

La Cour des Comptes assiste le Président de la République, le Gouvernement et le Parlement, dans le contrôle de l'exécution des lois de finances.

Article 69 :

L'Etat de siège, comme l'état d'urgence, est décrété par le Président de la République. L'Assemblée nationale se réunit alors de plein droit, si elle n'est en session.

Le décret proclamant l'état de siège ou l'état d'urgence cesse d'être en vigueur après douze jours, à moins que l'Assemblée nationale, saisie par le Président de la République, n'en ait autorisé la prorogation.

Les modalités d'application de l'état de siège et de l'état d'urgence sont déterminées par la loi.

Article 70 :

La déclaration de guerre est autorisée par l'Assemblée nationale.

Les droits et devoirs des citoyens, pendant la guerre ou en cas d'invasion ou d'attaque du territoire national par des forces de l'extérieur, font l'objet d'une loi organique.

Article 71 :

Les projets ou propositions de loi sont, après leur adoption par l'Assemblée nationale, transmis au Sénat qui statue dans un délai de vingt jours à compter de la date de réception. En cas d'urgence déclarée par le Gouvernement, ce délai est réduit à sept jours.

Si le Sénat adopte un texte identique à celui de l'Assemblée nationale, la loi est transmise sans délai au Président de la République pour promulgation.

En cas de désaccord entre l'Assemblée nationale et le Sénat, ou si le Sénat ne s'est pas prononcé dans les délais prévus au deuxième alinéa, l'Assemblée nationale statue définitivement. Après son adoption, la loi est transmise sans délai au Président de la République pour promulgation.

Article 72 :

Le Président de la République promulgue les lois définitivement adoptées dans les huit jours francs qui suivent l'expiration des délais de recours visés à l'article 74.

Le délai de promulgation est réduit de moitié en cas d'urgence déclarée par l'Assemblée nationale.

Article 73 :

Dans le délai fixé pour la promulgation, le Président de la République peut, par un message motivé, demander à l'Assemblée une nouvelle délibération qui ne peut être refusée. La loi ne peut être votée en seconde lecture que si les trois cinquièmes des membres composant l'Assemblée nationale se sont prononcés en sa faveur.

Article 74 :

Le Conseil constitutionnel peut être saisi d'un recours visant à faire déclarer une loi inconstitutionnelle :

- par le Président de la République dans les six jours francs qui suivent la transmission à lui faite de la loi définitivement adoptée, par un nombre de députés au moins égal au dixième des membres de l'Assemblée nationale, dans les six jours francs qui suivent son adoption définitive,

- par un nombre de sénateurs au moins égal au dixième des membres du Sénat, dans les six jours francs qui suivent son adoption définitive.

Article 75 :

Le délai de la promulgation est suspendu jusqu'à l'issue de la seconde délibération de l'Assemblée nationale ou de la décision du Conseil constitutionnel déclarant la loi conforme à la Constitution.

Dans tous les cas, à l'expiration des délais constitutionnels, la promulgation est de droit ; il y est pourvu par le Président de l'Assemblée nationale.

Article 76 :

Les matières qui ne sont pas du domaine législatif en vertu de la présente Constitution ont un caractère réglementaire.

Les textes de forme législative intervenus en ces matières peuvent être modifiés par décret si le Conseil constitutionnel, à la demande du Président de la République ou du Premier Ministre, a déclaré qu'ils ont un caractère réglementaire en vertu de l'alinéa précédent.

Article 77 :

Le Parlement peut habiliter par une loi le Président de la République à prendre des mesures qui sont normalement du domaine de la loi.

Dans les limites de temps et de compétence fixées par la loi d'habilitation, le Président de la République prend des ordonnances qui entrent en vigueur dès leur publication mais deviennent caduques si le projet de loi de ratification n'est pas déposé sur le bureau de l'Assemblée nationale avant la date fixée par la loi d'habilitation. Le Parlement peut les amender à l'occasion du vote de la loi de ratification.

Article 78 :

Les lois qualifiées organiques par la Constitution sont votées dans les conditions prévues à l'article 71. Toutefois, le texte ne peut être adopté par le Parlement qu'à la majorité absolue de ses membres.

Les articles 65 et 77 ne sont pas applicables aux lois organiques.

Article 79 :

Le Président de la République communique avec l'Assemblée nationale et le Sénat par des messages qu'il prononce ou qu'il fait lire et qui ne donnent lieu à aucun débat.

Article 80 :

L'initiative des lois appartient concurremment au Président de la République, au Premier Ministre, aux députés et aux sénateurs.

Par dérogation aux dispositions de l'article 71, les propositions de lois initiées par les sénateurs sont examinées en premier lieu au Sénat. Elles sont, après leur adoption, transmises à l'Assemblée nationale. SI l'Assemblée nationale adopté ce texte, après l'avoir éventuellement modifié, il est transmis sans délai au Président de la République pour promulgation.

Article 81 :

Le Premier Ministre et les autres membres du Gouvernement peuvent être entendus à tout moment par les assemblées et leurs commissions. Ils peuvent se faire assister par des collaborateurs.

Article 82 :

Le Président de la République, Le Premier Ministre, les députés et les sénateurs ont le droit d'amendement. Les amendements du Président de la République sont présentés par le Premier Ministre et les autres membres du Gouvernement.

Les propositions et amendements formulés par les députés et les sénateurs ne sont pas recevables lorsque leur adoption aurait pour conséquence, soit une diminution des ressources publiques, soit la création ou l'aggravation d'une charge publique, à moins que ces propositions ou amendements ne soient assortis de propositions de recettes compensatrices.

Toutefois aucun article additionnel ni amendement à un projet de lois de finances ne peuvent être proposés par le Parlement, sauf s'ils tendent à supprimer ou à réduire effectivement une dépense, à créer ou à accroître une recette.

Si le Gouvernement le demande, l'assemblée saisie se prononce par un seul vote sur tout ou partie du texte en discussion en ne retenant que les amendements proposés ou acceptés par le Gouvernement.

Article 83 :

S'il apparaît, au cours de la procédure législative qu'une proposition ou un amendement n'est pas du domaine de la loi, le Premier Ministre et les autres membres du Gouvernement peuvent opposer l'irrecevabilité.

En cas de désaccord, le Conseil constitutionnel, à la demande du Président de la République, de l'Assemblée nationale, du Sénat ou du Premier Ministre, statue dans les huit jours.

Article 84 :

L'inscription, par priorité, à l'ordre du jour de l'Assemblée nationale ou du Sénat d'un projet ou d'une proposition de loi ou d'une déclaration de politique générale, est de droit si le Président de la République ou le Premier Ministre en fait la demande.

Article 85 :

Les députés et les sénateurs peuvent poser au Premier Ministre et aux autres membres du Gouvernement qui sont tenus d'y répondre, des questions écrites et des questions orales avec ou sans débat.

Les questions ou les réponses qui leur sont faites ne sont pas suivies de vote.

L'Assemblée nationale et le Sénat peuvent désigner, en leur sein, des commissions d'enquête.

La loi détermine les conditions d'organisation et de fonctionnement ainsi que les pouvoirs des commissions d'enquête.

Article 86 :

Le Premier Ministre peut, après délibération du Conseil des Ministres, décider de poser la question de confiance sur un programme ou une déclaration de politique générale. Le vote sur la question de confiance ne peut intervenir que deux jours francs après qu'elle a été posée.

La confiance est refusée au scrutin public à la majorité absolue des membres composant l'Assemblée nationale. Le refus de confiance entraîne la démission collective du Gouvernement.

L'Assemblée nationale peut provoquer la démission du Gouvernement par le vote d'une motion de censure.

La motion de censure doit, à peine d'irrecevabilité, être revêtue de la signature d'un dixième des membres composant l'Assemblée nationale. Le vote de la motion de censure ne peut intervenir que deux jours francs après son dépôt sur le bureau de l'Assemblée nationale.

La motion de censure est votée au scrutin public, à la majorité absolue des membres composant l'Assemblée nationale ; seuls sont recensés les votes favorables à la motion de censure. Si la motion de censure est adoptée, le Premier Ministre remet immédiatement la démission du Gouvernement au Président de la République. Une nouvelle motion de censure ne peut être déposée au cours de la même session.

Article 87 :

Le Président de la République peut, après avoir recueilli l'avis du Premier Ministre et celui du Président de l'Assemblée nationale, prononcer, par décret, la dissolution de l'Assemblée nationale.

Toutefois, la dissolution ne peut intervenir durant les deux premières années de législature.

Le décret de dissolution fixe la date du scrutin pour l'élection des députés. Le scrutin a lieu soixante jours au moins et quatre vingt dix jours au plus après la date de publication dudit décret.

L'Assemblée nationale dissoute ne peut se réunir. Toutefois, le mandat des députés n'expire qu'à la date de la proclamation de l'élection des membres de la nouvelle Assemblée nationale.

TITRE VII - 1 - DU CONSEIL ECONOMIQUE ET SOCIAL

Article 87-1 :

Le Conseil économique et social (CES) constitue, auprès des pouvoirs publics, une assemblée consultative disposant d'une expertise dans les domaines économique, social et culturel.

Il est consulté par le Président de la République, le Gouvernement, l'Assemblée nationale et le Sénat. Il peut aussi, de sa propre initiative, émettre un avis sur l'ensemble des questions d'ordre économique, social et culturel intéressant les différents secteurs d'activités de la Nation.

Le Conseil économique et social (CES) favorise par son activité, une collaboration harmonieuse entre les différentes communautés et les différentes catégories sociales et professionnelles du Sénégal.

Il est un médiateur dans les conflits sociaux.

Une loi organique détermine le mode de désignation des membres du Conseil économique et social ainsi que les conditions d'organisation et de fonctionnement de l'institution.

TITRE VIII - DU POUVOIR JUDICIAIRE

Article 88 :

Le pouvoir judiciaire est indépendant du pouvoir législatif et du pouvoir exécutif. Il est exercé par le Conseil constitutionnel, la Cour suprême, la Cour des Comptes et les Cours et Tribunaux.

Article 89 :

Le Conseil constitutionnel comprend cinq membres dont un président, un vice-président et trois juges.

La durée de leur mandat est de six ans. Le Conseil est renouvelé tous les deux ans à raison du président ou de deux membres autres que le président, dans l'ordre qui résulte des dates d'échéance de leurs mandats. Les membres du Conseil constitutionnel sont nommés par le Président de la République.

Les conditions à remplir pour pouvoir être nommé membre du Conseil constitutionnel sont déterminées par la loi organique.

Le mandat des membres du Conseil constitutionnel ne peut être renouvelé.

Il ne peut être mis fin aux fonctions des membres du Conseil constitutionnel avant l'expiration de leur mandat que sur leur demande ou pour incapacité physique, et dans les conditions prévues par la loi organique.

Article 90 :

Les magistrats autres que les membres du Conseil constitutionnel et de la Cour des Comptes sont nommés par le Président de la République après avis du Conseil supérieur de la Magistrature. Les magistrats de la Cour des Comptes sont nommés par le Président de la République après avis du Conseil supérieur de la Cour des Comptes.

Les juges ne sont soumis qu'à l'autorité de la loi dans l'exercice de leurs fonctions.

Les magistrats du siège sont inamovibles.

La compétence, l'organisation et le fonctionnement du Conseil supérieur de la Magistrature ainsi que le statut des magistrats sont fixés par une loi organique.

La compétence, l'organisation et le fonctionnement du Conseil supérieur de la Cour des Comptes ainsi que le statut des magistrats de la Cour des Comptes sont fixés par une loi organique.

Article 91 :

Le pouvoir judiciaire est gardien des droits et libertés définis par la Constitution et la loi.

Article 92 :

Le Conseil constitutionnel connaît de la constitutionnalité des règlements intérieurs des Assemblées législatives, des lois et des engagements internationaux, des conflits de compétence entre l'exécutif et le législatif, ainsi que des exceptions d'inconstitutionnalité soulevées devant la Cour suprême.

Les décisions du Conseil constitutionnel ne sont susceptibles d'aucune voie de recours. Elles s'imposent aux pouvoirs publics et à toutes les autorités administratives et juridictionnelles.

La Cour suprême est juge en premier et dernier ressort de l'excès de pouvoir des autorités exécutives. Elle connaît des décisions de la Cour des Comptes par la voie du recours en cassation. Elle est compétente en dernier ressort dans le contentieux des inscriptions sur les listes électorales et des élections aux conseils des collectivités territoriales. Elle connaît, par la voie du recours en cassation, des décisions des Cours et Tribunaux relatives aux autres contentieux administratifs.

En toute autre matière, la Cour suprême se prononce par la voie du recours en cassation sur les jugements rendus en dernier ressort par les juridictions subordonnées.

La Cour des Comptes juge les comptes des comptables publics. Elle vérifie la régularité des recettes et des dépenses et s'assure du bon emploi des crédits, fonds et valeurs gérés par les services de l'Etat ou par les autres personnes morales de droit public. Elle assure la vérification des comptes et de la gestion des entreprises publiques et organismes à participation financière publique. Elle déclare et apure les gestions de fait. Elle sanctionne les fautes de gestion commises à l'égard de l'Etat, des collectivités locales et des organismes soumis à son contrôle.

Article 93 :

Sauf cas de flagrant délit, les membres du Conseil constitutionnel ne peuvent être poursuivis, arrêtés, détenus ou jugés en matière pénale qu'avec l'autorisation du Conseil et dans les mêmes conditions que les membres de la Cour suprême et de la Cour des Comptes.

Sauf cas de flagrant délit, les membres de la Cour suprême et de la Cour des Comptes ne peuvent être poursuivis, arrêtés, détenus ou jugés en matière pénale que dans les conditions prévues par la loi organique portant statut des magistrats.

Article 94 :

Des lois organiques déterminent les autres compétences du Conseil constitutionnel, de la Cour suprême et de la Cour des Comptes ainsi que leur organisation, les règles de désignation de leurs membres et la procédure suivie devant elles.

TITRE IX - DES TRAITES INTERNATIONAUX

Article 95 :

Le Président de la République négocie les engagements internationaux.

Il les ratifie ou les approuve éventuellement sur autorisation du Parlement.

Article 96 :

Les traités de paix, les traités de commerce, les traités ou accords relatifs à l'organisation internationale, ceux qui engagent les finances de l'Etat, ceux qui modifient les dispositions de nature législative, ceux qui sont relatifs à l'état des personnes, ceux qui comportent cession, échange ou adjonction de territoire ne peuvent être ratifiés ou approuvés qu'en vertu d'une loi.

Ils ne prennent effet qu'après avoir été ratifiés ou approuvés.

Nulle cession, nulle adjonction de territoire n'est valable sans le consentement des populations intéressées.

La République du Sénégal peut conclure avec tout Etat africain des accords d'association ou de communauté comprenant abandon partiel ou total de souveraineté en vue de réaliser l'unité africaine.

Article 97 :

Si le Conseil constitutionnel a déclaré qu'un engagement international comporte une clause contraire à la Constitution, l'autorisation de le ratifier ou de l'approuver ne peut intervenir qu'après la révision de la Constitution.

Article 98 :

Les traités ou accords régulièrement ratifiés ou approuvés ont, dès leur publication, une autorité supérieure à celle des lois, sous réserve, pour chaque accord ou traité, de son application par l'autre partie.

TITRE X - DE LA HAUTE COUR DE JUSTICE

Article 99 :

Il est institué une Haute Cour de Justice.

Article 100 :

La Haute Cour de Justice est composée de membres élus, en nombre égal, par l'Assemblée nationale et le Sénat après chaque renouvellement de ces assemblées.

Elle est présidée par un magistrat.

L'organisation de la Haute Cour de Justice et la procédure suivie devant elle sont déterminées par une loi organique.

Article 101 :

Le Président de la République n'est responsable des actes accomplis dans l'exercice de ses fonctions qu'en cas de haute trahison. Il ne peut être mis en accusation que par les deux assemblées, statuant par un vote identique au scrutin secret, à la majorité des trois cinquièmes des membres les composant ; il est jugé par la Haute Cour de Justice.

Le Premier Ministre et les autres membres du Gouvernement sont pénalement responsables des actes accomplis dans l'exercice de leurs fonctions et qualifiés crimes ou délits au moment où ils ont été commis. Ils sont jugés par la Haute Cour de Justice. La procédure définie ci-dessus leur est applicable, ainsi qu'à leurs complices, dans le cas de complot contre la sûreté de l'Etat. Dans les cas prévus au présent alinéa, la Haute Cour est liée par la définition des crimes et délits ainsi que par la détermination des peines, telles qu'elles résultent des lois pénales en vigueur au moment où les faits ont été commis.

TITRE XI - DES COLLECTIVITES LOCALES

Article 102 :

Les collectivités locales constituent le cadre institutionnel de la participation des citoyens à la gestion des affaires publiques. Elles s'administrent librement par des assemblées élues.

Leur organisation, leur composition et leur fonctionnement sont déterminés par la loi.

TITRE XII - DE LA REVISION

Article 103 :

L'initiative de la révision de la Constitution appartient concurremment au Président de la République et aux députés.

Le Premier Ministre peut proposer au Président de la République une révision de la Constitution.

Le projet ou la proposition de révision de la Constitution est adopté par les assemblées selon la procédure de l'article 71. La révision est définitive après avoir été approuvée par référendum. Toutefois, le projet ou la proposition n'est pas présenté au référendum lorsque le Président de la République décide de le soumettre au Parlement convoqué en Congrès.

Dans ce cas, le projet ou la proposition n'est approuvé que s'il réunit la majorité des trois cinquièmes (3/5) des suffrages exprimés.

Les articles 65 et 77 ne sont pas applicables aux lois constitutionnelles.

La forme républicaine de l'Etat ne peut faire l'objet d'une révision.

TITRE XIII - DISPOSITIONS TRANSITOIRES

Article 104 :

Le Président de la République en fonction poursuit son mandat jusqu'à son terme.

Toutes les autres dispositions de la présente Constitution lui sont applicables.

Article 105 :

En vue de la mise en application rapide de toutes les dispositions de la présente Constitution, le Président de la République est autorisé à regrouper le maximum d'élections dans le temps.

A cet effet, il peut prononcer la dissolution de tous les conseils des collectivités locales. Il peut également, soit prononcer la dissolution de l'Assemblée nationale, soit organiser simplement des élections anticipées sans dissolution.

Dans ce dernier cas, l'actuelle Assemblée nationale continue d'exercer ses fonctions jusqu'à la mise en place de la nouvelle Assemblée nationale.

La nouvelle Assemblée nationale est convoquée par décret.

Article 106 :

Les mesures législatives nécessaires à la mise en place de la nouvelle Assemblée nationale et des nouvelles assemblées locales qui suivent l'adoption de la présente Constitution, notamment celles concernant le régime électoral et la composition de ces assemblées, sont fixées par l'actuelle Assemblée nationale si elle n'est pas dissoute. Dans le cas contraire, elles sont fixées par le Président de la République, après avis du

Conseil d'Etat, par ordonnance ayant force de loi. Les délais de convocation des élections et la durée de la campagne électorale peuvent être réduits.

Article 107 :

Les lois et règlements en vigueur, lorsqu'ils ne sont pas contraires à la présente Constitution, restent en vigueur tant qu'ils n'auront pas été modifiés ou abrogés.

En tout état de cause, toutes les dispositions relatives au Sénat et au Conseil économique et social sont abrogées entraînant d'office la suppression de ces institutions.

Pour le Haut Conseil de l'Audiovisuel, le Président de la République est autorisé à mettre fin aux fonctions des membres actuels et à procéder, par consensus, à la nomination de nouveaux membres. Il peut, en tant que de besoin, prendre toutes les mesures nécessaires à cet effet.

Article 108 :

La présente Constitution sera soumise au peuple par voie de référendum. Après adoption, elle sera publiée au journal officiel comme loi suprême de la République.

La Constitution adoptée entre en vigueur à compter du jour de sa promulgation par le Président de la République. Cette promulgation doit intervenir dans les huit jours suivant la proclamation du résultat du référendum par le Conseil constitutionnel.

Toutefois, les dispositions relatives aux titres VI (De l'Assemblée Nationale) et VII (Des rapports entre le pouvoir exécutif et le pouvoir législatif) n'entrent en vigueur qu'à compter de la clôture de la session parlementaire en cours.

PRESIDENCE DE LA REPUBLIQUE

Loi n° 96-06 du 18 Janvier 1996

PORTANT REVISION DE LA CONSTITUTION

DU 02 JUIN 1972

L'ASSEMBLEE NATIONALE A DELIBERE ET ADOPTE,

LE PRESIDENT DE LA REPUBLIQUE PROMULGUE LA LOI DONT LA TENEUR

SUIT :

LA CONSTITUTION DE LA REPUBLIQUE DU CAMEROUN

PREAMBULE

Le Peuple camerounais,

Fier de sa diversité linguistique et culturelle, élément de sa personnalité nationale qu'elle contribue à enrichir, mais profondément conscient de la nécessité impérieuse de parfaire son unité, proclame solennellement qu'il constitue une seule et même Nation, engagée dans le même destin et affirme sa volonté inébranlable de construire la patrie camerounaise sur la base de l'idéal de fraternité, de justice et de progrès ;

Jaloux de l'indépendance de la Patrie camerounaise chèrement acquise et résolu à préserver cette indépendance ; convaincu que le salut de l'Afrique se trouve dans la réalisation d'une solidarité de plus en plus étroite entre les peuples africains, affirme sa volonté d'oeuvrer à la construction d'une Afrique unie et libre, tout en entretenant avec les autres Nations du monde des relations pacifiques et fraternelles conformément aux principes formulés par la Charte des Nations Unies ;

Résolu à exploiter ses richesses naturelles afin d'assurer le bien-être de tous en relevant le niveau de vie des populations sans aucune discrimination, affirme son droit au développement ainsi que sa volonté de consacrer tous ses efforts pour le réaliser et se déclare prêt à coopérer avec tous les états désireux de participer à cette entreprise nationale dans le respect de sa souveraineté et de l'indépendance de l'Etat camerounais.

Le Peuple camerounais,

Proclame que l'être humain, sans distinction de race, de religion, de sexe, de croyance, possède des droits inaliénables et sacrés ;

Affirme son attachement aux libertés fondamentales inscrites dans la déclaration universelle des droits de l'homme, la charte des Nations Unies, la Charte africaine des Droits de l'Homme et des Peuples et toutes les conventions internationales y relatives et dûment ratifiées, notamment aux principes suivants :

- Tous les hommes sont égaux en droits et en devoirs. L'Etat assure à tous les citoyens les conditions nécessaires à leur développement ;

- L'Etat assure la protection des minorités et préserve les droits des populations autochtones conformément à la loi ;

- La liberté et la sécurité sont garanties à chaque individu dans le respect des droits d'autrui et de l'intérêt supérieur de l'Etat ;

- Tout homme a le droit de se fixer en tout lieu et de se déplacer librement, sous réserve des prescriptions légales relatives à l'ordre, à la sécurité et à la tranquillité publics ;

- Le domicile est inviolable. Nulle perquisition ne peut y avoir lieu qu'en vertu de la loi ;

- Le secret de toute correspondance est inviolable. Il ne peut y être porté atteinte qu'en vertu des décisions émanant de l'autorité judiciaire ;

- Nul ne peut être contraint de faire ce que la loi n'ordonne pas ;

- Nul ne peut être poursuivi, arrêté ou détenu que dans les cas et selon les formes déterminées par la loi ;

- La loi ne peut avoir d'effet rétroactif. Nul ne peut être jugé et puni qu'en vertu d'une loi promulguée et publiée antérieurement au fait punissable ;

- La loi assure à tous les hommes le droit de se faire rendre justice ;

- Tout prévenu est présumé innocent jusqu'à ce que sa culpabilité soit établie au cours d'un procès conduit dans le strict respect des droits de la défense ;

- Toute personne a droit à la vie et à l'intégrité physique et morale. Elle doit être traitée en toute circonstance avec humanité. En aucun cas, elle ne peut être soumise à la torture, à des peines ou traitements cruels, inhumains ou dégradants ;

- Nul ne peut être inquiété en raisons de ses origines, de ses opinions ou croyance en matière religieuse, philosophique ou politique sous réserve du respect de l'ordre public et des bonnes moeurs;

- L'Etat est laïc. La neutralité et l'indépendance de l'Etat vis-à-vis de toutes les religions sont garanties;

- La liberté du culte et le libre exercice de sa pratique sont garantis ;

- La liberté de communication, la liberté d'expression, la liberté de presse, la liberté de réunion, la liberté d'association, la liberté syndicale et le droit de grève sont garantis dans les conditions fixées par la loi ;

- La nation protège et encourage la famille, base naturelle de la société humaine. Elle protège la femme, les jeunes, les personnes âgées et les personnes handicapées ;

- L'Etat assure à l'enfant le droit à l'instruction. L'enseignement primaire est obligatoire.

- L'organisation et le contrôle de l'enseignement à tous les degrés sont des devoirs impérieux de l'Etat ;

- La propriété est le droit d'user, de jouir et de disposer des biens garantis à chacun par la loi. Nul ne saurait en être privé si ce n'est pour cause d'utilité publique et sous la condition d'une indemnisation dont les modalités sont fixées par la loi ;

- Le droit de propriété ne saurait être exercé contrairement à l'utilité publique, sociale ou de manière à porter préjudice à la sûreté ; à la liberté, à l'existence ou à la propriété d'autrui ;

- Toute personne a droit à un environnement sain. La protection de l'environnement est un devoir pour tous. L'Etat veille à la défense et la promotion de l'environnement ;

- Tout homme a le droit et le devoir de travailler ;

- Chacun doit participer, en proportion de ses capacités, aux charges publiques ;

- Tous les citoyens contribuent à la défense de la patrie ;

- L'Etat garantit à tous les citoyens de l'un et de l'autre sexes, les droits et libertés énumérés au préambule de la Constitution.

TITRE PREMIER
DE L'ETAT ET DE LA SOUVERAINETE

Article premier : (1)- La République Unie du Cameroun prend, à compter de l'entrée en vigueur de la présente loi, la dénomination de République du Cameroun (loi n° 84-1 du 4 février 1984).

(2)- La République du Cameroun est un Etat unitaire décentralisé.

Elle est une et indivisible, laïque, démocratique et sociale. Elle reconnaît et protège les valeurs traditionnelles conformes aux principes démocratiques, aux droits de l'homme et à la loi. Elle assure l'égalité de tous les citoyens devant la loi.

(3)- La République du Cameroun adopte l'anglais et le français comme langues officielles d'égale valeur. Elle garantit la promotion du bilinguisme sur toute l'étendue du territoire. Elle oeuvre pour la protection et la promotion des langues nationales.

(4)- La devise de la République du Cameroun est : « Paix - Travail - Patrie».

(5)- Son drapeau est : Vert, Rouge, Jaune, à trois bandes verticales d'égales dimensions. Il est frappé d'une étoile d'or au centre de la bande rouge.

(6)- L'hymne national est : «Ô Cameroun, Berceau de nos Ancêtres».

(7)- Le Sceau de la République du Cameroun est une médaille circulaire en bas relief de 46 millimètres de diamètre, présentant à l'envers et au centre le profil d'une tête de jeune fille tournée à dextre vers une branche de caféier à deux feuilles et jouxtée à senestre par cinq cabosses de cacao avec, en exergue, en français sur l'arc inférieur la devise nationale : « Paix - Travail - Patrie », au revers et au centre les armoiries de la République du Cameroun avec en exergue, en anglais, sur l'arc supérieur : « Republic of Cameroon », et sur l'arc inférieur, «Peace, Work, Fatherland ».

Les armoiries de la République du Cameroun sont constituées par un écu chapé surmonté côté chef par l'inscription « République du Cameroun », et supporté par un double faisceau de licteurs entrecroisés avec la devise : «Paix - Travail - Patrie », côté pointe.

L'écu est composé d'une étoile d'or sur fond de sinople et d'un triangle de gueules, chargé de la carte géographique du Cameroun d'azur, et frappé du glaive de la balance de justice de sable.

(8)-Le siège des institutions est à Yaoundé.

Article 2.- (1)- La souveraineté nationale appartient au peuple camerounais qui l'exerce soit par l'intermédiaire du Président de la République et des membres du Parlement, soit par voie de référendum. Aucune fraction du peuple ni aucun individu ne peut s'en attribuer l'exercice.

(2)-Les autorités chargées de diriger l'Etat tiennent leurs pouvoirs du peuple par voie d'élections au suffrage universel direct ou indirect, sauf dispositions contraires de la présente Constitution.

(3)- Le vote est égal et secret ; y participent tous les citoyens âgés d'au moins vingt (20) ans.

Art. 3.- Les partis et formations politiques concourent à l'expression du suffrage. Ils doivent respecter les principes de la démocratie, de la souveraineté et de l'unité nationales. Ils se forment et exercent leurs activités conformément à la loi.

Article 4 : L'autorité de l'Etat est exercée par :

- Le Président de la République ;
- Le Parlement.

TITRE II
DU POUVOIR EXECUTIF

CHAPITRE I
DU PRESIDENT DE LA REPUBLIQUE

Article 5 : (1-) Le Président de la République est le Chef de l'Etat.

(2)- Elu de la Nation tout entière, il incarne l'unité nationale ;

Il définit la politique de la nation ;

Il veille au respect de la Constitution ;

Il assure, par son arbitrage, le fonctionnement régulier des pouvoirs publics ;

Il est le garant de l'indépendance nationale, de l'intégrité du territoire, de la permanence et de la continuité de l'Etat, du respect des traités et accords internationaux.

Article 6 : (1)- Le Président de la République est élu au suffrage universel direct, égal et secret, à la majorité des suffrages exprimés.

(2)- Le Président de la République est élu pour un mandat de sept (7) ans renouvelable une fois.

(3)- L'élection a lieu vingt (20) jours au moins et cinquante (50) jours au plus avant l'expiration des pouvoirs du Président de la République en exercice.

(4)- En cas de vacance de Présidence de la République pour cause de décès, de démission ou d'empêchement définitif constaté par le Conseil constitutionnel, le scrutin pour l'élection du nouveau Président de la République doit impérativement avoir lieu vingt (20) jours au moins et quarante (40) au plus après l'ouverture de la vacance.

a- l'intérim du Président de la République est exercé de plein droit, jusqu'à l'élection du nouveau Président de la République, par le président du Sénat, et si ce dernier est, à son tour, empêché, par son suppléant, suivant l'ordre de préséance du Sénat.

b- Le Président de la République par intérim - le Président du Sénat ou son suppléant - ne peut modifier ni la Constitution, ni la composition du gouvernement. Il ne peut recourir au référendum. Il ne peut être candidat à l'élection organisée pour la Présidence de la République.

(5)- Les candidats aux fonctions de Président de la République doivent être des citoyens camerounais d'origine, jouir de leurs droits civiques et politiques et avoir trente – cinq (35) ans révolus à la date de l'élection.

(6)-Le régime de l'élection à la Présidence de la République est fixé par la loi.

Article 7 : (1)- Le Président de la République élu entre en fonction dès sa prestation de serment.

(2)- Il prête serment devant le peuple camerounais, en présence des membres du Parlement, du Conseil constitutionnel et de la Cour Suprême réunis en séance solennelle. Le serment est reçu par le Président de l'Assemblée Nationale.

(3)- La formule du serment et les modalités d'application des dispositions des alinéas 1 et 2 ci - dessus sont fixés par la loi.

(4)- Les fonctions de Président de la République sont incompatibles avec toute autre fonction publique élective ou toute activité professionnelle.

Article 8 : (1) -Le Président de la République représente l'Etat dans tous les actes de la vie publique.

(2- Il est le Chef des Forces Armées.

(3)- Il veille à la sécurité intérieure et extérieure de la République.

(4)- Il accrédite les ambassadeurs et les envoyés extraordinaires auprès des puissances étrangères. Les ambassadeurs et les envoyés extraordinaires des puissances étrangères sont accrédités auprès de lui.

(5)- Le Président de la République promulgue les lois dans les conditions prévues à l'article 31 ci - dessous.

(6)- Le Président de la République saisit le Conseil constitutionnel dans les conditions déterminées par la Constitution.

(7)- Il exerce le droit de grâce après avis du Conseil supérieur de la Magistrature.

(8)- Il exerce le pouvoir réglementaire.

(9)- Il crée et organise les services publics de l'Etat.

(10)- Il nomme aux emplois civils et militaires de l'Etat.

(11)- Il confère les décorations et les distinctions honorifiques de la République.

(12)- Le Président de la République peut, en cas de nécessité et après consultation du Gouvernement, des bureaux de l'Assemblée Nationale et du Sénat, prononcer dissolution de l'Assemblée Nationale. L'élection d'une nouvelle Assemblée a lieu conformément aux dispositions de l'article 15 alinéa 4 ci - dessous.

Article 9 : (1) -Le Président de la République peut, lorsque les circonstances l'exigent, proclamer par décret, l'état d'urgence qui lui confère des pouvoirs spéciaux dans les conditions fixées par la loi.

(2) -Le Président de la République peut, en cas de péril grave menaçant l'intégrité du territoire, la vie, l'indépendance ou les institutions de la République, proclamer, par décret, l'état d'exception et prendre toutes mesures qu'il juge nécessaires. Il en informe la Nation par voie de message.

Article 10 : (1)- Le Président de la République nomme le Premier ministre et, sur proposition de celui - ci, les autres membres du Gouvernement.

Il fixe leurs attributions ;

Il met fin à leurs fonctions ;

Il préside les conseils ministériels.

(2)- Le Président de la République peut déléguer certains de ses pouvoirs au Premier Ministre, aux autres membres du Gouvernement et à certains hauts responsables de l'administration de l'Etat, dans le cadre de leurs attributions respectives.

(3)- En cas d'empêchement temporaire, le Président de la République charge le Premier ministre ou, en cas d'empêchement de celui - ci un autre membre du Gouvernement, d'assurer certaines de ses fonctions, dans le cadre d'une délégation expresse.

CHAPITRE II
DU GOUVERNEMENT

Article 11 : (1)- Le Gouvernement est chargé de la mise en oeuvre de la politique de la Nation telle que définie par le Président de la République.

(2)- Il est responsable devant l'Assemblée Nationale dans les conditions et selon les procédures prévues à l'article 34 ci - dessous.

Article 12 : (1)- Le premier Ministre est le Chef du Gouvernement et dirige l'action de celui - ci.

(2)- Il est chargé de l'exécution des lois.

(3)- Le Premier ministre exerce le pouvoir réglementaire et nomme aux emplois civils, sous réserve des prérogatives reconnues au Président de la République dans ces domaines.

(4)- Il dirige tous les services administratifs nécessaires à l'accomplissement de sa mission.

(5)- Il peut déléguer certains de ses pouvoirs aux membres du Gouvernement et à des hauts responsables de l'administration de l'Etat.

Article 13 : Les fonctions de membre du Gouvernement et assimilés sont incompatibles avec l'exercice de tout mandat parlementaire, la présidence d'un exécutif ou d'une assemblée d'une collectivité territoriale décentralisée, toute fonction de représentation professionnelle.

TITRE III
DU POUVOIR LEGISLATIF

Article 14 : (1)- Le pouvoir législatif est exercé par le Parlement qui comprend deux (2) chambres :

- l'Assemblée Nationale ;

- Le Sénat.

(2)- Le Parlement légifère et contrôle l'action du Gouvernement.

(3)- Les chambres du parlement se réunissent aux mêmes dates :

a- en sessions ordinaires, chaque année au mois de juin, au mois de novembre et au mois de mars sur convocation des bureaux de l'Assemblée Nationale et du Sénat, après consultation du Président de la République ;

b- en sessions extraordinaires, à la demande du Président de la République ou du tiers des membres composant l'une et l'autre chambre.

Toutefois, les deux chambres ne sont convoquées simultanément que si les matières portées à l'ordre du jour concernant l'une et l'autre.

(4)- Les deux chambres du Parlement peuvent se réunir en congrès, à la demande du Président de la République :

-Pour entendre une communication ou recevoir un message du Président de la République ;

-Pour recevoir le serment des membres du Conseil Constitutionnel ;

- Pour se prononcer sur un projet ou une proposition de révision constitutionnelle.

Lorsque le Parlement se réunit en congrès, le bureau de l'Assemblée Nationale préside les débats.

(5)- Nul ne peut appartenir à la fois à l'Assemblée Nationale et au Sénat.

(6)- La loi fixe le régime électoral de l'Assemblée Nationale et du Sénat ainsi que le régime des immunités, des inéligibilités, des incompatibilités, des indemnités et des privilèges des membres du Parlement.

CHAPITRE I
DE L'ASSEMBLEE NATIONALE

Article 15 : (1)- L'Assemblée Nationale est composée de cent quatre - vingt (180) députés élus au suffrage universel direct et secret pour un mandat de cinq (5) ans.

Le nombre des députés élus à l'Assemblée Nationale peut - être modifié par la loi.

(2)- Chaque député représente l'ensemble de la nation.

(3)- Tout mandat impératif est nul.

(4)- En cas de crise grave, le Président de la République peut, après consultation du président du Conseil constitutionnel et des bureaux de l'Assemblée Nationale et du Sénat, demander à l'Assemblée Nationale de décider par une loi de proroger ou d'abréger son mandat. Dans ce cas, l'élection d'une nouvelle Assemblée a lieu quarante (40) jours au moins et soixante (60) jours au plus après l'expiration du délai de prorogation ou d'abrègement de mandat.

Article 16 : (1) -Au début de chaque législature, l'Assemblée Nationale se réunit de plein droit, en session ordinaire dans les conditions fixées par la loi.

(2)- Chaque année, l'Assemblée Nationale tient trois (3) sessions ordinaires d'une durée maximum de trente (30) jours chacune.

a- À l'ouverture de sa première session ordinaire, l'Assemblée nationale élit son Président et son bureau.

b- Au cours de l'une des sessions, l'Assemblée nationale vote le budget de l'Etat. Au cas où le budget n'aurait pas été adopté avant la fin de l'année budgétaire en cours, Le Président de la République est habilité à reconduire, par douzième, le budget de l'exercice précédent jusqu'à l'adoption du nouveau budget.

(3)- L'Assemblée Nationale se réunit en session extraordinaire pour une durée maximum de quinze (15) jours, sur un ordre du jour déterminé, à la demande sur Président de la République au d'un tiers des députés. La session extraordinaire est close dès épuisement de l'ordre du jour.

Article 17 : (1)- Les séances de l'Assemblée Nationale sont publiques. A la demande du Gouvernement ou de la majorité absolue de ses membres, l'Assemblée Nationale peut, exceptionnellement, se réunir à huis clos.

(2)- L'Assemblée Nationale fixe, elle même, ses règles d'organisation et de fonctionnement sous forme de loi portant règlement intérieur.

Art. 18.- (1)- L'ordre du jour de l'Assemblée Nationale est fixé par la conférence des présidents.

(2)- La conférence des présidents comprend : les présidents des groupes parlementaires, les présidents des commissions et les membres du bureau de l'Assemblée Nationale. Un membre du Gouvernement participe aux travaux de la conférence des présidents.

(3)- Seuls les textes relevant de sa compétence en vertu de l'article 26 ci - dessous peuvent être inscrits à l'ordre du jour de l'Assemblée Nationale.

a- Sont irrecevables, les propositions de loi ou amendements, qui auraient pour effet, s'ils sont adoptés, soit un diminution des ressources publiques, soit l'aggravation des charges publiques sans réduction à due concurrence d'autres dépenses ou création de recettes nouvelles d'égale importance.

b- En cas de doute ou de litige sur la recevabilité d'un texte, le Président de la République, le Président de l'Assemblée Nationale ou un tiers des députés saisit le Conseil Constitutionnel qui en décide.

(4)- L'ordre du jour comporte en priorité et dans l'ordre que le Gouvernement a fixé, la discussion des projets de loi ou des propositions de loi qu'il a acceptées. Les autres propositions de loi retenues par la conférence des présidents sont examinées par la suite. Lorsque, à l'issue de deux sessions ordinaires, une proposition de loi n'a pu être examinée, celle - ci est de plein droit examinée au cours de la session ordinaire suivante.

(5)- L'urgence est de droit lorsqu'elle est demandée par le Gouvernement.

Article 19 : (1)- L'Assemblée Nationale adopte les lois à la majorité simple des députés.

(2)-l'Assemblée nationale adopte ou rejette les textes soumis à son réexamen par le Sénat, conformément aux dispositions de l'article 30 ci - dessous.

(3)- Avant leur promulgation, les lois peuvent faire l'objet d'une demande de seconde lecture par le Président de la République.

Dans ce cas, ces lois sont adoptées à la majorité absolue des députés.

CHAPITRE II
DU SENAT

Article 20 : (1)- Le Sénat représente les collectivités territoriales décentralisées.

(2)- Chaque région est représentée au Sénat par dix (10) sénateurs dont sept (7) sont élus au suffrage universel indirect sur la base régionale et trois

(3) nommés par le Président de la République.

(3)- les candidats à la fonction de sénateur ainsi que les personnalités nommées à ladite fonction par le Président de la République, doivent avoir quarante (40) ans révolus à la date de l'élection ou de la nomination.

(4)- La durée du mandat des sénateurs est de cinq (5) ans.

Article 21 : (1)- Au début de chaque législature, le Sénat se réunit de plein droit en session ordinaire, dans les conditions fixées par la loi.

(2)- Chaque année, le sénat tient trois (3) sessions ordinaires d'une durée maximum de trente (30) jours chacune. A l'ouverture de sa première session ordinaire, le Sénat élit son président et son bureau.

(3)- Le Sénat se réunit en session extraordinaire pour une durée maximum de quinze (15) jours sur un ordre du jour déterminé, à la demande du Président de la République ou d'un tiers des sénateurs. La session extraordinaire est close dès épuisement de l'ordre du jour.

Article 22 : (1)- Les séances du Sénat sont publiques. A la demande du gouvernement ou de la majorité absolue de ses membres, le Sénat peut, exceptionnellement, se réunir à huis clos.

(2)- Le Sénat fixe lui - même ses règles d'organisation et de fonctionnement sous forme de loi portant règlement intérieur.

Article 23 : (1) L'ordre du jour du Sénat est fixé par la conférence des Présidents.

(2)- La conférence des présidents comprend : les présidents des groupes parlementaires, les présidents des commissions et les membres du bureau du sénat. Un membre du gouvernement participe aux travaux de la conférence des Présidents.

(3)- Seuls les textes relevant de sa compétence en vertu de l'article 26 ci - dessous peuvent être inscrits à l'ordre du jour du Sénat.

a- Sont irrecevables, les propositions de loi ou amendements qui auraient pour effet, s'ils sont adoptés, soit une diminution des ressources publiques, soit l'aggravation des charges publiques sans réduction à due concurrence d'autres dépenses ou création de recettes nouvelles d'égale importance.

b- En cas de doute ou de litige sur la recevabilité d'un texte, le Président de la République ou le Président du Sénat ou un tiers des sénateurs saisit le Conseil constitutionnel qui en décide.

(4)- L'ordre du jour comporte en priorité et dans l'ordre que le Gouvernement a fixé, la discussion des projets de loi ou des propositions de loi qu'il a acceptées. Les autres propositions de loi retenues par la conférence des présidents sont examinées par la suite.

Lorsque, à l'issue de deux sessions ordinaires une proposition de loi n'a pu être examinée, celle - ci est de plein droit examinée au cours de la session ordinaire suivante.

(5)- L'urgence est de droit lorsqu'elle est demandée par le Gouvernement.

Article 24 : (1)- Le Sénat adopte les lois à la majorité simple des sénateurs.

(2)- Le Sénat peut apporter des amendements ou rejeter tout ou partie des textes soumis à son examen, conformément aux dispositions de l'article 30 ci - dessous.

(3)- Avant leur promulgation, les lois peuvent faire l'objet d'une demande de seconde lecture par le Président de la République. Dans ce cas, les lois sont adoptées, à la majorité absolue des sénateurs.

TITRE IV
DES RAPPORTS ENTRE LE POUVOIR EXECUTIF ET LE POUVOIR LEGISLATIF

Article 25 : L'initiative des lois appartient concurremment au Président de la République et aux membres du Parlement.

Article 26 : (1)- La loi est votée par le Parlement.

Sont du domaine de la loi :

a- Les droits, garanties et obligations fondamentaux du citoyen :

1. La sauvegarde de la liberté et de la sécurité individuelles ;

2. Le régime des libertés publiques ;

3. Le droit du travail, le droit syndical, le régime de la protection sociale ;

4. Les devoirs et obligations du citoyen en fonction des impératifs de la Défense Nationale.

b- Le statut des personnes et le régime de biens :

1. la nationalité, l'état et la capacité des personnes, les régimes matrimoniaux, les successions et libéralités ;

2. le régime des obligations civiles et commerciales ;

3. le régime de la propriété mobilière et immobilière.

c- L'organisation politique, administrative et judiciaire concernant :

1. le régime de l'élection à la Présidence de la République, le régime des élections à l'Assemblée Nationale, au Sénat et aux Assemblées Régionales et locales et le régime des consultations référendaires ;

2. le régime des associations et des parties politiques ;

3. l'organisation, le fonctionnement, la détermination des compétences et des ressources des collectivités territoriales décentralisées ;

4. les règles générales d'organisation de la défense nationale ;

5. l'organisation judiciaire et la création des ordres de juridiction ;

6. la détermination des crimes et délits et l'institution des peines de toute nature, la procédure pénale, la procédure civile, les voies d'exécution, l'amnistie.

d- Les questions financières et patrimoniales suivantes :

1. le régime d'émission de la monnaie ;

2. le budget ;

3. la création des impôts et taxes et la détermination de l'assiette, du taux et des modalités de recouvrement de ceux - ci ;

4. Le régime domanial, foncier et minier ;

5. Le régime des ressources naturelles.

e- La programmation des objectifs de l'action économique et sociale.

f- Le régime de l'éducation.

Article 27 : Les matières autres que celles qui sont du domaine de la loi ressortissent au pouvoir réglementaire.

Article 28 : Dans les matières énumérées à l'article 26 alinéa 2 ci - dessus, le parlement, peut autoriser le Président de la République, pendant un délai limité et sur des objets déterminés, à prendre des ordonnances. Ces ordonnances entrent en vigueur dès leur publication. Elles sont déposées sur le bureau de l'Assemblée nationale et sur celui du Sénat aux fins de ratification dans le délai fixé par la loi d'habitation. Elles ont un caractère réglementaire tant qu'elles n'ont pas été ratifiées. Elles demeurent en vigueur tant que le Parlement n'a pas refusé de les ratifier.

Article 29 : (1)- Les projets et propositions de loi sont déposés à la fois sur le bureau de l'Assemblée Nationale et sur celui du Sénat. Ils sont examinés par les commissions compétentes avant leur discussion en séance plénière.

(2)- Le projet de loi examiné en séance plénière est le texte déposé par le Président de la République. La proposition de loi examinée en séance plénière est le texte élaboré par l'auteur ou les auteurs de celle - ci.

(3)- Ces textes peuvent faire l'objet d'amendements lors de leur discussion.

Article 30 : (1)- les textes adoptés par l'Assemblée Nationale sont aussitôt transmis au président du Sénat par le Président de l'Assemblée Nationale.

(2)- Le Président du Sénat, dès réception des textes transmis par le président de l'Assemblée Nationale, les soumet à la délibération du Sénat.

(3)- le Sénat, dans un délai de dix (10) jours à partir de la réception des textes ou dans un délai de cinq (5) jours pour les textes dont le Gouvernement déclare l'urgence, peut :

a- Adopter le texte. Dans ce cas, le Président du Sénat retourne le texte adopté au président de l'Assemblée Nationale qui le transmet dans les quarante - huit (48) heures au président de la
République aux fins de promulgation.

b- Apporter des amendements au texte.

Les amendements, pour être retenus, doivent être approuvés à la majorité simple des sénateurs. Dans ce cas, le texte amendé est retourné à l'Assemblée Nationale par le Président du Sénat pour un nouvel examen.

Les amendements proposés par le Sénat sont adoptés ou rejetés à la majorité simple des députés. Le texte adopté définitivement est transmis par le président de l'Assemblée Nationale au Président de la République pour promulgation.

c- Rejeter tout ou partie du texte.

Le rejet doit être approuvé à la majorité absolue des sénateurs.

Dans ce cas, le texte en cause, accompagné de l'exposé des motifs du rejet, est retourné par le président du Sénat à l'Assemblée Nationale, pour un nouvel examen.

1- L'Assemblée Nationale, après délibération, adopte le texte à la majorité absolue des députés.
Le texte adopté définitivement par l'Assemblée Nationale est transmis au Président de la République pour promulgation.

2 - En cas d'absence de majorité absolue, le Président de la République peut provoquer la réunion d'une commission mixte paritaire chargée de proposer un texte commun sur les dispositions rejetées par le Sénat. Le texte élaboré par la commission mixte paritaire est soumis par le Président de la République pour approbation aux deux chambres. Aucun amendement n'est recevable, sauf accord du Président de la République. Si la commission mixte paritaire ne parvient pas à l'adoption d'un texte commun, ou ce texte n'est pas adopté par l'une et l'autre chambres, le Président de la République peut :
- soit demander à l'Assemblée Nationale de statuer définitivement ;
-soit déclarer caduc le projet ou la proposition de loi.

Article 31 : (1)- Le Président de la République promulgue les lois adoptées par le Parlement dans un délai de quinze (15) jours à compter de leur transmission, s'il ne formule aucune demande de seconde lecture ou s'il n'en saisit le Conseil Constitutionnel.

(2)- A l'issue de ce délai, et après avoir constaté sa carence, le Président de l'Assemblée nationale peut se substituer au Président de la République.

(3)- La publication des lois est effectuée au journal officiel de la République en français et en anglais.

Article 32 : Le Président de la République peut, sur sa demande, être entendu par l'Assemblée
Nationale, le Sénat, ou les deux chambres réunies en congrès. Il peut également leur adresser des messages. Ces communications ne donnent lieu à aucun débat en sa présence.

Article 33 : Le Premier Ministre et les autres membres du Gouvernement ont accès au Parlement et peuvent participer aux débats.

Article 34 : (1)- Lors de la session au cour de laquelle le projet de loi de finances est examiné, le Premier Ministre présente à l'Assemblée Nationale le programme économique, financier, social et culturel du Gouvernement.

(2)- Le Premier Ministre peut après délibération du Conseil ministériel engager devant l'Assemblée Nationale, la responsabilité du Gouvernement sur un programme ou, le cas échéant, sur une déclaration de politique générale.
Le vote ne peut intervenir moins de quarante - huit (48) heures après la question de confiance. La confiance est refusée à la majorité absolue des membres de l'Assemblée Nationale.
Seuls sont recensés les votes défavorables à la question de confiance.

(3)- L'Assemblée Nationale peut mettre en cause la responsabilité du Gouvernement par le vote d'une motion de censure. Pour être recevable, la motion de censure doit être signée par au moins un tiers des membres de l'Assemblée Nationale. Le vote ne peut intervenir moins de quarante- huit (48) heures après le dépôt de la motion de censure. La motion de censure est adoptée à la majorité des deux tiers des membres composants l'Assemblée Nationale. Seuls sont recensés les votes favorables à la motion de censure.

En cas de rejet de la motion de censure, les signataires ne peuvent en déposer une nouvelle avant le délai d'un an, sauf dans le cas prévu à l'alinéa 4 ci - dessous.

(4)- Le Premier Ministre peut, après délibération du Consei ministériel, engager devant l'Assemblée Nationale, la responsabilité du Gouvernement sur le vote d'un texte. Dans ce cas, ce texte est considéré comme adopté sauf si une motion de censure déposée dans les vingt - quatre (24) heures qui suivent est votée dans les conditions prévues à l'alinéa précédent.

(5)- Lorsque l'Assemblée Nationale adopte une motion de censure ou refuse la confiance du Gouvernement, le Premier Ministre doit remettre au Président de la République la démission du Gouvernement.

(6)- Le Président de la République peut reconduire le Premier Ministre dans ses fonctions et lui demander de reformer un nouveau Gouvernement.

Article 35 : (1) Le Parlement contrôle l'action gouvernementale par voie des questions orales ou écrites et par la constitution des commissions d'enquêtes sur des objets déterminés.

(2) Le Gouvernement, sous réserve des impératifs de la défense nationale, de la sécurité de l'Etat, ou du secret de l'information judiciaire, fournit des renseignements au Parlement.

(3) Au cours de chaque section ordinaire, une séance par semaine est réservée par priorité aux questions des membres du Parlement et aux réponses du Gouvernement.

Article 36 : (1)- Le Président de la République, après consultation du président du
Conseil Constitutionnel, du président de l'Assemblée Nationale et du président du Sénat, peut soumettre au Référendum tout projet de réforme qui, bien que relevant du domaine de la loi, serait susceptible d'avoir des répercussions profondes sur l'avenir de la nation et les institutions nationales.

Il en sera ainsi notamment :

1. des projets de loi portant sur l'organisation des pouvoirs publics ou sur la révision de la Constitution ;

2. des projets de loi tendant à la ratification des accords ou des traités internationaux présentant, par leurs conséquences, une importance particulière ;

3. de certain projet de réforme portant sur le statut des personnes et le régime des biens,etc...

(2)- Le projet de loi est adopté à la majorité des suffrages exprimés.

(3)- La loi détermine les procédures du Référendum.

TITRE V
DU POUVOIR JUDICIAIRE

Article 37 : (1)- La justice est rendue sur le territoire de la République au nom de du peuple camerounais.

(2)- Le pouvoir judiciaire est exercé par la Cour Suprême, les Cours d'Appel, les Tribunaux. Il est indépendant du pouvoir exécutif et du pouvoir législatif.

Les magistrats du siège ne relèvent dans leurs fonctions juridictionnelles que de la loi et de leur conscience.

(3)- Le Président de la République est garant de l'indépendance du pouvoir judiciaire. Il nomme les magistrats. Il est assisté dans cette mission par le Conseil Supérieur de la Magistrature qui lui donne son avis sur les propositions de nomination et sur les sanctions disciplinaires concernant les magistrats du siège.

L'organisation et le fonctionnement du Conseil Supérieur de la Magistrature sont déterminés par la loi.

Article 38 : (1)- La Cour Suprême est la plus haute juridiction en matière judiciaire, administrative et de jugement des comptes.

(2)- Elle comprend :

-Une chambre judiciaire ;
-Une chambre administrative ;
-Une chambre des comptes ;

Article 39 : La chambre judiciaire statue souverainement sur :

- Les recours en cassation admis par la loi contre les décisions rendues en dernier ressort par les Cours et les Tribunaux de l'ordre judiciaire ;

-les décisions des juridictions inférieures de l'ordre judiciaire devenues définitives dans les cas où l'application du droit est en cause ;

-toute matière qui lui est expressément attribuée par la loi.

Article 40 : La chambre administrative connaît de l'ensemble du contentieux administratif de l'Etat et des autres collectivités publiques.

Elle connaît en appel du contentieux des élections régionales et municipales.

Elle statue souverainement sur les décisions rendues en dernier ressort par les juridictions inférieures en matière de contentieux administratif.

Elle connaît de tout autre litige qui lui est expressément attribué par la loi.

Article 41 : (1)- L'organisation, le fonctionnement, la composition, les attributions de la Cour Suprême et des chambres qui la composent ainsi que les conditions de saisines et la procédure suivie devant elles sont fixés par la loi.

(2)- L'organisation, le fonctionnement, la composition, les attributions des Cours d'Appel, des Tribunaux de l'ordre judiciaire, les Tribunaux Administratifs et des juridictions inférieures des comptes ainsi que les conditions de saisines et la procédure suivie devant eux sont fixés par la loi.

TITRE VI
DES TRAITES ET ACCORDS INTERNATIONAUX

Article 43 : Le Président de la République négocie et ratifie les traités et accords internationaux. Les traités et accords internationaux qui concernent le domaine de la loi, défini à l'article 26 ci-dessus, sont soumis, avant ratification, à l'approbation en forme législative par le Parlement.

Article 44 : Si le Conseil Constitutionnel a déclaré qu'un traité ou accord international comporte une clause contraire à la Constitution, l'approbation en forme législative ou la ratification de ce traité ou de cet accord ne peut intervenir qu'après la révision de la Constitution.

Article 45 : Les traités ou accords internationaux régulièrement approuvés ou ratifiés ont, dès leur publication, une autorité supérieure à celle des lois, sous réserve pour chaque accord ou traité, de son application par l'autre partie.

TITRE VII
DU CONSEIL CONSTITUTIONNEL

Article 46 : Le Conseil Constitutionnel est l'instance compétente en matière constitutionnelle. Il statue sur la constitutionnalité des lois. Il est l'organe régulateur du fonctionnement des institutions.

Article 47 : (1) -Le Conseil Constitutionnel statue souverainement sur :

- La constitutionnalité des lois, des traités et accords internationaux ;
- les règlements intérieurs de l'Assemblée Nationale et du Sénat, avant leur mise en application, quant à leur conformité à la Constitution ;
- les conflits d'attribution : entre les institutions de l'Etat ; entre l'Etat et les régions ; entre les régions.

(2)- Le Conseil Constitutionnel est saisi par le Président de la République, le président de l'Assemblée Nationale, le président du Sénat, un tiers des députés ou un tiers des sénateurs.
Les présidents des exécutifs des régionaux peuvent saisir le Conseil Constitutionnel lorsque les intérêts de leur région sont en cause.

(3)- Avant leur promulgation, les lois ainsi que les traités et accords internationaux peuvent être déférés au Conseil Constitutionnel par le Président de la République, le président de l'Assemblée Nationale, le président du Sénat, un tiers des députés ou un tiers des sénateurs, les présidents des exécutifs régionaux conformément aux dispositions de l'alinéa 2 ci - dessus.

La saisine du Conseil Constitutionnel suspend le délai de promulgation.

(4)- Le Conseil Constitutionnel donne des avis sur des matières relevant de sa compétence.

Article 48 : (1)- Le Conseil Constitutionnel veille à la régularité de l'élection présidentielle, des élections parlementaires, des consultations référendaires.

Ils en proclament les résultats.

(2)- En cas de contestation sur la régularité de l'une des élections prévues à l'alinéa 1 ci - dessus, le Conseil Constitutionnel peut être saisi par tout candidat, par tout parti politique ayant pris part à l'élection dans la circonscription concernée ou toute personne ayant qualité d'agent du Gouvernement pour cette élection.

(3)- En cas de contestation sur la régularité de la consultation référendaire, le Conseil Constitutionnel peut être saisi par le Président de la République, le président de l'Assemblée Nationale ou le président du Sénat, un tiers des députés ou un tiers des sénateurs.

Article 49 : Dans tous les cas de saisine, le Conseil Constitutionnel statue dans un délai de quinze (15) jours.

Toutefois, à la demande du Président de la République, ce délai peut être ramené à huit (8) jours.

Article 50 : (1)- Les décisions du Conseil Constitutionnel ne sont susceptibles d'aucun recours. Elle s'impose aux pouvoirs publics et à toutes les autorités administratives, militaires et juridictionnelles, ainsi qu'à toute personne physique ou morale.

(2)- Une décision déclarée inconstitutionnelle ne peut être ni promulguée ni mise en application.

Article 51 : (1)- Le Conseil Constitutionnel comprend onze (11) membres, désignés pour un mandat de neuf (9) ans non renouvelable. Les membres du Conseil Constitutionnel sont choisis parmi les personnalités de réputation professionnelle établie. Ils doivent jouir d'une grande intégralité morale et d'une compétence reconnue.

(2)- Les membres du Conseil Constitutionnel sont nommés par le Président de la République et désignés de la manière suivante :

- trois, dont le Président du Conseil, par le Président de la République ;

- trois par le président de l'Assemblée Nationale après avis du bureau ;

-trois par le président du Sénat après avis du bureau ;

-deux par le Conseil Supérieur de la Magistrature.

En sus des onze (11) membres prévus ci - dessus, les anciens Présidents de la République sont, de droit, membres à vie du Conseil Constitutionnel.
Le Président du Conseil Constitutionnel a voix prépondérante en cas de partage.

(3)- En cas de décès ou de démission d'un membre, ou autre cause d'incapacité ou d'inadaptation dûment constatée par les organes compétents prévus par la loi, il est pourvu au remplacement de ce membre par l'autorité ou l'organe de désignation concerné. Le membre ainsi désigné et nommé achève le mandat commencé.
(4)- Les membres du Conseil Constitutionnel prêtent serment devant le Parlement réuni en congrès dans les formes fixées par la loi.

(5)- Les fonctions de membre du Conseil Constitutionnel sont incompatibles avec celles de membre du Gouvernement, du Parlement ou de la Cour Suprême. Les autres éléments du statut tels les incompatibilités, les obligations, les immunités et les privilèges, sont fixées par la loi.

Article 52 : L'Organisation et le fonctionnement du Conseil Constitutionnel, les modalités de saisine, ainsi que la procédure suivie devant lui sont fixés par la loi.

TITRE VIII
DE LA HAUTE COUR DE JUSTICE

Article 53 : (1) La Haute Cour de Justice est compétente pour juger les actes accomplis dans l'exercice de leurs fonctions par :

- Le Président de la République en cas de haute trahison ;

-Le Premier Ministre, les autres membres du Gouvernement et assimilés, les hauts responsables de l'administration ayant reçu délégation de pouvoirs en application des articles 10 et 12 ci - dessus, en cas de complot contre la sûreté de l'Etat.

(2)- L'organisation, la composition, les conditions de saisine ainsi que la procédure suivie devant la haute Cour de Justice sont déterminées par la loi.

TITRE IX
DU CONSEIL ECONOMIQUE ET SOCIAL

Article 54 : Il est créé un Conseil économique et social dont la composition, des attributions et l'organisation sont déterminées par la loi.

TITRE X
DES COLLECTIVITES TERRITORIALES DECENTRALISEES

Article 55 : (1)- Les collectivités territoriales décentralisées de la République sont les régions et les communes. Tout autre type de collectivité territoriale décentralisée est créé par la loi.

(2) Les collectivités territoriales décentralisées sont des personnes morales de droit public.

Elles jouissent de l'autonomie administrative et financière pour la gestion des intérêts régionaux et locaux. Elles s'administrent librement par des conseils élus et dans les conditions fixées par la loi.

Les Conseils des collectivités territoriales décentralisées ont pour mission de promouvoir le développement économique, social, sanitaire, éducatif, culturel et sportif de ces collectivités.

(3)- L'Etat assure la tutelle sur les collectivités territoriales décentralisées dans les conditions fixées par la loi.

(4)- L'Etat veille au développement harmonieux de toutes les collectivités territoriales décentralisées sur la base de la solidarité nationale, des potentialités régionales et de l'équilibre inter- régional.

(5)-L'organisation, le fonctionnement et le régime financier des collectivités territoriales décentralisées sont déterminés par la loi. (6) Le régime des communes est déterminé par la loi.

Article 56 : (1)- L'Etat transfère aux régions, dans les conditions fixées par la loi, les compétences dans les matières nécessaires à leur développement économique, social, sanitaire, éducatif, culturel et sportif.

(2) La loi détermine :

- le partage des compétences entre l'Etat et les régions dans les matières ainsi transférées ;
- les ressources des régions ;
- le domaine et le patrimoine particulier de la région.

Article 57 : (1)- Les organes de la région sont :

- le Conseil régional ;

- et le Président du Conseil régional.

Le Conseil régional et Le Président du Conseil régional agissent dans le cadre des compétences transférées aux régions par l'Etat. (2) Le Conseil régional est l'organe délibérant de la région.

Les conseillers régionaux dont le mandat est de cinq (5) ans sont :

- les délégués de départements élus au suffrage universel indirect ;
- -les représentants du commandement traditionnel élus par leurs pairs.

Le Conseil régional doit refléter les différentes composantes sociologiques de la région.

Le mode d'élection, le nombre, la proportion par catégorie, le régime des inéligibilités, les incompatibilités et des indemnités des conseillers régionaux sont fixés par la loi.

(3)- Le Conseil régional est présidé par une personnalité autochtone de la région élue en son sein pour la durée du mandat du Conseil.

Le Président du Conseil régional est l'Exécutif de la Région. A ce titre, il est l'interlocuteur du représentant de l'Etat. Il est assisté par un bureau régional élu en même temps que lui au sein du Conseil. Le bureau régional doit refléter la composition sociologique de la région.

(4)- Les parlementaires de la région assistent aux travaux du Conseil régional avec voix consultative.

Article 58 : (1)- Dans la région, un délégué nommé par le Président de la République représente l'Etat. A ce titre, il a la charge des intérêts nationaux, du contrôle administratif, du respect des lois et règlements et du maintien de l'ordre public ; il supervise et coordonne sous l'autorité du Gouvernement, les services des administrations civiles de l'Etat dans la région. (2) Il assure la tutelle de l'Etat sur la région.

Article 59 : (1)- Le Conseil régional peut être suspendu par le Président de la République lorsque ledit organe :
- accomplit des actes contraires à la constitution ;
- porte atteinte à la sécurité de l'Etat ou à l'ordre public ;
- met en péril l'intégrité du territoire.

Les autres cas de suspension sont fixés par la loi.

(2)- Le Conseil régional peut être dissous par le Président de la République, après avis du Conseil constitutionnel, dans tous les cas prévus à l'alinéa (1) ci - dessus. Les autres cas de dissolution sont fixés par la loi.

(3)- La substitution de plein droit par l'Etat dans les cas prévus aux alinéas (1) et (2) ci - dessus est décidée par le Président de la République.

(4)- Les modalités d'application du présent article sont fixées par la loi.

Article 60 : (1)- Le Président et le bureau du Conseil régional peuvent être suspendus par le Président de la République lorsque lesdits organes :

- accomplissent des actes contraires à la Constitution ;

- portent atteinte à la sécurité de l'Etat ou à l'ordre public ;

- mettent en péril l'intégrité du territoire.

Les autre cas de suspension sont fixes par la loi.

(2)- Le Président et le bureau du Conseil régional peuvent être destitués par le Président de la République, après avis du Conseil constitutionnel, dans tous les cas prévus à l'alinéa (1) ci - dessus. Les autres cas de destitution sont prévus par la loi.

(3)- La substitution de plein droit par l'Etat dans les cas prévus aux alinéas (1) et (2) ci – dessus est décidée par le Président de la République.

(4)- Les modalités d'application du présent article sont fixées par la loi.

Article 61 : (1) Sont constituées en Région, les provinces suivantes :

- L'Adamaoua ;
- Le Centre ;
- L'Est ;
- L'Extrême Nord ;
- Le Littoral ;
- Le Nord ;
- Le Nord – Ouest ;
- L'Ouest ;
- Le Sud ;
- Le Sud - Ouest.

(2)-Le Président de la République peut, en temps que de besoin :

a- modifier les dénominations et les délimitations géographiques des Régions énumérées à l'alinéa (1) ci - dessus ;

b- créer d'autres Régions. Dans ce cas, il leur attribue une dénomination et fixe leurs délimitations géographiques.

Article 62 : (1)- Le régime général ci - dessus s'applique à toutes les régions.

(2) Sans préjudice des dispositions prévues au présent titre, la loi peut tenir compte des spécificités de certaines régions dans leur organisation et leur fonctionnement.

TITRE XI
DE LA REVISION DE LA CONSTITUTION

Article 63 : (1)- L'initiative de la révision de la Constitution appartient concurremment au Président de la République et au Parlement.

(2)- Toute proposition de révision émanant des membres du Parlement doit être signée par un tiers au moins des membres de l'une ou de l'autre chambre.

(3)- Le Parlement se réunit en congrès, lorsqu'il est appelé à se prononcer sur un projet ou une proposition de révision de la Constitution.

Le texte est adopté à la majorité absolue des membres le composant. Le Président de la République peut demander une seconde lecture. Dans ce cas, la révision est votée à la majorité des deux tiers des membres composants le Parlement.

(4)- Le Président de la République peut décider de soumettre tout projet ou toute proposition de révision de la Constitution au Référendum.

Dans ce cas, le texte est adopté à la majorité simple des suffrages exprimés.

Article 64 : Aucune procédure de révision ne peut être retenue si elle porte atteinte à la forme républicaine, à l'unité et à l'intégrité territoriale de l'Etat et aux principes démocratiques qui régissent la République.

TITRE XII
DES DISPOSITIONS SPECIALES

Article 65 : Le Préambule fait partie intégrante de la Constitution.

Article 66 : Le Président de la République, Le Premier Ministre, les membres du Gouvernement et assimilés, Le Président et les membres du bureau de l'Assemblée Nationale, Le Président et les membres du bureau du Sénat, les députés, les sénateurs, tout détenteurs d'un mandat électif, les Secrétaires Généraux des Ministères et assimilés, les Directeurs des administrations centrales, les Directeurs Généraux des entreprises publiques et para - publiques, les Magistrats, les personnels des administrations chargés de l'assiette, du recouvrement et du maniement des recettes publiques, tout gestionnaire de crédits et des biens publics, doivent faire une déclaration de leurs biens et avoirs au début et à la fin de leur mandat ou de leur fonction.

Une loi détermine les autres catégories de personnes assujetties aux dispositions du présent article et en précise les modalités d'application.

TITRE XIII
DES DISPOSITIONS TRANSITOIRES ET FINALES

Article 67 : (1) Les nouvelles institutions de la République prévues par la présente Constitution seront progressivement mises en place.

(2)- Pendant leur mise en place et jusqu'à cette mise en place, les institutions de la République actuelles demeurent et continuent de fonctionner :

a- Le Président de la République en exercice demeure en fonction jusqu'au terme de son mandat en cours, sous réserve de l'application des dispositions prévues à l'article 6 alinéa (4) de la Constitution ;

b- Les députés à l'Assemblée Nationale restent en fonction jusqu'à la fin de leur mandat en cours, sous réserve de l'application des dispositions de l'article 8 alinéa (12).

(3)- l'Assemblée Nationale exerce la plénitude du pouvoir législatif et jouit de l'ensemble des prérogatives reconnues au Parlement jusqu'à la mise en place du Sénat.

(4)- La Cour Suprême exerce les attributions du Conseil Constitutionnel jusqu'à la mise en place de celui - ci.

(5)- L'Organisation territoriale de l'Etat reste inchangée jusqu'à la mise en place des régions.

Article 68 : La Législation résultant des lois et règlements applicables dans l'Etat fédéral du Cameroun et dans les Etats fédérés à la date de prise d'effet de la présente Constitution reste en vigueur dans ses dispositions qui ne sont pas contraires aux stipulations de celle - ci, tant qu'elle n'aura pas été modifiée par voie législative ou réglementaire.

Article 69 : La présente loi sera enregistrée et publiée au journal officiel de la République du Cameroun en français et en anglais. Elle sera exécutée comme Constitution de la République du Cameroun.

Yaoundé, le 18 janvier 1996

Le Président de la République

(é) Paul BIYA

LOI N°2008/001 DU 14 AVRIL 2008 MODIFIANT ET COMPLETANT CERTAINES DISPOSITIONS DE LA LOI N° 96/06 du 18 JANVIER 1996 PORTANT REVISION DE LA CONSTITUTION DU 02 JUIN 1972

Article 1er : Les dispositions des articles 6 (2) et 4 , 14 (3) a, 15 (4), 51 (1), 53 et 67 (6)de la loi n°96/06 du 18 janvier 1996 portant révision de la Constitution du 02 juin 1972 sont modifiées et complétées ainsi qu'il suit :

Article 6 -(2) (nouveau) : Le président de la République est élu pour un mandat de sept (07) ans. Il est rééligible.

(4) nouveau) : En cas de vacance de la Présidence de la République pour cause de décès, de démission pu d'empêchement définitif constaté par le Conseil Constitutionnel, le scrutin pour l'élection du nouveau président de la République doit impérativement avoir lieu vingt (20) jours au moins et cent vingt (120) jours au plus après l'ouverture de la vacance.

(a) L'intérim du président de la est exercé de plein droit, jusqu'à l'élection du nouveau président de la République par le président du Sénat. Et si ce dernier est à son tour empêché, par son suppléant suivant l'ordre de préséance du Sénat.

(b)-Le président de la République par intérim-le président du Sénat ou son suppléant- ne peut modifier ni la Constitution, ni la composition du gouvernement. Il ne peut recourir au référendum. Il ne peut être candidat à l'élection organisée pour la présidence de la République.

(c)-Toutefois, en cas de nécessité liée à l'organisation de l'élection présidentielle, le président de la République par intérim peut après consultation du Conseil constitutionnel, modifier la composition du gouvernement.

Article 14- (3): Les Chambres du parlement se réunissent aux mêmes dates : a (nouveau) : en sessions ordinaires chaque année au mois de mars, juin et novembre sur convocation des Bureaux de l'Assemblée nationale et du Sénat, après consultation du président de la République.

Article 15 : (4)- (nouveau) : En cas de crise grave ou lorsque les circonstances l'exigent, le président de la République peut, après consultation du président du Conseil constitutionnel et des bureaux de l'Assemblée nationale et du Sénat, demander à l'Assemblée nationale de décider, par une loi, de proroger ou d'abréger son mandat. Dans ce cas, l'élection d'une nouvelle Assemblée a lieu quarante (40) jours au moins et cent vingt (120) jours au plus après l'expiration du délai de prorogation ou d'abrègement de mandat.

Article 51 : (1) (nouveau) : Le Conseil constitutionnel comprend onze (11) membres désignés pour un mandat de six (6) ans éventuellement renouvelable.

TITRE VIII- DE LA HAUTE COUR DE JUSTICE

Article 53 : (nouveau).(1)- La Haute cour de justice est compétente pour juger les actes accomplis dans l'exercice de leurs fonctions par :

-le président de la République en cas de haute trahison ;

-le premier Ministre, les autres membres du gouvernement et assimilés, les hauts responsables de l'administration ayant reçu délégation de pouvoirs en application des articles 10 et 12 ci-dessus, en cas de complot contre la sûreté de l'Etat.

(2)-Le président de la République ne peut être mis en accusation que par l'Assemblée nationale et la Sénat statuant par un vote identique au scrutin public et à la majorité des quatre cinquièmes des membres les composants.

(3)- Les actes accomplis par le président de la République en application des articles 5, 8 ,9 et 10 ci-dessus, sont couverts par l'immunité et ne sauraient engager sa responsabilité à l'issue de son mandat.

(4)-L'organisation,, la composition, les conditions de saisine ainsi que le procédure suivie devant la Haute cour de justice sont déterminées par la loi.

TITRE XIII-DISPOSITIONS TRANSITOIRES ET FINALES

Article 67 :- (6)- (nouveau) : Au cas où la mise en place du Sénat intervient avant celle des régions, le collège électoral pour l'élection des sénateurs est composé exclusivement des conseillers municipaux.

Article 2 : La présente loi sera enregistrée, publiée suivant la procédure d'urgence puis insérée au Journal Officiel en français et en anglais. /-

Yaoundé, le 14 Avril 2008
Le
Président de la République
(è) Paul BIYA

(source : www.minsep.cm)

CONSTITUTION DE LA VIIE REPUBLIQUE DU NIGER.

(25 novembre 2010)

La Constitution de la Ve République (1999), modifiée en 2004, interdisait au président Tandja de solliciter un troisième mandat. Le président propose une révision constitutionnelle de grande ampleur afin de se maintenir à la présidence. La nouvelle Constitution est approuvée par référendum le 4 août 2009. Mais cette Constitution de la VIe République n'est restée en vigueur que quelques mois. Un coup d'état militaire, le 18 février 2010, crée un Conseil suprême pour la restauration de la démocratie, sous la présidence du chef d'escadron Salou Djibo, qui va tenir ses promesses et rendre effectivement le pouvoir aux civils. Le 31 octobre une nouvelle Constitution est adoptée par référendum et promulguée le 25 novembre 2010. La nouvelle Constitution conserve la structure des constitutions précédentes dont elle reproduit de nombreuses dispositions. Il convient cependant de noter la suppression du Sénat et le rétablissement de la dyarchie entre le président et le premier ministre, avec une tentative de régler à l'avance les problèmes posés par une éventuelle cohabitation, résolue en 1996, comme on le sait, par un coup d'État. Mais n'est-ce par l'armée qui assure ici par son arbitrage la fonction de Cour constitutionnelle !

Préambule.

Nous, Peuple nigérien souverain,

Résolu à consolider les acquis de la République et de l'indépendance nationale proclamées respectivement le 18 décembre 1958 et le 3 août 1960 ainsi que ceux de la Conférence nationale souveraine qui a réuni du 29 juillet au 3 novembre 1991, l'ensemble des forces vives de la Nation ;

Résolu à bâtir un État de droit garantissant, d'une part, l'exercice des droits collectifs et individuels, la liberté, la justice, la dignité, l'égalité, la sûreté et le bien-être comme valeurs fondamentales de notre société et, d'autre part, l'alternance démocratique et la bonne gouvernance ;

Résolu à bâtir une Nation unie, digne, pacifique, industrieuse et prospère ;

Profondément attaché aux valeurs de civilisation qui fondent notre personnalité ;

Soucieux de sauvegarder notre identité culturelle :

Proclamons notre attachement aux principes de la démocratie pluraliste et aux droits humains tels que définis par la Déclaration universelle des droits de l'homme de 1948, le Pacte international relatif aux droits civils et politiques de 1966, le Pacte international relatif aux droits économiques, sociaux et culturels de 1966, la Charte africaine des droits de l'homme et des peuples de 1981 ;

Proclamons notre attachement aux instruments juridiques régionaux et internationaux de protection et de promotion des droits humains tels que signés et ratifiés par le Niger ;

Réaffirmons notre attachement à l'Unité africaine et nous engageons à tout mettre en ouvre pour réaliser l'intégration régionale et sous régionale ;

Exprimons notre volonté de coopérer dans l'amitié, l'égalité et le respect mutuel avec tous les peuples épris de paix, de justice et de liberté ;

Réaffirmons notre opposition absolue à tout régime politique fondé sur la dictature, l'arbitraire, l'impunité, l'injustice, la corruption, la concussion, le régionalisme, l'ethnocentrisme, le népotisme, le pouvoir personnel et le culte de la personnalité ;

- Adoptons solennellement la présente Constitution, loi suprême de l'État à laquelle nous jurons respect, loyauté et fidélité et dont ce préambule est partie intégrante.

TITRE PREMIER.
DE L'ÉTAT ET DE LA SOUVERAINETE.

Article premier.

L'État du Niger est une République indépendante et souveraine.

Toute atteinte à la forme républicaine de l'État est un crime de haute trahison puni comme tel par la loi.

La capitale de la République du Niger est Niamey.

L'emblème national est le drapeau tricolore composé de trois bandes horizontales, rectangulaires et égales dont les couleurs sont disposées de haut en bas dans l'ordre suivant : orange, blanc et vert. La bande blanche médiane porte en son milieu un disque de couleur orange.

L'hymne de la République est : « La Nigérienne. »

La devise de la République est : « Fraternité -Travail - Progrès. »

Le sceau de l'État, d'un diamètre de quarante millimètres, est composé d'un blason portant un soleil accosté à dextre d'une lance en pal chargée de deux épées touareg posées en sautoir, et à sénestre de trois épis de mil, un en pal et deux posés en sautoir, accompagné en pointe d'une tête de zébu. En exergue, sont placées les inscriptions suivantes :

- dans la partie supérieure : République du Niger ;
- dans la partie inférieure : Fraternité -Travail - Progrès.

Les armoiries de la République sont composées d'un blason de sinople à un soleil rayonnant d'or, accosté à dextre d'une lance en pal chargée de deux épées touareg posées en sautoir, et à sénestre de trois épis de mil, un en pal et deux posés en sautoir, accompagné en pointe d'une tête de zébu, le tout d'or.

Ce blason repose sur un trophée formé de quatre drapeaux de la République du Niger. L'inscription « République du Niger » est placée en-dessous.

Article 2.

Les attributs de la République, tels que définis à l'article premier, sont réservés à l'usage des pouvoirs publics.

Tout usage illégal et toute profanation de ces attributs sont punis par la loi.

Article 3.

La République du Niger est un État unitaire. Elle est une et indivisible, démocratique et sociale.

Ses principes fondamentaux sont :

- le gouvernement du Peuple par le Peuple et pour le Peuple ;
- la séparation de l'État et de la religion ;
- la justice sociale ;
- la solidarité nationale.

Article 4.

La souveraineté nationale appartient au Peuple.

Aucune fraction du Peuple, aucune communauté, aucune corporation, aucun parti ou association politique, aucune organisation syndicale ni aucun individu ne peut s'en attribuer l'exercice.

Dans l'exercice du pouvoir d'État, le pouvoir personnel, le régionalisme, l'ethnocentrisme, la discrimination, le népotisme, le sexisme, l'esprit de clan, l'esprit féodal, l'esclavage sous toutes ses formes, l'enrichissement illicite, le favoritisme, la corruption, la concussion et le trafic d'influence sont punis par la loi.

Article 5.

Toutes les communautés composant la Nation nigérienne jouissent de la liberté d'utiliser leurs langues en respectant celles des autres.

Ces langues ont, en toute égalité, le statut de langues nationales.

L'Etat veille à la promotion et au développement des langues nationales.

La loi fixe les modalités de leur promotion et de leur développement.

La langue officielle est le français.

Article 6.

Le peuple exerce sa souveraineté par ses représentants élus et par voie de référendum. Les conditions du recours au référendum sont déterminées par la loi.

Une Commission électorale nationale indépendante (CENI) est chargée de l'organisation, du déroulement et de la supervision des opérations de vote. Elle en proclame les résultats provisoires.

Une loi détermine les modalités d'organisation et de fonctionnement de cette Commission.

La Cour constitutionnelle veille à la régularité des opérations de vote et en proclame les résultats définitifs.

Article 7.

Le suffrage est direct ou indirect. Il est universel, libre, égal et secret.

Sont électeurs, dans les conditions déterminées par la loi, les Nigériens des deux sexes, âgés de dix-huit ans accomplis au jour du scrutin, ou mineurs émancipés, jouissant de leurs droits civils et politiques.

Article 8.

La République du Niger est un État de droit.

Elle assure à tous l'égalité devant la loi sans distinction de sexe, d'origine sociale, raciale, ethnique ou religieuse.

Elle respecte et protège toutes les croyances. Aucune religion, aucune croyance ne peut s'arroger le pouvoir politique ni s'immiscer dans les affaires de l'État.

Toute propagande particulariste de caractère régionaliste, raciale ou ethnique, toute manifestation de discrimination raciale, sociale, sexiste, ethnique, politique ou religieuse, sont punies par la loi.

Article 9.

Dans le cadre de la liberté d'association reconnue et garantie par la présente Constitution, les partis, groupements de partis politiques, syndicats, organisations non gouvernementales et autres associations ou groupements d'associations se forment et exercent leurs activités librement, dans le respect des lois et règlements en vigueur.

Les partis et groupements de partis politiques concourent à l'expression des suffrages. Les mêmes prérogatives sont reconnues à tout citoyen nigérien jouissant de ses droits civils et politiques et remplissant les conditions d'éligibilité prévues par la loi.

Les partis politiques à caractère ethnique, régionaliste ou religieux sont interdits. Aucun parti ne saurait être créé dans le but de promouvoir une ethnie, une région ou une religion, sous peine des sanctions prévues par la loi.

TITRE II.
DES DROITS ET DES DEVOIRS DE LA PERSONNE HUMAINE.

Article 10.

Tous les Nigériens naissent et demeurent libres et égaux en droits et en devoirs. Toutefois, l'accès de certaines catégories de citoyens aux mandats électoraux, aux fonctions électives et aux emplois publics peut être favorisé par des mesures particulières prévues par la loi.

Article 11.

La personne humaine est sacrée. L'État a l'obligation absolue de la respecter et de la protéger.

Article 12.

Chacun a droit à la vie, à la santé, à l'intégrité physique et morale, à une alimentation saine et suffisante, à l'eau potable, à l'éducation et à l'instruction dans dans les conditions définies par la loi.

L'Etat assure à chacun la satisfaction des besoins et services essentiels ainsi qu'un plein épanouissement.

Chacun a droit à la liberté et à la sécurité dans les conditions définies par la loi.

Article 13.

Toute personne a le droit de jouir du meilleur état de santé physique et morale.

L'État veille à la création des conditions propres à assurer à tous, des services médicaux et une aide médicale en cas de maladie.
La loi détermine les modalités de mise en œuvre de cette disposition.

Article 14.

Nul ne sera soumis à la torture, à l'esclavage ni à des sévices ou traitements cruels, inhumains ou dégradants.

Tout individu, tout agent de l'État, qui se rendrait coupable d'actes de torture, de sévices ou traitements cruels, inhumains ou dégradants dans l'exercice ou à l'occasion de l'exercice de ses fonctions, soit de sa propre initiative, soit sur instructions, sera puni conformément à la loi.

Article 15.

Nul n'est tenu d'exécuter un ordre manifestement illégal.

La loi détermine l'ordre manifestement illégal.

Article 16.

Aucun citoyen ne peut être contraint à l'exil ou faire l'objet de déportation.

La contrainte à l'exil ou la déportation de citoyen est considérée comme un crime contre la nation et punie conformément à la loi.

Article 17.

Chacun a droit au libre développement de sa personnalité dans ses dimensions matérielle, intellectuelle, culturelle, artistique et religieuse pourvu qu'il ne viole pas le droit d'autrui, ni n'enfreigne l'ordre constitutionnel, la loi ou les bonnes moeurs.

Article 18.

Nul ne peut être arrêté ou inculpé qu'en vertu d'une loi entrée en vigueur antérieurement aux faits qui lui sont reprochés.

Article 19.

Les lois et règlements n'ont d'effet rétroactif qu'en ce qui concerne les droits et avantages qu'ils peuvent conférer au citoyen.

Article 20.

Toute personne accusée d'un acte délictueux est présumée innocente jusqu'à ce que sa culpabilité ait été légalement établie au cours d'un procès public durant lequel toutes les garanties nécessaires à sa libre défense lui auront été assurées.

Nul ne sera condamné pour des actions ou omissions qui, au moment où elles ont été commises, ne constituaient pas une infraction d'après le droit national. De même, il ne peut être infligé de peines plus fortes que celles qui étaient applicables au moment où l'infraction a été commise.

Article 21.

Le mariage et la famille constituent la base naturelle et morale de la communauté humaine. Ils sont placés sous la protection de l'État.

L'État et les collectivités publiques ont le devoir de veiller à la santé physique, mentale et morale de la famille, particulièrement de la mère et de l'enfant.

Article 22.

L'Etat veille à l'élimination de toute forme de discrimination à l'égard de la femme, de la jeune fille et des personnes handicapées. Les politiques publiques dans tous les domaines assurent leur plein épanouissement et leur participation au développement national.

L'Etat prend, en outre, les mesures de lutte contre les violences faites aux femmes et aux enfants dans la vie publique et privée.

Il leur assure une représentation équitable dans les institutions publiques à travers la politique nationale du genre et le respect des quotas.

Article 23.

Les parents ont le droit et le devoir d'élever et d'éduquer leurs enfants. Les descendants ont le droit et le devoir d'assister et d'aider les ascendants. Les uns comme les autres sont soutenus dans cette tâche par l'État et les autres collectivités publiques.

L'Etat et les autres collectivités publiques veillent, par leurs politiques publiques et leurs actions, à la promotion et à l'accès à un enseignement public, gratuit et de qualité.

Article 24.

La jeunesse est protégée par l'État et les collectivités publiques contre l'exploitation et l'abandon.

L'État veille à l'épanouissement matériel et intellectuel de la jeunesse.

Il veille à la promotion de la formation et de l'emploi des jeunes ainsi qu'à leur insertion professionnelle.

Article 25.

L'État veille sur les personnes âgées à travers une politique de protection sociale.

La loi fixe les conditions et les modalités de cette protection.

Article 26.

Il veille à l'égalité des chances des personnes handicapées en vue de leur promotion et/ ou leur réinsertion sociale.

Article 27.

Le domicile est inviolable. Il ne peut y être ordonné de perquisition, d'arrestation et d'interpellation que dans les conditions et les formes prévues par la loi.

Article 28.

Toute personne a droit à la propriété. Nul ne peut être privé de sa propriété que pour cause d'utilité publique sous réserve d'une juste et préalable indemnisation.

Article 29.

Le secret de la correspondance et des communications est inviolable. Il ne peut y être dérogé que dans les conditions et les formes définies par la loi, sous peine de sanctions.

Article 30.

Toute personne a droit à la liberté de pensée, d'opinion, d'expression, de conscience, de religion et de culte.

L'État garantit le libre exercice du culte et l'expression des croyances.

Ces droits s'exercent dans le respect de l'ordre public, de la paix sociale, et de l'unité nationale.

Article 31.

Toute personne a le droit d'être informée et d'accéder à l'information détenue par les services publics dans les conditions déterminées par la loi.

Article 32.

L'État reconnaît et garantit la liberté d'aller et venir, les libertés d'association, de réunion, de cortège et de manifestation dans les conditions définies par la loi.

Article 33.

L'État reconnaît à tous les citoyens le droit au travail et s'efforce de créer les conditions qui rendent effective la jouissance de ce droit et qui garantissent au travailleur la juste rétribution de ses services ou de sa production.

Nul ne peut être victime de discrimination dans le cadre de son travail.

Article 34.

L'État reconnaît et garantit le droit syndical et le droit de grève qui s'exercent dans les conditions prévues par les lois et règlements en vigueur.

Article 35.

Toute personne a droit à un environnement sain. L'Etat a l'obligation de protéger l'environnement dans l'intérêt des générations présentes et futures.

Chacun est tenu de contribuer à la sauvegarde et à l'amélioration de l'environnement dans lequel il vit.

L'acquisition, le stockage, la manipulation et l'évacuation des déchets toxiques ou polluants provenant des usines et autres unités industrielles ou artisanales installées sur le territoire national sont réglementés par la loi.

Le transit, l'importation, le stockage, l'enfouissement, le déversement sur le territoire national de déchets toxiques ou polluants étrangers ainsi que tout accord y relatif constituent un crime contre la Nation puni par la loi.

L'Etat veille à l'évaluation et au contrôle des impacts de tout projet et programme de développement sur l'environnement.

Article 36.

L'Etat et les autres collectivités publiques veillent à la lutte contre la désertification.

Article 37.

Les entreprises nationales et internationales ont l'obligation de respecter la législation en vigueur en matière environnementale. Elles sont tenues de protéger la santé humaine et de contribuer à la sauvegarde ainsi qu'à l'amélioration de l'environnement.

Article 38.

La défense de la nation et de l'intégrité du territoire de la République est un devoir sacré pour tout citoyen nigérien.

Le service militaire est obligatoire. Les conditions de son accomplissement sont déterminées par la loi.

Article 39.

Tout citoyen nigérien, civil ou militaire, a le devoir sacré de respecter, en toutes circonstances, la Constitution et l'ordre juridique de la République, sous peine des sanctions prévues par la loi.

Article 40.

Tout citoyen a le devoir de travailler avec dévouement pour le bien commun, de remplir ses obligations civiques et professionnelles et de s'acquitter de ses contributions fiscales.

Article 41.

Les biens publics sont sacrés et inviolables. Toute personne doit les respecter scrupuleusement et les protéger. Tout acte de sabotage, de vandalisme, de corruption, de détournement, de dilapidation, de blanchiment d'argent ou d'enrichissement illicite est réprimé par la loi.

Article 42.

L'État doit protéger, à l'étranger, les droits et intérêts légitimes des citoyens nigériens.

Les ressortissants des autres pays bénéficient sur le territoire de la République du Niger des mêmes droits et libertés que les ressortissants nigériens dans les conditions déterminées par la loi.

Article 43.

L'État a le devoir d'assurer la traduction et la diffusion en langues nationales de la Constitution, ainsi que des textes relatifs aux droits humains et aux libertés fondamentales.

Il garantit l'enseignement de la Constitution, des droits humains et l'éducation civique à tous les niveaux de formation.

Article 44.

Une Commission nationale veille à la promotion et à l'effectivité des droits et des libertés ci-dessus consacrés.

La Commission nationale des droits humains est une autorité administrative indépendante.

La loi détermine la composition, l'organisation, les attributions et le fonctionnement de cette Commission, conformément aux principes internationaux en vigueur.

Elle présente, devant l'Assemblée nationale, un rapport annuel sur les droits humains.

Article 45.

Les droits et libertés précités s'exercent dans le respect des lois et règlements en vigueur.

TITRE III.
DU POUVOIR EXECUTIF.

Section 1. Du président de la République.

Article 46.

Le président de la République est le chef de l'État.

Il incarne l'unité nationale.

Il est le garant de l'indépendance nationale, de l'unité nationale, de l'intégrité du territoire, du respect de la Constitution, des traités et accords internationaux. Il assure le fonctionnement régulier des pouvoirs publics et la continuité de l'État.

Article 47.

Le président de la République est élu au suffrage universel, libre, direct, égal et secret pour un mandat de cinq ans, renouvelable une seule fois.

En aucun cas, nul ne peut exercer plus de deux mandats présidentiels ou proroger le mandat pour quelque motif que ce soit.

Sont éligibles à la présidence de la République les Nigériens des deux sexes, de nationalité d'origine, âgés de trente-cinq ans au moins au jour du dépôt du dossier, jouissant de leurs droits civils et politiques.

La loi précise les conditions d'éligibilité, de présentation des candidatures, de déroulement du scrutin, de dépouillement et de proclamation des résultats.

La Cour constitutionnelle contrôle la régularité de ces opérations et en proclame les résultats définitifs.

Article 48.

L'élection du président de la République a lieu au scrutin majoritaire à deux tours.

La convocation des élections est faite par décret pris en Conseil des ministres.

Le premier tour de scrutin en vue de l'élection du président de la République a lieu trente jours au moins et quarante jours au plus avant la date d'expiration du mandat du président en exercice.

Est déclaré élu le candidat ayant obtenu la majorité absolue des suffrages exprimés au premier tour.

Si cette condition n'est pas remplie, il est procédé au plus tard, vingt et un jours après à un deuxième tour de scrutin auquel prennent part les deux candidats arrivés en tête lors du premier tour.

En cas de décès, de désistement ou d'empêchement de l'un ou de l'autre des deux candidats, les candidats suivants se présentent dans l'ordre de leur classement après le premier tour.

Aucun désistement ne peut être pris en compte soixante-douze heures après la proclamation des résultats définitifs du premier tour par la Cour constitutionnelle.

En cas de décès des deux candidats, les opérations électorales du premier tour sont reprises.

A l'issue du deuxième tour, est déclaré élu le candidat ayant obtenu le plus grand nombre de voix.

Article 49.

Le mandat du nouveau président de la République prend effet pour compter de la date d'expiration du mandat de son prédécesseur.

Article 50.

Avant son entrée en fonction, le président de la République prête serment sur le Livre Saint de sa confession devant la Cour constitutionnelle, en présence des membres du Parlement, en ces termes :

« Devant Dieu et devant le peuple nigérien souverain, Nous., président de la République élu conformément aux lois, jurons solennellement sur le Livre Saint :

- de respecter et faire respecter la Constitution que le peuple s'est librement donnée ;
- de remplir loyalement les hautes fonctions dont nous sommes investis ;
- de ne jamais trahir ou travestir les aspirations du peuple ;
- de respecter et défendre la forme républicaine de l'État ;
- de préserver l'intégrité du territoire et l'unité de la nation ;
- de respecter et défendre les droits et libertés des citoyens ;
- de ne prendre ni cautionner aucune mesure avilissante pour la dignité humaine ;
- de veiller à la neutralité de l'administration et au respect des textes qui consacrent sa dépolitisation ;
- de travailler sans relâche au bonheur du peuple ;
- de ne ménager aucun effort pour la réalisation de l'unité africaine ;
- de nous conduire partout en fidèle et loyal serviteur du peuple.

En cas de parjure, que nous subissions les rigueurs de la loi.

Puisse Dieu nous venir en aide. »

Le serment est reçu par la Cour constitutionnelle.

Article 51.

Après la cérémonie d'investiture et dans un délai de quarante-huit heures, le président de la Cour constitutionnelle reçoit la déclaration écrite sur l'honneur des biens du président de la République.

Cette déclaration fait l'objet d'une mise à jour annuelle et à la cessation des fonctions. La déclaration initiale et les mises à jour sont publiées au Journal officiel et par voie de presse.

Une copie de la déclaration du président de la République est communiquée aux services fiscaux.

Les écarts entre la déclaration initiale et les mises à jour annuelles doivent être dûment justifiés. La Cour constitutionnelle a tous pouvoirs d'appréciation en ce domaine.

La Cour des comptes est également chargée de contrôler les déclarations des biens telles que reçues par la Cour constitutionnelle.

Article 52.

Durant son mandat, le président de la République ne peut, ni par lui-même ni par autrui, rien acheter ou prendre en bail qui appartienne au domaine de l'État ou de ses démembrements.

Il ne peut prendre part, ni par lui-même ni par autrui, aux marchés publics et privés de l'État et de ses démembrements.

Les dispositions du présent article s'étendent aux présidents des institutions de la République, au premier ministre, aux membres du Gouvernement et aux députés.

Article 53.

En cas de vacance de la présidence de la République par décès, démission déchéance ou empêchement absolu, les fonctions de président de la République sont provisoirement exercées par le président de l'Assemblée nationale et, si ce dernier est empêché, par les vice-présidents de l'Assemblée nationale dans l'ordre de préséance.

Est considéré comme empêchement absolu l'incapacité physique ou mentale du président de la République le rendant inapte à exercer les charges de sa fonction.

Est passible des mêmes conséquences que l'empêchement absolu, le refus du Président de la République d'obtempérer à un arrêt de la Cour constitutionnelle constatant une violation par celui-ci des dispositions de la présente Constitution.

L'empêchement absolu est constaté par la Cour constitutionnelle, saisie par le Parlement, statuant à la majorité de ses membres.

En cas de décès, la vacance est constatée par la Cour constitutionnelle saisie par le premier ministre ou un membre du Gouvernement.

En cas de démission, la vacance est constatée par la Cour constitutionnelle saisie par le président de la République démissionnaire.

Il est procédé à une nouvelle élection présidentielle quarante-cinq jours au moins et quatre-vingt-dix jours au plus après l'ouverture de la vacance.

Lorsque le président de l'Assemblée nationale assure l'intérim du Président de la République dans les conditions énoncées aux alinéas ci-dessus, il ne peut, sauf démission de sa part ou renonciation à l'intérim, se porter candidat aux élections présidentielles. Il exerce les attributions dévolues au Président de la République, à l'exception de celles prévues aux articles 59, 60 et 61.

En cas de démission du président de l'Assemblée nationale ou de renonciation à l'intérim de sa part, l'intérim du président de la République est assuré par les vice-présidents de l'Assemblée nationale dans l'ordre de préséance.

En cas de mise en accusation du président de la République devant la Haute Cour de justice, son intérim est assuré par le président de la Cour constitutionnelle qui exerce toutes les fonctions de président de la République, à l'exception de celles mentionnées à l'alinéa 8 du présent article. II ne peut se porter candidat aux élections présidentielles.

Article 54.

En cas de maladie grave dûment constatée par un collège de trois médecins désignés par le bureau de l'Assemblée nationale sur proposition de l'Ordre des médecins, la Cour constitutionnelle, saisie par les deux tiers des membres de l'Assemblée nationale, constate l'empêchement absolu du Président de la République et prononce la vacance.

Article 55.

Les fonctions de président de la République sont incompatibles avec l'exercice de tout autre mandat électif, de tout emploi public, civil ou militaire et de toute autre activité professionnelle.

Pendant la durée de son mandat, le président de la République ne peut être président ou membre de l'organe dirigeant d'un parti politique ou de toute association nationale.

Article 56.

Le Président de la République nomme le Premier ministre et met fin à ses fonctions.

Sur proposition du Premier ministre, il nomme les autres membres du Gouvernement et met fin à leurs fonctions.

En cas d'absence du territoire, de maladie ou de congé du Président de la République, son intérim est assuré par le Premier ministre dans la limite des pouvoirs qu'il lui aura délégués.

Article 57.

Le Président de la République est le président du Conseil des ministres.

Il convoque et préside le Conseil des ministres.

Le Premier ministre le supplée à la présidence du Conseil des ministres dans les conditions énoncées par la présente Constitution.

L'ordre du jour du Conseil est fixé d'un commun accord entre le Président de la République et le Premier ministre.

Article 58.

Le président de la République promulgue les lois dans les quinze jours qui suivent la transmission qui lui en est faite par le président de l'Assemblée nationale.

Ce délai est réduit à cinq jours en cas d'urgence déclarée par l'Assemblée nationale.

Le Président de la République peut, avant l'expiration de ces délais, adresser une demande motivée à l'Assemblée nationale pour une seconde délibération de la loi ou de certains de ses articles. Cette délibération ne peut être refusée.

Si après une deuxième lecture, l'Assemblée nationale vote le texte à la majorité absolue de ses membres, la loi est promulguée de plein droit et publiée selon la procédure d'urgence.

Article 59.

Le président de la République peut, après consultation du président de l'Assemblée nationale et du Premier ministre, prononcer la dissolution de l'Assemblée nationale.

Une nouvelle Assemblée est élue quarante-cinq jours au moins et quatre-vingt-dix jours au plus après cette dissolution. II ne peut être procédé à une nouvelle dissolution dans les vingt-quatre mois qui suivent les élections.

Après expiration du délai fixé à l'alinéa précédent, si les élections législatives ne sont pas organisées, l'Assemblée nationale dissoute est réhabilitée de plein droit.

Article 60.

Le président de la République peut, après avis de l'Assemblée nationale et du président de la Cour constitutionnelle, soumettre à référendum tout texte qui lui paraît devoir exiger la consultation directe du peuple à l'exception de toute révision de la présente Constitution qui reste régie par la procédure prévue au Titre XII.

A la demande du président de la République, la Cour constitutionnelle se prononce par un arrêt sur la constitutionnalité de l'initiative du recours au référendum.

Lorsque le projet est adopté par référendum, le président de la République le promulgue dans les délais prévus aux-alinéas 1 et 2 de l'article 58.

Article 61.

Le président de la République accrédite les ambassadeurs et les envoyés extraordinaires auprès des puissances étrangères.

Les ambassadeurs et les envoyés extraordinaires des puissances étrangères sont accrédités auprès de lui.

Article 62.

Le président de la République est le chef de l'administration. Il veille à la neutralité de l'administration et au respect des textes qui consacrent sa dépolitisation.

Article 63.

Le président de la République est le chef suprême des armées.

Il est assisté du Conseil supérieur de la défense nationale et du Conseil national de sécurité.

Article 64.

Le Conseil supérieur de la défense nationale émet des avis sur la nomination aux hautes fonctions militaires et la promotion aux grades d'officiers généraux, et sur toute autre question du domaine militaire dont il est saisi.

Une loi détermine la composition, les attributions et le fonctionnement du Conseil supérieur de la défense nationale.

Article 65.

Le Conseil national de sécurité donne son avis sur les questions relatives à la sécurité de la Nation, à la défense de la Nation, à la politique étrangère et de manière générale sur toutes questions liées aux intérêts vitaux et stratégiques du pays.
Une loi détermine la composition, les attributions et le fonctionnement du Conseil national de sécurité.

Article 66.

Les Forces armées nigériennes (FAN) assurent la défense de l'intégrité du territoire national contre toute agression extérieure et participent, aux côtés des autres forces, à la préservation de la paix et de la sécurité, conformément aux lois et règlements en vigueur. Elles participent à l'œuvre de développement économique et social de la Nation et peuvent exercer des responsabilités correspondant à leurs compétences et qualifications.

Article 67.

Lorsque les institutions de la République, l'indépendance de la Nation, l'intégrité du territoire national ou l'exécution des engagements internationaux sont menacées d'une manière grave et immédiate et que le fonctionnement régulier des pouvoirs publics constitutionnels est interrompu, le président de la République prend les mesures exceptionnelles exigées par ces circonstances après consultation du premier ministre, du président de l'Assemblée nationale et du président de la Cour constitutionnelle.

Il en informe la Nation par un message. L'Assemblée nationale se réunit de plein droit si elle n'est pas en session.

Aucune institution de la République ne peut être dissoute ou suspendue pendant l'exercice des pouvoirs exceptionnels.

Les mesures exceptionnelles doivent être inspirées par la volonté d'assurer aux pouvoirs publics constitutionnels, dans les moindres délais, les moyens d'accomplir leur mission.

L'Assemblée nationale apprécie à la majorité absolue de ses membres la durée de l'exercice des pouvoirs exceptionnels et y met fin en cas d'abus.

Article 68.

Le président de la République, après délibération du Conseil des ministres, proclame l'État d'urgence dans les conditions déterminées par la loi.

Article 69.

Il est institué un Conseil de la République en vue de prévenir et de résoudre les crises institutionnelles et politiques, de manière consensuelle, dans le respect de la présente Constitution.

Le Conseil de la République émet des avis sur les questions dont il est saisi. Ces avis sont portés à la connaissance de la Nation, sous réserve du secret défense. Il se réunit sous la présidence du président de la République.

Le Conseil de la République est constitué :

- du président de la République ;
- du président de l'Assemblée nationale ;

- du Premier ministre ;
- des anciens présidents de la République et des anciens Chefs d'État ;
- et du Chef de file de l'opposition.

La loi détermine les attributions et le fonctionnement du Conseil de la République.

Article 70.

Le président de la République signe les ordonnances et les décrets délibérés en Conseil des ministres.

Il nomme, par décret pris en Conseil des ministres, aux emplois civils et militaires de l'État.

Une loi déterminera les fonctions auxquelles il sera pourvu par décret pris en Conseil des ministres.

Article 71.

La loi fixe les avantages accordés au président de la République et organise les modalités d'octroi d'une pension aux anciens présidents de la République et chefs d'État.

Article 72.

Le président de la République a le droit de grâce. Cette grâce ne peut être accordée dans les cas de crimes imprescriptibles.

Section 2. Du Gouvernement.

Article 73.

Le premier ministre le chef du Gouvernement. Il dirige, anime et coordonne l'action gouvernementale.

Il assure l'exécution des lois.

Il peut déléguer certains de ses pouvoirs aux ministres.

En vertu d'une délégation expresse et pour un ordre du jour déterminé, il supplée le président de la République pour la présidence d'un Conseil des ministres.

Article 74.

Avant son entrée en fonction, le Premier ministre prête, devant l'Assemblée nationale, sur le Livre Saint de sa confession, le serment suivant :
« Devant Dieu et devant les représentants du Peuple nigérien souverain, Nous, Premier ministre, chef du Gouvernement, jurons solennellement sur le Livre Saint :

- de respecter la Constitution que le Peuple s'est librement donnée ;
- de remplir loyalement les hautes fonctions dont nous sommes investi ;
- de respecter et défendre la forme républicaine de l'État ;
- de respecter et défendre les droits et libertés des citoyens ;
- de ne prendre ni cautionner aucune mesure avilissante pour la dignité humaine ;
- d'assurer la neutralité de l'administration et le respect des textes qui consacrent sa dépolitisation ;
- de travailler sans relâche au bonheur du Peuple ;
- de nous conduire partout en fidèle et loyal serviteur du Peuple.

En cas de parjure, que nous subissions les rigueurs de la loi. Puisse Dieu nous venir en aide. »

Article 75.

Les actes du Premier ministre sont contresignés, le cas échéant, par les ministres chargés de leur exécution.

Article 76.

Le Gouvernement détermine et conduit la politique de la Nation.

Il dispose de l'administration et de la force publique. Il peut disposer de la force armée dans les conditions déterminées par la loi.

Le Gouvernement est responsable devant l'Assemblée nationale dans les conditions prévues aux articles 107 et 108.

A son entrée en fonction et après délibération du Conseil des ministres, le Premier ministre fait une déclaration de politique générale devant l'Assemblée nationale.

Article 77.

Les actes du président de la République autres que ceux prévus à l'alinéa 1 de l'article 56 et aux articles 60, 61, 67 et 92 sont contresignés par le Premier ministre et, le cas échéant, par les ministres responsables.

Article 78.

Dans les sept jours de leur entrée en fonction, le Premier ministre et les ministres doivent remettre au président de la Cour des comptes la déclaration écrite sur l'honneur de leurs biens. Cette déclaration fait l'objet d'une mise à jour annuelle et à la cessation des fonctions.

Cette disposition s'étend aux présidents des autres institutions de la République et aux responsables des autorités administratives indépendantes.

La déclaration initiale et les mises à jour sont publiées au Journal Officiel et par voie de presse.

La Cour des comptes est chargée de contrôler les déclarations des biens.

La loi détermine les autres agents publics assujettis à l'obligation de déclaration des biens, ainsi que les modalités de cette déclaration.

Article 79.

Toute déclaration des biens inexacte ou mensongère expose son auteur à des poursuites du chef de faux conformément aux dispositions du Code pénal.

Article 80.

Les fonctions de membre du Gouvernement sont incompatibles avec l'exercice de tout mandat parlementaire, de toute fonction de représentation professionnelle à l'échelle internationale, nationale ou locale, de tout emploi public ou privé et de toute activité professionnelle.

Nul ne peut être membre du Gouvernement s'il ne jouit d'une bonne moralité attestée par les services compétents.

Section 3. De la cohabitation.

Article 81.

Lorsque la majorité présidentielle et la majorité parlementaire ne concordent pas, le Premier ministre est nommé par le Président de la République sur une liste de trois personnalités proposée par la majorité à l'Assemblée nationale.

Le Président de la République met tin aux fonctions du Premier ministre sur présentation par celui-ci de la démission du Gouvernement.

Les ministres chargés de la défense nationale et des affaires étrangères sont désignés d'un commun accord par le Président de la République et le Premier ministre.

Article 82.

Le président de la République nomme aux emplois civils de l'État sur proposition du Gouvernement.

TITRE IV.
DU POUVOIR LEGISLATIF.

Article 83.

Le pouvoir législatif est exercé par une chambre unique dénommée Assemblée nationale dont les membres portent le titre de députés.

Article 84.

Les députés sont élus au suffrage universel, libre, direct, égal et secret.

Sont éligibles à l'Assemblée nationale, les Nigériens des deux sexes, âgés de vingt et un ans au moins et jouissant de leurs droits civils et politiques.

Les listes des partis politiques, des groupements de partis ainsi que celles des candidats indépendants doivent obligatoirement compter, au moins, 75% de candidats titulaires, au moins, du Brevet d'études du premier cycle (BEPC) ou de son équivalent et 25%, au plus, de ceux ne remplissant pas cette condition.

Dans ce quota, les circonscriptions spéciales sont intégrées dans les régions dont elles relèvent.

Une loi organique fixe le nombre des membres de l'Assemblée nationale, l'indemnité des députés et les avantages, leurs conditions d'éligibilité, le régime des inéligibilités et des incompatibilités, les modalités du scrutin ainsi que les conditions dans lesquelles il y a lieu d'organiser de nouvelles élections en cas de vacance de siège de député.

Article 85.

La durée de la législature est de cinq ans. Les élections générales en vue du renouvellement de l'Assemblée nationale ont lieu vingt jours au moins et soixante jours au plus avant la fin de la législature en cours.

Article 86.

La Cour constitutionnelle statue sur l'éligibilité des candidats.

Elle statue également sur la validité de l'élection des députés.

Article 87.

Chaque député est le représentant de la Nation.

Tout mandat impératif est nul.

Le droit de vote des députés est personnel. Toutefois, la délégation de vote est permise lorsqu'un député est absent pour cause de maladie, pour exécution d'un mandat ou d'une mission à lui confié par le Parlement ou le Gouvernement ou pour remplir ses obligations militaires. Nul ne peut recevoir pour un scrutin plus d'une délégation de vote.

Pendant la législature, tout député qui démissionne de son parti politique perd son siège et est remplacé par son suppléant. Le député qui est exclu de son parti siège comme indépendant au sein de l'Assemblée nationale. Il ne peut, en aucun cas, s'affilier à un autre groupe parlementaire au cours de la législature.

Article 88.

Les membres de l'Assemblée nationale jouissent de l'immunité parlementaire.

Aucun membre du Parlement ne peut être poursuivi, recherché, arrêté, détenu ou jugé à l'occasion des opinions ou des votes émis par lui dans l'exercice de ses fonctions.

Sauf cas de flagrant délit, aucun député ne peut, pendant la durée des sessions, être poursuivi ou arrêté en matière correctionnelle ou criminelle qu'avec l'autorisation de l'Assemblée nationale.

Aucun député ne peut, hors session, être arrêté qu'avec l'autorisation du bureau de l'Assemblée nationale, sauf cas de flagrant délit, de poursuites autorisées ou de condamnations définitives.

Article 89.

L'Assemblée Nationale est dirigée par un président assisté d'un bureau.

Le président est élu pour la durée de la législature et les autres membres du bureau le sont chaque année, conformément au règlement intérieur de l'Assemblée nationale.

Avant son entrée en fonction, le président de l'Assemblée nationale prête serment sur le Livre Saint de sa confession devant la Cour constitutionnelle en ces termes :
« Devant Dieu et devant le Peuple nigérien souverain, Nous président de l'Assemblée nationale jurons solennellement sur le Livre Saint :

- de respecter et de faire respecter la Constitution que le Peuple s'est librement donnée ;
- de remplir loyalement les hautes fonctions dont nous sommes investi ;
- de ne jamais trahir ou travestir les aspirations du Peuple ;
- de respecter et défendre la forme républicaine de l'État ;
- de respecter et défendre les droits et libertés des citoyens ;

- de ne prendre ni cautionner aucune mesure avilissante pour la dignité humaine ;
- de respecter et faire respecter les principes de la séparation des pouvoirs ;
- de respecter et faire respecter le Règlement intérieur de l'Assemblée nationale ;
- de travailler sans relâche au bonheur du Peuple ;
- de nous conduire en tout comme un digne et loyal serviteur du Peuple.

En cas de parjure, que nous subissions les rigueurs de la loi. Puisse Dieu nous venir en aide. »

En cas de crise de confiance entre le président de l'Assemblée nationale et les députés, celui-ci peut être destitué. L'initiative de la destitution est signée par la moitié des membres composant l'Assemblée nationale. La destitution est adoptée à la majorité des deux tiers des députés.

Lorsqu'il assure l'intérim du président de la République dans les conditions prévues à l'article 53 de la présente Constitution, le président de l'Assemblée nationale est remplacé dans ses fonctions conformément au règlement intérieur de l'Assemblée nationale.

En cas de vacance de la présidence de l'Assemblée par décès, démission ou toute autre cause, l'Assemblée élit un nouveau président dans les quinze jours qui suivent la vacance si elle est en session ; le cas contraire elle se réunit de plein droit dans les conditions fixées par le règlement intérieur.

Article 90.

L'Assemblée nationale vote la loi et consent l'impôt.

Elle contrôle l'action du Gouvernement.

Article 91.

Chaque année, l'Assemblée nationale se réunit de plein droit en deux sessions ordinaires sur convocation de son Président.

La première session s'ouvre la première semaine du mois de mars et ne peut excéder quatre-vingt dix jours.

La seconde session, dite session budgétaire, s'ouvre la première semaine du mois d'octobre et ne peut excéder soixante jours.

Article 92.

L'Assemblée nationale est convoquée en session extraordinaire par son président sur un ordre du jour déterminé, à la demande du Premier ministre ou des deux cinquième des députés.

Les sessions extraordinaires, hors les cas où elles ont lieu de plein droit, sont ouvertes et closes par décret du président de la République. La clôture intervient sitôt l'ordre du jour épuisé.

Leur durée ne peut excéder quinze jours.

Article 93.

Les séances de l'Assemblée nationale sont publiques. Il est publié un procès-verbal intégral des débats au Journal Officiel.

A la demande du Premier ministre ou du tiers des députés, l'Assemblée nationale peut siéger à huis clos.

Article 94.

Les travaux de l'Assemblée nationale ont lieu suivant le Règlement intérieur qu'elle adopte conformément à la Constitution.

Le Règlement intérieur détermine notamment :

- la composition, les règles de fonctionnement du bureau, ainsi que les pouvoirs et prérogatives de son président ;
- la procédure de destitution du président de l'Assemblée nationale;
- la création de commissions d'enquêtes et de contrôle parlementaires ainsi que des missions d'information dans le cadre du contrôle de l'action gouvernementale ou sur toute question d'intérêt national ;
- le nombre, le mode de désignation, la composition, le rôle et la compétence des commissions permanentes ainsi que celles qui sont spéciales et temporaires ;
- la création de commissions d'enquêtes parlementaires dans le cadre du contrôle de l'action gouvernementale ou sur toute question d'intérêt national [sic] ;
- l'organisation des services administratifs dirigés par un secrétaire général placé sous l'autorité du président de l'Assemblée nationale ;

- le régime disciplinaire des députés lors des séances de l'Assemblée nationale;
- les modes de scrutin régissant les élections au sein de l'Assemblée nationale, à l'exclusion de ceux prévus expressément par la présente Constitution ;
- les conditions d'exercice du droit d'interpellation, les règles applicables en matière de questions écrites et orales, les questions d'actualité, ainsi que les mesures à prendre par l'Assemblée nationale à l'égard du Premier ministre ou tout membre du gouvernement refusant de répondre à une interpellation ou à une demande d'information de l'Assemblée nationale ;
- la procédure de mise en jeu de la responsabilité du Gouvernement.
-

TITRE V.
DES RAPPORTS ENTRE LES POUVOIRS EXECUTIF ET LEGISLATIF.

Article 95.

L'Assemblée nationale informe le Président de la République et le Gouvernement de l'ordre du jour de ses sessions, de ses séances, ainsi que celui de ses commissions.

Article 96.

Le Président de la République peut, à tout moment, communiquer avec l'Assemblée nationale soit directement, soit par des messages qu'il fait lire par le président de l'Assemblée nationale.

Ces messages ne donnent lieu à aucun débat.

Article 97.

Les membres du Gouvernement ont accès à la plénière et aux commissions de l'Assemblée nationale. Ils sont entendus soit à la demande de celles-ci, soit à leur propre demande.

Ils peuvent se faire assister par leurs collaborateurs.

Article 98.

Les membres de l'Assemblée nationale, soit individuellement, soit collectivement, peuvent interpeller le Premier ministre ou tout autre membre du Gouvernement au moyen d'une requête. Ceux-ci ne peuvent se soustraire à cette obligation.

Les membres de l'Assemblée nationale peuvent également obtenir, au moyen de questions écrites ou orales, toutes informations sur les activités ou les actes de gestion du Gouvernement. Les ministres intéressés sont tenus de les fournir.

Article 99.

La loi fixe les règles concernant :

- la citoyenneté, les droits civiques et les garanties fondamentales pour l'exercice des libertés publiques ;
- les sujétions imposées dans l'intérêt de la défense nationale et de la sécurité publique aux citoyens en leur personne et en leurs biens ;
- la nationalité, l'état et la capacité des personnes, les régimes matrimoniaux, les successions et les libéralités ;
- la procédure selon laquelle les coutumes sont constatées et mises en harmonie avec les principes fondamentaux de la Constitution ;
- la détermination des crimes et délits ainsi que des peines qui leur sont applicables, la procédure pénale et l'amnistie ;
- l'organisation des juridictions de tous ordres et la procédure suivie devant ces juridictions, la création de nouveaux ordres de juridiction, le statut des magistrats, des officiers ministériels et des auxiliaires de la justice ;
- l'assiette, le taux et les modalités de recouvrement des impositions de toute nature;
- le régime d'émission de la monnaie ;
- le régime électoral du président de la République, des membres de l'Assemblée nationale et des assemblées locales ;
- la création d'établissements publics ;
- les nationalisations d'entreprises et les transferts de propriété d'entreprise du secteur public au secteur privé ;
- la recherche, l'exploration et l'exploitation des ressources gazières et pétrolières, des ressources minières, naturelles et énergétiques ;
- l'acquisition, le stockage, la manipulation, le transport, le transit des substances radioactives et l'évacuation des déchets radioactifs ;

- le statut général de la fonction publique ;
- les statuts autonomes ;
- le régime des traitements, indemnités et autres avantages accordés aux députés nationaux ;
- le régime des traitements, indemnités et autres avantages accordés aux responsables des institutions de la République ;
- le statut des députés ;
- le statut du personnel militaire et de la Gendarmerie nationale, des forces de sécurité et assimilées ;
- le statut de la chefferie traditionnelle ;
- l'organisation générale de l'administration ;
- l'organisation territoriale, la création et la modification de circonscriptions administratives ainsi que les découpages électoraux ;
- la création, le statut et le fonctionnement des autorités administratives indépendantes ;
- l'état de siège et l'état d'urgence ;
- la communication ;
- le régime des associations ;
- la charte des partis politiques ;
- le statut de l'opposition.

Article 100.

La loi détermine les principes fondamentaux :
- de l'organisation de la défense nationale ;
- de la libre administration des collectivités territoriales, de leurs compétences et de leurs ressources ;
- de la protection de la liberté de la presse et de l'accès à l'information publique et aux documents administratifs ;
- de l'enseignement, de la technologie et de la recherche scientifique ;
- de la santé et de l'hygiène publique ;
- de la politique de la population ;
- de la politique de l'habitat ;
- de la protection de la famille ;
- de la protection des consommateurs ;
- de la protection des personnes âgées et de l'insertion des personnes handicapées ;
- de la protection de l'environnement et de la conservation des ressources naturelles ;
- de la protection, de la conservation et de l'organisation de l'espace ;
- de la protection du patrimoine culturel ;

- de l'organisation de la protection civile ;
- du régime de la propriété, des droits réels et des obligations civiles et commerciales ;
- du droit du travail, de la sécurité sociale, du droit syndical et du droit de grève ;
- de l'aliénation et de la gestion du domaine de l'État ;
- de la mutualité et de l'épargne ;
- du régime des transports, des postes et des télécommunications ;
- du régime de la comptabilité publique ;
- du régime pénitentiaire ;
- de l'éducation ;
- du code rural ;
- du Code de l'eau et de la sécurité alimentaire ;
- du Code de la construction et de l'habitat ;
- du Code des baux à loyer.

Article 101.

La loi de finances de l'année prévoit et autorise pour chaque année civile l'ensemble des ressources et des charges de l'État.

Les lois de finances dites rectificatives peuvent, en cours d'année, modifier les dispositions de la loi de finances de l'année.

La loi de règlement constate les résultats financiers de chaque année civile et approuve les différences entre les résultats et les prévisions de la loi de finances de l'année.

Les lois de programme fixent les objectifs de l'action économique et sociale de l'État.

Article 102.

Les traitements, indemnités et/ou avantages divers accordés au Président de la République, au Premier ministre, aux ministres, aux députés et aux responsables des autres institutions, sont déterminés par une loi organique.

Ils doivent tenir compte de la situation financière de l'État et du niveau général des revenus des Nigériens.

Article 103.

Les matières autres que celles qui sont du domaine de la loi ont un caractère réglementaire.

Les textes de forme législative intervenus en ces matières, antérieurement à l'entrée en vigueur de la présente Constitution, peuvent être modifiés par décret pris après avis de la Cour constitutionnelle.

Article 104.

La déclaration de guerre est autorisée par l'Assemblée nationale.

Lorsque l'Assemblée nationale est dissoute et que le pays est victime d'une agression extérieure, la déclaration de guerre est faite par le Président de la République en Conseil des ministres.

L'envoi de troupes à l'étranger est autorisé par l'Assemblée nationale.

Article 105.

L'état de siège est décrété en Conseil des ministres après avis du bureau de l'Assemblée nationale. L'Assemblée nationale réunit de plein droit si elle n'est pas en session.

La prorogation de l'état de siège au-delà de quinze jours ne peut être autorisée que par l'Assemblée nationale.

L'Assemblée nationale ne peut être dissoute durant l'état de siège.

Article 106.

Le Gouvernement peut, pour l'exécution de son programme, demander à l'Assemblée nationale l'autorisation de prendre par ordonnance (s) pendant un délai limité, des mesures qui sont normalement du domaine de la loi.

Cette autorisation prend la forme d'une loi d'habilitation.

Les ordonnances sont prises en Conseil des ministres après avis de la Cour constitutionnelle. Elles entrent en vigueur dès leur publication mais deviennent caduques si le projet de loi de ratification n'est pas déposé devant l'Assemblée nationale avant la date fixée par la loi d'habilitation.

A l'expiration du délai mentionné au premier alinéa du présent article, les ordonnances ne peuvent plus être modifiées que par la loi dans leurs dispositions qui sont du domaine de la loi.

Article 107.

La responsabilité du Gouvernement peut être engagée devant l'Assemblée nationale soit par le vote d'une motion de censure, soit par un vote de défiance.

L'Assemblée nationale met en cause la responsabilité du Gouvernement par le vote d'une motion de censure. Une telle motion n'est recevable que si elle est signée par un cinquième, au moins, des députés. Le vote ne peut avoir lieu que quarante huit heures après son dépôt. Seuls sont recensés les votes favorables à la motion de censure qui ne peut être adoptée qu'à la majorité absolue des députés. Si la motion est rejetée ses signataires ne peuvent en proposer une nouvelle au cours de la même session.

Le Premier ministre peut, après délibération du Conseil des ministres, engager la responsabilité du Gouvernement devant l'Assemblée nationale en posant la question de confiance sur le vote d'un texte. Le texte est considéré comme adopté s'il recueille la majorité absolue des votes.

Article 108.

Lorsque l'Assemblée nationale adopte une motion de censure, désapprouve le programme ou une déclaration de politique générale du Gouvernement ou lui refuse sa confiance à l'occasion du vote d'un texte, le Premier ministre remet au Président de la République la démission du Gouvernement.

Article 109.

Le Gouvernement a l'initiative des lois concurremment avec les membres de l'Assemblée nationale.

Les députés et le Gouvernement ont le droit d'amendement et cela, quelle que soit l'origine du texte.

Article 110.

Les propositions, projets et amendements qui ne sont pas du domaine de la loi, qui portent atteinte aux bonnes mœurs sont irrecevables. L'irrecevabilité est prononcée par le président de l'Assemblée nationale.

En cas de contestation, la Cour constitutionnelle, saisie par le Premier ministre, le président de l'Assemblée nationale ou un dixième des membres de l'Assemblée nationale statue dans un délai de huit jours.

Article 111.

Les propositions et amendements déposés par les députés ne sont pas recevables lorsque leur adoption aurait pour conséquence soit une diminution des ressources publiques, soit la création ou l'aggravation d'une charge publique, à moins qu'ils ne soient accompagnés d'une proposition d'augmentation de recettes ou d'économies équivalentes.

Article 112.

La discussion des projets de loi porte sur le texte présenté par la commission compétente de l'Assemblée nationale.

A la demande du Gouvernement, la commission doit porter à la connaissance de l'Assemblée nationale, les points sur lesquels il y a désaccord avec le Gouvernement.

Article 113.

L'Assemblée nationale vote les projets de loi de finances dans les conditions déterminées par la loi.

Article 114.

L'Assemblée nationale est saisie du projet de loi de finances dès l'ouverture de la session budgétaire ; le projet de loi de finances doit prévoir les recettes nécessaires à la couverture intégrale des dépenses.

L'Assemblée nationale vote le budget en équilibre.

Si l'Assemblée nationale ne s'est pas prononcée dans les soixante jours du dépôt du projet, les dispositions de ce projet peuvent être mises en vigueur par ordonnance.

Le gouvernement saisit, pour ratification, l'Assemblée nationale convoquée en session extraordinaire, dans un délai de quinze jours.

Si l'Assemblée nationale n'a pas voté le budget à la fin de cette session extraordinaire, le budget est établi définitivement par ordonnance.

Si le projet de loi de finances n'a pu être déposé en temps utile pour être promulgué avant le début de l'exercice, le Premier ministre demande d'urgence à l'Assemblée nationale l'autorisation de continuer à percevoir les impôts et à reprendre en dépenses, le budget de l'année précédente par douzièmes provisoires.

Article 115.

L'Assemblée nationale règle les comptes de la nation selon les modalités prévues par la loi de finances.

La loi de règlement doit être déposée sur le bureau de l'Assemblée nationale à la session budgétaire de l'année suivant celle de l'exécution du budget pour être débattue à la prochaine session parlementaire et adoptée au plus tard le 31 décembre de la deuxième année qui suit l'exécution du budget.

L'Assemblée nationale peut demander à la Cour des comptes de mener toutes enquêtes et études se rapportant à l'exécution des recettes et des dépenses publiques.

TITRE VI.
DU POUVOIR JUDICIAIRE.

Section 1. Dispositions générales.

Article 116.

Le pouvoir judiciaire est indépendant du pouvoir législatif et du pouvoir exécutif.

Le pouvoir judiciaire est exercé par la Cour constitutionnelle, la Cour de cassation, le Conseil d'État, la Cour des comptes, les cours et tribunaux.

Article 117.

La justice est rendue sur le territoire national au nom du peuple et dans le respect strict de la règle de droit, ainsi que des droits et liberté de chaque citoyen.

Les décisions de justice s'imposent à tous, aux pouvoirs publics comme aux citoyens. Elles ne peuvent être critiquées que par les voies et sous les formes autorisées par la loi.

Article 118.

Dans l'exercice de leurs fonctions les juges sont indépendants et ne sont soumis qu'à l'autorité de la loi.

Article 119.

Les magistrats du siège sont nommés par le président de la République sur proposition du ministre de la justice, garde des sceaux, après avis du Conseil supérieur de la magistrature.

Les magistrats du parquet sont nommés par le président de la République, sur proposition du ministre de la justice, garde des sceaux.

Les magistrats du siège sont inamovibles.

La loi fixe la composition, l'organisation, les attributions et le fonctionnement du Conseil supérieur de la magistrature.

Section 2. De la Cour constitutionnelle.

Article 120.

La Cour constitutionnelle est la juridiction compétente en matière constitutionnelle et électorale.

Elle est chargée de statuer sur la constitutionnalité des lois, des ordonnances ainsi que de la conformité des traités et accords internationaux à la Constitution.

Elle interprète les dispositions de la Constitution. Elle contrôle la régularité, la transparence et la sincérité du référendum, des élections présidentielles et législatives. Elle est juge du contentieux électoral et proclame les résultats définitifs des élections.

Article 121.

La Cour constitutionnelle comprend sept membres âgés de quarante ans au moins. Elle est composée de :
- deux personnalités ayant une grande expérience professionnelle en matière juridique ou administrative dont une proposée par le Président de la République et une proposée par le bureau de l'Assemblée nationale ;
- deux magistrats élus par leurs pairs dont un du premier grade et un du deuxième ;
- un avocat ayant au moins dix années d'exercice, élu par ses pairs ;
- un enseignant-chercheur titulaire d'un doctorat en droit public, élu par ses pairs ;
- un représentant des associations de défense des droits humains et de promotion de la démocratie, titulaire au moins d'un diplôme de 3ème cycle en droit public, élu par le ou les collectifs de ces associations.

Les membres de la Cour constitutionnelle sont nommés pour six ans par décret du président de la République.

Leur mandat n'est pas renouvelable.

Les membres de la Cour constitutionnelle sont renouvelés par tiers tous les deux ans.

Article 122.

Les membres de la Cour constitutionnelle sont inamovibles pendant la durée de leur mandat. Ils ne peuvent être poursuivis ou arrêtés sans l'autorisation de la Cour constitutionnelle, sauf cas de flagrant délit. Dans ce cas, le président de la Cour constitutionnelle est saisi, au plus tard dans les 48 heures.

Article 123.

Le président de la Cour constitutionnelle est élu par ses pairs pour une durée de trois ans renouvelable.

Article 124.

Avant leur entrée en fonction, les membres de la Cour constitutionnelle prêtent serment sur le Livre Saint de leur confession devant le Président de la République en ces termes :

« Je jure de bien et fidèlement remplir mes fonctions, de les exercer en toute impartialité dans le respect de la Constitution et en toute indépendance, de garder le secret des délibérations et des votes, de ne prendre aucune position publique et de ne donner aucune consultation sur les questions relevant de la compétence de la Cour. Puisse Dieu nous venir en aide. »

Article 125.

Les fonctions de membre de la Cour constitutionnelle sont incompatibles avec l'exercice de tout mandat électif, de tout emploi public, civil ou militaire, de toute fonction de représentation nationale et de toute activité professionnelle à l'exclusion de l'enseignement.

Une loi organique détermine l'organisation et le fonctionnement de la Cour constitutionnelle, la procédure suivie devant elle, notamment les délais pour sa saisine, les conditions d'éligibilité, les avantages, les immunités et le régime disciplinaire de ses membres.

Article 126.

La Cour constitutionnelle se prononce par arrêt sur :
- la constitutionnalité des lois ;
- le règlement intérieur de l'Assemblée nationale avant sa mise en application et ses modifications ;
- les conflits d'attribution entre les institutions de l'État.

La Cour constitutionnelle est compétente pour statuer sur toute question d'interprétation et d'application de la Constitution.

Article 127.

La Cour constitutionnelle contrôle la régularité des élections présidentielles et législatives. Elle examine les réclamations, statue sur le contentieux des élections présidentielles et législatives et proclame les résultats des scrutins. Elle statue sur la régularité du référendum et en proclame les résultats.

Article 128.

La Cour constitutionnelle est compétente pour statuer sur les recours pour excès de pouvoir en matière électorale, sans recours administratif préalable. Elle doit statuer dans un délai de cinq jours, à compter du dépôt du recours au greffe.

Article 129.

La Cour constitutionnelle est également compétente pour statuer sur les cas prévus aux articles 6, 53, 54, 60, 67, 86,103 et 110 de la Constitution.

Article 130.

La Cour constitutionnelle reçoit le serment du Président de la République.

Article 131.

Les lois organiques, avant leur promulgation, et le Règlement intérieur de l'Assemblée nationale, avant sa mise en application ainsi que leurs modifications, doivent être soumis à la Cour constitutionnelle qui se prononce sur leur conformité à la Constitution.

Aux mêmes fins, avant leur promulgation, les lois peuvent être déférées à la Cour constitutionnelle par le Président de la République, le Premier ministre, le président de l'Assemblée nationale ou un dixième des députés.

Dans les cas prévus aux alinéas précédents, la Cour constitutionnelle doit statuer dans le délai de quinze jours. En cas d'urgence et à la demande du Gouvernement, ce délai est ramené à cinq jours.

Dans tous les cas, la saisine de la Cour constitutionnelle suspend le délai de la promulgation.

Article 132.

Toute personne partie à un procès peut soulever l'inconstitutionnalité d'une loi devant toute juridiction par voie d'exception. Celle-ci doit surseoir à statuer jusqu'à la décision de la Cour constitutionnelle, qui doit intervenir dans un délai de trente jours.

Une disposition déclarée inconstitutionnelle sur le fondement de l'alinéa ci-dessus est caduque de plein droit. L'arrêt de la Cour constitutionnelle établissant cette inconstitutionnalité est publié au Journal officiel suivant la procédure d'urgence.

Article 133.

La Cour constitutionnelle émet des avis sur l'interprétation de la Constitution lorsqu'elle est saisie par le président de la République, le président de l'Assemblée nationale, le Premier ministre, ou un dixième des députés.

Article 134.

Les arrêts de la Cour constitutionnelle ne sont susceptibles d'aucun recours. Ils lient les pouvoirs publics et toutes les autorités administratives, civiles, militaires et juridictionnelles.

Tout jet de discrédit sur les arrêts de la Cour est sanctionné conformément aux lois en vigueur.

Article 135.

La Cour constitutionnelle ne peut être dissoute et aucune disposition de la présente Constitution relative à la Cour ne peut être suspendue.

Section 3. De la Cour de cassation.

Article 136.

La Cour de cassation est la plus haute juridiction de la République en matière judiciaire.

Une loi organique détermine la composition, l'organisation, les attributions et le fonctionnement de la Cour de cassation.

Section 4. Du Conseil d'État.

Article 137.

Le Conseil d'État est la plus haute juridiction en matière administrative. Il est juge de l'excès de pouvoir des autorités administratives en premier et dernier ressorts ainsi que des recours en interprétation et en appréciation de la légalité des actes administratifs.

Article 138.

Le Conseil d'État connaît également :
- des pourvois en cassation formés contre les décisions rendues en dernier ressort par les juridictions statuant en matière administrative ;
- des décisions rendues en dernier ressort par les organismes administratifs et les ordres professionnels ;
- des décisions rendues en dernier ressort par les juridictions statuant en matière de contentieux concernant les inscriptions sur les listes électorales ;
- des décisions rendues par les tribunaux de grande instance siégeant en matière électorale.

Article 139.

Le Conseil d'État donne son avis sur les projets de loi et d'ordonnance qui lui sont soumis par le Premier ministre, avant leur adoption en Conseil des ministres. Il donne son avis motivé au Gouvernement sur les projets de décret ou sur tout autre projet de texte pour lesquels son intervention est prévue par les dispositions constitutionnelles, législatives, réglementaires ou qui lui sont soumis par le Gouvernement.

Article 140.

Le Conseil d'État peut être consulté par le Premier ministre ou les ministres sur des difficultés d'ordre administratif.

Il peut également, de sa propre initiative, attirer l'attention des pouvoirs publics sur les réformes d'ordre législatif, réglementaire ou administratif qui lui paraissent conformes à l'intérêt général.

Une loi organique détermine la composition, l'organisation, les attributions et le fonctionnement du Conseil d'État.

Section 5. De la Cour des comptes.

Article 141.

La Cour des comptes est la plus haute juridiction de contrôle des finances publiques. Elle exerce une compétence juridictionnelle, une compétence de contrôle ainsi qu'une compétence consultative.

Elle est juge des comptes de l'État, des collectivités territoriales, des établissements et entreprises publiques, des autorités administratives indépendantes et de tout organisme bénéficiant du concours financier de l'État et de ses démembrements.

Une loi organique détermine la composition, l'organisation, les attributions et le fonctionnement de la Cour des comptes.

Section 6. De la Haute Cour de justice.

Article 142.

Le président de la République n'est responsable des actes accomplis dans l'exercice de ses fonctions qu'en cas de haute trahison. Il est jugé par la Haute cour de justice.

Il y a haute trahison lorsque le président de la République viole son serment, refuse d'obtempérer à un arrêt de la Cour constitutionnelle, est reconnu auteur, coauteur ou complice de violations graves et caractérisées des droits humains, de cession frauduleuse d'une partie du territoire national, de compromission des intérêts nationaux en matière de gestion des ressources naturelles et du sous-sol et d'introduction de déchets toxiques sur le territoire national.

Lorsque le président de la République est reconnu coupable du crime de haute trahison, il est déchu de ses fonctions.

La déchéance est constatée par la Cour constitutionnelle au terme de la procédure devant la Haute cour de justice conformément aux dispositions de la présente Constitution.

La Haute Cour de justice est compétente pour juger les membres du Gouvernement en raison des faits qualifiés crimes ou délits commis dans l'exercice ou à l'occasion de l'exercice de leurs fonctions.

Article 143.

La Haute Cour de justice est une institution auprès de l'Assemblée nationale. Elle est composée de :

- quatre députés que l'Assemblée nationale élit en son sein après chaque renouvellement général ;
- trois magistrats dont un désigné par la Cour de cassation, un par le Conseil d'État et un par la Cour des comptes.

La Cour élit en son sein un président parmi les quatre députés.

La Commission d'instruction est composée de trois magistrats désignés par le président de la Cour cassation.

Les fonctions du ministère public près la Haute Cour de justice sont exercées par le Procureur général près la Cour de cassation et un substitut général près ladite Cour.

Les membres de la Haute cour de justice sont inamovibles pour la durée de la législature.

Ils sont désignés avant la fin de la première session ordinaire de la première législature.

Article 144.

La mise en accusation du président de la République est votée par scrutin public à la majorité des deux tiers des députés composant l'Assemblée nationale.

La mise en accusation d'un membre du Gouvernement est votée dans les mêmes conditions, à la majorité absolue.

Article 145.

La Haute Cour de justice est liée par la définition des crimes et des délits et par la détermination des peines résultant des lois pénales en vigueur à l'époque des faits compris dans les poursuites.

La loi fixe les règles de son fonctionnement ainsi que la procédure suivie devant elle.

TITRE VII.
DU DEVELOPPEMENT ECONOMIQUE, SOCIAL ET CULTUREL.

Section 1. Des orientations générales de la politique de développement.

Article 146.

L'action de l'État en matière de politiques de développement économique et social est soutenue par une vision stratégique.

L'Etat fait de la création des richesses, de la croissance et de la lutte contre les inégalités un axe majeur de ses interventions.

Les politiques publiques doivent promouvoir la souveraineté alimentaire, le développement durable, l'accès de tous aux services sociaux ainsi que l'amélioration de la qualité de vie.

Article 147.

L'État s'attèle à développer son potentiel énergétique en vue d'atteindre la souveraineté énergétique, l'accès à l'énergie et à bâtir un secteur industriel, minier, pétrolier et gazier dynamique et compétitif, orienté vers la satisfaction des besoins nationaux et des exigences du développement.

Les compagnies opérant au Niger sont tenues d'employer, en priorité, le personnel nigérien et permettre son accession à tous les emplois, en rapport avec ses capacités conformément aux lois en vigueur.

Section 2. De l'exploitation et de la gestion des ressources naturelles et du sous-sol.

Article 148.

Les ressources naturelles et du sous-sol sont la propriété du peuple nigérien.

La loi détermine les conditions de leur prospection, de leur exploitation et de leur gestion.

Article 149.

L'État exerce sa souveraineté sur les ressources naturelles et du sous-sol.

L'exploitation et la gestion des ressources naturelles et du sous sol doit se faire dans la transparence et prendre en compte la protection de l'environnement, du patrimoine culturel ainsi que la préservation des intérêts des générations présentes et futures.

Article 150.

Les contrats de prospection et d'exploitation des ressources naturelles et du sous-sol ainsi que les revenus versés à l'État, désagrégés, société par société, sont intégralement publiés au Journal Officiel de la République du Niger.

Article 151.

L'État s'assure de la mise en œuvre effective des contrats d'exploration et d'exploitation octroyés.

Article 152.

Les recettes réalisées sur les ressources naturelles et du sous-sol sont réparties entre le budget de l'État et les budgets des collectivités territoriales conformément à la loi.

Article 153.

L'Etat veille à investir dans les domaines prioritaires, notamment l'agriculture, l'élevage, la santé et l'éducation, et à la création d'un fonds pour les générations futures.

Section 3. Du Conseil économique, social et culturel (CESOC).

Article 154.

Le Conseil économique, social et culturel assiste le président de la République et l'Assemblée nationale.

Il donne son avis sur les questions qui lui sont soumises par le Président de la République ou l'Assemblée nationale.

Il est compétent pour examiner les projets et propositions de loi à caractère économique, social et culturel, à l'exclusion des lois de finances.

Article 155.

Une loi organique fixe les attributions, la composition, l'organisation et le fonctionnement du Conseil économique, social et culturel.

TITRE VIII.
DU CONSEIL SUPERIEUR DE LA COMMUNICATION.

Article 156.

Le Conseil supérieur de la communication est une autorité administrative indépendante.

Article 157.

Le Conseil a pour mission d'assurer et de garantir la liberté et l'indépendance des moyens de communication audiovisuelle, de la presse écrite et électronique dans le respect de la loi.

A ce titre, il veille :
- au respect de la mission de service public conférée aux médias d'État ;
- au respect de la déontologie en matière d'information et de communication :
- au respect de l'accès équitable et effectif des citoyens, des associations et des partis politiques aux moyens publics d'information et de communication ;

- au respect de la réglementation en vigueur en matière de communication et d'exploitation ;
- au respect des statuts des professionnels de la communication ;
- au respect de la pluralité d'opinion dans les médias publics et privés ;
- à la promotion et au développement des technologies de l'information et de la communication ;
- à la formation du personnel, à sa professionnalisation et au renforcement de ses capacités;
- au contrôle du contenu et des modalités de programmation des émissions de publicité diffusées par les chaînes de radio et de télévision publiques, privées, communautaires et associatives ;
- à la protection de l'enfance et de l'adolescence dans la programmation des émissions diffusées par les entreprises publiques et privées de la communication audiovisuelle ;
- à la promotion du sport et de la culture nigérienne dans la programmation des émissions diffusées par les entreprises publiques et privées de la communication audiovisuelle.

Article 158.

La communication audiovisuelle, écrite, électronique ainsi que l'impression et la diffusion sont libres, sous réserve du respect de l'ordre public, de la liberté et de la dignité des citoyens.

Les médias d'État sont des services publics dont l'accès est garanti, de manière équitable et effective à tous dans les conditions définies par la loi.

Ils ont l'obligation de favoriser le débat démocratique et de promouvoir les droits humains fondamentaux, les langues et les produits sportifs et culturels nationaux, l'unité nationale, la tolérance et la solidarité, la paix et la sécurité, entre les différentes communautés, ainsi que la lutte contre toutes formes de discrimination.

Le statut des médias d'État est établi par une loi qui garantit l'objectivité, l'impartialité et le pluralisme d'opinions dans le traitement et la diffusion de l'information.

Les médias privés sont des médias d'utilité publique. A ce titre, ils sont soumis aux mêmes obligations que les médias d'État telles que prévues à l'alinéa 3 du présent article.

Article 159.

Le Conseil supérieur de la communication est dirigé par un bureau. Les conseillers élisent en leur sein un président, un vice-président et deux rapporteurs. Seul le bureau est permanent.

Article 160.

Les membres du Conseil supérieur de la communication doivent avoir des compétences avérées, notamment dans les domaines de la communication, de l'administration publique, des sciences, du droit, de la culture et des arts.

Ils doivent avoir une expérience professionnelle d'au moins dix ans et être âgés de trente-cinq ans au moins.

Article 161.

Le Conseil supérieur de la communication est composé de quinze membres ainsi qu'il suit :

- une personnalité désignée par le président de la République;
- une personnalité désignée par le président de l'Assemblée nationale ;
- une personnalité désignée par le Premier ministre ;
- trois représentants élus par les organisations socio-professionnelles des médias du secteur privé dont, au moins, une femme ;
- trois représentants élus par les organisations syndicales des travailleurs des médias du secteur public dont un journaliste, un producteur et un technicien dont, au moins, une femme ;
- un représentant élu par les organisations syndicales des travailleurs du secteur de la communication ;
- un représentant élu par les associations de défense des droits de l'Homme et de promotion de la démocratie ;
- une représentante élue par les collectifs des organisations féminines ;
- un représentant élu par les agences et bureaux de communication et publicité ;
- un représentant élu par les créateurs culturels ;
- un représentant élu par les imprimeurs et éditeurs.

Article 162.

La durée du mandat des membres du Conseil supérieur de la communication est de cinq ans non renouvelable. En cas de décès, de démission ou d'exclusion d'un membre, il est remplacé dans les mêmes conditions pour le reste du mandat.

Article 163.

Une loi organique précise l'organisation, les attributions et le fonctionnement du Conseil supérieur de la communication.

TITRE IX.
DES COLLECTIVITES TERRITORIALES.

Article 164.

L'administration territoriale repose sur les principes de la décentralisation et de la déconcentration.

Les collectivités territoriales sont créées par une loi organique. Elles s'administrent librement par des conseils élus.

La loi détermine les principes fondamentaux de la libre administration des collectivités territoriales, leurs compétences et leurs ressources.

Article 165.

L'Etat veille au développement harmonieux de toutes les collectivités territoriales sur la base de la solidarité nationale, de la justice sociale, des potentialités régionales et de l'équilibre inter-régional.

Le représentant de l'État veille au respect des intérêts nationaux.

Article 166.

Les tribunaux de grande instance, en formation spéciale, statuent sur l'éligibilité des candidats, contrôlent la régularité, la transparence et la sincérité des élections locales. Ils en proclament les résultats.

Les recours contre les décisions en matière électorale des tribunaux de grande instance sont introduits devant le Conseil d'État, qui statue en dernier ressort.

Article 167.

L'Etat reconnaît la chefferie traditionnelle comme dépositaire de l'autorité coutumière. A ce titre, elle participe à l'administration du territoire de la République dans les conditions déterminées par la loi.

La chefferie traditionnelle est tenue à une stricte obligation de neutralité et de réserve. Elle est protégée contre tout abus de pouvoir tendant à la détourner du rôle que lui confère la loi.

TITRE X.
DES TRAITES ET ACCORDS INTERNATIONAUX.

Article 168.

Le président de la République négocie et ratifie les traités et les accords internationaux.

Article 169.

Les traités de défense et de paix, les traités et accords relatifs aux organisations internationales, ceux qui modifient les lois internes de l'État et ceux qui portent engagement financier de l'État ne peuvent être ratifiés qu'à la suite d'une loi autorisant leur ratification.

Article 170.

Si la Cour constitutionnelle saisie par le président de la République, le président de de l'Assemblée nationale, le Premier ministre ou un dixième des députés, a déclaré qu'un engagement international comporte une clause contraire à la Constitution, l'autorisation de le ratifier ne peut intervenir qu'après révision de la Constitution.

Article 171.

Les traités ou accords régulièrement ratifiés ont, dès leur publication, une autorité supérieure à celle des lois, sous réserve pour chaque accord ou traité de son application par l'autre partie.

TITRE XI.
DE LA COOPERATION ET DE L'ASSOCIATION AVEC LES ÉTATS.

Article 172.

La République du Niger peut conclure avec tout État africain des accords d'association ou de communauté emportant abandon partiel ou total de souveraineté en vue de réaliser l'unité africaine.

La République du Niger peut conclure des accords de coopération et d'association avec d'autres États sur la base de droits et avantages réciproques.

Elle accepte de créer avec ces États des organismes intergouvernementaux de gestion commune, de coordination et de libre coopération.

Ces organismes peuvent avoir notamment pour objet :

- l'harmonisation de la politique économique, financière et monétaire ;
- l'établissement d'unions visant à l'intégration économique par la promotion de la production et des échanges ;
- la création de fonds de solidarité ;
- l'harmonisation de plans de développement ;
- l'harmonisation de la politique étrangère ;
- la coopération en matière judiciaire ;
- la coopération en matière de défense ;
- la coopération en matière de santé ;
- la coopération en matière culturelle, scientifique et technique ;
- la coordination des transports, des communications et des télécommunications ;
- la coopération en matière de lutte contre les calamités naturelles ;
- la mise en valeur des ressources naturelles ;
- la préservation de l'environnement ;
- la coopération en matière de gestion et des ressources hydrauliques.

TITRE XII.
DE LA REVISION.

Article 173.

L'initiative de la révision de la Constitution appartient concurremment au président de la République et aux membres de l'Assemblée nationale.

Article 174.

Pour être pris en considération, le projet ou la proposition de révision doit être voté à la majorité des trois quarts des membres de l'Assemblée nationale.

Si le projet ou la proposition en cause a été approuvé à la majorité des quatre cinquième des membres de l'Assemblée nationale, la révision est acquise. A défaut, le projet ou la proposition est soumis à référendum sauf abandon dudit projet ou proposition..

Article 175.

Aucune procédure de révision ne peut être engagée ou poursuivie lorsqu'il est porté atteinte à l'intégrité du territoire.

La forme républicaine de l'État, le multipartisme, le principe de la séparation de l'État et de la religion et les dispositions des alinéas 1 et 2 de l'article 47 et de l'article 185 de la présente Constitution ne peuvent faire l'objet d'aucune révision.

Aucune procédure de révision du présent article n'est recevable.

TITRE XIII.
DES DISPOSITIONS TRANSITOIRES.

Article 176.

Le Conseil suprême pour la restauration de la démocratie (CSRD), le Gouvernement et les autres organes de la Transition continueront d'exercer leurs fonctions jusqu'à l'installation officielle des nouvelles autorités.

Article 177.

En attendant la mise en place de la Cour constitutionnelle, ses attributions sont exercées par le Conseil constitutionnel de Transition.

Article 178.

En attendant la mise en place de la Cour de cassation et du Conseil d'État, la Cour d'État demeure compétente pour les affaires relevant de la compétence dévolue respectivement à ces juridictions.

Les affaires pendantes devant la chambre judiciaire et la chambre administrative et sur lesquelles elles n'ont pas statué, seront transmises respectivement à la Cour de cassation et au Conseil d'État, dès l'installation de ces juridictions.

Article 179.

En attendant la mise en place de la Haute Cour de justice, les affaires pendantes devant la précédente seront transmises à la Cour d'État.

Article 180.

Le président de la République élu à l'issue de la période de Transition prêtera serment devant le Conseil constitutionnel de Transition.

Article 181.

L'ordonnance n° 2010-001 du 22 février 2010 portant organisation des pouvoirs publics pendant la période de Transition et ses textes modificatifs restent en vigueur jusqu'à l'entrée en fonction des nouvelles autorités.
L'ordonnance n° 2010-002 du 11 mars 2010 relative à la neutralité des membres du Gouvernement, des secrétaires généraux des ministères et de certains cadres de l'administration territoriale pendant la période de Transition reste en vigueur jusqu'à l'entrée en fonction des nouvelles autorités.
L'ordonnance n° 2010-003 en date du 11 mars 2010 relative à l'inéligibilité des personnels des forces de défense et de sécurité et des membres du Gouvernement de Transition reste en vigueur jusqu'à l'entrée en fonction des nouvelles autorités.

Article 182.

La législation actuellement en vigueur reste applicable, en ce qu'elle n'a rien de contraire à la présente Constitution, sauf abrogation expresse.

TITRE XIV.
DES DISPOSITIONS FINALES.

Article 183.

La présente Constitution sera adoptée par référendum. Elle entrera en vigueur dès sa promulgation par le Président du Conseil suprême pour la restauration de la démocratie, Chef de l'État dans les huit jours suivant la proclamation des résultats définitifs du référendum par le Conseil constitutionnel de Transition, sous réserve des dispositions transitoires ci-dessus.

Article 184.

Les lois organiques et les autres lois d'application prévues par la présente Constitution devront être adoptées obligatoirement dans les deux premières années de la première législature.

Article 185.

Une amnistie est accordée aux auteurs, coauteurs et complices du coup d'État du dix-huit février 2010.

Une loi sera votée, à cet effet, lors de la première session de l'Assemblée nationale.

LA CONSTITUTION TOGOLAISE DE LA QUATRIEME REPUBLIQUE

Préambule

Nous, Peuple Togolais, nous plaçant sous la protection de Dieu,

- conscient que depuis son accession à la souveraineté internationale le 27 avril 1960, le Togo notre pays a été marqué par de profondes mutations socio-politiques dans sa marche vers le progrès,
- conscient de la solidarité qui nous lie à la communauté internationale et plus particulièrement aux peuples africains,
- décidé à bâtir un Etat de Droit dans lequel les droits fondamentaux de l'Homme, les libertés publiques et la dignité dee la personne humaine doivent être garantis et protégés,
- convaincu qu'un tel Etat ne peut être fondé que sur le pluralisme politique, les principes de la Démocratie et de la protection des Droits de l'Homme tels que définis par la Charte des Nations-Unies de 1945, la Déclaration Universelle des Droits de l'Homme de 1948 et les Pactes Internationaux de 1966, la Charte Africaine des Droits de l'Homme et des Peuples adoptée en 1981 par l'Organisation de l'Unité Africaine,

*proclamons solennellement notre ferrme volonté de combattre tout régime politique fondé sur l'arbitraire, la dictature, l'injustice,

*affirmons notre détermination à coopérer dans la paix, l'amitié et la solidarité avec tous les peuples du monde épris de l'idéal démocratique, sur la base des principes d'égalité, de respect mutuel de la souveraineté,

*nous engageons résolument à défendre la cause de l'Unité nationale, de l'Unité africaine et à œuvrer à la réalisation de l'intégration sous-régionale et régionale,

*approuvons et adoptons, solennellement, la présente constitution comme Loi Fondamentale de l'Etat dont le présent préambule fait partie intégrante.

TITRE I : DE L'ETAT ET DE LA SOUVERAINETE

Article premier- La République Togolaise est un Etat de droit, laïc, démocratique et social. Elle est une et indivisible.

Article 2- La République Togolaise assure l'égalité devant la loi de tous les citoyens sans distinction d'origine, de race, de sexe, de condition sociale ou de religion.

Elle respecte toutes les opinions politiques, philosophiques ainsi que toutes les croyances religieuses.

Son principe est le gouvernement du peuple par le peuple et pour le peuple.

Sa devise est : « **Travail-Liberté-Patrie** ».

Article 3- L'emblème national est le drapeau composé de cinq bandes horizontales alternées de couleur verte et jaune. Il porte à l'angle supérieur gauche une étoile blanche à cinq branches sur fond carré rouge.

La fête nationale de la République Togolaise est célébrée le 27 avril de chaque année.

Le sceau de l'Etat est constitué par une plaque de métal en bas relief de forme ronde de 50 millimètres de diamètre et destiné à imprimer la marque de l'Etat sur les actes.

Il porte à l'avers, pour type, les armes de la République ; pour légende, « Au nom du Peuple Togolais » et pour exergue, « République Togolaise ».

Les armoiries de la République Togolaise sont ainsi constituées :

-Ecu d'argent de forme ovale et à la bordure de sinople, en chef l'emblème national, deux drapeaux adossés et devise sur banderole ; en cœur de sable les initiales de la République Togolaise sur fond d'or échancré ; en pointe, deux lions de gueules adossés.

-Les deux jeunes lions représentent le courage du peuple togolais. Ils tiennent l'arc et la flèche, moyen de combat traditionnel, pour montrer que la véritable liberté du peuple togolais est dans ses mains et que sa force réside avant tout dans ses propres traditions. Les lions debout et adossés expriment la vigilance du peuple togolais dans la garde de son indépendance, du levant au couchant.

L'hymne national est « **Terre de nos aïeux** ».

La langue officielle de la République togolaise est le français.

Article 4- La souveraineté appartient au peuple. Il l'exerce par ses représentants et par voie de référendum. Aucune section du peuple, aucun corps de l'Etat ni aucun individu ne peut s'en attribuer l'exercice.

L'initiative du référendum appartient, concurremment, au peuple et au Président de la République.

Un référendum d'initiative populaire peut être organisé sur la demande d'au moins cinq cent mille (500 000) électeurs représentant plus de la moitié des préfectures. Plus de cinquante mille (50 000) d'entre eux ne doivent pas être inscrits sur les listes électorales d'une même préfecture. La demande devra porter sur un même texte. Sa régularité sera appréciée par la Cour constitutionnelle.

Article 5- Le suffrage est universel, égal et secret. Il peut être direct ou indirect. Sont électeurs dans les conditions fixées par la loi, tous les nationaux togolais des deux sexes, âgés de dix-huit (18) ans révolus et jouissant de leurs droits civils et politiques.

Article 6- Les partis politiques et regroupements de partis politiques concourent à la formation et à l'expresion de la volonté politique du peuple.

Ils se forment librement et exercent leurs activités dans le respect des lois et règlements.

Article 7- Les partis politiques et les regroupements de partis politiques doivent respecter la constitution.

Ils ne peuvent s'identifier à une région, à une ethnie ou à une religion.

Article 8- Les partis politiques et les regroupements de partis politiques ont le devoir de contribuer à l'éducation politique et civique des citoyens, à la consolidation de la démocratie et à la construction de l'unité nationale.

Article 9- La loi détermine les modalités de création et de fonctionnement des partis politiques.

TITRE II : DES DROITS, LIBERTES ET DEVOIRS DES CITOYENS

SOUS-TITRE I : DES DROITS ET LIBETES

Article 10- Tout être humain porte en lui des droits inaliénables et imprescriptibles.

La sauuvegarde de ces droits est la finalité de toute communauté humaine. L'Etat a l'obligation de les respecter, de les garantir et de les protéger.

Les personnes morales peuvent jouir des droits garantis par la présente constitution dans la mesure où ces droits sont compatibles avec leur nature.

Article 11- Tous les êtres humains sont égaux en dignité et en droit.

L'homme et la femme sont égaux devant la loi.

Nul ne peut être favorisé ou désavantagé en raison de son origine familiale, ethnique ou régionale, de sa situation économique ou sociale, de ses convictions politiques, religieuses, philosophiques ou autres.

Article 12- Tout être humain a droit au développement, à l'épanouissement physique, intellectuel, moral et culturel de sa personne.

Article 13- L'Etat a l'obligation de garantir l'intégrité physique et mentale, la vie et la sécurité de toute personne vivant sur le territoire national.

Nul ne peut être arbitrairement privé ni de sa liberté ni de sa vie.

Article 14- L'exercice des droits et libertés garantis par la présente constitution ne peut être soumis qu'à des restrictions expressément prévues par la loi et nécessaires à la protection de la sécurité nationale, de l'ordre public, de la santé publique, de la morale ou des libertés et droits fondamentaux d'autrui.

Article 15- Nul ne peut être arbitrairement arrêté ou détenu. Quiconque est arrêté sans base légale ou détenu au-delà du délai de garde à vue peut, sur sa requête ou sur celle de tout intéressé, saisir l'autorité judiciaire désignée à cet effet par la loi.

L'autorité judiciaire statue sans délai sur la légalité ou la régularité de sa détention.

Article 16- Tout prévenu ou détenu doit bénéficier d'un traitement qui préserve sa dignité, sa santé physique et mentale et qui aide à sa réinsertion sociale.

Nul n'a le droit d'empêcher un prévenu ou un détenu de se faire examiner par un médecin de son choix.

Tout prévenu a le droit de se faire assister d'un conseil au stade de l'enquête préliminaire.

Article 17- Toute personne arrêtée a le droit d'être immédiatement informée des charges retenues contre elle.

Article 18- Tout prévenu ou accusé est présumé innocent jusqu'à ce que sa culpabilité ait été établie à la suite d'un procès qui lui offre les garanties indispensables à sa défense.

Le pouvoir judiciaire, gardien de la liberté individuelle, assure le respect de ce principe dans les conditions prévues par la loi.

Article 19- Toute personne a droit en toute matière à ce que sa cause soit entendue et tranchée équitablement dans un délai raisonnable par une juridiction indépendante et impartiale.

Nul ne peut être condamné pour des faits qui ne constituaient pas une infraction au moment où ils ont été commis.

En dehors des cas prévus par la loi, nul ne peut être inquiété ou condamné pour des faits reprochés à autrui.

Les dommages résultant d'une erreur de justice ou ceux consécutifs à un fonctionnemment anormal de l'administration de la justice donent lieu à une indemnisation à la charge de l'Etat, conformément à la loi.

Article 20- Nul ne peut être soumis à dess mesures de contrôle ou de sûreté en dehors des cas prévus par la loi.

Article 21- La personne humaine est sacrée et inviolable.

Nul ne peut être soumis à la torture ou à d'autres formes de traitements cruels, inhumains ou dégradants.

Nul ne peut se soustraire à la peine encourue du fait de ces violations en invoquant l'ordre d'un supérieur ou d'une autorité publique.

Tout individu, tout agent de l'Etat coupable de tels actes, soit de sa propre initiative, soit sur instruction, sera puni conformément à la loi.

Tout individu, tout agent de l'Etat est délié du devoir d'obéissance lorsque l'ordre reçu constitue une atteinte grave et manifeste au respect des Droits de l'Homme et des libertés publiques.

Article 22- Tout citoyen togolais a le droit de circuler librement et de s'établir sur le territoire national en tout point de son choix dans les conditions définies par la loi ou la coutume locale.

Aucun togolais ne peut être privé du droit d'entrer au Togo ou d'en sortir.

Tout étranger en situation régulière sur le territoire togolais et qui se conforme aux lois en vigueur à la liberté d'y circuler, d'y choisir sa résidence et le droit de le quitter librement.

Article 23- Un étranger ne peut être expulsé ni extradé du territoire togolais qu'en vertu d'une décision conforme à la loi. Il doit avoir la possibilité de faire valoir sa défense devant l'autorité judiciaire compétente.

Article 24- Aucun togolais ne peut être extradé du territoire natioonal.

Article 25- Toute personne a droit à la liberté de pensée, de conscience, de religion, de culte, d'opinion et d'expression. L'exercice de ces droits et libertés se fait dans le respect des libertés d'autrui, de l'ordre public et des normes établies par la loi et les règlements.

L'organisation et la pratique des croyances religieuses s'exercent librement dans le respect de la loi. Il en est de même des ordres philosophiques.

L'exercice du culte et l'expression des croyances se font dans le respect de la laïcité de l'Etat.

Les confessions religieuses ont le droit de s'organiser et d'exercer librement leurs activités dans le respect de la loi.

Article 26 – La liberté de presse est reconnue et garantie par l'Etat. Elle est protégée par la loi.

Toute personne a la liberté d'exprimer et de diffuser par parole, écrit ou tous autres moyens, ses opinions ou les informations qu'elle détient, dans le respect des limites définies par la loi.

La presse ne peut être assujettie à l'autorisation préalable, au cautionement, à la censure ou à d'autres entraves. L'interdiction de diffusion de toute publication ne peut être prononcée qu'en vertu d'une décision de justice.

Article 27 – Le droit de propriété est garanti par la loi. Il ne peut y être porté atteinte que pour cause d'utilité publique légalement constatée et après une juste et préalable indemnisation.

Nul ne peut être saisi en ses biens qu'en vertu d'une décision prise par une autorité judiciaire.

Article 28 – Le domicile est inviolable.

Il ne peut faire l'objet de perquisition ou de visite policière que dans les formes et conditions prévues par la loi.

Tout citoyen a droit au respect de sa vie privée, de son honneur, de sa dignité et de son image.

Article 29- L'Etat garantit le secret de la correspondance et des télécommunications.

Tout citoyen a droit au secret de sa correspondance, de ses communications et télécommunications.

Article 30- L'Etat reconnaît et garantit dans les conditions fixées par la loi, l'exercice des libertés d'association, de réunion et de manifestation pacifique et sans instruments de violence.

L'Etat reconnaît l'enseignement privé confessionnel et laïc.

Article 31- L'Etat a l'obligation d'assurer la protection du mariage et de la famille.

Les parents ont le devoir de pourvoir à l'entretien et à l'éducation de leurs enfants, ils sont soutenus dans cette tâche par l'Etat.

Les enfants qu'ils soient nés dans le mariage ou hors mariage, ont droit à la même protection familiale et sociale.

Article 32- La nationalité togolaise est attribuée de droit aux enfants nés de père ou de mère togolais.

Les autres cas d'attribution de la nationalité sont réglés par la loi.

Article 33- L'Etat prend ou fait prendre en faveur des personnes handicapées et des personnes âgées des mesures susceptibles de les mettre à l'abri des injustices sociales.

Article 34- L'Etat reconnaît aux citoyens le droit à la santé. Il œuvre à le promouvoir.

Article 35- L'Etat reconnaît le droit à l'éducation des ennfants et crée les conditions favorables à cette fin.

L'école est obligatoire pour les enfants des deux sexes jusqu'à l'âge de 15 ans.

L'Etat assure progressivement la gratuité de l'enseignement public.

Article 36- L'Etat protège la jeunesse contre toute forme d'exploitation ou de manipulation.

Article 37- L'Etat reeconnaît à chaque citoyen le droit au travail et s'efforce de créer les conditions de jouissance effective de ce droit.

Il assure à chaque citoyen l'égalité de chance face à l'emploi et garantit à chaque travailleur une rémunération juste et équitable.

Nul ne peut être lésé dans son travail en raison de son sexe, de ses origines, de ses croyances ou de ses opinions.

Article 38- Il est reconnu aux citoyens et aux collectivités territoriales le droit à une redistribution équitable des richesses nationales par l'Etat.

Article 39- Le droit de grève est reconnu aux travailleurs. Il s'exerce dans le cadre des lois qui le réglementent.

Les travailleurs peuvent constituer des syndicats ou adhérer à des syndicats de leur choix.

Tout travailleur peut défendre, dans les conditions prévues par la loi, ses droits et intérêts, soit individuellement, soit collectivement ou par l'action syndicale.

Article 40- L'Etat a le devoir de sauvegarder et de promouvoir le patrimoine culturel national.

Article 41- Toute personne a droit à un environnement sain. L'Etat veille à la protection de l'environnement.

SOUS-TITRE II
DES DEVOIRS

Article 42- Tout citoyen a le devoir sacré de respecter la constitution ainsi que les lois et règlements de la République.
Article 43- La défense de la patrie et de l'intégrité du territoire nationale est un devoir sacré de tout citoyen.

Article 44- Tout citoyen a le devoir de suivre un service national dans les conditions définies par la loi.

Article 45- Tout citoyen a le devoir de combattre toute personne ou groupe de personnes qui tenterait de changer par la force l'ordre démocratique établi par la présente constitution.

Article 46- Les biens publics sont inviolables. Toute personne ou tout agent public doit les respecter scrupuleusement et les protéger.

Tout acte de sabotage, de vandalisme, de détournement de biens publics, de corruption, de dilapidation est réprimé dans les conditions prévues par la loi.

Article 47- Tout citoyen a le devoir de veiller au respect des droits et libertés des autres citoyens et à la sauvegarde de la sécurité et de l'ordre public.

Il œuvre à la promotion de la tolérance et du dialogue dans ses rapports avec autrui. Il a l'obligation de préserver l'intérêt national, l'ordre social, la paix et la cohésion nationale.

Tout acte ou toute manifestation à caractère raciste, régionaliste, xénophobe sont punis par la loi.

Article 49- Les forces de sécurité et de Police, sous l'autorité du Gouvernement, ont pour mission de protéger le libre exercice des droits et des libertés, et de garantir la sécurité des citoyens et de leurs biens.

Article 50- Les droits et devoirs, énoncés dans la Déclaration Universelle des Droits de l'Homme et dans les instruments internationaux relatifs aux Droits de l'Homme, ratifiés par le Togo, font partie intégrante de la présente constitution.

TITRE III
DU POUVOIR LEGISLATIF

Article 51- Le pouvoir législatif, délégué par le peuple, est exercé par un Parlement composé de deux assemblées, l'Assemblée Nationale et le Sénat.
Les membres de l'Assemblée Nationale portent le titre de député et ceux du Sénat portent le titre de sénateur.

Article 52- Les députés sont élus au suffrage universel direct et secret pour cinq (05) ans. Ils sont rééligibles. Chaque député est le représentant de la Nation toute entière. Tout mandat impératif est nul.

Les élections ont lieu dans les trente (30) jours précédant l'expiration du mandat des députés. L'Assemblée nationale se réunit de plein droit le deuxième mardi qui suit la date de proclamation officielle des résultats.

Tout membre des forces armées ou de sécurité publique, qui désire être candidat aux fonctions de député, doit au préalable, donner sa démission des forces arrmées ou de sécurité publique.

Dans ce cas, l'intéressé pourra prétendre au bénéfice des droits acquis conformément aux statuts de son corps.

Une loi organique fixe le nombre des députés, leurs indemnités, les conditions d'éligibilité, le régime des incompatibilités et les conditions dans lesquelles il est pourvu aux sièges vacants.

Une loi organique détermine le statut des anciens députés.

Le Sénat est composé de deux tiers (2/3) de personnalités élues par les représentants des collectivités territoriales et d'un tiers (1/3) de personnalités désignées par le Président de la République.

La durée du mandat des sénateurs est de cinq (05) ans.

Une loi organique fixe le nombre des sénateurs, leurs indemnités, les conditions d'éligibilité ou de désignation, le régime des incompatibilités et les conditions dans lesquelles il est pourvu aux sièges vacants.

Une loi organique détermine le statut des anciens sénateurs.

Les membres de l'Assemblée nationale et du Sénat sortant, par fin de mandat ou dissolution, restent en fonction jusqu'à la prise de fonction effective de leurs successeurs.

Article 53- Les députés et les sénateurs jouissent de l'immunité parlementaire.

Aucun député, aucun sénateur ne peut être poursuivi, recherché, arrêté, détenu ou jugé à l'occasion des opinions ou des votes émis par lui dans l'exercice de ses fonctions, même après l'expiration de son mandat.

Sauf le cas de flagrant délit, les députés et les sénateurs ne peuvent être arrêtés ni poursuivis pour crimes et délits qu'après la levée par leur Assemblée respective, de leur immunité parlementaire.

Toute procédure de flagrant délit engagée contre un député ou contre un sénateur est portée sans délai à la connaissance du bureau de leurs Assemblées. Un député ou un sénateur ne peut, hors session, être arrêté sans l'autorisation du bureau de l'Assemblée à laquelle il appartient. La détention ou la poursuite d'un député ou d'un sénateur est suspendue si l'Assemblée à laquelle il appartient le requiert.

Article 54- L'assemblée Natioonale et le Sénat sont dirigés chacun par un président assisté d'un bureau. Les présidents et les bureaux sont élus pour la durée de la législature dans les conditions fixées par le règlement intérieur de chaque Assemblée.

En cas de vacance de la présidence de l'Assemblée nationale ou du sénat, par décès, démission ou toute autre cause, l'Assemblée nationale ou le Sénat élit un nouveau président dans les quinze (15) jours qui suivent la vacance, si elle/ il est en session ; dans le cas contraire, elle/il se réunit de plein droit dans les conditions fixées par son règlement intérieur.

Il est pourvu au remplacement des autres membres des bureaux, conformément aux dispositions du règlement intérieur de chaque Assemblée.

Une loi organique détermine le statut des anciens présidents de l'Assemblée nationale et du Sénat, notamment, en ce qui concerne leur rémunération et leur sécurité.

Article 55- L'Assemblée nationale se réunit de plein droit en deux (02) sessions ordinaires par an.

La première session s'ouvre le premier mardi d'avril.

La seconde session s'ouvre le premier mardi d'octobre.

Le Sénat se réunit de plein droit en deux (02) sessions ordinaires par an.

La première session s'ouvre le premier jeudi d'avril.

La seconde session s'ouvre le premier jeudi d'octobre.

Chacune des sessions dure trois (03) mois.

L'Assemblée nationale et le Sénat sont convoqués en session extraordinaire par leur président respectif sur un ordre du jour déterminé, à la demande du Président de la République ou de la majorité absolue des députés ou des sénateurs.

Les députés ou les sénateurs se séparent aussitôt l'ordre du jour épuisé.

Article 56- Le droit de vote des députés et des sénateurs est personnel.

Le règlement intérieur de l'Assemblée nationale ou du Sénat peut autoriser exceptionnellement la délégation de vote. Dans ce cas, nul ne peut recevoir délégation de plus d'un mandat.

Article 57- Le fonctionnement de l'Assemblée nationale ou du Sénat est déterminé par un règlement intérieur adopté conformément à la constitution.

TITRE IV
DU POUVOIR EXECUTIF

SOUS-TITRE I
DU PRESIDENT DE LA REPUBLIQUE

Article 58- Le Président de la République est le chef de l'Etat. Il est garant de l'indépendance et de l'unité nationale, de l'intégrité territoriale, du respect de la constitution et des traités et accords internationaux.

Il est garant de la continuité de l'Etat et des institutions de la République.

Article 59- Le Président de la République est élu au suffrage universel direct et secret pour un mandat de cinq (05) ans.

Il est rééligible.

Le Président de la République reste en fonction jusqu'à la prise de fonction effective de son successeur élu.

Article 60- L'élection du Président de la République a lieu au scrutin uninominal majoritaire à un (1) tour.

Le Président de la République est élu à la majorité des suffrages exprimés.

Article 61- Le scrutin est ouvert sur convocation du corps électoral par décret pris en conseil des ministres soixante (60) jours au moins et soixante quinze (75) jours au plus avant l'expiration du mandat du Président en exercice.

Article 62- Nul ne peut être candidat aux fonctions de Président de la République s'il :

- n'est exclusivement de nationalité togolaise de naissance ;
- n'est âgé de trente cinq (35) ans révolus à la date du dépôt de la candidature ;
- ne jouit de tous ses droits civils et politiques ;
- ne présente un état général de bien-être physique et mental dûment constaté par trois (03) médecins assermentés, désignés par la cour constitutionnelle ;
- ne réside sur le territoire togolais depuis douze (12) mois au moins.

Article 63- Les fonctions de Président de la République sont incompatibles avec l'exercice du mandat parlementaire, de toute fonction de représentation professionnelle à caractère national, et de tout emploi privé et public, civil ou militaire ou de toute activité professionnelle.

Le Président de la République entre en fonction dans les quinze (15) jours qui suivent la proclamation des résultats de l'élection présidentielle.

Article 64- Avant son entrée en fonction, le Président de la République prête serment devant la cour constitutionnelle réunie en audience solennelle en ces termes :

« Devant Dieu et devant le Peuple togolais, seul détenteur de la souveraineté populaire.

Nous……, élu Président de la République conformément aux lois de la République, jurons solennellement :

- de respecter et de défendre la constitution que le peuple togolais s'est librement donnée.
- de remplir loyalement les hautes fonctions que la Nation nous a confiées.
- de ne nous laisser guider que par l'intérêt général et le respect des droits de la personne humaine, de consacrer toutes nos forces à la promotion du développement, du bien commun, de la paix et de l'unité nationale.
- de préserver l'intégrité du territoire nationale.
- de nous conduire en tout, en fidèle et loyal serviteur du Peuple ».

Article 65- En cas de vacance de la Présidence de la République par décès, démission ou empêchement définitif, la fonction présidentielle est exercée provisoirement par le Président de l'Assemblée nationale.

La vacance est constatée par la Cour constitutionnelle saisie par le Gouvernement.

Le Gouvernement convoque le corps électoral dans les soixannte (60) jours de l'ouverrture de la vacance pour l'élection d'un nouveau Président de la République.

Article 66- Le Président de la République nomme le Premier Ministre. Il met fin à ses fonctions.

Sur proposition du Premier Ministre, il nomme les autres membres du Gouvernement et met fin à leur fonction.

Le Président de la République préside le Conseil des Ministres.

Article 67- Le président de la République promulgue les lois dans les quinze (15) jours qui suivent la transmission au Gouvernement de la loi définitivement adoptée par l'Assemblée nationale ; pendant ce délai, il peut demander une nouvelle délibération de la loi ou de certains de ses articles, la demande doit être motivée. La nouvelle délibération ne peut être refusée.

Article 68- Le Président de la République, après consultation du Premier Ministre et du Président de l'Assemblée nationale peut prononcer la dissolution de l'Assemblée nationale.

Cette dissolution ne peut intervenir dans la première année de la législature.

Une nouvelle Assemblée doit être élue dans les soixante (60) jours qui suivent la dissolution.

L'Assemblée nationale se réunit de plein droit le deuxième mardi qui suit son élection ; si cette réunion a lieu en dehors des périodes prévues pour les sessions ordinaires, une session est ouverte de droit pour une durée de quinze (15) jours.

Il ne peut être procédé à une nouvelle dissolution dans l'année qui suit ces élections.

Article 69- Le Président de la République signe les ordonnances et les décrets délibérés en onseil des Ministres.

Article 70- Le Président de la République après délibération du Conseil des Ministres nomme le Grand Chancelier des Ordres nationaux, les Ambassadeurs et Envoyés Extraordinaires, les Préfets, les Officiers Commandants des armées de terre, de mer et de l'air et les Directeurs des administrations centrales.

Le Président de la République, par décret pris en Conseil des Ministres, nomme les Présidents d'universités et les Professeurs inscrits sur une liste d'aptitude reconnue par les conseils des universités.

Le Président de la République, par décret pris en Conseil des Ministres, nnomme les Officiers généraux.

Il est pourvu aux autres emplois par décret du Président de la République qui peut déléguer ce pouvoir de nomination au Premier Ministre.

Article 71- Le Président de la République accrédite les Ambassadeurs et les envoyés extraordinaires auprès des puissances étrangères ; les Ambassadeurs et les envoyés extraordinaires étrangers sont accrédités auprès de lui.

Article 72- Le Président de la République est le chef des Armées. Il préside les Conseils de Défense. Il déclare la guerre sur autorisation de l'Assemblée nationale. Il décrète la mobilisation générale après consultation du Premier Ministre.

Article 73- Le Président de la République exerce le droit de grâce après avis du Conseil Supérieur de la Magistrature.

Article 74- Le Président de la République peut adresser des messages à la nation. Il s'adresse une fois par an au Parlement sur l'état de la nation.

Article 75- Une loi organique détermine le statut des anciens présidents de la République, notamment en ce qui concerne leur rémunération et leur sécurité.

SOUS-TITRE II
DU GOUVERNEMENT

Article 76- Le Gouvernement comprend : le Premier Ministre, les Ministres et, le cas échéant, les Ministres d'Etat, les Ministres délégués et les secrétaires d'Etat.

Les fonctions de membre du Gouvernement sont incompatibles avec l'exercice de tout mandat parlementaire, de toute fonction de représentation professionnelle à caractère national et tout emploi privé ou public, civil ou militaire ou de toute autre activité professionnelle.

Une loi organique, détermine le statut des anciens membress du Gouvernement, notamment en ce qui concerne leur rémunération et leur sécurité.

Article 77- Sous l'autorité du Président de la République, le Gouvernement détermine et conduit la politique de la Nation et dirige l'administration civile et militaire. Il dispose de l'administration, des forces armées et des forces de sécurité.

Le Gouvernement est responsable devant l'Assemblée Nationale.

Article 78- Le Premier Ministre est le chef du Gouvernement. Il dirige l'action du Gouvernement et coordonne les fonctions des autres membres. Il préside les comités de défense. Il supplée, le cas échéant, le Président de la République dans la présidence des Conseils prévus aux articles 66 et 72 de la présentee constitution. Il assure l'intérim du chef de l'Etat en cas d'empêchement pour cause de maladie ou d'absence du territoire national.

Avant son entrée en fonction, le Premier Ministre présente devant l'Assemblée nationale le programme d'action de son Gouvernement.

L'Assemblée nationale lui accorde sa confiance par un vote à la majorité absolue de ses membres.

Article 79- Le Premier Ministre assure l'exécution des lois.

Il peut déléguer certains de ses pouvoirs aux ministres.

Article 80- Les actes du Président de la République autres que ceux prévus aux articles 4, 66, 73, 74, 98, 100, 104 et 139 de la présentee constitution, sont contresignés par le Premier Ministre ou le cas échéant, par les Ministres chargés de leur exécution.

TITRE V
DES RAPPORTS ENTRE LE GOUVERNEMENT ET LE PARLEMENT

Article 81- L'Assemblée nationale vote en dernier ressort la loi. Elle contrôle l'action du Gouvernement.
Le Sénat reçoit pour délibération les projets et les propositions de loi.

Le sénat donne obligatoirement son avis avant le vote par l'Assemblée nationale de tout projet ou proposition de loi constitutionnelle, de tous les textes relatifs à l'organisation territoriale de la République et du projet de loi de finances. Dans tous les cas, l'avis du Sénat est considéré comme donné s'il ne s'est pas prononcé dans les quinze (15) jours de sa saisine ou les huit (08) jours en cas de procédure d'urgence.

Article 82- L'Assemblée nationale a la maîtrise de son ordre du jour. Elle en informe le Gouvernement.

L'inscription, par priorité, à l'ordre du jour de l'Assemblée nationale, d'un projet ou d'une proposition de loi ou d'une déclaration de politique générale, est de droit si le Gouvernemment en fait la demande.

Article 83- L'initiative des lois appartient concurremment aux députés et au Gouvernement.

Article 84- La loi fixe les règles concernant :

- la citoyenneté, les droits civiques et l'exercice des libertés publiquues ;
- le système d'établissement de la liste des journées fériées, chômées et payées ;
- les sujétions liées aux nécessités de la Défense nationale ;
- la nationalité, l'état et la capacité des personnes, les régimes matrimoniaux, les successions et les libéralités ;
- la procédure selon laquelle les coutumes seront constatées et mises en harmonie avec les principes fondamentaux de la constitution ;
- la détermination des crimes et délit ainsi que les peines qui leur sont applicables, la procédure pénale, l'amnistie ;
- l'organisation des tribunaux judiciaires et administratifs et la procédure devant ces juridictions, le statut des magistrats, des oficiers ministériels et des auxiliaires de justice ;
- la détermination des comppétences financières des autorités constitutionnelles et administratives ;
- l'assiette, le taux et les modalités de recouvrement des dispositions de toutes natures ;
- le régime d'émission de la monnaie ;
- le régime électoral de l'Assemblée nationale et des Assemblées locales ;
- la rémunération des fonctions publiques ;
- les nationalisations d'entreprises et les transferts de propriété d'entreprises du secteur public au secteur privé ;
- la création de catégories d'établissements publics ;
- la santé et la population ;
- l'état de siège et l'état d'urgence ;
- la protection et la promotion de l'environnement et la conservation des resssources naturelles ;
- la création, l'extension et les déclassements des parcs nationaux, des réserves de faunes et des forêts classées ;
- l'élaboration, l'exécution et le suiivi des plans et programmes nationaux de développement ;
- la protection de la liberté de presse et l'accès à l'information ;

- le statut de l'opposition ;
- l'organisation générale de l'administration ;
- le statut général de la Fonction publique ;
- l'organisation de la défense nationale ;
- les distinctions honorifiques ;
- l'enseignement et la Recherche scientifique ;
- l'intégration des valeurs culturelles nationales ;
- le régime de la propriété, des droits réels et des obligations civiles et commerciales ;
- le droit du travail, le droit syndical et des institutions sociales ;
- l'aliénation et la gestion du domaine de l'Etat ;
- le régime pénitentiaire ;
- la mutualité et l'épargne ;
- le régime économique ;
- l'organisation de la production ;
- le régime des transports et des communications ;
- la libre administration des collectivités territoriales, leurs compétences et leurs ressources ;
- les dispositions du présent article pourront être précisées et complétées par une loi organique.

Article 85- Les matières autres que celles qui sont du domaine de la loi ont un caractère réglementaire.

Article 86- Le Gouvernement peut, pour l'exécution de ses programmes, demander à l'Assemblée nationale, l'autorisation de prendre par ordonnances, pendant un délai limité, des mesures qui sont normalement du domaine de la loi.

Ces ordonnances sont prises en Conseil des Ministres après avis de la Cour constitutionnelle. Elles entrent en vigueur dès leur publication, mais deviennent caduques si le projet de loi de ratification n'est pas déposé devant l'Assemblée nationale avant la date fixée par la loi d'habilitation.

A l'expiration du délai défini dans la loi d'habilitation, ces ordonnances ne peuvent plus être modifiées que par la loi en ce qui concerne leurs dispositions qui relèvent du domaine législatif.

Article 87- Les propositions et les projets de loi sont déposés sur le bureau de l'Assemblée Nationale qui les envoie pour examen à des commisions spécialisées dont la composition et les attributions sont fixées par le règlement intérieur de l'Assemblée nationale.

Article 88- Les propositions de lois sont au moins huit (8) jours avant délibération et vote, notifiées pour information au gouvernement.

Article 89- Les projets de lois sont délibérés en Conseil des Ministres.

Article 90- Les députés et le Gouvernement ont le droit d'amendement.

Les propositions et amendements formulés par les députés ne sont pas recevables lorsque leur adoption aurait pour conséquence, soit une diminution des ressources publiques, soit la création ou l'aggravation d'une charge publique, à moins que ces propositions ou amendements ne soient assortis de propositions de récettes compensatrices.

Article 91- L'Assemblée nationale vote les projets de loi de finances dans les conditions prévues par une loi organique.

Les dispositions du projet peuvent être mises en vigueur par ordonnance si l'Assemblée ne s'est pas prononcée dans un délai de quarante cinq (45) jours suivant le dépôt du projet et que l'année budgétaire vient à expirer. Dans ce cas, le Gouvernement demande la convocation d'une session extraordinaire pour la ratification.

Si le projet de loi de finances n'a pu être déposé en temps utile pour être voté et promulgué avant le début de l'exercice, le Premier Ministre demande, d'urgence, à l'Assemblée, l'autorisation de reprendre le budget de l'année précédente par douzièmes provisoires.

Article 92- Les propositions ou projets de lois organiques sont soumis à la délibération et au vote de l'Assemblée nationale à l'expiration d'un délai de quinze jours après leur dépôt.

Les lois organiques ne peuvent être promulguées qu'après la déclaration par la Cour constitutionnelle de leur conformité à la constitution.

Article 93- La déclaration de guerre est autorisée par l'Assemblée nationale.

Article 94- L'état de siège comme l'état d'urgence est décrété par le Président de la République en Conseil des Ministres.

L'Assemblée nationale se réunit alors de plein droit, si elle n'est pas en session.

La prorogation au-delà de quinze jours, de l'état de siège ou d'urgence ne peut être autorisée que par l'Assemblée nationale.

L'Assemblée nationale ne peut être dissoute pendant la durée de l'état de siège ou de l'état d'urgence.

Une loi organique détermine les conditions de mise en œuvre de l'étaat de siège et de l'état d'urgence.

Article 95- Les séances de l'Assemblée nationale et du Sénat sont publiques. Le compte rendu intégral des débats est publié au journal officiel.

L'Assemblée nationale peut siéger à huis clos à la demande du Premier Ministre ou à la demande d'un cinquième (1/5) des députés.

Article 96- Les membres du Gouvernement ont accès à l'Assemblée nationale, au Sénat et à leurs commissions.

Ils peuvent être entendus sur leur demande.

Ils sont également entendus sur interpellation, par l'Assemblée nationale, sur des questions écrites ou orales qui leur sont adressées.

Article 97- Le Premier Ministre, après délibération du Conseil des Ministres, peut engager devant l'Assemblée nationale la responsabilité du Gouvernement sur son programme ou sur une déclaration de politique générale.

L'Assemblée nationale, après débat, émet un vote. La coonfiance ne peut être refusée au Gouvernement qu'à la majorité des deux tiers (2/3) des députés composant l'Assemblée nationale.

Lorsque la confiance est refusée, le Premier Ministre doit remettre au Président de la République la démission du Gouvernement.

Article 98- L'Assemblée nationale peut mettre en cause la responsabilité du Gouvernement par le vote d'une motion de censure.

Une telle motion, pour être recevable, doit être signée par un tiers (1/3) au moins des députés composant l'Assemblée nationale. Le vote ne peut intervenir que cinq (05) jours après le dépôt de la motion.

L'Asemblée nationale ne peut prononcer la censure du Gouvernement qu'à la majorité des deux tiers (2/3) de ses membres.

Si la motion de censure est adoptée, le Premier Ministre remet la démission de son Gouvernement.

Le Président de la République nomme un nouveau Premier Ministre.

Si la motion de censure est rejetée, ses signataires ne peuvent en proposer une nouvelle au cours de la même session.

TITRE VI
DE LA COUR CONSTITUTIONNELLE

Article 99- La Cour constitutionnelle est la plus haute juridiction de l'Etat en matière constitutionnelle. Elle est juge de la constitutionnalité de la loi et elle garantit les droits fondamentaux de la personne humaine et les libertés publiques. Elle est l'organe régulateur du fonctionnement des institutions et de l'activité des pouvoirs publics.

Article 100- La Cour constitutionnelle est composée de neuf (09) membres désignés pour sept (07) ans renouvelables.

Trois (03) sont désignés par le Président de la République dont un (01) en raison de ses compétences juridiques.

Trois (03) sont élus par l'Assemblée nationale à la majorité des deux tiers (2/3) de ses membres. Ils doivent être choisis en dehors des députés. L'un d'entre eux doit être désigné en raison de ses compétences juridiques.

Trois (03) sont élus par le Sénat à la majorité des deux tiers (2/3) de ses membres. Ils doivent être choisis en dehors des sénateurs. L'un d'entre eux doit être désigné en raison de ses compétences juridiques.

Article 101- Le Président de la Cour constitutionnelle est nommé par le Président de la République parmi les membres de la Cour pour une durée de sept (07) ans. Il a voix prépondérante en cas de partage.

Article 102- Les membres de la Cour constitutionnelle, pendant la durée de leur mandat, ne peuvent être poursuivis ou arrêtés sans l'autorisation de la Cour constitutionnelle sauf les cas de flagrant délit. Dans ces cas, le Président de la Cour constitutionnelle doit être saisi immédiatement et au plus tard dans les quarante huit heures.

Article 103- Les fonctions de membres de la Cour constitutionnelle sont incompatibles avec l'exercice de tout mandat électif, de tout mandat électif, de tout emploi public, civil ou militaire, de toute activité professionnelle ainsi que de toute fonction de représentation nationale.

Une loi organique détermine l'organisation et le fonctionnement de la Cour constitutionnelle, la procédure suivie devant elle, notamment les délais pour sa saisine, de même que les immunités et le régime disciplinaire de ses membres.

Article 104- La Cour constitutionnelle est la juridiction chargée de veiller au respect des dispositions de la Constitution.

La Cour constitutionnelle, juge de la régularité des consultations référendaires, des élections présidentielles, législatives et sénatoriales. Elle statue sur le contentieux de ces consultations et élections.

Elle est juge de la constitutionnalité des lois.

Les lois peuvent, avant leur promulgation, lui être déférées par le Président de la République, le Premier Ministre, le Président de l'ssemblée nationale ou un cinquième (1/5) des membres de l'Assemblée nationale.

Aux mêmes fins, les lois organiques, avant leur promulgation, les règlements intérieurs de l'Assemblée nationale et du Sénat, ceux de la Haute Autorité de l'Audiovisuel et de la Communication et du Conseil Economique et Social avant leur application, doivent lui être soumis.

Au cours d'une instance judiciaire, toute personne physique ou morale peut, « in limine litis », devant les cours et tribunaux, soulever l'exception d'inconstitutionnalité d'une loi. Dans ce cas, la juridiction surseoit à statuer et saisit la Cour constitutionnelle.

La Cour constitutionnelle doit statuer dans le délai d'un mois, ce délai peut être réduit à huit (08) jours en cas d'urgence.

Un texte déclaré inconstitutionnel ne peut être promulgué. S'il a été déjà mis en application, il doit être retiré de l'ordonnancement juridique.

Article 105- La Cour constitutionnelle émet des avis sur les ordonnances prises en vertu dess articles 69 et 86 de la présente constitution.

Article 106- Les décisions de la Cour constitutionelle ne sont susceptibles d'aucun recours. Elles s'imposent aux pouvoirs publics et à toutes les autorités civiles, militaires et juridictionnelles.

TITRE VII
DE LA COUR DES COMPTES

Article 107- La Cour des comptes juge les comptes des comptables publics. Elle assure la vérification des comptes et de la gestion des établissements publics et des entreprises publiques.

Elle assiste le Parlement et le Gouvernement dans le contrôle de l'exécution des lois de finances. Elle procède à toutes études de finances et de comptabilité publique qui lui sont demandées par le Gouvernement, l'Assemblée nationale ou le Sénat.

La Cour des comptes établit un rapport annuel adressé au Président de la République, au Gouvernement et à l'Assemblée nationale et dans lequel elle faiit état, s'il y a lieu, des infractions commises, et des responsabilités encourues.

Article 108- La Cour des comptes est composée:

- du Premier Président ;
- des présidents de chambre ;
- des conseillers-maîtres ;
- des conseillers-référendaires ;
- et d'auditeurs.

Le ministère public près la Cour des comptes est tenu par le procureur général et des avocats généraux.

Le nombre des emplois de ces différents grades est fixé par la loi.

Le premier Président, le procureur général, les avocats généraux, les présidents de chambre et les conseillers-maîtres sont nommés par décret du Président de la République pris en Conseil des Ministres.

Les conseillers-référendaires et des auditeurs sont nommés par le Président de la République sur proposition du remier Ministre après avis du Ministre des finances et avis favorable de l'ssemblée nationale.

Seuls des juristes de haut niveau, des inspecteurs de finances, du Trésor et des Impôts, des économistees-gestionnaires et des experts comptables ayant une expérience de quinze (15) ans au moins, peuvent être élus ou nommés à la Cour des comptes.

Article 109- Le Président de la Cour des comptes est élu par ses pairs pour une durée de trois (03) ans renouvelable.

Article 110- Les membres de la Cour des comptes ont la qualité de magistrat. Ils sont inamovibles pendant la durée de leur mandat.

Article 111- Les fonctions de membre de la Cour des comptes sont incompatibles avec la qualité de membre de gouvernement, l'exercice de tout mandat électif, de tout emploi public, civil ou militaire, de toute autre activité professionnelle ainsi que de toute fonction de représentation nationale.

Une loi organique détermine l'organisation et le fonctionnement dee la Cour des comptes.

TITRE VIII
DU POUVOIR JUDICIAIRE

Article 112- La justice est rendue sur le territoire de la République au nom du Peuple togolais.
Article 113- Le Pouvoir judiciaire est indépendant du Pouvoir législatif et du Pouvoiir exécutif.

Les juges ne sont soumis dans l'exercice de leurs fonctions qu'à l'autorité de la loi.

Le Pouvoir judiciaire est garant des libertés individuelles et des droits fondamentaux des citoyens.

Article 114- Les magistrats du siège sont inamovibles.

Article 115- Le Président de la République est garant de l'indépendance de la magistrature.

Il est assisté à cet effet par le Conseil Supérieur de la Magistrature.

Article 116- Le Conseil Supérieur de la Magistrature est composé de neuf (09) membres :

- trois magistrats de la Cour suprême ;
- quatre magistrats des Cours d'Appel et des Tribunaux ;
- un député élu par l'Assemblée nationale au bulletin ;

- une personnalité n'appartenant ni à l'Assemblée nationale, ni au Gouvernement, ni à la magistrature, choisie par le Président de la République en raison de sa compétence.

Il est présidé par le Président de la Cour suprême.

Les magistrats membres dudit conseil, à l'exception du Président de la Cour suprême, membre de droit, sont élus par leurs pairs au bulletin secret.

Les membres du Conseil Supérieur de la Magistrature sont nommés pour un mandat de quatre (04) ans renouvelable une seule fois.

Article 117- Le Conseil Supérieur de la Magistrature statue comme conseil de discipline des magistrats.

Les sanctions applicables ainsi que la procédure sont fixées par la loi organique portant statut de la magistrature.

L'organisation et le fonctionnement du Conseil Supérieur de la Magistrature sont fixés par une loi organique.

Article 118- Le recrutement de tout magistrat se fait sur proposition du Garde des Sceaux, Ministre de la justice, après avis du Conseil Supérieur de la Magistrature.

La nomination des magistrats du siège est faite par décret pris en Conseil des Ministres sur proposition du Conseil Supérieur de la Magistrature.

La nomination des magistrats du Parquet est faite par décret pris en Conseil des Ministres sur proposition du Garde des Sceaux, Ministre de la justice, après avis du Conseil Supérieur de la Magistrature.

Les magistrats en activité ne peuvent remplir d'autres charges publiques ni exercer des activités privées lucratives en dehors des cas prévus par la loi, ni se livrer à des activités politiques.

Une loi organique fixe le statut des magistrats et leurs rémunérations conformément aux exigences d'indépendance et d'efficacité.

Article 119- Les principes d'unité juridictionnelle et de séparation des contentieux sont à la base de l'organisation et du fonctionnement des juridictions administratives et judiciaires.

La loi organise la juridiction militaire dans le respect des principes de la constitution.

Les juridictions d'exception sont prohibées.

SOUS-TITRE II
DE LA COUR SUPREME

Article 120- La Cour suprême est la Haute juridiction de l'Etat en matière judiciaire et administrative.
Article 121- Le Présidennt de la Cour Suprême est nécessairement un magistrat professionnel. Il est nommé par un décret du Président de la République en Conseil des Ministres sur proposition du Conseil Supérieur de la Magistrature.

Avant son entrée en fonction, il prête serment devant le Bureau de l'Assemblée nationale en ces termes :

« *Je jure de bien et fidèlement remplir ma fonction, de l'exercer en toute impartialité, dans le respect de la Constitution, de garder le secret des libérations et des votes, de ne prendre aucune position publique et de ne donner aucune consultation à titre privé sur les questions relevant de la compétence de la Cour, et de me conduire en tout comme un digne et loyal magistrat.* »

Article 122- Les magistrats de la Cour Suprême ne peuvent ne peuvent être poursuivis pour crimes et délits commis dans l'exercice ou à l'occasion ou en dehors de leurs fonctions que devant la haute Cour de justice.

Sauf en cas de flagrant délit, aucun magistrat de la Cour Suprême ne peut être ni poursuivi ni jugé sans l'autorisation préalable du Conseil Supérieur de la Magistrature.

Une loi organique détermine les conditions d'organisation et de fonctionnement de la Cour Suprême.

Article 123- La Cour Suprême est composée de deuux chambres :

- la chambre judiciaire ;
- la chambre administrative.

Chacune de ces chambres constitue une juridiction autonome au sein de la Cour Suprême et est composé d'un Président de chambre et de conseillers.

Le Président de la Cour Suprême préside des chambres réunies.

Le ministère public près de chaque chambre est assuré par le Parquet général de la Cour Suprême composée du procureur général et des avocats généraux.

Article 124- La Chambre judiciaire de la Cour Suprême a compétence pour connaître :

- des pourvois en cassation formés contre les décisions rendues en dernier ressort par les juridictions civiles, commerciales, sociales et pénales ;
- des prises à partie contre les magistrats de la Cour d'Appel selon les dispositions du Code de procédure civile ;
- des poursuites pénales contre les magistrats de la Cour d'Appel selon les conditions déterminées par le Code de procédure pénale ;
- des demandes en révision et des règlements de juge.

Article 125- La chambre administrative de la Cour Suprême a compétence pour connaître :

- des recours formés contre les décisions rendues en matière de contentieux administratif ;
- des recours pour excès de pouvoir formés contre les actes administratifs ;
- du contentieux dès élections locales ;
- des pourvois en cassation contre les décisions des organismes statuant en matière disciplinaire.

SOUS-TITRE III
DE LA HAUTE COUR DE JUSTICE

Article 126- La Haute cour de justice est composée du Président et des présidents de chambres de la Cour Suprême et de quatre députés élus par l'Assemblée nationale.
La Haute Cour de Justice élit en son sein son président.

Une loi organique fixe les règles de son fonctionnement ainsi que la procédure suivie devant elle.

Article 127- La Haute Cour de Justice est la seule juridiction compétente pour connaître des infractions commises par le Président de la République.

La responsabilité politique du Président de la République n'est engagée qu'en cas de haute trahison.

La Haute Cour de Justice est compétente pour juger les membres du Gouvernemment et leurs complices en cas de complot contre la sûreté de l'Etat.

Article 128- La Haute Cour de Justice connaît des crimes et délits commis par les membres de la Cour Suprême.

Article 129- La Haute Cour de justice est liée par la définition des crimes et délits ainsi que par la détermination des peines telles qu'elles résultent des lois pénales en vigueur au moment où les faits ont été commis.

La décision de poursuivre ainsi que la mise en accusation du Président de la République et des membres du Gouvernement est votée à la majorité des quatre cinquième (4/5) des membres de chacune des deux assemblées composant le Parlement, selon la procédure prévue par une loi organique.

En cas de condamnation, ils sont déchus de leurs charges.

TITRE IX
DE LA HAUTE AUTORITE DE L'AUDIOVISUEL ET DE LA COMMUNICATION

Article 130- La Haute Autorité de l'Audiovisuel et de la Communication a pour mission de garantir et d'assurer la liberté et la protection de la presse et des autres moyens de communication de masse.
Elle veille au respect de la déontologie en matière d'information, de communication et à l'accès équitable des partis politiques et des associations aux moyens officiels d'information et de communication.

La Haute Autorité de l'Audiovisuel et de la Communication est compétente pour donner l'autorisation d'installation de nouvelles chaînes de télévisions et de radios privées.

Article 131- La Haute Autorité de l'Audiovisuel et de la Communication élit en son sein son président et les membres de son bureau.

La composition, l'organisation et le fonctionnement de la Haute Autorité de l'Audiovisuel et de la Communication sont fixés par une loi organique.

TITRE X
DU CONSEIL ECONOMIQUE ET SOCIAL

Article 132- Le Conseil Economique et Social est chargé de donner son avis sur toutes les questions portées à son examen par le Président de la République, le Gouvernement, l'Assemblée nationale, le Sénat ou toute autre institution publique.
Le Conseil Economique et Social est consulté, pour avis, sur tout projet de plan ou de programme économique et social ainsi que sur tout projet de texte à caractère fiscal, économique et social.

Il peut également procéder à l'analyse de tout problème de développement économique et social. Il soumet ses conclusions au Président de la République, au Gouvernement, à l'Assemblée nationale et au Sénat.

Il suit l'exécution des décisions du Gouvernemnt relatives à l'organisation économique et sociale.

Article 133- Le Conseil Economique et Social peut désigner l'un de ses membres, à la demande du Président de la République, du Gouvernement, de l'Assemblée nationale ou du Sénat, pour exposer devant ces organes l'avis du Conseil sur les projets ou propositions qui lui ont été soumis.

Article 134- Le Conseil Economique et Social élit en son sein son président et les membres de son bureau.

Article 135- Le Conseil Economique et Social a une section dans chaque région économique du pays.

Article 136- La composition, l'organisation et le fonctionnement du Conseil Economique et Social ainsi que de ses sections sont fixés par une loi organique.

TITRE XI
DES TRAITES ET ACCORDS INTERNATIONAUX

Article 137- Le Président de la République négocie et ratifie les traités et accords internationaux.
Article 138- Les traités de paix, les traités de commerce, les traités relatifs aux organisations internationales, ceux qui engagent les finances de l'Etat, ceux qui modifient les dispositions de nature législative, ceux qui sont relatifs à l'état des personnes et aux Droits de l'homme, ceux qui comportent

cession, échange ou adjonction de territoiree, ne peuvent être ratifiés qu'en vertu d'une loi.

Ils ne prennent effet qu'après avoir été ratifiés et publiés.

Nulle cesion, nul échange ou adjonction de territoire n'est valable sans le consentement des populations intéressées.

Article 139- Lorsque la Cour constitutionnelle saisie par le Président de la République, par le Premier Ministre ou par le Président de l'Assemblée nationale, a déclaré qu'un engagement international comporte une clause contraire à la constitution, l'autorisation de la ratifier ou de l'approuver ne peut intervenir qu'après la révision de la constitution.

Article 140- Les traités ou accords régulièrement ratifiés ou approuvés ont, dès leur publication, une autorité supérieure à celle des lois sous réserve, pour chaque accord ou traité, de son application par l'autre partie.

TITRE XII
DES COLLECTIVITES TERRITORIALES ET DE LA CHEFFERIE TRADITIONNELLE

Article 141- La République togolaise est organisée en collectivités terrritoriales sur la base du principe de décentralisation dans le respect de l'unité nationale.

Ces collectivités territoriales sont : les communes, les préfectures et les régions.

Toute autre collectivité territoriale est créée par la loi.

Les collectivités territoriales s'administrent librement par des conseils élus au suffrage universel, dans les conditions prévues par la loi.

Article 142- L'Etat veille au développement harmonieux de toutes les collectivités teritoriales sur la base de la solidarité nationale, des potentialités régionales et de l'équilibre interrégional.

Article 143- L'Etat togolais reconnaît la chefferie traditionnelle, gardienne des us et coutumes.

La désignation et l'intronisation du chef traditionnel obéissent aux us et coutumes de la localité.

TITRE XIII
DE LA REVISION

Article 143- L'initiative de la révision de la constitution appartiennt concurremment au Président de la République et à un cinquième (1/5) au moins des députés composant l'Asemblée nationale.

Le projet ou la proposition de révision est considéré comme adopté, s'il est voté à la majorité des quatre cinquième (4/5) des députés composant l'Assemblée nationale.

A défaut de cette majorité, le projet ou la proposition de révision adopté à la majorité des deux tiers (2/3) des députés composant l'Assemblée nationale, est soumis au référendum.

Le Président de la République peut soumettre au référendum tout projet de loi constitutionnelle.

Aucune procédure de révision ne peut être engagée ou poursuivie en période d'intérim ou de vacance ou lorsqu'il est porté atteinte à l'intégrité du territoire.

La forme républicaine et la laïcité de l'Etat ne peuvent faire l'objet d'une révision.

TITRE XIV
DES DISPOSITIONS SPECIALES

Article 145- Le Président de la République, le Premier Ministre, les membres du Gouvernement, le Président et les membres du bureau de l'Assemblée nationale et du Sénat et les Directeurs des administrations centrales et des entreprises publiques doivent faire devant la Cour Suprême une déclaration de leurs biens et avoirs au début et à la fin de leur mandat ou de leur fonction.
Une loi détermine les conditions de la mise en œuvre de la présente Constitution.

Article 146- La source de toute légitimité découle de la présente Constitution.

Article 147- Les Forces Armées Togolaises sont une armée nationale, républicaine et apolitique. Elles sont entièrement soumises à l'autorité politique constitutionnelle régulièrement établie.

Article 148- Toute tentative de renversement du régime constitutionnel par le personnel des Forces Armées ou de sécurité publique, par tout individu ou groupe d'individus, est considérée comme un crime imprescriptible contre la nation et sanctionnée conformément aux lois de la République.

Article 149- En dehors de la défense du territoire et des travaux d'utilité publique, les Forces Armées ne peuvent être engagées que dans la mesure où la présennte Constitution l'autorise expressément.

En cas de conflit armé avec un autre Etat, les Forces Armées sont habilitées à protéger les objectifs civils, et à assurer des missions de police, dans la mesure où leur mission de défense de l'intégrité du territoire l'exige. Dans ce cas, les Forces Armées coopèrent avec les autorités de police.

En cas de rebellion armée, et si les Forces de police et de sécurité ne peuvent, à elles seules, maintenir l'ordre public, le gouvernement peut, pour écarter le danger menaçant l'existence de la République ou l'ordre constitutionnel démocratique, engager les Forces Armées pour assister les Forces de police et de sécurité dans la protection d'objectifs civils et dans la lutte contre les rebelles.

En tout état de cause, le gouvernement doit mettre fin à l'engagement des Forces Armées dès que l'Assemblée nationale l'exige.

Article 150- En cas de coup d'Etat, ou de coup de force quelconque, tout membre du gouvernement ou de l'Assemblée nationale a le droit et le devoir de faire appel à tous les moyens pour rétablir la légitimité constitutionnelle, y compris le recours aux accords de coopération militaire ou de défense existants.

Dans ces circonstances, pour tout Togolais, désobéir et s'organiser pour faire échec à l'autorité illégitime constituent le plus sacré des droits et le plus impératif des devoirs.

Tout renversement du régime constitutionnel est considéré comme un crime imprescriptible contre la Nation et sanctionné conformément aux lois de la République.

TITRE XV
DE LA COMMISSION NATIONALE DES DROITS DE L'HOMME ET DU MEDIATEUR DE LA REPUBLIQUE

SOUS-TITRE I
DE LA COMMISSION NATIONALE DES DROITS DE L'HOMME

Article 151- Abrogé

Article 152- Il est créé une Commission Nationale des Droits de l'Homme. Elle est indépendante. Elle n'est soumise qu'à la Constitution et à la loi.

La composition, l'organisation et le fonctionnement de la Commission Nationale des Droits de l'Homme sont fixés par une loi organique.

Article 153- Aucun membre du Gouvernement ou du parlement, aucune autre personne ne s'immisce dans l'exercice de ses fonctions et tous les autres organes de l'Etat lui accordent l'assistance dont elle peut avoir besoin pour préserver son indépendance, sa dignité et son efficacité.

SOUS-TITRE II
DU MEDIATEUR DE LA REPUBLIQUE

Article 154- Il est institué un Médiateur de la République chargé de régler les conflits non juridictionnels entre les citoyens et l'administration. Le Médiateur de la République est une autorité administrative indépendante nommée par décret pris en Conseil des Ministres pour un mandat de trois (03) ans renouvelable.
La composition, l'organisation et le fonctionnement des services du Médiateur de la République sont fixés par une loi organique.

TITRE XVI

DES DISPOSITIONS TRANSITOIRES

Article 155- Les compétences dévolues au Sénat pour la désignation des membres de la Cour constitutionelle sont exercées par l'Assemblée nationale jusqu'à la mise en place du Sénat. Les membres ainsi désignés exercent leur mandat de sept (07) ans.

Article 156- Les membres actuels de la Cour constitutionnelle restent en fonction jusqu'à l'installation des nouveaux membres.

Article 157- En attendant la mise en place du Sénat, l'Assemblée nationale exerce toute seule le pouvoir législatif dévolu au parlement.

Article 158- La législation en vigueur au Togo jusqu'à la mise en place des nouvelles institutions reste applicable, sauf intervention de nouveaux textes, et dès lors qu'elle n'a rien de contraire à la présente Constitution.

TITRE XVII
DES DISPOSITIONS FINALES

Article 159- La présente Constitution sera exécutée comme Loi Fondamentale de la République togolaise.

Quelques références bibliographiques

I- Ouvrages généraux

Adamon (A.), Le renouveau démocratique au Bénin, Paris, l'Harmattan, 1995 ;

La hiérarchie des droits, Abdelkhaleq Berramdane, Droits internes et Droits européen et international, l'Harmattan, Paris, 2002 ;

Aivo Frédéric Joël, Le juge constitutionnel et l'état de droit en Afrique, l'exemple du model béninois, l'Harmattan, Paris, 2006 ;

Akindes (F.), Les transitions démocratiques à l'épreuve des faits. Réflexions à partir des expériences des pays d'Afrique noire francophone, in Bilan des conférences nationales et autres processus de transition démocratique, O.I.F., Paris, Pedone, 2000 ;

Alexis de Tocqueville, De la démocratie en Amérique, 1835, 1ère partie, chap.5, (1) ;

André de Laubadère, traité élémentaire de droit administratif, 2ème éd., Paris, 1957 ;

Bourgi (A.), Casteran (Ch.), Le printemps de l'Afrique, Paris Hachette, pluriel, 1991 ;

Bryce (J.), La République américaine, Tome I, éd. française, Girard et Brière, 1900 ;

Burdeau (G.), « La règle de droit et le Pouvoir », Archives de philosophie du droit, n°2, 1937 ;

Burdeau (G.), Droit constitutionnel, et Institutions politiques, dix-huitième édition, L.G.D.J., Paris, 1977 ;

Cabanis (A.), Martin (M.L.), Le constitutionnalisme de la troisième vague en Afrique francophone, Louvain-la-Neuve, Académia, Bruylant, P.U.R., 2010 ;

Capitant (R.), Droits constitutionnels, éd. préparée par (J.-P) Morelou, Paris, éd. du C.N.R.S., 1982 ;

Chapus (R.), Droit administratif général, t.1, 15ème ed., Montchrestien, 2001 ;

Chevallier (J.), L'Etat de droit, Paris, Montchrestien, 3ème éd., 1999 ;

Claude-Albert Colliard, Louis Dubouis, Institutions internationales, Dalloz, 10ème édition, Paris, 1995 ;

Daniel Louis seller, Les partis politiques, 2ème edition, Paris, Armand Colin, 2000;

Dicey (A.), Introduction à l'étude du droit constitutionnel, éd. franç., 1902 ;

Didier Rouget, Le guide de la protection internationale des droits de l'Homme, Editions La pensée sauvage ; Dijon-Questigny ;

Dossou (R.), Du monolithisme à la démocratie pluraliste : un témoignage, in Conac (G.), L'Afrique en transition vers le pluralisme politique, Paris, Economica, 1993 ;

Duguit (L.), Traité de droit constitutionnel, Paris, réédit., C.N.R.S., 1999 ;

Duguit (L.), Traité de droit constitutionnel, Ed. de Boccard, Paris, 1923, 2ème éd.(t.II, p.50) ;

Eisenmann C., Centralisation et décentralisation, Esquisse d'une théorie générale, L.G.D.J., 1948 ;

Eric Oliva, Sandrine Giummarra, Droit constitutionnel, (collection aide-mémoire), Dalloz, 7ème édition, Paris, 2011 ;

Esmein (A.), Eléments de droit constitutionnel, Paris, Librairie de la société du recueil général des lois et des arrêts, 1896 ;

Favoreu (L.), « Droit de la constitution et constitution du droit », R.F.D.C., 1990, n°1 ;

Ferdinand Buisson, Dictionnaire de pédagogie, et d'instruction primaire, Hachette, Paris, 1911;

L. J. Friedrich, La démocratie constitutionnelle, trad. Franç, 1958 ;

Conac Gérard, L'Afrique en transition vers le pluralisme politique, Paris, conomica, 1991 ;

Gicquel (J.), Gicquel (J.-E), Droit constitutionnel et Institutions politiques, 23ème éd., Paris, Montchrestien,2009 ;

Maurice Glèlè-Ahanhanzo, « La République du Dahomey », Encyclopédie politique et constitutionnelle, sériee Afrique, Paris, I.I.A.P., 1969 ;

Commission chargée de l'élaboration des avant-projets de lois dans le cadre des réformes politiques et institutionnelles, « Consolider les acquis démocratiques », Rapport sur l'étude de la constitution, présidé par M. Joseph Gnonlonfoun, Magistrat, ancien garde des sceaux, (Rép. du Bénin), mars 2012 ;

Harbeson J.W,"Rethinking Dramatic Transitions: lessons from Eastern and southern Africa"

Libérer la parole paysanne au Sahel (Institut Parros I), paru chez l'Harmattan, Paris, 1991 ;

Hauriou (A.), Droit constitutionnel et institutions politiques, Montchrestien, 1970, 4ème ed ;

Joseph LA Palombara et Myem Weiner. The origin and development of politicals parties. Princeton, 1966;

Kamto Maurice, droit de l'environnement en Afrique, E.D.I.C.E.F./A.U.P.E.L.F., Paris, 1996 ;

Martine Lombard, Droit administratif, 3ème édition, dalloz, 1999.

Montesquieu (Ch.), De l'esprit des lois, Paris, éd., 1999 ; Gallimard, 1985 ;

Noudjenoume (Ph.), La démocratie au Bénin, Bilan et Perspectives, Paris, 1999 ;

J. Pradel, Droit pénal général, Editions Cujas, 16ème édition, 2006 ;

J. Rawls, Théorie de la justice, trad. Parc. Audard, Paris, Seuil, 1987 ;

Ripert (G.), Le déclin du droit, Etude sur la législation contemporaine, Paris, L.G.D.J. ; 1949 ;

Salami (I.D.), Gandonou (D.O.M.), Droit constitutionnel et Institutions du Bénin, Editions CeDAT, 2014 ;

Frédéric Sudre, Droit international et européen des droits de l'Homme, 5ème édition mise à jour, Presse Universitaire de France, 2001, Paris ;

Michel de Villiers et Thibaut de Berranger, « Droit public général », LexisNexis, 5ème édition, Paris, 2011 ;

Vittin (Th.), Du système Kérékou au renouveau démocratique, in Médard (J.-F.) Etats d'Afrique noire, formation, mécanismes et crises, Paris, Karthala, 1991 ;

Jeanine de Vries Reilingh, L'application des pactes des Nations Unies relatifs aux droits de l'Homme de 1966, par les cours suprêmes en Suisse, en Allemagne et au Canada, présentation des systèmes et comparaison, 1998, by Helbing and Lichtenhahn, Bâle-Genève, Munich ;

Jean-Nazaire Tama, Droit international et africain des droits de l'Homme, Harmattan, 2012.

II- <u>Ouvrages spécifiques</u>

André Cabanis, Michel Louis Martin, Le Constitutionnalisme de la troisième vague en Afrique francophone, Louvain-la-Neuve, Académia, Bruylant, P.U.R., 2010 ;

Andrews W. G., Constitutions and constitutionalism, 3rd Ed., Princeton, new-Jersey; D. Van Nostrand company, 1968;

Rosenfeld M., "Modern constitutionalism as inter play between indentity and diversity" in Rosenfeld…

III- <u>Articles de revues, communications, notes et contributions aux ouvrages collectifs</u>

Ahadzi (K.), « Les nouvelles tendances du constitutionnalisme africain. Le cas des Etats d'Afrique noire francophone », Afrique juridique et politique, vol.1, n°2, 2002 ;

Droits universels, voies de recours nationales, sous la direction de (A.) Ahmed An-Na'Im interights, Afronet.GTZ.UK., Londres, 2001;

Ahanhanzo-Glèlè (A.), La Société civile au Bénin, in Journées de réflexion sur la Constitution du 11 décembre 1990 (Les ACTES), août 2006 ;

Aivo Frédéric Joël, Réflexions sur la crise de normativité de la constitution en Afrique, Revue Béninoise de Sciences Juridiques et Administratives (R.B.S.J.B.), 2011 ;

Aivo Frédéric joël, « La crise de normativité de la constitution en Afrique », RDP ; 2012 ;

Alionne Tine, Société civile et alternance démocratique, in les Actes de la Conférence internationale de Cotonou, « *Les défis de l'alternance démocratique en Afrique* », tenue à Cotonou du 23 au 25 février 2009 ;

Alix Toublanc, « La crise des institutions électorales africaines au prisme du cas ivoirien, article publié à la revue juridique et politique des Etats francophones, n°3, Juillet-septembre 2012 ;

Atangana- Amougou (J.-L), « Les révisions constitutionnelles dans le nouveau constitutionnalisme africain », Politeia, n°7, Printemps 2005 ;

Atangana-Amougou (J.-L.), « Les accords de paix dans l'ordre juridique interne en Afrique »...

Braechler (J.), « Des institutions démocratiques pour l'Afrique », R.J.P.I.C., vol.46, n°2 avril-juin 1992 ;

Cabanis (A.) et (M.L.) Martin, « La Pérénnisation du chef de l'Etat ; l'enjeu actuel pour les constitutions d'Afrique francophone », in Démocrattie et liberté : tension, dialogue, confrontation, Mélanges en l'honneur de Slobodan Milacic, préc ;

Carlos (J.), Presse en développement et démocratie, in Journées de réflexion sur la Constitution du 11 décembre 1990 (Les ACTES), août 2006 ;

Conac (G.), « Succès et échecs des transitions démocratiques en Afrique subsaharienne », in Gouverner, administrer, juger, liber amicorum, Mélanges en l'honneur de Jean alines, Paris, Dalloz, 2002 ;

« Les juridictions constitutionnelles en Afrique », in G. Conac (dir.) *Les Cours suprêmes en Afrique*, trois volumes, Economica, 1998 ;

Cornillon (P.), « Les parlementaires, gardiens des droits de l'Homme et leur nécessaire protection », in Les droits de l'Homme à l'aube du XXIème siècle, Karel VASAK, Amicorum Liber, Bruylant, Bruxelles, 1999 ;

Delphine Edith Emmanuel, L'institutionnalisation de l'opposition dans les Etats d'Afrique francophone, in Nouvellea Annales Africaiines, Revue de la Faculté des Sciences Juridiques et Politiques, Université Cheikh Anta Diop de Dakar ;

Djindjere Dominique, Renouveau démocratique et forces armées africaines : état des lieux et perspectives, in les Actes de la conférence internationale

« *Les défis de l'alternance démocratique en Afrique* », Cotonou, du 23 au 25 février 2009 ;

Dosso (K.), « Le premier ministre dans la crise ivoirienne », RRJ-Droit prospectif, 2008, n4 ;

Elisabeth Fourn et Claudy Vouche, coopération union européenne-Bénin, profil genre du Bénin, septembre 2006 ;

Flauss Jean-François, Elisabeth Lambert-Abdelgawad (dir), « L'application nationale de la charte africaine des droits de l'Homme et des Peuples », Bruylant, Bruxelles, 2004 ;

Du Bois de Gaudusson (J.), « L'accord de Linas-Marcousis, entre droit et politique », Afrique contemporaine, 2003, n°206 ;

Gaudusson (j.de), « Défense et illustration du constitutionnalisme en Afrique après quinze ans de pratique du pouvoir » in Le renouveau du droit constitutionnel, Mélanges en l'honneur de Louis Favoreu, Paris, Dalloz, 2007 ;

Du Bois de Gaudusson (J.), « L'accord de Linas-Marcousis, entre droit et politique », Afrique contemporaine, 2003, n°206 ;

Gaudusson (J. de), « Constitutions sans culture constitutionnelle n'est que ruine du constitutionnalisme », in Démocratie et liberté : tension, dialogue et confrontation, Mélanges Slobodan Milacic, Bruxelles, Bruylant, 2008 ;

Gaudusson (j.de), « Défense et illustration du constitutionnalisme en Afrique après quinze ans de pratique du pouvoir » in Le renouveau du droit constitutionnel, Mélanges en l'honneur de Louis Favoreu, Paris, Dalloz, 2007 ;

Gaudusson (J. de), « Constitutions sans culture constitutionnelle n'est que ruine du constitutionnalisme », in Démocratie et liberté : tension, dialogue et confrontation, Mélanges Slobodan Milacic, Bruxelles, Bruylant, 2008 ;

Gbaguidi, (N. A.), « Les obstacles juridiques à l'indépendance du pouvoir judiciaire en République du Bénin », Colloque de l'UNAMAB sur « La problématique de l'indépendance du pouvoir judiciaire au Bénin », Cotonou, du 11 au 13 juillet 2002 ;

Gonidec P.F. Institutions publiques africaines et malgaches… ;

Grégoire (E.), Olivier De Sardan (J.P.), « Niger : le pire a été évité et demain ? », Politique africaine, n°61, mars 1996 ;

Guèye (B.), « La démocratie en Afrique : succès et résistances », pouvoirs, 2009, n°2 ;

Hans Kelsen, « La garantie juridictionnelle de la constitution (la justice constitutionnelle), », R.D.P., 1928 ;

Helen Keler, « Rechtsvergleicharde aspekte zur Monismus-Diskussion », R.S.D.I.E., 1999 ;

Holo (Th.), « Constitution et nouvel ordre politique au Bénin » Revue Béninoise des Sciences Juridiques et Administratives, (R.B.S.J.B.), décembre 1989, n°13 ;

Holo (Th.), Démocratie revitalisée ou démocratie émasculée ?

Théodore Holo, La constitution, garante de l'alternance démocratique, Actes de la Conférence internationale, « *Les défis de l'alternance démocratique en Afrique* », tenue à Cotonou, du 23 au 25 février 2009 ;

John Lent, « A third World News Deal ? Part one: The Guiding Light", in Index on Censorship. Vol.3, n°5, septembre-octobre 1977 ;

Colette Houeto, contribution de la femme à l'enracinement de la démocratie par l'éducation, in les Actes de la Conférence internationale « *Les défis de l'alternance démocratique en Afrique* », Cotonou, du 23 au 25 février 2009 ;

Théodore Holo, Les droits et devoirs de la personne dans le constitutionnalisme africain, in Revue Béninoise des Sciences Juridiques et Administratives ;

Holo Théodore, Démocratie révitalisée ou démocratie émasculée ? Les constitutions du renouveau démocratique dans les Etats de l'espace francophone africain : régimes juridiques et systèmes politiques », préc. pp ;

Kamto (M.), Pouvoir et droit en Afrique noire, Essai sur les fondements du constitutionnalisme dans les Etats d'Afrique noire francophone, Paris, L.G.D.J., 1987 ;

Kanté (B.), Pietermaat-Kros (M.E), (dir.), Vers la renaissance du constitutionnalisme en Afrique, Dakar, Gorée, Institut, 1998 ;

Kokoroko Komla Dodzi, « L'apport de la jurisprudence constitutionnelle africaine à la consolidation des acquis démocratiques : les cas du Bénin, du Mali, du Sénégal et du Togo », Revue Béninoise des Sciences Juridiques et Administratives, n°18, juin 2007 ;

Kpodar (A.), « Politique et ordre juridique : les problèmes constitutionnels posés par l'accord de Linas-Marcoussis du 23 janvier 2003 », RRJ-Droit prospectif, 2005, n°4-II ;

Kpodar (A.), « Réflexions sur la justice constitutionnelle à travers le contrôle de constitutionnalité de la loi dans le nouveau constitutionnalisme : les cas du Bénin, du Mali, du Sénégal et du Togo, Revue Béninoise des Sciences juridiques et administratives, n°6, 2006 ;

Kpodar (A.), Bilan sur un démi-siècle de constitutionnalisme en Afrique noire francophone… ;

Augustin Loada, Bonne gouvernance : reddition des comptes et responsabilité, Acte de la Conférence internationale, « *Les défis de l'alternance démocratique en Afrique* », Cotonou, du 23 au 25 février 2009 ;

Loada (A.), « La limitation du nombre de mandats présidentiels en Afrique francophone », Afrilex, 2003, n°3 ;

André B. Mbata Mangu, Constitutions, constitutionnalisme et limitation de pouvoirs et des mandats présidentiels en Afrique (Communication), Colloque international de Cotonou, en hommage à l'œuvre du Professeur aurice Ahanhanzo-Glèlè, Cotonou, les 8, 9 et 10 août 2012 ;

Mel (A.P.), « La réalité du bicéphalisme du pouvoir exécutif ivoirien », R.F.D.C., 2008, n°75 ;

Mélèdje (F. D.), « Les révisions des Constitutions dans les Etats africains francophones. Esquisses de bilan », R.D.P., 1992, n°1 ;

(J.-B) Monsi, L'indépendance de la justice : le regard du juge, in Journées de réflexion sur la Constitution du 11 décembre 1990 (Les ACTES), août 2006 ;

James Mouangue Kobila, La régression du constitutionnalisme au Cameroun ? recht in Africa, 2010 ;

Narcisse Mouelle Kombi, Les dispositions relatives aux conventions internationales dans les nouvelles constitutions des Etats francophones d'Afrique, Revue juridique et politique, Paris ;

Nguele (M.) : « La constitution béninoise du 11 décembre 1990 et la responsabilité pénale des gouvernants », communication à l'occasion du colloque international des 8, 9 et 10 août 2012, organisé en hommages au Professeur Maurice Ahanhanzo-Glèlè ;

Odinec (P.-F), A quoi servent les constitutions africaines ? Réflexions sur le constitutionnalisme africain », R.J.P.I.C. ; oct-déc, 1988, n°4 ;

Okoth-Ogendo Hwo, « Constitutions without constitutionalism : Reflections on an African paradox », in Shivjl ;

Oppetit (B.), « L'hypothèse du déclin du droit », Droits, 1987, n°4 ;

Pactet (P.), « Réflexions sur le droit constitutionnel et son enseignement », R.D.P. ,2010, n°1 ;

Richard (Ph.), « Droits de l'Homme et force publique : quel rapport dans une démocratie, in « Vivre notre engagement chrétien et les droits de l'Homme au cœur de notre profession, Bureau Diocésain du Borgou pour le Développement (B.D.B.D.) et la Commission Diocésaine des Droits de l'Homme (C.D.D.H.), Session de formation des Chrétiens membres des corps militaire et paramilitaires des diocèses de Djougou, Kandi et Parakou ;

Salami (D.I.), « Le pouvoir constituannt dérivé à l'épreuve de la justice constitutionnelle béninoise », Revue togolaise de sciences juridiques, n° zéro, janvier-juin 2010 ;

Stéphane Bolle, La Constitution Glèlè en Afrique : Modèle ou contre Modèle ? Colloque international de Cotonou, les 8, 9 et 10 août 2012 ;

Stéphane Bolle « Obligations constitutionnelles et légales des gouvernants et autres responsables politiques nationaux : gouvernement, assemblée nationale et institutions de l'Etat », communication à la conférence internationale à la conférence internationale, « *Les défis de l'alternance démocratique* », Cotonou, 23-25 février 2009 ;

Stéphane Bolle « Obligations constitutionnelles et légales des gouvernants et autres responsables politiques nationaux : gouvernement, assemblée nationale et institutions de l'Etat », communication à la conférence internationale à la conférence internationale, « *Les défis de l'alternance démocratique* », Cotonou, 23-25 février 2009 ;

Stéphane Bolle, « Les juridictions constitutionnelles africaines et les crises électorales », communication donnée lors du cinquième congrès de l'Association des Cours constitutionnelles ayant en partage, l'usage du français, tenu à Cotonou du 22 au 28 juin 2009 ;

Stéphane (B.), « La paix par la constitution en Afrique ? La part du juge constitutionnel », Communication au colloque Religions, violence politique et paix en Afrique de l'Académie Aliourne Blondin Bèye pour la paix, Cotonou, 19, 20 et 21 juillet 2004 ;

Jean-Nazaire Tama, La constitution béninoise du 11 décembre 1990 à l'épreuve du temps : sa révision, une opportunité juridique ou politique ? Revue juridique et politique des Etats francophones ;

Washmann (P.), « Le Kélsénisme est-il en crise ? », Droits 1987, n°4 ;

IV-Thèses et mémoires

Abdourhamane Boubacar, Les cours constitutionnelles dans le processus de démocratisation en Afrique : analyse comparative à partir des exemples du Bénin, de la Côte-d'Ivoire et du Niger, Thèse Université Montesquieu-Bordeau IV, oct 2002 ;

Kossivi Hounaké, « Les juridictions constitutionnelles dans les démocraties émergentes de l'Afrique noire francophone : les cas du Bénin, du Gabon, du Niger, du Sénégal et du Togo », Thèse de doctorat en droit public, Université de Lomé, 2012 ;

Mbata Mangu, At the road to constitutionnalism and Democraty in Post-colonial Africa:The case of the Democratic Republic of Congo, these doctorale en droit, University of South Africa, Pretoria, 2002, 7;

Salifou Bio Fadhel Médard, « La responsabilité pénale du Président de la République du Bénin », mémoire de DEA soutenu en 2014, à l'Université d'Abomey-Calavi sous la direction du professeur agrégé Médé Nicaise ;

Les régimes pluralistes africains: cas de la République du Sénégal, Mémoire de licence en droit, Université de Kinshasa, 1987 ;

Table des matières

Dedicaces 7

Remerciements..9

Préface...11

Introduction..13

ChapitreI : Le constitutionnalisme dans ses balbutiements en Afrique au lendemain des indépendances 23

Section I : Un constitutionnalisme en berne..............................23

Paragraphe I : Les constitutions et la justice constitutionnelle des années d'indépendance...23

Paragraphe II : Le droit colonial et le droit coutumier traditionnel............26

Paragraphe III : Une quasi absence du constitutionnalisme au lendemain des indépendances en Afrique..27

Section II : Les exigences socio-économiques de l'époque.....................30

Paragraphe I : L'état des lieux..30

Paragraphe II : Le développementalisme en vogue.............................31

Section III : Les instruments d'un constitutionnalisme de balbutiement au lendemain des années soixante...33

Paragraphe I : La séparation des pouvoirs, le pluralisme et l'équilibre du pouvoir..33

Paragraphe II : La laïcité et l'indivisibilité de l'Etat..........................36

Paragraphe III : Le présidentialisme 37

Paragraphe IV : Une presse au service du pouvoir.............................39

Section IV : Les droits de l'Homme en question et l'instabilité des Etats..41

Paragraphe I : La violation massive des droits de l'Homme.....................41

Paragraphe II : Les coups d'Etat militaires et les guerres civiles au lendemain des indépendances..42

Chapitre II : La distribution verticale du pouvoir au lendemain des indépendances..47

SectionI : La décencentration administrative héritée de la colonisation..47

Paragraphe I : Les institutions..48

Paragraphe II : Une théorie de décentralisation imposée par la colonisation et non entièrement suivie..50

Section II : Les procédés théoriques de la tutelle du pouvoir central..51

Paragraphe I : Le contenu de la tutelle et ses bornes..........................52

Paragraphe II : Les procédés théoriques de contrôle par le pouvoir central..53

a- La tutelle sur les autorités élues..53
b- La tutelle sur les actes..53

Paragraphe III : Les autres rapports théoriques entre le pouvoiir communal et le pouvoir central..54

Chapitre III : L'administration décentralisée au lendemain des années quatre-vingt-dix..57

Section I : Un patrimoine partagé sur le continent..........................57

Paragraphe I : Des conditions précises de réalisation de la décentralisation..57

Paragraphe II : L'organisation territoriale en Afrique après quatre-vingt-dix..61

Section II : Un contrôle marqué des intérêts de l'Etat..........................63

Paragraphe I : Une tutelle effective..63

Paragraphe II : Des fondements juridiques renforcés et renouvelés..67

Chapitre IV : Un nouveau constitutionnalisme en Afrique......................71

Section I : Le renouveau constitutionnel africain................................71

Paragraphe I : Un constitutionnalisme en provenance du tréfonds des peuples africains..71

Paraagraphe II : Un constitutionnalisme africain ou le constitutionnalisme en Afrique ?...74

Section II : L'ordre public du nouveau constitutionnalisme africain...75

Paragraphe I: La démocratie, l'Etat de droit et les droits de l'Homme..75

Paragraphe II : La décentralisation administrative 78

Section III : Autres composantes de l'ordre public du nouveau constitutionnalisme..79

Paragraphe I : L'environnement, une donnée constitutionnelle contemporaine incontournable...79

Paragraphe II : La bonne gouvernance...82

Paragraphe III : L'opposition...85

Paragraphe IV : La société civile...88

Paragraphe V : Le pluralisme politique et l'alternance démocratique...94

Paragraphe VI : Le libéralisme économique sur fond d'intégration économique régionale..96

Chapitre V : Les moyens du nouveau constitutionnalisme africain...99

Section I : Les moyens juridiques clés du nouveau constitutionnalisme...99

Paragraphe I : Les constitutions des années quatre-vingt-dix................99

Paragraphe II : L'intégration des droits et libertés dans l'ordre juridique interne des Etats.....107

Paragraphe III : Les cours et conseils constitutionnels du constitutionnalisme de troisième vague.....112

Paragraphe IV : La désobéissance civile comme moyen de rétablissement de l'ordre constitutionnel interrompu.....116

Section II : Les droits de l'Homme de statuts différents dans les traités internationaux et les constitutions africaines.....119

Paragraphe I : Les droits fondamentaux relativisés dans les nouvelles constitutions africaines.....119

Paragraphe II : Les droits fondamentaux absolus dans les textes internationaux et les nouvelles constitutions africaines.....124

ChapitreVI : Les réussites du nouveau constitutionnalisme des années quatre-vingt-dix.....129

Section I : L'appropriation du constitutionnalisme par les Africains.....129

Paragraphe I : Le retour du droit dans la vie politique africaine.....129

Paragraphe II : Un comportement exemplaire du juge africain.....130

Section II : L'internationalisation du constitutionnalisme africain.....143

Paragraphe I : Des engagements positifs souscrits par les Etats africains.....143

Paragraphe II : Un conventionnalisme sain.....146

Section III : Les acquis de l'Afrique relativement à la distribution verticale du pouvoir.....149

Paragraphe I : Les avancées.....149

Chapitre VII : Les échecs du nouveau constitutionnalisme africain.....153

Section I : La mauvaise gestion des contentieux politiques et des droits de l'Homme par le juge constitutionnel africain, l'absence d'unité et de solidarité nationales et l'instabilité constitutionnelle des Etats..............153

ParagrapheI : Les mauvais choix du juge constitutionnel africain...........153

Paragraphe II : L'hyper présidentialisme (le présidentialisme démocratique)...158

Paragraphe III : L'instabilité des Etats africains ou des « coups d'Etat démocratiques » ? ou encore l'alternance démocratique par la rue ?..........160

Section II : Les constitutions en déphasage avec les réalités des Etats africains sur fond d'un régionalisme très négatif, d'un conventionnalisme malsain, et des contraintes de la décentralisation administrative............165

Paragraphe I : Des constitutions au contenu inapproprié.....................165

Paragraphe II : Un régionalisme très négatif...................................168

Paragraphe III : Un conventionnalisme malsain..................................171

Paragraphe IV : Des contraintes surmontables de la décentralisation administrative en Afrique...174

Chapitre VIII : Pour un constitutionnalisme de développement en Afrique...181

Section I : La moralisation de la vie publique, un tremplin pour un constitutionnalisme de développement..181

Paragraphe I : Des marchés publics propres et la lutte contre l'achat de conscience en politique et l'impunité des dirigeants..........................181

Paragraphe II : Une renaissance ou une refondation mentale des africains...188

Section II : Une implication plus accrue des peuples dans le processus de développement..191

Paragraphe I : Une démocratie participative à encourager.......................192

Paragraphe II : Une place de choix aux femmes dans les instances de décision...194

Section III : Des forces militaires et paramilitaires respectueuses de l'Etat de droit..198

Paragraphe I : Une Armée républicaine et de développement garante de la défense du territoire...199

Paragraphe II : Des forces publiques de sécurité respectueuses des droits de l'Homme et des libertés publiques.......................................202

Section IV : La constitutionnalisation de certaines institutions républicaines...205

Paragraphe I : Le Médiateur de la République...............................205

Paragraphe II : Des Commissions nationales africaines des droits de l'Homme à créer...207

Paragraphe III : La Commission Electorale Nationale Autonome (CENA) ou la Commission Electorale Nationale Indépendante (CENI) à constitutionnaliser...209

Paragraphe IV : Une Cour des comptes à instituer...........................211

Section V : Un Pouvoir judiciaire et un Parlement indépendants avec un Exécutif responsables...213

Paragraphe I : Un Pouvoir judiciaire indépendant............................213

Paragraphe II : Un pouvoir législatif indépendant.............................217

Paragraphe III : Un Exécutif responsable du développement équilibré et harmonieux du pays...218

Section VI : Autres propositions...219

Paragraphe I : La lutte contre le nomadisme politique........................219

Paragraphe II : Le droit à un procès équitable à garantir.....................222

Paragraphe III : Une Presse libre et responsable..............................225

Conclusion..231

Annexes...233

Quelques constitutions africaines (Bénin, Sénégal, Cameroun, Niger et Togo)..235

Quelques références bibliographie 435

Table des matières...447

L'Afrique aux éditions L'Harmattan

Dernières parutions

ZONES (LES) MONÉTAIRES D'AFRIQUE DE L'OUEST
Touré Manga Fodé
L'Afrique de l'Ouest comprend deux zones monétaires distinctes : la première de huit pays regroupés au sein de l'UEMOA, avec pour monnaie le franc CFA en parité avec l'euro, la seconde comporte six pays (République de Guinée, Nigeria, Sierra Leone, Ghana, Gambie, Liberia) autour d'un projet de création de monnaie commune : la zone monétaire d'Afrique de l'Ouest (ZMAO). Si les économies de l'UEMOA affichent une faible convergence macroéconomique et un faible niveau d'inflation, celles de la ZMAO, avec un taux d'inflation plus fort, ne convergent sans doute pas en raison de la position dominante du Nigéria.
(Coll. Harmattan Guinée, 30.00 euros, 292 p.)
ISBN : 978-2-343-04977-9, ISBN EBOOK : 978-2-336-36342-4

INTÉGRATION ET COOPÉRATION EN AFRIQUE
La difficile rencontre possible entre les théories et les faits
Mvelle Guy
Cet ouvrage examine l'intégration africaine à partir de théories générales élaborées dans le cadre de la construction européenne. L'auteur y expose les idées politiques et philosophiques purement africaines pouvant donner lieu à un début de théorisation et conclut que, malgré l'ingéniosité dont font preuve les Africains en matière d'intégration et de coopération, la nécessité d'une identité africaine s'impose, tout comme se pose le problème de la pensée africaine dans ce domaine.
(Coll. Harmattan Cameroun, 16.50 euros, 268 p.)
ISBN : 978-2-343-04766-9, ISBN EBOOK : 978-2-336-36290-8

ÉDUCATION À L'ENVIRONNEMENT EN AFRIQUE
Le rôle des médias
Edjangue Jean-Célestin
Où en est l'éducation à l'environnement en Afrique depuis le premier Sommet sur le développement durable à Stockholm, en 1972, et celui de Rio, en 1992 ? Le dynamisme démographique de l'Afrique et la venue de nouveaux consommateurs sur le marché imposent plusieurs défis au continent, à commencer par la maîtrise de la gestion des ordures ménagères. Mais le continent a-t-il les moyens de relever le défi de la préservation de la planète, qui passe nécessairement par l'éducation à l'environnement ?
(Coll. Harmattan Guinée, 17.00 euros, 166 p.)
ISBN : 978-2-343-03386-0, ISBN EBOOK : 978-2-336-36361-5

BAOBAB (LE) ET SON DOUBLE OU DEUX REGARDS SUR UN MÊME ARBRE
Louvel Roland
Le baobab ne laisse personne indifférent. Son profil atypique nourrit des sentiments d'autant plus contrastés que les cavités dont il se creuse abritent des génies, bons ou mauvais, qu'il s'agit de ménager. D'où l'ambivalence de cet arbre légendaire, très présent dans les mythes, les contes

et la littérature. Souvent considéré comme une personne, le baobab exerce une fascination sur les hommes qui profitent de ses nombreux bienfaits tout en s'efforçant d'intégrer sa forte personnalité dans leurs imaginaires.
(13.50 euros, 124 p.)
ISBN : 978-2-343-05021-8, ISBN EBOOK : 978-2-336-36397-4

QUÊTE AFRICAINE DE L'ORDRE MONDIAL
Portée et limites des voies d'insertion au système international du monde bipolaire
Biyoya Makutu Kahandja Philippe - Préface de Kä Mana
Philippe Biyoya Makutu analyse ici la position du Congo et de l'Afrique dans le monde, depuis la guerre froide jusqu'aux structures de la mondialisation actuelle. Il fait entrer le lecteur dans l'univers d'une pensée géostratégique où le Congo, comme l'Afrique, est dévoilé comme enjeu crucial dans les rapports de force mondiaux entre les grandes puissances, les nations riches et les peuples ambitieux...
(Coll. Dossiers, Études et Documents, 35.00 euros, 340 p.)
ISBN : 978-2-343-04067-7, ISBN EBOOK : 978-2-336-36176-5

PROTECTION (LA) INTERNATIONALE DES DROITS DE L'HOMME DANS LES SITUATIONS DE CRISE EN AFRIQUE
Le droit à l'épreuve des faits
Thiaw Thiaca - Préface de Maître Sidiki Kaba
Plusieurs pays d'Afrique subsaharienne sont, depuis de nombreuses années, déchirés par des instabilités chroniques qui ont fait le lit de violations massives des droits de l'homme. Après une étude des facteurs de ces instabilités, l'ouvrage présente la physionomie des violations des droits fondamentaux des populations civiles. Dans un deuxième temps, il aborde la question des solutions pratiques, institutionnelles, juridiques que la communauté internationale met en œuvre.
(Coll. Études africaines, 44.00 euros, 442 p.)
ISBN : 978-2-296-99895-7, ISBN EBOOK : 978-2-336-36180-2

LEADERSHIP (LE) FAMILIAL DU MARI
Être le mari d'une épouse épanouie
Sobia Charlemagne
Charlemagne Sobia exerce avec passion et enthousiasme sa vocation de coach conjugal, aussi bien en Afrique que sur les autres continents. Sa passion : équiper les futurs couples, afin de les prémunir contre les déboires de la vie à deux, contribuer à l'amélioration et au renforcement de la qualité de la relation au sein des couples. Même si chaque chef de famille a son modèle de leadership, cet ouvrage concerne le rôle du mari et les conditions d'un bon leadership d'époux.
(Coll. Harmattan Côte-d'Ivoire, 13.00 euros, 220 p.)
ISBN : 978-2-343-04501-6, ISBN EBOOK : 978-2-336-36068-3

QUELLES STRATÉGIES POUR UNE ÉDUCATION IDÉALE EN AFRIQUE ?
Cijika Kayombo Chrysostome
Cet ouvrage présente une méthode comparative quali-quantitative, qui permet de rendre compte de la complexité des phénomènes éducatifs en Afrique. Il s'agit de montrer que l'éducation dans un pays constitue le principal moyen dont il dispose, non seulement pour perpétuer les valeurs et les compétences de sa population, mais aussi pour préparer cette population aux changements qu'appelle le progrès.
(Coll. Études africaines, 35.00 euros, 344 p.)
ISBN : 978-2-343-03643-4, ISBN EBOOK : 978-2-336-35970-0

PREMIER (LE) FESTIVAL CULTUREL PANAFRICAIN
Alger, 1969 : une grande messe populaire
Khellas Mériem
C'est à Alger, du 21 juillet au 1er août 1969, que l'Afrique en marche, l'Afrique en guerre et l'Afrique en exil se retrouvent pour assister à un type d'»événement» nouveau. Le défilé d'ouverture du premier Festival culturel panafricain d'Alger représente à lui seul le croisement d'éminents

enjeux, où ambassadeurs des principaux phénomènes musicaux et intellectuels d'une quarantaine de nations africaines se sont donné rendez-vous.
(11.50 euros, 90 p.)
ISBN : 978-2-343-04344-9, ISBN EBOOK : 978-2-336-36150-5

TRIBULATIONS D'UN COOPÉRANT EN AFRIQUE NOIRE
Récit
Sivilia Gérard
L'auteur apporte un témoignage vivant sur la coopération naissante qui a ouvert des relations nouvelles entre la France et les jeunes Etats africains indépendants. Il évoque les importantes responsabilités qui étaient confiées aux coopérants dans les années 1960-1980 et raconte comment les responsables politiques et jeunes cadres nationaux percevaient ces nouveaux venus.
(Coll. Rue des écoles, 21.50 euros, 228 p.)
ISBN : 978-2-343-04686-0, ISBN EBOOK : 978-2-336-36188-8

AFRIQUE (L'), BERCEAU DE L'ÉCRITURE (Volume 1)
Et ses manuscrits en péril – Des origines de l'écritrue aux manuscrits anciens (Égypte pharaonique, Sahara, Sénégal, Ghana, Niger)
Sous la direction de Jacques Habib Sy
Ce livre collectif en 2 volumes est un cri d'alarme de l'Afrique pour éveiller ses dirigeants et le monde à la nécessité de sauver les manuscrits en péril de l'Afrique et de les tirer de l'oubli et de l'abandon. Ce premier volume a trait à l'évolution historique de l'Afrique du point de vue scripturaire, et à l'examen des collections existantes de manuscrits anciens portant sur l'astronomie, le droit, la médecine, l'architecture, la philosophie, la grammaire, etc.
(42.00 euros, 428 p.)
ISBN : 978-2-296-99884-1, ISBN EBOOK : 978-2-336-36047-8

AFRIQUE (L'), BERCEAU DE L'ÉCRITURE (volume 2)
Et ses manuscrits en péril – Contenus et défis de la conservation (Cameroun, Maghreb, Mauritanie, Tombouctou)
Sous la direction de Jacques Habib Sy
Ce livre collectif en 2 volumes est un cri d'alarme de l'Afrique pour éveiller ses dirigeants et le monde à la nécessité de sauver les manuscrits en péril de l'Afrique et de les tirer de l'oubli et de l'abandon. Ce deuxième volume représente un examen des contenus et principaux enjeux de la conservation à travers différents pays d'Afrique subsaharienne. Les enjeux géostratégiques sont passés en revue à la lumière des promesses des nouvelles technologies de l'information et de la communication.
(48.00 euros, 510 p.)
ISBN : 978-2-296-99885-8, ISBN EBOOK : 978-2-336-36046-1

AFRIQUE (L') SUBSAHARIENNE À L'AUBE DU IIIe MILLÉNAIRE Histoire et analyses
Biem Gustave René
Cet ouvrage met en lumière les conditions dans lesquelles le partage de l'Afrique subsaharienne a été fait, la création des États coloniaux, ainsi que la décolonisation. Il met aussi en évidence les orientations et les choix politiques et sociaux souvent controversés des dirigeants des pays de la région qui ont eu pour conséquence l'instauration de la politique d'ajustements structurels et ses multiples plans.
(Coll. Harmattan Cameroun, 24.00 euros, 242 p.)
ISBN : 978-2-343-02900-9, ISBN EBOOK : 978-2-336-35973-1

THE UNITED NATIONS, THE BRETTON WOODS INSTITUTIONS AND AFRICAN RECONSTRUCTION
Dampha Lang Fafa
The United Nations and the Bretton Woods institutions were established in the immediate post-World War II period to preserve and promote international peace and security, cooperation, free trade in goods and services in the world as a factor of reconstruction and development after the

overwhelming effects of the war. What is the relationship between Sub-Saharan Africa and the United Nations and the Bretton Woods institutions? What are the roles of these institutions in African reconstruction and development?
(16.50 euros, 168 p.)
ISBN : 978-2-343-04585-6, ISBN EBOOK : 978-2-336-35987-8

INITIATION À L'INFORMATIQUE ET À L'ORDINATEUR
Avec plus de 150 exercices
Issoufou Tiado Mahamadou
Cet ouvrage se propose de combler l'absence de contenu standard fixé par la communauté universitaire ainsi que l'absence de support dans les matières «Architecture et système d'exploitation» en apportant les éléments nécessaires à la connaissance de base d'un ordinateur et à son utilisation. En effet, contrairement à l'Europe, les étudiants de certaines régions des pays africains n'ont pas de contact scolaire fréquent avec l'ordinateur avant d'atteindre un niveau scolaire avancé.
(28.00 euros, 272 p.)
ISBN : 978-2-336-30314-7, ISBN EBOOK : 978-2-336-36125-3

DU DROIT DE LA SANTÉ ET DE LA SÉCURITÉ AU TRAVAIL EN AFRIQUE SUBSAHARIENNE
Sous la direction de Philippe Auvergnon
Le droit de la santé et de la sécurité au travail a été historiquement produit en Afrique subsaharienne en référence à celui des colonisateurs. A la suite des Indépendances, les droits nationaux du travail ont connu des évolutions sensiblement différentes. Mais ils semblent avoir fait du surplace et demeurent plus marqués par une logique de réparation ou de compensation que de prévention. Des juristes africains tentent ici d'analyser la situation.
(Coll. Études africaines, 29.00 euros, 290 p.)
ISBN : 978-2-343-04548-1, ISBN EBOOK : 978-2-336-36136-9

SÉMIOTIQUE DU FONDAMENTALISME RELIGIEUX
Messages, rhétorique, force persuasive
Leone Massimo
Les médias parlent tout le temps de «fondamentalisme religieux» comme d'un élément essentiel de la scène sociale, culturelle, politique, et même militaire contemporaine. Mais qu'est-ce que c'est, au juste, le fondamentalisme religieux ? Comment peut-on distinguer un message fondamentaliste ? D'où dérive-t-elle la force communicative par laquelle ce type de discours s'est répandu de façon globale, surtout à travers internet et les nouveaux *social networks* ?
(Harmattan Italia, Coll. Harmattan Italia, 13.00 euros, 72 p.)
ISBN : 978-2-336-30720-6, ISBN EBOOK : 978-2-336-36117-8

AFRIQUE (L') DES GRANDS LACS
Annuaire 2013-2014
Sous la direction de Reyntjens Filip, Verpoorten M., Vandeginste S.
Par l'analyse de thèmes d'actualité dans les domaines politique, social et économique, cet ouvrage offre des clés pour une lecture de l'évolution de la région des Grands Lacs en 2013 et au premier trimestre de 2014. Une attention particulière est prêtée aux politiques agricoles et foncières, enjeux cruciaux dans les économies rurales de la région.
(Coll. Afrique des Grands Lacs, 51.50 euros, 572 p.)
ISBN : 978-2-343-04613-6, ISBN EBOOK : 978-2-336-35938-0

L'HARMATTAN ITALIA
Via Degli Artisti 15; 10124 Torino

L'HARMATTAN HONGRIE
Könyvesbolt ; Kossuth L. u. 14-16
1053 Budapest

L'HARMATTAN KINSHASA
185, avenue Nyangwe
Commune de Lingwala
Kinshasa, R.D. Congo
(00243) 998697603 ou (00243) 999229662

L'HARMATTAN CONGO
67, av. E. P. Lumumba
Bât. – Congo Pharmacie (Bib. Nat.)
BP2874 Brazzaville
harmattan.congo@yahoo.fr

L'HARMATTAN GUINÉE
Almamya Rue KA 028, en face
du restaurant Le Cèdre
OKB agency BP 3470 Conakry
(00224) 657 20 85 08 / 664 28 91 96
harmattanguinee@yahoo.fr

L'HARMATTAN MALI
Rue 73, Porte 536, Niamakoro,
Cité Unicef, Bamako
Tél. 00 (223) 20205724 / +(223) 76378082
poudiougopaul@yahoo.fr
pp.harmattan@gmail.com

L'HARMATTAN CAMEROUN
BP 11486
Face à la SNI, immeuble Don Bosco
Yaoundé
(00237) 99 76 61 66
harmattancam@yahoo.fr

L'HARMATTAN CÔTE D'IVOIRE
Résidence Karl / cité des arts
Abidjan-Cocody 03 BP 1588 Abidjan 03
(00225) 05 77 87 31
etien_nda@yahoo.fr

L'HARMATTAN BURKINA
Penou Achille Some
Ouagadougou
(+226) 70 26 88 27

L'HARMATTAN SÉNÉGAL
10 VDN en face Mermoz, après le pont de Fann
BP 45034 Dakar Fann
33 825 98 58 / 33 860 9858
senharmattan@gmail.com / senlibraire@gmail.com
www.harmattansenegal.com

L'HARMATTAN BÉNIN
ISOR-BENIN
01 BP 359 COTONOU-RP
Quartier Gbèdjromèdé,
Rue Agbélenco, Lot 1247 I
Tél : 00 229 21 32 53 79
christian_dablaka123@yahoo.fr

Achevé d'imprimer par Corlet Numérique - 14110 Condé-sur-Noireau
N° d'Imprimeur : 116645 - Dépôt légal : mars 2015 - *Imprimé en France*

www.ingramcontent.com/pod-product-compliance
Lightning Source LLC
LaVergne TN
LVHW021144061026
849535LV00002B/353